（典藏版）

百部国学传世经典

中华国学经典盛宴／获取先贤核心智慧

易经

林少华／主编

漓江出版社

图书在版编目(CIP)数据

易经/林少华主编. --桂林:漓江出版社,
2017.8
ISBN 978-7-5407-8245-0
Ⅰ. ①易… Ⅱ. ①林… Ⅲ. ①《周易》 Ⅳ.
①B221.1
中国版本图书馆 CIP 数据核字(2017)第 211379 号

易 经 YIJING

主　　编　林少华

策划统筹　陈植武　林晓鸿
责任编辑　魏志明
助理编辑　秦瑜蔓

出 版 人　刘迪才
出版发行　漓江出版社
社　　址　广西桂林市南环路 22 号
邮　　编　541002
网　　址　www.lijiangbooks.com
印　　制　北京飞达印刷有限责任公司
开　　本　710 mm×1000 mm　1/16
印　　张　30
字　　数　522 千字
版　　次　2017 年 9 月第 1 版
印　　次　2024 年 1 月第 9 次印刷
书　　号　ISBN 978-7-5407-8245-0
定　　价　45.00 元

前言

中华民族有着数千年的文明历史，创造了光辉灿烂的古代文化，其中中国传统国学是我国辉煌灿烂的文化典籍的核心部分，它博大精深、源远流长，显示出中华文化的深厚根基，给人类留下了丰富的精神财富。它是我们炎黄子孙的文化精髓，它塑造了我们中华民族的民族精神，是培育民族精神的重要资源。它开启心智，滋润生命，陶冶人格，塑造灵魂。

开卷有益，忙碌的人们闲暇之时，应该用传统国学来陶冶自己的情操，开阔自己的心胸，提高自己的人文修养，用先人的哲思来涤荡自己忙碌的心灵。我们应该坚持阅读的爱好，在潮流文化的强大攻势下，让传统文化永驻我们的心田。“复兴国学，从根本上讲，是复兴中华民族的自尊心、自信心。”我们要甄选传世经典著作中最经典的部分来读，要以开放的胸襟和燃烧的激情去承接古人的经典大论与哲思华章，以自豪而不狂妄、执着而不僵化的精神风貌来直面当今社会的竞争与挑战。

为了弘扬中国传统文化，帮助读者深刻了解我们的历史与文化，用经典历史文学知识陶冶情操、提高文化修养，同时使国学得到承传，得以发扬光大，我们精心编排了本书。为了便于读者理解和领会古代先贤的思想与精神，我们在文章中选取了与正文相契合的插画，将插画与正文有机地结合在一起，可大大增加读者的阅读趣味。

本书选取了国学经典著作中很多优秀的作品及资料，博采众长，并有所创新，以使得本书风格迥异、卓然超群，相信会给读者带来全新感受。

由于时间仓促，书中难免有不尽如人意之处，恳请读者朋友提出宝贵意见，在此深表谢意。

目录

易的解析

《易经》概说

《易经》基本概念

占筮的原则

六十四卦

易传

易的解析

“易”的认识

《易经·系辞传》曰：“生生之谓易。”又曰：“天地之大德曰生。”说明了天地生化万物，它的本能就是“生生”，就是“变化”。所以易就是指“更换”与“变化”。根据东西方学说的论证，认为宇宙的创始，源于气化，本乎自然。老子的自然哲学也提示：“人法地，地法天，天法道，道法自然。”以天地自然现象来讲，如日升月恒、朝夕晴雨、春华秋实、沧海桑田；以社会演进来讲，如国家兴亡、社会盛衰、政治兴革、经济起伏；以人事际遇来讲，如得失成败、悲欢离合、吉凶悔吝、否极泰来。一切事物，时时刻刻都在变化之中，所以虞仲翔注曰：易字从日下月，以正易之名。道藏云：日月为易，象阴阳也。《周易参同契》曰：日月为易，刚柔相推。这些注释，都是取象于日月往来、寒暑更迭的作用，以阐明阴阳夫伋、盈虚消息的道理。佛学上说：世事无常，成住坏空。总之，天道、地道的演化，直接间接、无形有形都影响着人道的精神、思想、修养、学问、事业、家庭、婚姻、寿夭、得失、成败。那是错综复杂、变幻莫测的。换而言之，天道、地道、人道，在生生不息、周而复始地衍生，随时随地都在变化。不过天理无或爽，大道本自然。所有的事物，虽然在千变万化之中，然而有其不变的法则，以支持其变。故易之为易，除“变易”以外，尚有“不易”之易及“简易”之易。变易是现象，不易是法则，学易意在探求变易的现象，寻求不易的法则，以确定人类为人处世的方针，指导应变的方法。易之主旨在此，学易的目的也在此。

易学的渊源——三圣治易

汉书艺文志云："易，人更三圣，事历三古。"这说明《易经》是由伏羲、文王、孔子三位圣人的集礼创作（孟康注曰：伏羲为上古，文王为中古，孔子为下古），乃中华文化的滥觞，是学术思想的根源。易学是从旧石器时代开始，到现在传说已有六千四百多年了。从时间上来说，历史悠久，事历三古。论其传承系统与派别，也极为复杂，对易理的主张和解释，或各有所宗，或各从其绪，虽见仁见智、各抒已见，但对易学本身的价值与意义并无影响。现就前贤所述，略志如下：

伏羲画卦

伏羲氏，是古代传说中的部落酋长，姓风，又名太昊氏。昊就是日月光明的意思。一说他生于距今约六千四百多年前，建都于陈，古称陈国，即今河南开封东部地区。一说伏羲氏出生于我国大西北之文化古城天水，古称成纪，即今之甘肃天水（在其附近麦积山石窟中，仍有早期石碑、雕塑占物，此类史迹仍待考据）。为中华文化之始祖，秉其天纵之智，仰则观象于天，俯则察法于地，观鸟兽之文，与地之宜，如足一画开天，始作八卦，"以通神明之德，以类万物之情"，是《易经》的创始者。

文王作卦辞

文王，姬姓名昌，乃周代始祖后稷十五世之后，相传生于豳州，即今陕西以西地区，殷商时代为西伯侯，因勤政爱民，敬老尊贤，为商纣所忌，被囚于羑里达七年之久，感于时艰，由于忧患意识而专心一志，钻研羲皇所画之卦象，并系之以辞，以阐明每一卦象的意义。

孔子赞十翼

孔子，姓孔名丘，字仲尼，生于鲁国昌平乡之陬邑，即今之山东曲阜附近。春秋末期思想家、政治家、教育家。精通六艺，注重礼文，敏而好学，有教无类，乃儒家学派之创始人。孔子晚而习易，孜孜不倦，竟至韦编三绝，足见其精研之深。孔子钻研伏羲八卦之卦象及文王所系之卦辞，认为其意境高深、弥纶万有，唯文字古奥，艰涩难懂，乃立志撰述十翼，阐释易理，以辅助后世之学者。本诸象数，根据义理，探赜索隐，深入浅出。中华文化之发皇，易学之昌明，实有赖于孔氏之弘扬。

三易的解释

名称的区分

根据史籍，周礼春官太卜掌三易，一曰“连山”，二曰“归藏”，三曰“周易”。其出书之名称与年代虽不相同，但其内容皆以八卦为基础，再由八卦重而为六十四卦，且其卦象之次序亦各不相同，兹略举如下：

（一）连山易

孔颖达云：连山起于神农。邵雍曰：夏易曰连山，按伏羲王朝传十九帝而至神农。神农氏姓姜，起于烈山，即今之桐柏山区湖北随县，故又称烈山氏或炎帝。当时，人类活动已由渔猎转换为农耕，神农氏乃发明揉木为耒，教民种植生产；又尝百草以为医药，开市场以利贸易，造福人民，使民丰衣足食。继先哲之启示，阐扬易学，其所用卦象，以艮卦格为首，盖取象于山脉之绵亘起伏，云气内出于山，故云为连山易。

（二）归藏易

杜子春云：归藏黄帝。黄帝之名由于黄土而起，生于轩辕之野，即今河南新郑。黄帝又称轩辕氏或有熊氏，以土德王。黄帝利用八卦原理，发明衣裳、舟车、弓矢、杵臼、指南针，并创造甲子、律吕、算数、文字、书契。中华文化因而归藏于土，以坤象为地、为土、为用，亦即万物之本体，故曰归藏易。

（三）周易

周易之名称，有二说：一、郑玄谓“易道周普，无所不备，有周遍、周匝、周而复始、周流六虚之含义”，其理亦通。二、孔颖达谓“易者变化之总名，改换之殊称，自天地开辟，阴阳运行，寒暑更迭，日月往来，莫不基于变易的作用。文王系卦辞，周公作爻辞，时在周代，故曰：周易”，后之学者，多采此说。按周易以乾䷀、坤䷁两卦为首，取乾坤开阖、阴阳和合，有天德生生、变化不息之义。文王所演之易，乃穷变化之趋势、研吉凶之几微，欲以顺天应人，创造发明，以安生民者也。

义理的解释

郑康成氏作易赞及易沦云：“易一名而含三义，易简一也，变易二也，不易三也。”崔觐、刘贞简等并用其义云：“易者，谓生生之德。有易简之义。不易者，言天地定位，不可相易。变易者，谓生生之道，变而相续。”周简子云：“不易者，常体之名。变易者，相变之名。”今用郑氏说，分述如下：

（一）易简

《朱子正义》曰：“夫易者，变化之总名，改换之殊称，自天地开辟，阴阳运行，寒暑迭来，日月更出，孚萌庶类，亭毒群品，新新不停，生生相续，莫非资变化之力，换代之功。”此释易也。《系辞传下》曰：“夫乾，确然示人易矣。夫坤，隤然示人简矣。”这是用易简以释乾坤之德，而非释易之名。后人因见“道在迩而不在远”，宇宙间极平常的道理，就寓有极高深的学问，万有化生，以表象视之，确足错综复杂，然究其实质，则是平易而简单，遂援《系辞》易简以释易，此其所以为简易也。

（二）变易

《易纬·乾凿度》云：“变易者，其气也。天地不变，不能通气，五行迭终，四时更废，君臣取象，变节相移，能消者息，必专者败，此其变易也。”此即说明宇宙万有变化的道理。就天道而言，如《系辞传上》云：“是故法象莫大乎天地，变通莫大乎四时。”因为宇宙万有是变动不居、周流六虚、上下无常、刚柔相易的。以人道而言，如《系辞下》云："是故变化云为，吉事有祥，象事知器，占事知来，天地设立，圣人成能，人谋鬼谋，百姓与能。"故无论言天道、地道或人道，皆不离变易之理。

（三）不易

《系辞传》曰："天尊地卑，乾坤定矣；卑高以陈，贵贱位矣；动静有常，刚柔断矣。"此即说明天地万有、张设布施、恒常不易的理则。因为宇宙生化，固然错综复杂，瞬息万变，但在变易之中，也含藏不变之理。就天道而论，如日月往来，寒暑相推，在现象的过程上看，在不断地变化着；可是以本质而论，是往者复来，息者必消，这一基本法则是永恒的。在人事而言，君君，臣臣，父父，子子，长幼尊卑，父慈子孝，朋友往来，守信重义，这都有其不易的道理。

《易经》概说

何谓《易经》

《易经》之所以被称为经典，并非完全由于它神奇的卜筮功能，还因为它具有极其深奥的哲理。《易经》更是一部哲学著作，有人说它是“人类的少年哲学”。因为当时的农牧渔猎是《易经》的经济基础；浑然一体且尚未分化的自然科学、人文科学、哲学是它的文化背景；漫长的、追求权力的奴隶社会是它形成时期的政治状况；而用浅显的感性知识进行的哲学思辨则是它得以形成的根本，所以它是人类少年时代的智慧结晶，并没有看起来那么神秘，也并不是一部不可解读的天书。

《易经》一般又称《周易》。关于《周易》的“周”字，历来有很多种说法。如有人认为，“周”是“易道周普无所不备”的意思，因为易以六十四卦三百八十四爻笼罩万事万物，所以卦爻的含义，自然是周延普遍的。也有人认为，《周易》指的就是周朝。周朝说被一般人接受，因为很多人都以为《周易》的“周”就是年代的意思。

而《周易》的“易”字解释则更多。有的说：“易之为字，从日从月，阴阳具矣。”“易者，日月也。”“日月为易，刚柔相当。”有的说：“易，飞鸟形象也。”有的说：“易，即蜴。蜥蜴因环境而改变自身颜色，曰之易，取其变化之义。”清代的陈则震著《周易浅述》，则将“易”的定义分为两种：一称交易，阴阳寒暑，上下四方之对待是也；二称变易，春夏秋冬，循环往来是也。

此外，“易”历来又有一名含三义的说法，《易纬·乾凿度》中就说：

“易一名而含三义，所谓易也，变易也，不易也。”这三义是：①“简易”，即“易”虽然包罗万象，但有一个最简化的公式或“模式”，一切事物和现象都可以装进这个“模式”里，都可以用这个“模式”来说明；②“变易”，即“易”是讲变化之道的，也就是讲“辩证法”的；③“不易”，即“易”虽讲变化，但这变化之“道”却是永恒不变的，也就是可以“以不变应万变”。

但无论是什么样的解释，说《周易》是讲阴阳两种势力相互作用，产生万物，“刚柔相推，变在其中”，都是没有错的。

《易经》的经和传

《经》分为《上经》和《下经》，《上经》三十卦，《下经》三十四卦，一共六十四卦。每一卦由卦画、标题、卦辞、爻辞组成。

六十四卦是由乾、坎、艮、震、巽、离、坤、兑这八卦重叠演变而来的。每个卦画都有六爻，爻分阴阳，阳性称为“九”，阴性称为“六”。从下向上排列成六行，依次叫作初、二、三、四、五、上。六十四个卦画共有三百八十四爻。标题与卦辞、爻辞的内容有关。卦辞在爻辞之前，一般起说明题义的作用。爻辞是每卦内容的主要部分，根据有关内容按六爻的先后层次安排。

《传》一共七种十篇，分别是：《彖（tuàn）》上下篇、《象》上下篇、《文言》、《系辞》上下篇、《说卦》、《杂卦》和《序卦》。

古人把这十篇“传”叫作“十翼”，意思是说“传”是附属于“经”的羽翼，是用来解说“经”的内容的。

《彖》是专门对《易经》卦名和卦辞的注释。

《象》是对《易经》卦名及爻辞的注释。

《文言》则对乾、坤两卦做了进一步的解释。

《系辞》是《易经》的哲学纲领，其内容博大精深，是学易的必读之篇。《系辞》是易传十篇中最重要、最有代表性的文字。它是我国古代第一部对易的产生、原理、意义及易卦占法等的全面、系统的说明。它阐发了许多从

《易经》本文中看不到的思想。《系辞》与《彖》《象》不同，它不是对《易经》的卦辞、爻辞的逐项注释，而是对《易经》的整体评说。

《说卦》是对八卦卦象的具体说明，是研究术数的理论基础之一。

《杂卦》则将六十四卦以相反或相错的形态排成两两相对的综卦和错卦，从卦形中看卦与卦之间的联系。

与《杂卦》研究的角度不同，《序卦传》则讲述了六十四卦的排列次序。

总体来看，《传》的作者的主要目的是借解说经文来表达自己的思想观点。

《易经》的思维模式

"天人合一"是一种宇宙思维模式，所指的是与宇宙自然界的生生之德完全合一的存在状态。它不是只从"天"这一方面来说的，也不是只从"人"这一方面来说的，而是从天、人两方面来说的，只有从人与自然两方面着眼，才可以将这二者的关系说明白。

《易经》用乾、坤两卦代表天、地，天、地便代表了自然界。如果天、地相对来说，天泛指地面以上的整个天空、人所能观察到的宇宙空间以及地球以上的大气层等，如日、月、星、辰、风、雷、雨、露等。在《易经》看来，天地间的万物又均"统"之于天，地与天相辅相成，不可缺一，但地毕竟是"顺承天"的，所以，天可以代表天地整个自然界。

地，则指人类和一切生命生存于其上的大地，它是人类赖以存在的家园。没有任何一种生命是能够离开大地的，天空中的飞鸟也不例外。所以天就是生命之源，地则是一切生命得以存在的基础。人与自然界是统一的，不可分离的。

尽管人作为天地之所"生"，只是万物中的一个成员，但人毕竟不同于万物，因为人有"仁义"之性，有"性命"之理，所以这就决定了人在天地万物之中，负有一种神圣的使命。用《易经》的话说，就是"裁成天地之道，辅相天地之宜"。自然界提供了人类生存所需要的一切，人在获得自然界所提供的一切生存条件的同时，更要“裁成”“辅佐”自然界完成其生命意义，这样也就达到了人的生命目的。

《易经》的这种天人合一的宇宙思维模式为我们构建了一个包罗天、地、人、事、物等完整的宇宙世界。它充分注意从整体的角度去认识世界和把握世界，把人与自然看作一个互相感应的有机整体。因而也造就了后来的中国人善于采用整体的、全面的、系统的思维方法，而不是用局部的、解剖的、分析的方法来考虑问题。

《易经》的研究范畴

易学博大精深、洁静精微、弥纶万有、变化多端，为中华文化之源头，是哲学的，也是科学的，是理学的，也是数学的。考其内涵，不外三者，一曰象，二曰数，三曰理，盖物生必有象，象从数出，象繁数滋。揆之于理，穷理推数。因此无论讲到任何其中之一，必然也涉及其中之二，三者发生连锁作用，相互显其功能，关系至为重要，兹分述于下：

象——卦象

天地万有，生而有象，象之构成，必先有形。古人设卦，即在推演万有之现象，山川河流，日月星辰，风云雷雨，火炎水湿，鸟飞兽走，男女居室，各有其象。是故古人仰观天文、俯察地理，远取近譬，一画开天，始作八卦，以通神明之德，以类万物之情。于易理而言，有大象、本象、广象、逸象、补象、参象、五行象、意象、影象、畸象、内外象。以现代语释之，即利用千变万化之卦象符号去逻辑，征象并推演事物之变化、发展、得失、成败、吉凶、祸福，以求即物穷理、人定胜天之境界。

数——气数

《左氏传》曰：“物生而后有象，象而后有滋，滋而后有数。”盖“数”者，所以纪“象”也，接自然演生法则，在空间而言必有大小、刚柔之区分，在时间而言亦有长短、缓急之等差，在数量而言则有多少、众寡之计算。而宇宙万有皆源于气化，故在易则称之曰“气数”。不过易之为数，非仅一二三四五之计数，乃指消息盈虚、吉凶祸福之数，如奇数、偶数、阳数、阴数、生数、成数、天数、地数等。且数由心生，事在人为，天地万物之消息、盈虚，虽本乎自然之规律发展，但吉凶祸福、得失成败之数，其计算筹谋则半在人类自己在心念上的运筹与操纵也。

理——义理

理者，治也，通也，义理也，道理也，事理之情由也。《系辞传》曰：“易简而天下之理得矣。”而理乃源于“道”。研究《易经》的态度，就是观象知数，推数穷理，象、数、理三者相互为用。因为天地万有，事事物物的生成变化皆有其原由，有其法则，有其条理，有其本然（在佛学而言，即为因果）。人类生存于天地之间，应敏于观察一切现象，仔细揣摩盈虚之气数，且必须顺应天地之常理，循乎伦理纲纪，所谓“穷理尽性以至于命”，做一个俯仰无愧、顶天立地的完人，追求常理、伦理、真理。所谓：顺理成章，合乎天德。

《易经》的阴阳之道

《系辞》中说：“一阴一阳之谓道。”阴阳是我国古代哲学的重要思想之一，也是《易经》的总体哲学思想。

宇宙万有，肇源于气化，易学钩深致远，探本求源，故从气化着眼，其所作之卦爻，无非都是气化的指标。太史公曰：“易以道阴阳也。”因为阴阳可以概括整个宇宙两大类型的气化。阳，是指阳气化，“轻清之气上浮于天”，以成万有之“能”。阴，是指阴气化，“重浊之气下坠于地”，以成万有之“质”。阳之所以成能，是由于阳的性质是挥发的、向外的、进展的，亦即天道左旋。阴之所以成质，是由于阴的性质是凝聚的、向内的、收敛的，即地道右旋。

《易经》认为整个世界是在阴阳两种相反相成的力量的互相作用下不断运动、变化、生成、更新的。它的表现为气，阳气上升，阴气下降，阴阳互动，和谐统一。

而《易经》的卦象就建立在阴爻、阳爻两个符号的基础上。这两个符号按照阴阳二气消长的规律，经过排列组合而成为八卦。八卦的构成与排列，就体现了阴阳互动、对立统一的思想。八卦又经过重叠排列组合而成为六十四卦，阴阳就是其核心。

除了卦本义上的一阴一阳。《易经》还将阴阳当成事物的性质及其变化的法则，它把许多具体的事物，包括自然的和社会的事物，都赋予了阴阳的含义。从自然现象看，它以天为阳、地为阴，日为阳、月为阴，暑为阳、寒为阴，明为阳、暗为阴，昼为阳、夜为阴。《系辞》指出："天尊地卑，乾坤定矣……日月运行，一寒一暑。""广大配天地，变通配四时。阴阳之义配日月，易简之善配至德。""乾，阳物也；坤，阴物也。"从社会现象方面看，它又以男为阳、女为阴，君为阳、民为阴，君子为阳、小人为阴。所以它讲"乾道成男，坤道成女"，"阳一君而二民，君子之道也。阴二君而一民，小人之道也"。此外，它还将自然和社会中共有的现象也以阴阳来解释，如刚柔、进退、伸屈、贵贱、高低，从这个角度看，《易经》认为，无论是社会生活还是自然现象，都存在着对立面，而这个对立面就是阴阳。

值得指出的是，阴阳在《易经》中作为一种基本的观点，在秦汉时期，不仅广为流传，而且得到了发展，并成为当时自然科学的指导思想。如东汉时期著名的天文学家张衡的宇宙理论就体现了阴阳与气化相结合的思想，而这一思想则代表了当时自然科学界的主流思潮。

《易经》的根本精神

"易"就是"生"，而"生生"则是一个连续不断的生成过程，没有一刻停息，并未由一个"主宰者"在创造生命，而是自然界本身在不断地生成，不断地创造，而天地本来就是这个样子，是以"生生"为基础的存在方式。

“易”的这个生成过程表现的就是宇宙的生生化化。宇宙是从混沌未分的“太极”发生出来的，而后有“阴”“阳”，再由阴阳两种性质分化出太阴、太阳、少阴、少阳等四象，四象分化而为八卦，这八种符号代表着万物不同的性质，据《说卦》的解释，这八种性质是：“乾，健也；坤，顺也；震，动也；巽，入也；坎，陷也；离，丽也；艮，止也；兑，说也。”这八种性质又可以用天、地、风、山、水、火、雷、泽的特征来表示。由八卦又分出六十四卦，但并非是说到六十四卦这个宇宙生成过程就完结了，实际上仍可展开，所以六十四卦最后两卦为“既济”和“未济”，这说明事物（不是指任何一种具体事物，但又可以是任何一种事物）发展到最后必然有一个终结，但此一终结又是另一新的开始，故《说卦》说：“物不可穷也，故受之以未济终焉。”天下万物就是这样生化出来的。

“易”表现着宇宙的生化过程，是一个开放性的过程。《系辞》中还说：“天地细缊，万物化醇，男女構精，万物化生。”《序卦》中则说：“有天地，然后有万物；有万物，然后有男女；有男女，然后有夫妇；有夫妇，然后有父子；有父子，然后有君臣；有君臣，然后有上下；有上下，然后礼仪有所错。”所以天地之所以为天地，就在于“生”，那所谓的“变化”之理，“易简”之理，说到底也自然就是“生生”之理。

此外，《易经》还说天地以“生”为“德”，这就不只是讲生成的问题，还赋予了天地以某种道德的意义。它说明，在自然界的本身变化生成中有一种有序化的秩序，这种有序化包含着生命的目的性，而天地间的万物都是由天地即自然界给予的，这种生生不息、天地造化之象就是自然界的本来面目。

《易经》的辩证法则

“易，穷则变，变则通，通则久。”这是《系辞》中说的，也是《易经》中一个重要的辩证法则：通变致久。《易经》自古就有“变经”的说法，但变与不变却又是统一联系在一起的，所以王夫之说：“《易》兼常变。”

的确，《易经》不仅有常变之名，而且有常变之实。《系辞》说：“《易》

之为书也，不可远，为道也屡迁，变动不居，周流六虚，上下无常，刚柔相易，不可为典要，唯变所适。”事物有变就有常，有常就有变，而《易经》就在这种“变动不居”中显示了恒常通久的不变法则，又在这种恒常通久中表现了“唯变所适”的可变规律，而这种规律也是所谓的“天行”，即天道运行的规律。

古人认为世间万物都在变，唯有天道规律是不变的，这种天道规律永恒不变的最高表现就是天上地下、阳尊阴卑。所以事物变化必须遵循天道运行的规律，体现尊卑长幼的秩序，这种常变规律也是《易经》成卦的根本原则。

“是以立天之道曰阴与阳，立地之道曰柔与刚，立人之道曰仁与义，兼三才而两之，故《易》六画而成卦。分阴分阳，迭用柔刚，故《易》六位而成章。”

《易经》每卦六爻，代表三才之道，三才之道又各有阴阳、柔刚、仁义之分，故曰“兼三才而两之”“六画而成卦”。六画就位次而言，可“分阴分阳”，即以初、二之位为地之阳、阴，三、四之位为人之阳、阴，五、六之位为天之阳、阴。阴阳之位对立统一，反映了道恒常不变的模式。就爻变而言，六画又“迭用柔刚”，即六爻与六位迭用，或刚或柔，运动不息，变化不止，即所谓的“爻者，言乎变者也”，它体现了天道的运行变动状态。六位的阴阳与六爻的柔刚，也就是道的常变，彼此交错，互相迭用，才构成了易卦的根本演变规律。

所以《易经》认为，既然世间万物都是变化着的，只有天道规律本身不变，那么人就应该效法天道，不违天逆常，顺时适变，如此才可以保持长久。

《易经》的指导意义

在道德修养上，《易经》则要求人们的行为符合“时”与“中”这两个概念。“中”就是孔子讲的中庸之道，指的是在天地自然之道的正中运行，既不太过，又无不及。而“时”则是指与时势一致。

《易经》认为，事物如果要臻于完善、保持完善的状态，它的运行就必须在恰当的地位、恰当的限度、恰当的时间。时间在这个"恰当"的观念中是个重要因素。冬天穿皮袄是恰好，夏天穿皮袄就不是了。所以通常将"时"字与"中"字连用。这种时中概念是一种很高的生存智慧，它要求人"时行时止"，要求人的行为与万物的运动变化协同起来，发生共振，在顺应性的相通相协的一致性中顺畅地实现人的存在。

但就"时"的自然属性来说，它具有不以人的意志为转移的客观性、规律性。就"时"的社会属性来说，它又在一定程度上受到参与其中的人的活动的影响。所以作为人，第一就是尊重"时"的客观存在，第二则是通过人的努力，来识"时"之义、知"时"之行、观"时"之变、用"时"之机，就像《系辞》中所言"先天而天弗违，后天而奉天时"，人的道德智慧修养就在这对"时"的认识、把握和与自然存在的妙合无间的境界上。

但是如何才能识"时"之义、知"时"之行、观"时"之变、用"时"之机呢？这主要在于"知几"。《系辞》中说："夫《易》，圣人之所以极深而研几也。唯深也，故能通天下之志；唯几也，故能成天下之务；唯神也，故不疾而速，不行而至。"又引孔子语："知几其神乎！君子上交不谄，下交不渎，其知几乎？几者，动之微，吉之先见者也。君子见几而作，不俟终日。"这里的几，也就是事物发展变化的细微前兆，在事物发展的萌芽阶段就准确地分析它的趋势，把握住极其微妙的"时机"，这就是"知几"。

《易经》的这种生存智慧，这种主动性适应、创造性顺应的"时中"生存，和那种保守的、奴隶的、闭锁的、内省的、平庸的生存方式的本质是完全不同的。它构成了中国人积极进取和待时而动的品格，使你不得不惊叹。

《易经》的研习流派

关于《易经》的研习流派，自孔子赞述《周易》以来，在司马迁的《史记》、班固的《汉书》以及范晔的《后汉书》中都有记载。战国后期，一些系统阐释《易经》的文字就已被陆续收集起来，并汇成了《五传》。至汉代，经学兴起，之后历时两千余年，易学的研习流派也发展出很多，但总的来说可归为两派六宗。两派是指象数派和义理派，六宗指占卜宗、禨祥宗、图书宗、老庄宗、儒理宗、史事宗。六宗又分别归属于象数、义理两派；占卜、禨祥、图书三宗归属于象数派；老庄、儒理、史事三宗归属于义理派。这是《四库全书提要》的分法。

象和数在易学中经常被连起来用，其实象和数的含义是不一样的，象是形状，数是数目和计算。比如一个人，男、女、老、少、美、丑、胖、瘦……表现出来的形状特点就是象。而与其相貌特征有关的数字，如身高、三围、年龄等数字及推算这些数字的方法就是数。世界有形状的万事万物都有象有数，《易经》这本书也不例外。传统观点认为《易经》的象有三个方面的含义：①指易中的八卦、六十四卦及三百八十四爻的形状，如为卦象，为爻象；②指八卦所象征的事物，如乾卦象征天、坤卦象征地、兑卦象征泽、震卦象征雷等；③指卦辞、爻辞中所说的具体事物，如乾卦卦辞中提到的龙、坤卦卦辞中提到的牝马等。这三层含义统称为易象。

易数也有三层含义：①表示一卦中各爻属性的数，一共有六、七、八、九四个数，阳爻为奇数，阴爻为偶数，这四个数分别表示为少阳七、老阳九、少阴八、老阴六；②表示爻位顺序的数，一卦由六爻组成，其排列顺序为由下向上数，初爻称初，依次而上分别称为二、三、四、五、上，这种顺序标示了爻的变化规律；③表示占筮求卦的方法，也即通过对揲蓍过程中蓍草数量的计算推导出所需要的卦象。

而所谓象数学派就是注重于对《易经》的卦象、卦变的研究，以其所理解的道理而推导人事吉凶的学术派别。象数学派的代表人物有汉代的孟喜、京房、焦延寿，宋代的陈抟（tuán）、邵雍等人。

孟喜、京房、焦延寿都是汉代易学的代表人物。其中焦延寿的著述已经失传，而孟喜和京房的易学观点被易学界称为“孟京易学”，属于汉代的官方易学。据司马迁《史记》和班固《汉书》记载：秦始皇焚书，《易》因为是卜筮之书而得以幸免，故先秦易学的传授并未中断。这条传承系统是：孔子传《易》于商瞿，瞿传楚人轩臂子弘，弘传江东人矫子庸疵，疵传燕人周子家竖，竖传淳于人光子乘羽，羽传齐人田何。田何就是汉初经学兴起时的易学大师，他传易于丁宽、服生、杨何等人。丁宽传易于田王孙，田传易于施仇、孟喜、梁丘贺。孟喜传焦延寿，焦传给京房。施仇、孟喜、梁丘贺、京房这四家易学被选为官方教材。

但汉官方易学大师的著述大多失传，只有部分零星地保存在后人的辑录中，仅有京房的《京氏易传》完整地保留下来。

我们已经说过，孟京易学属于官方易学，是汉易的主流学派。此外还有一个学派，就是以费直为代表的民间易学。官方易学和民间易学分属于儒家经学系统中的今文学派和古文学派。所谓“今文”就是两汉时通行的文字——隶书。所谓“古文”就是秦汉以前通行的文字——大篆。前者是两汉经生抄写的本子，后者是古代遗留下来的本子。两种本子有一些出入，西汉经师各信从其所据本，因此产生了今文经学和古文经学两个派别。

孟京易学发展到东汉逐渐被费直的民间易学所取代。魏唐时代也均是以王弼的义理学派为易学的主流派别。直到宋朝，象数学派才再次得以崭露头角，这就是以北宋初年的华山道士陈抟及继承人邵雍为代表的易学派别。这个派别的基本特征有两个：一是以各种图式解说《周易》原理，二是尽量回避和排除阴阳灾异说和天人感应说。但同时，邵雍又提出了一个与天人感应说相似的皇极经世图。这个图将六十四卦卦序图和其制定的古代历史年表相参照，以说明人类历史的演变过程。

因为以陈抟和邵雍为代表的宋易图书学派，不论是以图形取代文字表述，还是以皇极经世图取代天人感应、阴阳灾异说，都只是孟京易学的变异，所以一般也将他们归为象数学派。

义理学派的“义”是意义，“理”是道理。义和理无形无象，不能单独存在，需要通过文字或者图形的表述才能显现出来。所以，象数和义理可以看作同一事物的两面。如对乾、坤两卦的理解，取象说以乾为天、为阳，坤为地、为阴，而取义说以乾为刚健，坤为柔顺。乾之所以有刚健之义，坤之所以有柔顺之义，就是因为日月等天体的运行规律周而复始，从不间断，且威力强大，就是因为地能顺承天体的运动而生化万物，这就是所谓的“理”。义理学派就是注重发掘《周易》的卦名、卦爻辞和卦爻象中所蕴含的意义和道理的学术派别。义理学派的代表人物是魏时的王弼，其继承者确定为宋朝的胡援、程颐、李光、杨万里。

王弼是魏山阳人，据《魏志·钟会传》记载，他是一个“神童”，聪明过人，能言善辩。十岁的时候就特别喜欢老子的著作，在他短短二十四年的人生历程中，既注释《老子》，又注释《周易》，是魏晋玄学的代表人物。他的易学观点有三个：一是有意排斥取象说，与汉易中的象数学派相对立；二是以《易传》的基本观点解易，继承了费直的易说；三是他排斥象数之学和继承费直的易学都并不彻底。他认为世界万物可以分成许多不同的类别，但每一个类别都有一个共同的特征，就是义理。所以，人们接触这些事物时，就能按其特征联想到它的相貌，知道了它的义理也就可以明了它的特征。但他在驳斥象数派的互体、卦气、卦变、纳甲和阴阳灾异等学说的同时，又提出了一套自己的新学说来替代汉易的方法，这就是“一爻为主说”“爻变说”和“适时说”。他的这套学说并没有脱离象数学派的解易方法。

王弼之后的义理学派代表人物是胡援、程颐、李光和杨万里。胡援本人无著作传世，只有其门人根据他的讲述所做的记录编写的《周易口义》，程颐的著作有《程氏易传》，李光、杨万里为南宋人，他们的易学突出特点是“引史证经”。这个引史证经不是从《周易》形成时的历史环境中去探讨《周易》本义，而是在解释经文时引古今王朝兴替的历史事件，来证明义理学派的儒理是正确的。

这是依《四库提要》的分类对易学各派的简述。《四库提要》以来，近现代易学又有了很大的发展。可以归纳为三个方面：一是疑古；二是彻底否定《周易》原文的价值；三是肯定《易传》及易学中的义理学派对《周易》的自由发挥而形成的哲学思想。

重新审视《易经》的价值

我们知道，《易经》自它的诞生之日起，就对后来社会的政治、经济、军事和人们的日常生活，产生了巨大的影响。但随着社会的发展，历史已翻到了新的一页，一切也都发生了变化，今天的社会环境已今非昔比，那古老的《易经》在今天的社会生活中还有什么存在的价值和作用呢？

对此，一些国内外的专家学者进行了分析，他们将《易经》与中医，与建筑、现代物理学、现代遗传学等学科联系起来，认为《易经》依然有着强大的生命力，依然在一定程度上左右着现代人的思想和行为。

今天的自然学科几乎只有一个国际通行的学术体系，只有医学不同，它分为两大独立的体系，这就是中医和西医。在人类历史上，中医、西医各自独立地朝同一方向前进，中医有着几千年的辉煌，而西医则主要于近一两百年借助现代科技的发展才迅速占据了主导地位。

中医的理论基础是与中国古代的哲学思想相通的，“医易同源”就是对这种相通性的一种客观认识。中医的理论经典《黄帝内经》成书于战国至两汉之间，充分汲取了《易经》的精华，并把它创造性地和医学相结合，使中医成为一门具有很高哲理水平的自然科学。其中的阴阳五行学说、气化学说、经络学说、脏象学说、药物归经、药的升降沉浮、四气五味、五运六气学说、子午流注学说等，都与《易经》有着深厚的渊源。特别是阴阳五行学说，它直接来源于《易经》，并在中医理论中得到了详尽的发挥。

而西方医学则是在现代自然科学的基础上发展起来的。现代自然科学不仅为西方医学提供了理论基础，更提供了先进的技术和设备。从发现血液循环到心脏手术与器官移植，从合成抗生素到大量化学药物的出现，从最初使用的显微镜到目前的CT、核磁共振，西方医学的成就和优势也是大家有目共睹的。

西医的诊断手段，是中医望尘莫及的，却并未让传统的中医由此而衰弱下来。其实原因很简单，随着数十年来科学技术的飞速发展，人类的生存也面临了日趋严重的报复：一方面，同人类息息相关的森林、土壤、空气等不断受到污染和破坏；另一方面，高度紧张的生活节奏，让现代人的生理和心理严重失调。这就产生了新的医学难题：首先是疾病谱的不断翻新，一批批为西医所棘手的如心脑血管疾病、癌症、艾滋病等难治疾病纷至沓来；再就是因为生活水平的提高，人们对生命质量的要求和对健康长寿的向往，也使得保健养生日益成为医学科学的主要课题。

西医在这方面显得力不从心。原因是这些病症多属于整体性疾病，病因复杂隐匿，疾病的发生和变化受到多种因素的影响和牵制，这就让包括手术、药物在内的固定而规范的生物医学模式常常难以奏效。但是，西医之短，却恰是中医所长，中医的整体动态观察特点，有助于深入认识现代疑难杂病的本质，中医的逆向思维方式，则可以从疾病所显现的症候去探求现代疑难杂病的病因病机。尤其是中医的辨证施治，不仅可以根据其出现的症候进行细致的整体分析，而且可在不同阶段做动态处理，这对具有个体医学特征的现代疑难杂病有着重要意义。

《易经》的整体思维模式受到现代生命科学研究领域的重视。

中医的这种整体思维特点则来自《易经》的天人合一的整体观。与西医把人体视为一个孤立的封闭系统与其生存环境中的致病因子相抗衡的主体思维模式不同，中医则把人体看成是一个与外在世界的变化对立统一的开放系统。在这个系统中，内在各个部分之间的不平衡被认为是人体疾病产生的根本原因，疾病的发展则是阴阳失调、邪正斗争的过程。中医重视机体的内因，有“邪之所凑，其气必虚”“正气存内，邪不相干”的观点，所以中医认为治病就是调整阴阳，扶正祛邪，调节人体各部分之间的平衡，从而避免人与自然变化之间的矛盾的激化。

中医，这种来自《易经》的古老而独特的整体思维方式对现代人体科学的研究有着非常重要的启迪作用，认真地探讨人体内部与外部、生物与环境之间的复杂关系，也越来越受到现代生命科学研究领域的重视。

《易经》对中国建筑学的影响也是极为深远的。在古代，它以其“意”与“象”结合的思维模式，以及阴阳协调的原理，孕育了世界上独一无二的中国古代风水学，同时也使得这一学问在中国的建筑学领域发挥得淋漓尽致。

先以北京城及故宫为例，北京城按照《易经》天、地、人“三才之道”，将皇宫称为紫禁城，以与天上的紫微垣相应。

故宫三大殿：太和殿、中和殿、保和殿，象征天阙三垣。前殿为阳，后寝为阴，后寝三大宫为乾清宫、坤宁宫和交泰宫。三宫名称皆合乎《易经》中乾为天、坤为地，乾为君、坤为臣，乾为父、坤为母的原则，所谓乾天清轻上扬，坤地重浊下凝，地天交合而成泰，人伦之大吉。围绕三宫又分左右十二宫，即东六宫与西六宫，合之十五，以应河洛中轴运枢之妙。东西十二宫，以应十二辰，象征妇道遵从地道，无成有终。

北京城门，外城七门，喻面南向明而治，内城九门，喻九五之尊统御四宇。皇城大门南有天安门，北有地安门，东有东安门，西有西安门，象征先天八卦乾天坤地、离日坎月之格局。午门、神武门、东华门、西华门又主朱雀、玄武、青龙、白虎等天象二十八宿。内城东南崇文门，西南宣武门，象征左文右武。东北安定门、西北德胜门，象征文治武功、怀柔天下。东直门、西直门，象征日月出没的阴阳大道。中轴线十五里，象征河洛运枢左右逢源之常数。

这是中国古代建筑运用《易经》理念的典型案例，同样在今天的现代建筑中，我们也可以找到这样的例子，如世界著名建筑师贝聿铭在20世纪80年代设计的香山饭店，无论总体布局，还是细节处理，设计者几乎都在不断地、反复地运用易学的象数与符号，强化建筑本身的民族文化与艺术内涵。由此可见《易经》“天人合一”强调人与自然和谐相处、因地制宜的思想，在中国现代建筑学领域依然有着很强的生命力。《易经》与物理学，本来并不存在直接联系，但由于现代科学内部产生的新自然观和新科学观，使得一些科学家认为他们的新观念的发展方向与东方古典哲学《易经》的思想基本一致。因此，美国的高能物理学家卡普拉说：“过去数十年间，现代物理学引起的变化，好像在走向类似东方的世界观：宇宙的全部现象是一个不可分离的和谐的整体。”

20 世纪现代物理学中关于原子和亚原子领域的探究已经表明，我们今天的许多基本观念都应该改变，比如物质、时间、空间和因果关系等。

对于时空的认识，在远古时代，人们认为是天圆地方，后来有了牛顿的绝对时空观，又有了爱因斯坦的相对论时空观，近年又出现了在“光速改变”（VSL）理论基础上的新时空观，而最近建立在“超弦理论”基础上的多维时空观则成了令很多人关注的焦点。

说到多维时空观，我们先从一维时空说起，假如存在一个“直线国”，那里的每个人都生活在直线这样的一维时空中，在他们的国度根本没有平面的概念，这就是一维世界。二维时空应当是一个平面，假如有这样一个“平面国”，那生活在这个国度的人只有平面的概念，如果你用笔画一个圈，他们就永远无法离开这个圈，因为在他们的世界里，根本就没有向上这个概念。三维世界就是我们现在生活的世界，在这个世界里，人们认为空间是绝对的，而四维就不可想象，也是不存在的。那么，四维时空存不存在呢？从数学的角度，早在 19 世纪 50 年代，德国数学家黎曼就超越了欧几里德几何学，提出了四维空间的概念。物理学家则认为，宇宙中不但存在四维时空，还存在五维、六维甚至十维时空，早期的宇宙，处于一个绝对真空中的奇点，此时存在一个十维时空，但十维时空是不稳定的，于是有了我们这个宇宙的创生，在宇宙创生时期，十维时空断裂为四维时空和六维时空，六维时空收缩为无限小的奇点，四维时空处于宇宙的大爆炸阶段，于是有了现在我们这个膨胀的宇宙，倡导十维时空学说的科学家认为我们这个宇宙在爆炸中创生，将来会变成收缩的宇宙，并再次收缩为一个奇点，然后再重复宇宙创生的一幕，这就是宇宙的未来。

此外，《时间简史》的作者——物理学家霍金则认为，我们生活的这个宇宙是众多平行宇宙中的一个，宇宙就像飘在空中的众多肥皂泡，每个肥皂泡都是一个宇宙，各个肥皂泡之间是没有任何联系的，我们只不过是生活在多维平行宇宙中的一个，如果有可能在两个宇宙间打开一个洞，也就是所谓的虫洞，那么人类通过这个虫洞就可以实现超越时空的旅行。也就是说宇宙的层次是无限的，世界是无穷的，而空间可以改变，时间也会改变，并且时间是可逆的。

说到“维”的概念，其实早在几千年前就已经在《易经》的太极八卦图中出现了，只不过当时还没有用“维”这个字而已。《易经》中讲：易有太极，太极生两仪，两仪生四象，四象生八卦。太极指的就是一维时空，两仪指二维时空。因为微观上的正反物质不受空间限制，都可在对方世界中出现，它们的空间就共为二维，但正反物质在一个世界中出现，时间是互为反向流逝的，所以它们的时间也是二维，三维微观世界对于正反物质也可以说是四维微观时空，就是所谓的两仪生四象。也可以说微观上的正物质的时间、空间各为一维，反物质的时间和空间各为一维，这样相加就是四维微观世界。正世界为四维微观时空，反世界也为四维，相加为八维，八卦就是指正反世界的八维宏观时空。宇宙就是由四维微观世界创生出八维宏观世界的，也就是四象生八卦，由此可推演至无限。

《易经》中，时间符号是以十天干和十二地支来表示的。空间符号主要是《河图》《洛书》、先天八卦和后天八卦。以后天八卦和《洛书》九宫相配，表示地面上的九个方位，即东、南、西、北、东南、西北、西南、东北和中央；以先天八卦和《河图》相配，表示上下左右、正转反转、天高地卑、山泽通气、风雷相薄、水火不相容的立体动态球形空间。如果将先天八卦图竖着看，后天八卦图横着看，就会看出"法相自然之妙"，即日月循环、阴阳交汇，组成的一个完整的立体宇宙模型。

一般人认为，对《易经》与现代物理学之间所做的比较只有很微小的价值，但是如果努力构造一个全新的概念体系，从《易经》与现代物理学两方面吸取营养并加以综合与改造，也许会找出现代物理学时空理论发展的一条新思路。

有学者还将《易经》与现代遗传学联系起来了。《易经》中的"天地之大德曰生""生生之谓易"，强调的是生命演化思想。现代遗传学则强调基因对遗传信息的传递。《易经》中强调了宇宙和人类社会的变化和演化，认为一切事物都处于不断变化之中。遗传学也关注生物界的变化和演化过程，研究遗传信息如何在不同个体之间传递和改变。

有趣的是，《易经》有六十四卦，遗传密码表也有 64 种密码子。六十四卦是八卦任意两种互相组合而成的，将变幻莫测的宇宙万物的运行规律都囊括在内。64 种密码子则是任意 3 个组合编写成一个氨基酸代码，氨基酸构成蛋白质，蛋白质则是人的生命和发展的基础。

《易经》中的每一卦都是由六爻组成的，六爻可以通过一些小小的变动就产生新的卦象，指向全新的含义，这就是俗称的"变卦"。而基因序列也会因为密码子的小小变动，而导致个体遗传特征的改变，这就是基因突变。

以上种种巧合，体现的是智者们对自然规律的观察和思考。《易经》中的八卦和六十四卦代表了自然界的各种现象和运动规律，包括天地变化、四时流转、阴阳消长等。通过学习《易经》，我们可以更好地理解自然界的运行机制和变化规律，更好地认识到自然界的复杂性和脆弱性，从而加深对大自然的尊重和认识。在观察大自然时，我们也可以借鉴《易经》的思维方式，从中发现隐藏在自然现象背后的深层次规律。《易经》告诉我们，万物之间都存在着相互联系和相互制约的关系，只有保持平衡，才能使生态系统得以良好运转。

《易经》基本概念

太极

论太极

宇宙万有，森罗列布，错综复杂，瞬息变化。这种神奇的造化和玄妙的现象，总有一个源头，也必有其创始。这个源头与创始是什么？简单地说，就是“气化”。换句话说，宇宙万有成因于气化。而在这气化以前的境界实在难以言传，无以名之，就名之为“太极”。

《系辞传》说：“是故易有太极，是生两仪。”因为“太”者乃最大之称，“极”者是终极之义。乾卦的彖传说：“大哉乾元。”坤卦的彖传说：“至哉坤元。”在乾坤未判之前，合乾元坤元为一，亦大亦至，故名“太极”。这是孔子最正确的解说。又说：“太极者立乎天地之先，超乎阴阳之上。”也就是说，没有天地，没有阴阳以前，就有了太极。

那么，这个宇宙在天地未分、阴阳未判以前，究竟是什么景象？根据古人的述说，那时的景象是：“鸿蒙混沌，渺冥虚空，无形无象，无声无臭。”从这里我们可以体会到“太极”的境界，就是至大的、至极的、元始的、绝对的境界，它无形、无象、无声、无臭，既无精神又无体质，甚至也无法用言语文字来形容。

太极既然无形无象，无声无臭，混沌一片，虚空渺冥，又如何能创造这星罗棋布、千变万化的宇宙呢？这是我们要探讨这神奇奥妙的宇宙的主题，也是我们研究易学的旨趣所在。

在《易经》的理论上，宇宙的成因是“气化”。不过这里所谓的“气”，不是一般所指的如空气、氮气、氢气、氧气等的气。气体的气只是后天的气体，它有形、有质、有象、有征。我们的先哲所指的“气化”，乃是先天的

“无”，它虽无形无质、无声无臭，可是它“有神有气，有灵有显”，在“一无流行”的作用之下，生动生静，分阴分阳，如是化育了这林林总总、森罗万象的神奇宇宙。现在我们遵循着前人的启示，来做进一步的探讨与了解。

孔子《系辞传》曰：“是故易有太极，是生两仪，两仪生四象，四象生八卦，八卦定吉凶，吉凶生大业。”

杭辛斋氏曰：太极者，立乎天地之先，超乎阴阳之上。非言辞拟议所可形容，盖状之以言则有声，拟之以形则有象，有形有象皆非“太极”。

老子曰：“有物混成，先天地生，独立而不改，周行而不殆，可以为天地母，吾不知其名，字之曰道。”这个“道”字所指的即近乎“太极”的境界。又说：“道生一，一生二，二生三，三生万物。”这个启示，即是说由道而生阴阳之气，再由阴阳和合的冲气以生万物。此亦相当于《系辞传》所谓的“太极生两仪，两仪生四象，四象生八卦”的道理相吻合。

汉儒郑玄谓：“太极为极中之道，淳和未分之气也。”此以太极释“气”。

宋儒朱子谓：“易者阴阳之变，太极者，真理也。”此以太极释“理”。

根据以上先哲的这些启示，我们可以把它归纳起来，得到一个综合性的了解。在那未有天地之先的漫长、恍惚、虚空、渺冥的境界里，所谓鸿蒙混沌、阴阳未判的情况之下，虽然无形、无象、无声、无臭。可是就在这种神奇奥妙的孕育中，本然地就有一“无”之流行。这一气化，我们也可以把它叫作“生元”作用。以现代科学的观点来看，它相当于天地间的“能量”，也就是宇宙的“本能”。所谓本能，也就是“它”自己自然而然地如此运化。所以《系辞传》云：“天地之大德曰生。”指宇宙进化、万物衍生是自然而然、生生不息的。因此，我们把它叫作“生元”。它没有条件，没有造作，循乎自然，气机一动，感而遂通。因为太极的境界，原本就鸿蒙混沌，寂然渺冥，此即所谓先天境界。

然而这种现象，不能永恒不变。由于生元的运化作用，自然而然地，由动而静，由无而有，即由先天衍化而至后天。在“太极动而生阳，动极而静，静而生阴，静极复动”这种自然而然、相激相荡的作用之下，由太极而演生两仪，也就是说由浑沦一片的太极境界，而分出阴阳两种气化来。由于两气交感的作用，互为因应，相辅相成，再逐渐演变成为森罗万象、多彩多姿的世界。所谓两仪，就是阴阳两种气化的容貌，它们都是由太极演化而来，所以两仪内各含太极，因此古人亦谓：“无极而太极，太极本无极，一物一阴阳，一物亦太极。”太极本于无极。太极本无形无象，但因两仪而有形象。

总之，太极为宇宙的创始，万有的根源，一切变化、成长、生灭、盈虚、盛衰，皆由太极演变而产生。

太极既立乎天地之先，也超乎阴阳之上，它无形无象、无声无臭，甚至我们无法以文字语言来形容，又何来图像呢？故在宋以前，根本是没有图说的，直到宋代的易学家周濂溪氏承传陈希夷氏之学以后，才有图像。相传太极图有多种，兹举其要者，分述于下。

周濂溪太极图

周氏太极图说曰：

一、造化枢机。

“无极而太极，太极动而生阳，动极而静，静而生阴，静极复动，一动一静，互为其根，分阴分阳，两仪立焉。阳变阴合，而水火木金土五气顺布，四时行焉。五行一阴阳也，阴阳一太极也，太极本无极也。”

二、资生之源。

“五行之生也，各一其性，无极之真，二五之精，妙合而凝。乾道成男，坤道成女，二气交感，化生万物。万物生生而变化无穷焉。”

周濂溪太极图

三、主静立极。

“惟人也得其秀而最灵。形既生矣，神发知矣，五性感动而善恶分，万事出矣。圣人定之以中正仁义，而主静立人极焉。故圣人与天地合其德，日月合其明，四时合其序，鬼神合其吉凶。君子修之吉。小人悖之凶。”

四、原始反终。

故曰：“立天之道曰阴与阳，立地之道曰柔与刚，立人之道曰仁与义。”又曰：“原始反终，故知死生之说。大哉易也，斯其至矣。”杭辛斋氏释曰：“周子图，出自希夷，宋儒讳之甚深；然希夷亦非自作也，实本诸参同契。”彭晓注参同契，有明镜图诀一卷。毛氏奇龄曰：“参同契诸图，自朱子注后，学者多删之，徐氏注本已亡，他本庞杂不足据，惟彭本有水火匡廓图、三五至精图、斗建子午图、将指天罡图、昏见图、晨见图、九宫八卦图、纳甲图、舍元播精图、三五归一图。”今周子之黑白分三层者，即水火匡廓图也。其中间之水火木金土，即三五至精图也。图式虽同，尚未有太极之名也。考《唐真元妙经品》，有太极先天图，合三轮五行为一，而以三轮中一〇五行下一〇为太极。又加以阴静阳动男女万物之象，凡四大〇，阴静在三轮之上，阳动在三轮之下，男女万物皆在五行之下，则与周子之图名义皆同，但多先天二字耳。然则此图，自道家传出，已无疑义。周子但为之说，并将上下次序略有修改而已。首曰无极而太极，终有语病，当时陆梭山已有疑义，与朱子往反辩论，累数万言。朱子虽曲为回护，并于太极图说注中，申明谓“非太极之上复有无极”，但其图明明太极之上有无极，其说终不可通也。其作本义，取邵子先天诸图，而不以此图列诸卷首，殆亦有所悟欤！

先天太极图

先天太极图

先天太极图，亦称“天地自然之图”、卦气图，简称先天图、太极图，据宋明易学家考据，此图出自陈抟手，一说源于蜀之隐者，明赵伪谦《六书本义》、赵仲全《道学正宗》等皆有论述。此图最早载于《六书本义》。图中黑白两条鱼形，乃阴阳二气环抱之状，阴气盛于北方，为纯阴，居坤卦之位。阳气盛于南方，为纯阳，居乾卦之位。阴气盛于北，阳气始生，居东北震卦之位，卦象为一阳二阴，表示阳气尚微弱。其后，经过东方离卦，东南兑卦位，至乾卦位，卦象为三阳，阳气极盛。阳气极于南，阴气初生，居西南巽卦位，卦象为一阴二阳，表示阴气尚薄弱。其后，经过西方坎，西北艮，至坤卦位，卦象为三阴，阴气极盛。如此循环不已。图中左白部分居东方，与右白部分相呼应，环抱黑的部分，表示二阳中挟一阴，为离卦象，此即对过阴在中。右黑部分居西方，与左黑部分相呼应，环抱白的部分，表示二阴中挟一阳，为坎卦象，此即对过阳在中。左白部分，从震棂一阳生，到离槅二阳挟一阴，再到兑樫二阳增长，最后到乾椸三阳极盛，为阳息的过程。右黑部分，从巽椼一阴生，经过坎槆艮格二卦，二阴增长，到坤楔三阴全盛，为阴息的过程。

图中黑白两鱼尾，表示阴阳二气初起，黑白两鱼头，左方表示阳起而迫阴，阴避阳，回于中宫。右方表示阴起迎阳，回入中宫。黑白两鱼眼，表示阳中有阴，阴中有阳。此图与古太极图相比，只少表示方位的指示线条，余则相同，两图均以图形言阴阳变易，后世所制其他太极图式，均未脱离此图基本内涵，足供学者深入探讨。

古太极图

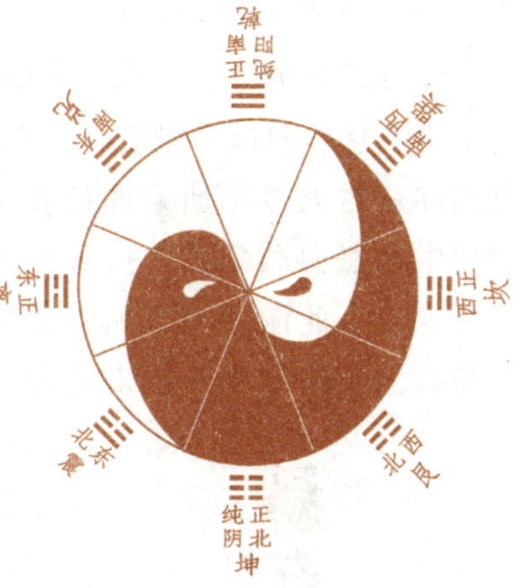

古太极图

古太极图亦称“伏羲八卦方位太极图”或“参同契太极图”。传为古代方士解释《周易参同契》图示，较早见于明初赵仲全《道学正宗》。此图概括了参同契中所说的月体纳甲、二用、三五、九宫、八卦、鼎器、药物、火候诸内容，两边白黑交互，白以示阳，黑以象阴，阴阳不相离，阴中含阳，阳中含阴，图以八分，据其各自属性，分别配以八卦，揭示丹家进退行持的火候。震棂始交阴而阳生，自震棂到兑棂再到乾桅而阳极盛，阳盛极于南。巽榆始消阳而阴生，自巽榆到艮格再到坤楳而阴盛极，阴盛极于北。其中八分，震棂东北，白一黑二，一奇二偶；兑棂东南，白二黑一，二奇一偶；乾桅正南，全白三奇；巽榆西南，黑一白二，一偶二奇；艮格西北，黑二白一，二偶一奇；坤楳正北，全黑，三偶；离槁正东，取西之白中黑点，为二奇含一偶；坎榆正西，取东之黑中白点，为二偶含一奇。清胡渭“易图明辨”认为，此图即其阴阳盛衰之数，以推晦朔弦望之气，而知其理有合符节者矣。阳气生于东北，而盛于正南，震、离、兑、乾在焉。即望前三候，阳息阴消之月象也。阴气生于西南，而盛于正北，巽、坎、艮、坤在焉。即望后三候，阴息阳消之月象也。阴极于北，而阳起薄之，阴避阳，故回入中宫，而黑中复有一点之白，阳极于南，而阴来迎之，阳避阴，故回于中宫。而白中复有一点之黑。盖望夕月东日西，坎离易位，其黑中白点即是阳光，白中黑点即是阴魂。并以此推断陈抟之学，源出参同契。该图与几乎同时见世之“天地自然之图”相类似，只多出表示方位的指示线，其余均相同。古太极图蕴含极深的哲理，对后世影响极大，在太极图系中占有重要地位。

来瞿塘太极图

来瞿塘太极图

此明代蜀中隐者来知德氏之图，此图中空以圆，用以象征太极，其图白者为阳仪，黑者为阴仪，黑白二路互回，表示阳方盛而阴已生，阴方盛而阳已生，有生生不息、循环不绝之义。杭辛斋谓：此图亦从古太极图研索而出者也，图中以居中之黑白两条线，代表原古太极图中的两点。此图为圣人所作易之原，理气象数、阴阳老少、往来进退、常变吉凶，皆寓于其中。体现伏羲六十四卦阴阳消长之理，反映伏羲八卦、文王八卦方位，及一年气象、一日气象、天地形象、帝王文章，以及人才等混沌状态。

端木国瑚之太极图

端木国瑚之太极图

有清端木国瑚氏作太极图，亦称“易有太极，是生两仪图”，其图为一圆圈中列一直线，分圆为二，体现《系辞传》“乾坤成列，而易立乎其中”之意，中线左边为阳仪，右边为阴仪，其太极之义自然显现。端木氏认为，太极之理不可用图表达详尽，然而无图又不足以明阴阳运化之妙，因此便舍弃太极而图两仪，若两仪之理表明，则太极自然存乎其中，无象之象，因象而显，于是作此太极图。清杭辛斋氏认为，此端木国瑚氏之图也。并详解“是”字的深刻含义，于文日正为是，下正北方正，而上直日，日中影正，影正则左右自分为两，左阳而右阴，故易于乾之初爻曰不见是，未济之上爻曰有孚失是，全易六十四卦，三百八十四爻，以此一“是”为始终，其故可深思也。有丨画中央，便分两列，《系辞传》曰："乾坤成列，而易立乎其中矣。"是则乾坤左阳仪、右阴仪，从丨生出，是太极，是两仪，一至而二分（东西分，南北至）是一是二，易阴阳生，不待直言太极生两仪，此为易有太极是生两仪。以上五图，皆称太极。唯周子之图，仅见于理性诸书，习之者今已不多。来子之图，传亦不广。唯古太极图，则风行宇内，几与八卦并传。图像虽精，但与孔子"太极"二字之义，实不相符。此为学易推原象数之第一步，不可不深思明辨，而求得其至当之义者也。

两　仪

两仪，指天地，引申代表一切可以二分的、相对的事物。

宇宙间的万事万物，无不由两个以上的分子或元素组合而成形成体。由于气化氤氲的作用，自然而然地发展和成长，进而形成生灭盛衰的现象，并产生彼此因应生克的关系。太极本来是鸿蒙混沌、阴阳未判的境界，由于前述气化氤氲的作用，动而生阳，静而生阴。如是一分为二，逐渐分裂，由太极之混沌境界而分判为阴阳二气，是为两仪。仪者，容也，匹也，有一对、一双之义。

两仪既有动静，则可初见其容，凡气化皆具有兴奋、推动、温煦的能力，向外挥发，因而发光发热，以成万有之"能"的，即为"阳"，其爻象为"—"。凡气化皆具有抑制、收敛、滋润的能力，向内凝聚，因而现形现体，以成万有之"质"，即为"阴"，其爻象为"--"。阴阳两种气化，其属性本来相反，但其作用则相生相成。故宇宙万有，无一不在对立与统一的作用中运行。由自然现象之大小长短，到社会现象之是非善恶，只要有现象发生，便有两仪的相对原理存乎其间。它是以二进位的方式持续不断地发展，所以才衍生林林总总的大千世界。

《系辞传》云："易有太极，是生两仪。"此即老子所谓"道生一，一生二"的道理，两者的理论互相吻合。阐明万事万物的生成发展变化，相辅相成，不断衍生。虞翻云："两仪即乾坤也。"朱子曰："两仪者，始为一划，以分阴阳。”总之，两仪就是阴阳两种气化的代表。

太极之数为一，动而生阳，阳数起于三，静而生阴，阴数起于二，故曰三天两地而倚数，即以三与二之比例，阴阳两者之功用，便显出大小的差别。《易经·系辞》中因而称之为：“阳大阴小，阳先阴后。”阳无形，阴有体。人类的精神意志属于阳，四肢百骸属于阴。精神意志可以指挥四肢百骸，而四肢百骸却不能指挥精神意志。即基于阳大阴小之不同，从而产生种种作用和变化。推而至于社会、国家、天时、地理、万事、万物，其彼此相因相成，生灭、先后、成败、得失，无不本于由一而二，由小而大，阴阳对待之原理而生生不息，变化万千，靡有底止。兹将阴阳两仪之爻象代表，略举如下。

阳仪　其数一，代表奇数、正数、正面、外在、俯下、左边、实际、精神、德生、光明、善、刚、男、动。

阴仪　其数二，代表偶数、负数、反面、内在、仰上、右边、空虚、物质、刑杀、阴暗、恶、柔、女、静。

《系辞》中说：“是故《易》有太极，是生两仪。”又说大衍之数，中有“分而为二以象两”，这里的“两仪”“二”“两”，都是指天地。是太极的初分，是天地之数，所以《系辞》又说：“天尊地卑，乾坤定矣；卑高以陈，贵贱位矣；动静有常，刚柔断矣。”由天地引申，而有尊卑、乾坤、贵贱、动静、刚柔。又：“乾道成男，坤道成女；乾知大始，坤作成物；乾以易知，坤以简能；易则易知，简则易从；易知则有亲，易从则有功；有亲则可久，有功则可大；可久则贤人之德，可大则贤人之业。阖户谓之坤，辟户谓之乾，一阖一辟谓之变。”

两仪是一种相对的关系，虽然说在人的方面，意志为阳、躯体为阴，理智为阳、欲望为阴。在社会的方面，大众为阳、小我为阴，公益为阳、私利为阴。但是没有躯体，意志就无法实现，没有小我，大众就无法形成。所以理智与欲望，公益与私利，尽管有主从的分别，但仍须平衡，才能构成一个和谐圆满的世界。

四象

四象在《易经》中是指阴阳消长的四个特征，即太阳、少阳、太阴、少阴，又可以引申为四时、四方与四国等。

象者，形象也，礼乐注云："象，光辉也。"《系辞传》云："在天成象，在地成形。"《国语·周语》曰："象，况日月星辰，宇宙化生万物，当其显，必有象。"欲认识宇宙之变化，了解事物之变迁，首当自辨"象"开始。

太极生两仪，两仪只是阴阳两种气化的发端，而气化的性能变动不居，周流六虚，互相之间自然而然会回环复合，如：阳气化与阳气化相复合，两两皆阳，谓之"太阳"；阴气化与阳气化相复合，阴附于阳，一阳一阴，谓之"少阴"；阳气化与阴气化相复合，阳附于阴，一阴一阳，谓之"少阳"。阴气化与阴气化相复合，两两皆阴，谓之"太阴"。所有两仪之间的复合，不外上述四项途径，这就是四象，两仪只能始见其容而已，仪进而为象，则有光耀之著。

《乾凿度》曰："有太易，有太初，有太始，有太素。太易者，未见气也。太初者，气之始也。太始者，形之始也。太素者，质之始也。"四象之于气，盖在太初与太始之间。

阴阳之所以分为太、少，是表示阴阳两种气化在本身上成长的程度。太阳为以阳加阳，阳之本身可以独立而发用，故于阳则称为太。少阴为以阳加阴，阴之本身必须附阳而发用，故于阴则称少。少阳为以阴加阳，阳之本身必须附阴而发用，故于阳则称少。太阴为以阴加阴，阴之本身可以独立而发用，故于阴则称为太。

四象的次序，在它的"位"来计算，太阳为一，少阴为二，少阳为三，太阴为四。在"数"而言，太阳为九，少阴为八，少阳为七，太阴为六。

四象系属阴阳两种气化初步的复合而成为太阳、少阴、少阳、太阴。在数而言，阳始于一，生于三，合于五，小成为七，大成为九，故七为阳数之稚，九为阳数之究。阴始于二，分之为四，再析为八，因无七不成九，无八不成六，盖阳主“进”而阴主“退”也。《河图》一六同位（一六共宗）即七中有一六也，二七同位（二七为朋）即九中有二七也。若以五为基数，则阳七之中藏有阴数二，阳九之中藏有阴数四，阴六之中藏有阳数一，阴八之中藏有阳数三。成数之中皆有对数，奇偶相错、参伍以变，乃四象演绎而成万象之理也。

四象在时令而言，即春、夏、秋、冬也。春温，乃属少阳；夏暑，乃属太阳；秋凉，乃属少阴；冬寒，乃属太阴。以地球绕日为阴阳正反循环之象，阳起于子而终于巳，子丑寅三宫为少阳，卯辰巳三宫为太阳。阴起于午而终于亥，午未申三宫为少阴，酉戌亥三宫为太阴。一日之子午卯酉、十二时辰，一年之春夏秋冬、三十六宫、七十二候，寒暑之变化，节令之运行，皆由四象之推演而显现矣。

《河图》与《洛书》

《河图》《洛书》是中华文化易经八卦和阴阳五行术数之源。相传在中国上古时代，有龙马负图出于黄河，伏羲见之，创为先天八卦；大禹治水时，在洛河中浮出了神龟，大禹用它做成九畴，后来，人们就以“河出图”“洛出书”表示太平时代的祥瑞。

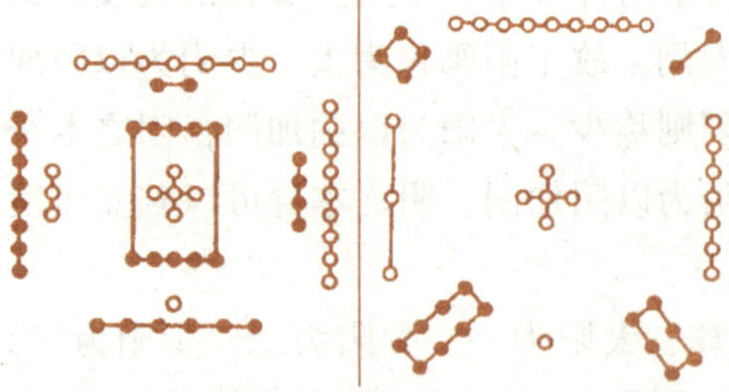
《河图》与《洛书》

《河图》是用 10 个黑白圆点来表示阴阳、五行、四象的，其图为四方形。分别为：北方 1 个白点在内，6 个黑点在外，表示玄武星象，五行为水；东方 3 个白点在内，8 个黑点在外，表示青龙星象，五行为木；南方 2 个黑点在内，7 个白点在外，表示朱雀星象，五行为火；西方 4 个黑点在内，9 个白点在外，表示白虎星象，五行为金；中央 5 个白点在内，10 个黑点在外，表示时空奇点，五行为土。这里面单数为白点、为阳，双数为黑点、为阴。四象之中，每象各统领七个星宿，共 28 宿，按古人坐北朝南的方位为正位就是：前朱雀，后玄武，左青龙，右白虎。是风水象形之源。

《河图》的 10 个数，1、3、5、7、9 为阳，2、4、6、8、10 为阴。阳数相加为 25，阴数相加得 30，阴阳相加共为 55 数。所以古人说："天地之数五十有五""以成变化而行鬼神也"。即万物之数皆由天地之数化生而来。又"天一生水，地六成之；地二生火，天七成之；天三生木，地八成之；地四生金，天九成之；天五生土，地十成之"。所以：一为水的生数，二为火的生数，三为木的生数，四为金的生数，五为土的生数；六为水的成数，七为火的成数，八为木的成数，九为金的成数，十为土的成数。万物有生数，当生之时方能生；万物有成数，能成之时方能成。所以，万物生存皆有其数。

《河图》中：土为中、为阴，四象在外、为阳；木火相生为阳，金水相生为阴；五行中各有阴阳相交，表示阴阳互根同源之理，中土为静，外四象为动，表示阴阳动静之理。若将《河图》方形化为圆形，木火为阳，金水为阴，阴土阳土各为黑白鱼眼，就是太极图了。此时水为太阴，火为太阳，木为少阳，金为少阴，为太极四象。所以《河图》为阴阳之用，易象之源。

将《河图》四方的八个数旋转而排成八方即为八卦，每方一个数纳地支十二气象，就是《洛书》。只是将火的 2、7 数与金的 4、9 数变换了位置，同时土五为中显用而游寄八方，故为九星，土十则不显而藏于用。这样成为戴 9 履 1，左 3 右 7，4、2 为肩，8、6 为足，九个数纵横交叉皆为 15 数，尽显五行之妙。

《洛书》的数 1、2、3、4、5、6、7、8、9 阴阳和为 45，为五行天地万物生死存亡之数。五行水一、火二、木三、金四、土五。阳数和为 9，阴数和为 6，故卦爻里阳爻称九，阴爻谓六。阳数、阴数和为 15，是天、地、人三才五行的数。《洛书》九星又称紫白九星，九星之数为逆行；九紫、八白、七赤、六白、五黄、四碧、三绿、二黑、一白，每年一星，一直运行到现在。当年所在之星的卦象，就是当年出生之人的风水命卦。此数与吉凶关系密切，故多用紫白九星测吉日。《洛书》数九，取一为体、八为用，因此九星用八卦，运数 15，周流八方为 120 数，共三才而合为 360 数，为周天之数。同样的道理，《洛书》总数为 45，周流八方也可以得周天之数 360。

《河图》为四方四面，《洛书》为八方八面。任一个平面皆东西南北为四正，为阳数 1、3、5、7、9，为阴数 2、4、6、8。《洛书》将《河图》的四面化为八方，五行数位也相应起了变化：一仍是水，六化为金，三仍是木，八化为土；二化为土，七化为金，四化为木，九化为火；五仍为中，显用而游寄八方；十为体显于合用之数而不自显。故《河图》之数为十，以一为体、九为用，其用为《洛书》；《洛书》九宫，中五为体显用以八卦，为阴阳用于万物与人。

卦

所谓“卦”，即挂也，代表体，为万物、万象之源。

读《易经》最先出现的，就是卦的符号。那究竟什么是卦呢？《易经》所说的卦，是宇宙间的现象，卦者，挂也，是一种挂在我们眼前的现象，故而称其为卦。即悬出来的物象以示人，以符号 — 代表万类，是“无尽象”，即万象之源。

因此《易经证释》说：“卦一而用众，如乾三之为象简，而所象无尽。”讲得既具体又透彻，又说：“卦虽分内外、上下及交互，旁通各卦。而有其主用，有其本世，有其客应，有其臣使……故一卦有无穷象。”“故习易者，于易外求易，以尽其变，于象中分象，以通其神，而后得圣人之心，垂象示教之意也。观象也，必观其来往、动定，必辨其分合、交错，必类物以别名，审情以辨性，而不失其中极焉。”的确是这样的。

并且“卦”这个字，本身就有八画，代表的就是卦的八变，是根据先天八卦的重叠推演而来的，它由阳爻和阴爻按照一定规律分别组合，来说明自然界和人类社会变化规律的一切现象，卦是为《易经》特定的占筮目的而组成的符号排列的，是《易经》的基本组成单位。

爻

何谓“爻”？为效也，又代表易的变化交错，是组成卦的基本单位，其中“—”称作阳爻，“--”称作阴爻。

有关“爻”的注解，孔子说：“效天下之动者也，是故吉凶生而悔吝著也。”“爻”又可解释成“交”，代表易的变化交错，“爻者，交也”。为什么“爻”就是交呢？这是说明卦在告诉我们，宇宙间万事万物，时时都在交流，不停地发生关系，引起变化，所以叫作“爻”。

《易经证释》说：“爻六而变多”“爻则六，而所效之数，不可纪述”“爻有无尽义，此皆变易之所见也”。意思是说“爻”一字将六十四卦所代表的三百八十四爻，再加注文辞，用来断定它的吉凶，极尽了天下的现象。

卦爻由下向上数，共为六个爻。六个爻分为三部分：初爻、二爻为地，三爻、四爻为人，五爻、上爻为天。这三部分称为“三才”。天之道说的是阴和阳，地之道说的是柔和刚，人之道说的是仁和义。

八　卦

“八卦”就是告诉我们宇宙之间有八个东西，这八个东西的现象挂出来，就是八卦，它代表的是构成天地万物的八种元素。

其实说起来，宇宙就是一本《易经》，宇宙的现象都挂在那里，可总结出八种现象，这八种现象分别由“乾、坎、艮、震、巽、离、坤、兑”八个卦来表示，这八个分别由三个爻组成的卦，也叫经卦或单卦。

八个卦中第一个是乾卦，代表天，我们仰头一看，天总是在上面，到了太空倒转头来，头上还是天，所以天是在头顶上的。第二个是坤卦，代表地，人类是地球的生物，地总是踩在脚底下，这个地的现象就在那里。第三个是离卦代表太阳。第四个是坎卦代表月亮。天、地、太阳、月亮像球一样，在不断地转，代表了时间、空间和宇宙，月亮和太阳不停地旋转于天地之间，于是又有四个卦挂了出来。第五个是震卦代表雷；古人认为宇宙间有这种电能，电震动了就是雷，雷震动以后，有了气流，就是风，所以第六个是巽卦，代表风，亦即气流，气流震动得太厉害，一摩擦又发电，又回转了，就是“雷风相薄”。第七个是艮卦，代表高山、陆地。第八个是兑卦，代表海洋、河流。在宇宙间，这八个现象相互对立，又变化出各种不能穷尽的状况来。

传说先天八卦为伏羲所创，两两相对，从本质上揭示了宏观世界普遍存在的对立统一及其阴阳消长的客观规律。所反映的是宇宙诞生初期的万物万象之形。

什么叫“先天”？以哲学的观点说，宇宙万物没有形成以前，即是所谓的先天，有了宇宙万物，那就是后天了。这只是一种界说，用以划分出阶段范围而已。

先天八卦是南乾北坤、东离西坎、东北震、西南巽、东南兑、西北艮。乾坤相对，称为天地定位；坎离相对，称为水火不相射；震巽相对，称为雷风相薄；艮兑相对，称为山泽通气。

乾为阳，阳气上浮故居上而在南；坤属阴，阴气下沉故居下而在北；东方为日出之地，外阳而内阴的离卦居之；西方为日落之所，外阴内阳的坎卦居之；东北属春季而雷起，故震居之；西南属秋季而风厉，故巽居之；西北多山，故艮为山；东南泽萃，故兑为泽。乾坤正上下之位，坎离乃左右之门，日月之所出入。春夏秋冬、昼夜寒暑之理皆可由先天八卦推出。

先天之气是万物生发之源，也是堪舆的理气之源。无论阴宅还是阳宅，在本质上都以先天八卦为体。不同的是从不同的渠道寻找天地的本原之气而已。先天八卦的方位，和现代我们所用地图上为北方、下为南方的情形恰恰相反，八卦的方位是上为南方，下为北方。

后天八卦就是文王八卦。反映的是自然界和人类社会的真实状况，如果“先天八卦”是表明宇宙形成的那个大现象，“后天八卦”表明的就是人在宇宙形成的那个大现象中如何顺应自然万物的变化。

后天八卦即文王八卦，方位与伏羲先天八卦不同，形成离南、坎北、震东、兑西、艮东北、坤西南、乾西北、巽东南。两者相较，文王八卦的离坎日月已代伏羲八卦的天地运行不息，震兑也代日月而升降。

关于后天八卦的卦象排列次序见于《说卦传》：“帝出乎震。齐乎巽，相见乎离，致役乎坤，说言乎兑，战乎乾，劳乎坎，成言乎艮。”其大意是说明八卦的周流运行有一定的程序。

后天八卦是从四时的推移、万物的生长收藏得出的规律，从《说卦传》中可以看出，万物春生、夏长、秋收、冬藏，每周天 360 日，八卦各主 45 日，其转换点就在四正四隅的八节上，每卦有三爻，三而八之，即指一年二十四个节气。

下面是后天八卦的排列顺序及其含义：

（1）震，为雷为木，排在东方，东方属木，木则旺于春。

（2）巽，为风为木，排在东南方，万物齐于春夏之交。

（3）离，为日为火，位在南方，南方属火，火则旺于夏，草木茂盛。

（4）坤，为地为柔，为阴土，坤自土出，南之火生土，坤排在西南方，言夏末秋初，草木归根，致养于大地。

（5）兑，为说为悦，人悦秋实收获，西方属秋，金则旺于秋。

（6）乾，其性为刚健，于物为金，时值秋末冬初，戌亥之月，阳气剥而阴气升，阴阳相薄相战于乾之方，是在草木损折之时。

（7）坎，为水为月，金生水，北方属水，子月万物已归，草木退藏，休息慰劳于子之中，故曰坎。

（8）艮，为止为终，次于坎，一年四时之循环至冬春之交，万物已终，因此而称为艮。

六十四卦

由八个单卦以不同的次序两两重合，就产生了六十四卦，六十四卦分别由六个爻组成，也叫别卦或重卦，其中由八个单卦自身相重所成的六爻之卦，也叫作纯卦，其卦名同单卦。六十四卦不是《易》卦最后的结局，而是继续演进的起点。

《易经》从太极生两仪，两仪生四象，四象生八卦，在数学上是加一倍法；但从八卦重叠成六十四卦，却是自乘法。朱熹《易学启蒙》言：“八卦之上，各生一奇一偶，而为四画者十六。于经无见，邵子所谓‘八分为十六’者是也。又为两仪之上各加八卦，又为八卦之上各加两仪也。四画之上，各生一奇偶，而为五画者三十二。邵子所谓‘十六分为三十二’者是也。又为四象之上各加八卦，又为八卦之上各加四象也。五画之上，各生一奇一偶，而为六画者六十四，则兼三才而两之，而八卦之乘八卦亦周。于是六十四卦之名立而易道大成矣。”

由六爻构成的六十四卦，以上下各三爻为一组，上方的三爻，称作“上卦”或“外卦”；下方的三爻，称作“下卦”或“内卦”。

在六十四卦的后面，附有解说全卦的“卦辞”，也称作“彖辞”。“彖”是一种有利牙之兽的兽名，是断的意思，亦即“卦辞”是每一卦的占断。“卦辞”是周文王撰写的，《史记》“自序”中说：“西伯（周文王没有称王时的爵位）囚羑里，演《周易》。”周文王在被商纣王囚禁在羑里期间，推演六十四卦，发愤著作“卦辞”。所以，《系辞》中说卦辞的含义隐微，充满了危机感。

“卦辞”的后面是“爻辞”，解说六爻每一爻的含义。据说“爻辞”也是周文王写的，但是，其中引述了许多文王以后发生的事件，所以文王的儿子周公著作“爻辞”的说法更为合理。

六十四个卦象的排列顺序，现传有两种：一种是通行的《周易》，分上下经，上经始于乾卦，次于坤卦，下经终于未济卦；一种是在长沙马王堆汉墓出土的帛书，首卦为乾，次卦为否，终于益卦。

而“卦辞”和“爻辞”的内容大致有三类：一是讲自然现象的变化，用来比拟人事；二是讲人事的得失；三是判断吉凶的辞句。这三类均在一定程度上反映了古代奴隶制的社会生活。

六十四卦方圆图是易学非常重要的一个图，所谓研易，即推演此图，宇宙、时空、人类、文明乃至万物，全在此图中。此图外面是圆图，里面是方图，取外圆内方之义。圆图为时间，方图为空间。

伏羲六十四卦方圆图，简称方圆图或先天图。陈抟说：“易学，意、言、象、数四者不可缺一。其理俱见于圣人之经，不烦文字解说，止有一图，谓《先天方圆图》也，以寓阴阳消长之说，与卦之《生变图》，并非创意所作，孔子《系辞》述之明矣。”他的意思是，学习《易经》只要有这一个方圆图就可以了，因为它包括了易学的意、言、象、数和阴阳消长之说，又合孔子

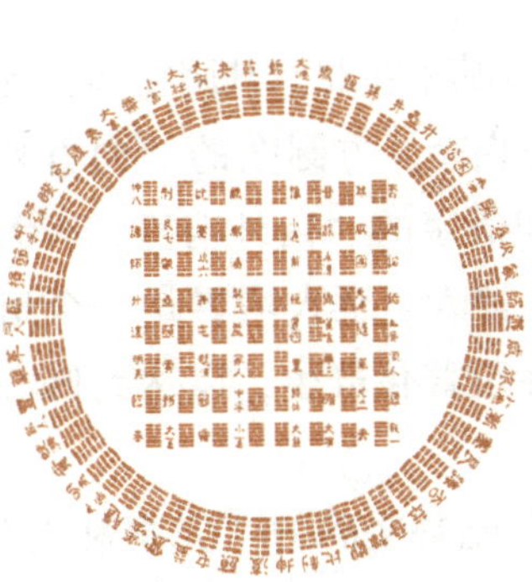

伏羲六十四卦方圆图

《系辞》所述。

方圆图外面的圆图，其方位与先天八卦相同，重卦与三划卦相同，乾、坤分居上下，离、坎各列左右。乾一兑二离三震四逆数，巽五坎六艮七坤八顺行，自然地将六十四卦分成了八宫。左半圈从复到乾，共三十二卦，一百一十二个阳爻，八十个阴爻，阳由少渐多，为“阳升阴消”的过程。右半圈从姤到坤，共三十二卦，一百一十二个阴爻，八十个阳爻，阴由少渐多，是“阴升阳消”的过程。其他卦皆生于复、姤两卦，“刚交柔而为复，柔交刚而为姤”，所以此图又称“复姤父母”。《观物外篇》说：“无极之前，阴含阳也。有象之后，阳含阴也。阴为阳之母，阳为阴之父，故母孕长男而为复，父生长女而为姤（gòu），是以阳起于复，而阴起于姤也。”朱熹说：“圆者动而为天。”这个说法是获得易学研究领域广泛认同的。圆图的卦序就是伏羲六十四卦次序，从乾卦开始逆时针排列一周而成圆形。金木水火土五行依次运行，而成春夏秋冬四季，配以十二地支和二十四节气，便是一幅完整的天体运行图。

古人认为“天动地静”，天体是顺时针而行的，这与我们今天所知道的地球自西向东逆时针自转的方向正好相反。但是，正是因为这个“相反”，使得古人与今人的认识结果达到一致，天体左旋，正是地球右迁。

我们再来看方图。一眼就可以看出，这个方图是先天六十四卦次序的倒图。易学研究者普遍认为，这个图是对《说卦传》“天地定位”一节的解释。

它由四个层次组成，中间巽、震、恒、益为第一个层次，其外十二卦以坎、离、未济、既济为四隅是第二层，再外二十卦以艮、兑、咸、损为四隅是第三层，最外二十八卦以乾、坤、泰、否为四隅是第四层。

从大方图来看，从西北角至东南角是条斜线，以先天八卦的次序排列着八纯卦——乾、兑、离、震、巽、坎、艮、坤，这样就将六十四卦分成了两半。四层对角的卦象相反，第一层震、巽相对，表示“雷风相薄”；第二层离、坎相对，表示“水火相射”；第三层兑、艮相对，表示“山泽通气”；最外一层乾、坤相对，表示“天地定位”。因此可以看成这是一个古代天地的方位图。

六十四卦方圆图，圆图代表天，方图代表地，所以“方者静而为地”，“天圆地方”，“天动地静”。

朱熹说，圆图“其阳在南，其阴在北”，方图“其阳在北，其阴在南，此二者阴阳对待之数”。即天与地、阴与阳在图中的相交。方圆图的“内方外圆”之理，是儒家“内圣外王”的理想境界，也和道家的“内外清静、有无相生”“无为而无不为，无不为而无为”的真人、神人、至人境界是一个道理。此外，方圆图的圆通无碍，更是佛家明心见性至普化群生，以达到佛心圆满的至美之道。

过去的周文王大概也深知这个道理，所以才以乾卦文辞的“元亨利贞”四德来含括易卦的内外圆明之道。“错综复杂”通常让人误认为这是四个卦名，实际上这是六十四卦中两个卦之间的关系。

错卦，又称对卦和旁通卦，指阴阳相对的卦；综卦，就是把一个卦的初爻到上爻的位置依次调换，也就是换一个方向来看原卦，就得到了原卦的综卦；错卦是正对，综卦是反对。“复杂”就是交互卦，交卦是由三四五爻组成的卦，互卦是二三四爻组成的卦，互在下，交在上，组成一个新的六爻的卦就是原卦的交互卦了。所谓你中有我，我中有你。有了错综复杂的概念，说明一个人看问题要全面。

错，阴阳交错，也就是把一个卦的各个爻求反（阳变成阴，阴变成阳）就得到了该卦的错卦。错卦的理是立场相同，目标一致，可是看问题的角度不同，所见也就不同了。如：天风姤卦，它的第一爻是阴爻，其余五爻都是阳爻，那么在阴阳交错之后，就变成了复卦，第一爻是阳爻，其余五爻都是阴爻，如复卦的卦象，它的外卦是坤，坤为地，内卦是震，震为雷，就是地雷复卦，所以天风姤卦的对错卦，就是地雷复卦。

六十四卦，每卦都有对错之卦。因此学了《易经》以后，以《易经》的道理去看人生，一举一动，都有相对、正反、交错，有得意就有失意，有人赞成就有人反对，人事物理都是这样的，离不开这个宇宙的大原则。

综卦，又称反卦和覆卦，指将一卦反覆（颠倒）过来所得到的卦。综卦的作用，在于将我心换你心，希望能设身处地地为相对人思考，不要凡事都只站在自己的立场上衡量。我们仍拿姤卦来说吧，如果把姤卦做 180 度倒转，则成为泽天夬（guài）卦，这是姤卦的反卦，也即综卦。综卦是相对的，全部六十四卦，除了八个卦以外，没有不相对的。这八个卦是乾、坤、坎、离、大过、小过、颐、中孚。八个卦中的前四卦乾、坤、坎、离，是天地日月的宇宙现象，从任何角度看，天绝对是天，地绝对是地，太阳与月亮也仍是日月；后四卦，大过、小过、颐、中孚，是属于人事的，但却有其不变的性质，所以也没有综卦。

《易经》中复杂的道理，实际上指的就是交互卦。

什么是“交互”呢？是指在一个六爻卦中，除上卦与下卦两个经卦外，又由二爻、三爻与四爻，三爻、四爻与五爻构成两个新的经卦。这种由上下两卦交互组成的新卦象，古人称为交互卦。

如第二爻上连到第四爻，下面挂到上面去为互，第五爻下连到第三爻，上面交至下面来为交，这是交与互的不同，每卦的纵深内在，又产生了新卦。

换句话说，这是告诉我们看事情不要看绝了，不要只看一面，一件事情正面看了，再看反面，反面看了，再把旁边看清楚，同时旁边亦要看反面。这样四面都注意到了，还不算完备，因为内在还有变化，而内在的变化，又生出一个卦来。除了乾、坤两卦外，别的卦把中心拿出来交互，又变出了一种现象。这现象的本身，又有综卦，又有错卦，即八面看东西，还要加上下一共十面，所以要多复杂有多复杂。

现在以火雷噬（shì）嗑（kē）卦为例进行说明，如以噬嗑卦的第二爻、第三爻、第四爻卦配上去，便成为代表山的艮卦，这就是噬嗑卦的互卦。若把噬嗑卦的第三爻交到第四爻、第五爻上去，便成为代表水的坎卦，这就是噬嗑卦的交卦。再把噬嗑卦的交卦和互卦重叠起来，便成为水山蹇卦，因此噬嗑卦的交互卦就是蹇卦。

承乘比应

承、乘、比、应反映的是卦象内部相关两爻之间的关系，可总结为同性相斥、异性相吸。

所谓“承”，乃承上、烘托之意，凡下爻紧承上爻谓之“承”。多指阴爻上承阳爻，象征柔弱者顺承刚强者，或贤臣辅佐明君之意。“承”有三种情况：在六爻卦中，若一个阳爻在上，一个阴爻在下，则此阴爻对于上面的阳爻来说，称为“承”。以旅卦为例，卦中阴爻六五在阳爻上九之下，六五爻承上九爻，古人称“五承上”，所以《彖》曰：“旅小亨，柔得中乎外，而顺乎刚。”在一个六爻卦中，一个阳爻在上，数个阴爻在下，则下边几个阴爻对于上面这个阳爻来说，可称为“承”。以谦卦为例，阴爻初六、六二都在阳爻九三之下，故初六、六二爻对九三爻来说，皆称“承”，即初承三、二承三。故《象》曰：“劳谦君子，万民服也。”有时，阴阳相同的两爻也可称“承”。

所谓“乘”，是乘凌，居高临下之意。凡上爻乘凌下爻谓之“乘”。多指阴爻乘阳爻，称“乘刚”，象征臣下欺辱君主，小人乘凌君子，义多不吉善。但阳爻居阳爻之上则不言乘，而称“据”，认为此为理之所常。由此可知《易经》扶阳抑阴的思想。

“乘”有两种情况，一是在六爻卦中，一个阴爻在上，一个阳爻在下，则此阴爻对于下面的阳爻来说，称为“乘”。举屯卦为例，六二、上六爻辞皆曰“乘马班如”，震初爻，坎五爻皆为马，六二乘初九，上六乘九五，故有“乘马”之说。古人谓“二乘初”“上乘五”。所以《象》曰：“六二之难，乘刚也。”二是在六爻卦中，几个阴爻都在一个阳爻之上，则这几个阴爻对于这一个阳爻来说，称为“乘”。以震卦为例，初九阳爻之上有六二、六三两个阴爻，九四阳爻之上有六五、上六两个阴爻，故为“二乘初”“三乘初”“五乘四”“上乘四”。故《象》曰：“震来厉，乘刚也。”由于爻位远近不同，乘刚的程度也不同，二、五乘刚近，三、上乘刚远。所以内卦乘刚迫，外卦乘刚缓。

所谓“比”，是指比邻，亲近、比肩之意。在卦的六爻中，其相邻两爻若是有一种密切的关系，称为“比”。如初爻与二爻，二爻与三爻，三爻与四爻，四爻与五爻，五爻与上爻，皆可称为“比”。

但要说明的是，相邻两爻，一爻为阴爻，一爻为阳爻，则善为“比”。以刚比刚，或以柔比柔，则无相求相得之情。以比卦为例，六四阴爻居阴位，得位，与九五爻有相“比”的关系，所以《象》曰：“比于贤，以从上也。”而六三则承乘皆阴，上下“比”皆非其人，故有“比之匪人”之辞。再如中孚卦六三爻“得敌”，三不当位，三四皆阴，失比，故称“得敌”。总之，凡阴阳相遇为朋友类，若阳遇阳、阴遇阴，则皆为敌。

所谓“应”，是指上下卦爻对应的呼应关系。《易纬·乾凿度》曰：“三画以下为地，四画以上为天。”“易气从下生，故动于地之下则应乎天之下，动于地之中则应乎天之中，动于地之上则应乎天之上。”就是说，在六爻卦中，初爻与四爻、二爻与五爻、三爻与上爻之间，有一种同志联盟的关系，故称之为“应”。

同“比”一样，“应”也强调阴阳相“应”，同性相斥、异性相吸。若以柔应柔或以刚应刚，则无相求相得之情，故无所“应”也。以既济卦为例，初九爻应六四爻，六二爻应九五爻，九三爻应上六爻，皆为阴阳相应。反之，在艮卦中，初六爻与六四爻，六二爻与六五爻，九三爻与上九爻，皆柔应柔、刚应刚，是为“无应”或“敌应”，故《彖》曰：“上下敌应，不相与也。”

一般的卦都是以刚柔两爻相应。但有时，也有卦中的一爻与数爻有呼应关系的状况。如比卦，《彖》曰：“上下应也。”九五为刚，其余五爻皆为柔，是上下五柔应一刚之象，象征四方诸侯对王臣服。所谓“中”，是指六爻卦中内卦的二爻与外卦的五爻，因为在中间，称为“中”，又称“得中”。所谓“正”是指爻的奇数属于“阳”、偶数属于“阴”。因而，在奇数的阳位，应当是阳爻；在偶数的阴位，应当是阴爻；这时称作“正”或“得正”或“当位”。而阴爻处二位，阳爻处五位，则是既中又正，称之为中正。中正在《易经》中尤具美善的象征。

中，象征事物守持中道，行为不偏。凡阳爻居中位，象征刚中之德，凡阴爻居中位，象征柔中之德。

正，象征事物的发展遵循正道，符合规律。

中与正相比较，中又优于正。这是因为二爻和五爻处于卦体的佳位，尤其是五爻处于卦体的最佳位置（尊位），所以中比正更为可贵。

旧时占卦得到二、五两爻者，被称为得中，内容吉祥的断语特别多。所以《周易折中》说：“正不如中为善，正未必中，中则无不正也。六爻当位者未必皆吉，而二、五之中，则吉者独多。”就是说，刚柔当位者不见得都好，若“得中”，尽管不当位也是好的。

如观卦，九五居上卦之中，六二居下卦之中，象征君臣各居其位，恪守中正之道。故《彖》曰：“中正以观天下。”

如临卦，九二爻居下卦之中，为“刚中”，为君临天下之象。故《彖》曰：“刚中而应，大亨以正。”同人卦，六二爻居下卦之中，为“柔中”，乃臣得正中之道。故《彖》曰：“柔得位得中。”

反之，若阳爻占据阴位，阴爻占据阳位，则为“失正”或“不当位”。失正之爻，象征悖逆正道，违反规律。但并非绝对，在一定条件下得正之爻可能向失正转化，失正之爻也可能向得正转化。

吉凶

吉凶是《易经》占卜中好与不好最基本的断语，吉是吉祥、吉利，是有所得，走向成功。凶是凶险、凶恶，是有所失，走向失败。

《易经》卦爻辞对吉凶下的断语可分为九个等次，按顺序依次为吉、亨、利、无咎、悔、吝、厉、咎、凶。

“吉”是吉祥。

“亨”是畅通，顺利。

“利”是有益，适宜。

介乎吉凶之间的是“无咎”，“咎”是过错，“无咎”是没有过错，平平常常，没有咎害。

“悔”与“吝”是“小疵”，都是小偏失、小凶害。但两者发展方向不同。朱熹在《语录》里说：“吉凶是两头，悔吝在中间。悔自凶而趋吉，吝自吉而趋凶。”“悔”是有过失而悔恨，能接受教训，可走向“无咎”，在吉凶程度上相当于忧悔。“吝”是羞辱，虽然不是凶，但不知羞辱会走向咎害，在吉凶程度上相当于吝难。

“厉”是危险，但吉凶未定，按卦爻辞的指示去做会化险为夷，反之则会由厉而致凶，在吉凶程度上相当于危厉。

“咎”是出了过失，要承担责任，比凶的后果要好一些，但灾害免不了，在吉凶程度上相当于咎灾。

“凶”是凶恶，凶险，是最坏的结果。

总结起来，按《系辞》中的话来说就是：“吉凶者，失得之象也。悔吝者，忧虞之象也……悔吝者，言乎其小疵也。无咎者，善补过也……辨吉凶者存乎辞，忧悔吝者存乎介，震无咎者存乎悔。”意思是吉、凶说明的是处事或得或失，悔、吝说明处事稍有弊病；无咎则说明善于补救过失。而辨别吉、凶的象征则在于卦爻辞；忧悔、吝的象征在于预防出现小疵；震惧无咎的象征在于内心有了悔悟。

但《易经》卦辞中的吉、凶等预测未来结果的判断，大多是有条件的。只有注意到所限定的条件，才能得出正确的断语。

五　行

五行是指金、木、水、火、土。古人认为宇宙是由金、木、水、火、土这五种最基本的物质构成的，宇宙间各种事物和现象的发展、变化都是这五种不同属性的物质不断运动和相互作用的结果。

五行的概念，最早见于《尚书·洪范》：“五行，一曰水，二曰火，三曰木，四曰金，五曰土。水曰润下，火曰炎上，木曰曲直，金曰从革，土爰稼穑。”这里不但把宇宙间的各种事物分别归属于五行，并且对五行的性质与特征都做了界定。“木曰曲直”是说木具有生长、升发的特性；“火曰炎上”是说火具有发热、向上的特性；“土爰稼穑”是说土具有长养、化育的特性；“金曰从革”是说金具有肃杀、变革的特性；“水曰润下”是说水具有滋润、向下的特性。

此外，古人还认为，五行之间存在着相生相克的规律。相生，是指两类属性不同的事物之间相互滋生、相互促进的关系；相克，是指两类不同属性的事物间相互制约、克制和抑制。

木生火：因为木性温暖，火隐伏其中，钻木而生火，所以木生火。

火生土：因为火能够焚烧木，木被焚烧后就变成灰烬，灰即土，所以火生土。

土生金：因为金隐藏在土里，聚土成山，有山必生石，石中藏金，所以土生金。

金生水：因为少阴之气（金气）温润流泽，金靠水生，销锻金也可变为水，所以金生水。

水生木：因为水温润而使树木生长出来，所以水生木。

木克土：树木之根在泥土之中，可疏松土。

土克水：水多可用土来掩埋。

水克火：水可将火扑灭。

火克金：火可用以熔化金属。

金克木：金属制成的器具可用来削砍树木。

五行的相生相克，像阴阳一样，是事物不可分割的两个方面。没有生就没有事物的发生和成长，没有克就不能维持事物的发展和变化中的平衡与协调。所以生中有克，克中有生，相反相成，互相为用。

天干地支

天干地支简称干支，是中国古代用来计算历法的一套符号，也是我国古代人民研究宇宙自然界和社会界相互关系的一套符号，并为《易经》的预测体系奠定了数理基础，在沟通各学科之间的相互联系方面，发挥了重要的桥梁作用。

天干有十个，即甲、乙、丙、丁、戊、己、庚、辛、壬、癸；地支有十二个，即子、丑、寅、卯、辰、巳、午、未、申、酉、戌、亥。依据战国末年各国史官长期积累下来的材料编成的史书《世本》中说："容成作历，大桡作甲子。""二人皆黄帝之臣，盖自黄帝以来，始用甲子纪日，每六十日而甲子一周。"看来干支是大桡所创，大桡"采五行之情，占斗机所建，始作甲乙以名日，谓之干，作子丑以名月，谓之支。有事于天则用日，有事于地则用月，阴阳之别，故有支干名也"。

天干的十个符号，甲、乙、丙、丁、戊、己、庚、辛、壬、癸的顺序蕴含着万物从萌芽到成长、到兴旺、到衰退、到消失的全过程，这十个字的原本含义是：

"甲"就是"铠甲"，指万物冲破其"甲"而突出的意思。

"乙"就是"轧"，指万物伸长的意思。

"丙"就是"炳"，指万物茂盛的意思。

"丁"就是"壮"，指达到"壮丁"的时候的意思。

"戊"就是"茂"，指事物繁茂的意思。

"己"就是"起"，指万物奋然而起的意思。

"庚"就是"更"，指万物更新的意思。

“辛”就是“新”，指万物一新的意思。

“壬”就是“妊”，指万物被养育的意思。

“癸”就是“揆”，指万物萌芽的意思。

十天干与太阳出没有关，太阳的循环往复，对万物产生着直接的影响。甲、丙、戊、庚、壬为阳天干，乙、丁、己、辛、癸为阴天干。子、丑、寅、卯、辰、巳、午、未、申、酉、戌、亥为十二地支，亦称“地支”。《尔雅·释天》说：“岁阴者，子、丑、寅、卯、辰、巳、午、未、申、酉、戌、亥十二支是也。”同样十二地支的顺序也蕴含着事物的发展变化过程。

“子”就是“蘖”，指万物繁茂的意思。

“丑”就是“纽”，指用绳子捆住的意思。

“寅”就是“演”，指万物开始生长的意思。

“卯”就是“冒”，指万物冒土而出的意思。

“辰”就是“伸”，指万物伸长振作的意思。

“巳”就是“已”，指万物已成的意思。

“午”就是“仵”，指万物已过极盛之时，又是阴阳相交的时候。

“未”就是“味”，指万物已有滋味。

“申”就是“身”，指万物初具形体的意思。

“酉”就是“秀”，指万物十分成熟的意思。

“戌”就是“灭”，指万物消灭归土。

“亥”就是“核”，指万物成种子的意思。

地支与地球物理的变化有关。子、寅、辰、午、申、戌为阳支，丑、卯、巳、未、酉、亥为阴支。

历法上用天干地支组合编排年号或日期，即甲子、乙丑、丙寅等。因为以一个天干和一个地支相配，阳干配阳支，阴干配阴支，共有六十个组合，所以六十年后（或六十天后）又要回头一次，称为“六十甲子”。

我国古代就是以六十甲子的循环来纪年、纪月、纪日、纪时的。

纳甲与易数

纳甲是易学术语，就是在六爻卦上装配天干和地支，并与五行、方位相配合。即乾纳甲壬，坤纳乙癸，艮纳丙，兑纳丁，坎纳戊，离纳己，震纳庚，巽纳辛，因甲为十干之首，故名纳甲。

“纳甲”之说始于汉代，汉代纳甲分为京房和虞翻两派。京房“纳甲”多用于占筮。先将六十四卦分八宫，即乾、坎、艮、震、巽、离、坤、兑，四阳四阴为八大纯卦。每宫一卦，下接七卦，由下至上，即本卦、一世、二世、三世、四世、五世、游魂、归魂。宫中每卦，均分别为世、应二爻，语《乾凿度》：“易气从下生，动于地之下，则应于天之下。动于地之中则应于天之中，动于地之上则应于天之上。故初以四、二以五、三以上，此之谓应。”以本宫卦所属的五行，视卦爻应纳得的干支五行，因而定出“六亲”。又配以“六神”，“六神”即“青龙、白虎、朱雀、玄武、勾陈及螣蛇”等。这是京房纳甲的大概。

虞翻的“纳甲”则以月之晦朔盈亏为依据，将十天干分配于八卦，虞翻认为“日月悬天成八卦象”。他以坎离来象征日月，居中为戊己土。其余的八干分配为乾纳甲壬、坤纳乙癸、震纳庚、巽纳辛、艮纳丙、兑纳丁。

震卦象征每月初三的新月相，现于西方庚位，为一阳始生之象；兑卦象征每月初八上弦月，相当于南方丁位，为震加一阳之象；乾爻全阳之象，是十五满月，也就是望月之时。月分六候，每五日一候，这三个卦象为“望前三候”，是阳息（升）阴消（降）的月相，之后月亮由圆渐缺。巽卦表示十六日的月象由圆而缺，为一阴萌生之象，微缺的月亮没于西方辛位，艮更增一阴，当二十三日下弦，月亮没于南方丙位；坤爻全阴，表示三十日月伏于东北乙位，此时月相全黑。这三个卦象是“望后三候”，是阳消阴息的月相。

纳甲的最大特点就是给卦中各种因素都配以五行、干支，充分发挥它们之间的生、克、冲、合关系，是我国古代术数预测的大宗之法，俗称“六爻法”，在古代非常普及，直至现代仍有流传。

占筮的原则

揲蓍布卦法

在《易经》占筮方法中，最古老的就是揲蓍布卦法，“蓍”是指蓍草，占卜时用其茎揲蓍，就是数蓍草的数目，把它分成几份进行演算，用来占卦，进而得出卦象。

《系辞》中说：“极数知来之谓占。”即通过揲蓍的方法，尽天地大衍之数的演算来起卦，以推知事物。并论述了揲蓍的演卦过程和含义：“大衍之数五十，其用四十有九。分而为二以象两（指两仪）；挂一以象三（指三才）；揲之以四以象四时；归奇于扐（手指之间）以象闰；五岁再闰，故再扐而后挂……是故四营而成易，十有八变而成卦。”

它说的方法是取蓍草五十根（或五十五根），也可用火柴棍、竹棍等代替。抽出一根（用五十五根时抽出六根）不用，占筮时只用余下的四十九根。把四十九根蓍草，在手中任意分成两份，左手一份象天，右手一份象地，表示“以象两仪”。而后从右手蓍草中任取一根，置于左手小指间，象征人，这就是“挂一以象三”。再以四根蓍草为一组，先用右手分数左手的蓍草，然后再以左手分数右手的蓍草。这样一组组分数完两只手中的蓍草，即所谓“揲之以四以象四时”。揲为数的意思，是以四根蓍草为一组分数左右两手蓍草，象征春夏秋冬四时。

这样分数完后，每只手中的蓍草或余一根，或余两三根，或余四根。“奇”就是以四根蓍草一组分数完后的余数。“扐”，宋人解作“勒”，就是将左手蓍草的余数，置于左手无名指与中指间，将右手蓍草的余数，置于左手中指与食指间。以这余数象征积余日而成闰月，前后两次闰月相去大约三十二个月，在五岁之中，故称“五岁再闰”。

这时两手蓍草的剩余数：左手若余一根，则右手必余三根；左手若余两根，右手必余两根；左手若余三根，右手必余一根；左手若余四根，右手必余四根。这样，置于左手指缝间剩余的蓍草数（连同置于小指缝中象征人的那根）不是五根就是九根。也就是说，这样分数完后，去掉余数，左右手中的蓍草数还余四十四根，或四十根。到这里，算是完成了以蓍草演算的第一道程序，古人称之为“一变”。

然后再将两手的蓍草合在一起（四十根或四十四根），再分成两份，与第一次分时一样，将右手的蓍草取一根置于左手小指缝间，再用右手四四一组分左手的蓍草，随后用左手去分右手的蓍草，其他亦同第一变。待第二变完成后，两手中的蓍草：若左手余一根，则右手必定余两根；左手余两根，右手必定余一根；左手若余三根，右手必余四根；左手若余四根，右手必余三根。第二变后置于左手指缝的蓍草余数之和（连同第二变开始时取出的那根蓍草）不是四根就是八根。这样左右两手的蓍草总数在去掉此余数四或八后，还将有四十根，或三十六根，或三十二根。演算的第二道手续至此结束，此谓“二变”。

然后将两手的蓍草（四十根，或三十六根，或三十二根）再合在一起，而后分成两份，仍取右手一根放在左手小指缝间，用右手四四一组先数左手的蓍草，再用左手去数右手的蓍草，两只手中的蓍草以四根为一组，一组组分数完后，其余数的处置亦完全同于第一、第二变。这时，左手若余一根，右手必余两根；左手若余两根，右手必余一根；左手若余三根，右手必余四根；左手若余四根，右手必余三根，其余数之和（连同开始从右手取出夹在左手小指的那根）不是四根便是八根。第三变至此结束。

三变后，两手的蓍草总数在去掉此余数四或八之后，将会出现下面四种情况中的一种：①还余三十六根；②还余三十二根；③还余二十八根；④还余二十四根。再以四除之（取四象之意），一爻遂定：

36÷4=9（此老阳之数，以○表示）

32÷4=8（此少阴之数，以--表示）

28÷4=7（此少阳之数，以—表示）

24÷4=6（此老阴之数，以×表示）

老阳须变少阴，老阴须变少阳。这就是“老变少不变”。《易经》以变为占，故以老阳数九作为卦中阳爻的标志，以老阴数六作为卦中阴爻的标志。

这样经过三变，才得出一个爻画。一个“大成之卦”六个爻，得经过十八变。经过这种三变之后，将两手数余下的蓍草数被四除，然后得出少阴、少阳、老阴、老阳的方法，为汉、唐及部分宋人所用，称之为“过揲法”。

朱熹却对此不以为然，另创了“挂仂法”，就是用左手指间的蓍草余数定阴阳老少之数。如第一变后左手指间的蓍草总数不是五根就是九根。第二变与第三变后，其两手中的数不是四根就是八根。这样，在三变中两手中的数会出现以下四种情况。

5——奇数（五中只含一个四）

4——奇数（四中只含一个四）

8——偶数（八中含两个四）

9——偶数（九中含两个四）

这是以蓍草余数中含有几个四（象征四时）来定奇偶，再以此奇偶之数定阴阳老少。譬如若三变之后，左手指缝中的蓍草余数（挂仂数）皆为奇数，则定此爻为老阳；若三变后左手指缝中的蓍草余数（挂仂数）皆为偶数，则定此爻为老阴；若三变后一奇二偶，则定此爻为少阳；若三变后一偶二奇，则定此爻为少阴。然后以此法经十八变而定六爻。

其实，挂仂法和过揲法求得的结果是相同的。用过揲法求得的是老阳之数，用挂仂法求得的也同样是老阳之数。

比如用过揲法求得策数为三十六策，然后被四除得九，九为老阳之数。用挂仂法则第一变得蓍草余数为五，五中只含有一个四，是为奇数，第二变得蓍草余数为四，自是奇数，第三变也只能得四，为奇数。三变皆奇数，是为老阳之数。然而三奇数之和为十三策（第一变蓍草余数为五，第二、三变各为四，故其和为十三），四十九策去十三策，正得三十六策。

其余老阴、少阴、少阳之数的求法，均同此理。

金钱卦法

古人占筮用蓍草，通过三演十八变才求得一卦，其方法不但繁杂、浪费时间，还不易掌握。后人化繁为简，用铜钱摇掷的方法，代替了古人复杂的蓍草布卦法。这种以钱代蓍法，相传是战国时鬼谷子所创。

金钱卦必须先准备三枚相同的铜板，以乾隆通宝最佳（如没有，也可用其他类似钱币）。

将三枚铜板置入容器之内，传统以龟壳或竹筒为容器。或直接将铜板合在手掌中也可以。在摇晃钱币之前，口中诚心默想欲问之事，或将要问的事情说出来。问事之后，摇晃钱币，顺势将铜板轻轻丢到桌案前。在丢掷铜板之前，先定阴阳两仪。事实上，以哪一面为阴阳都没关系，只要事先定出阴阳之后，不再反复改动即可。

此时三枚铜板会出现以下四种可能的情况。

第一种：三枚都是阳面，叫作老阳（记成○）

第二种：三枚都是阴面，叫作老阴（记成×）

第三种：一阴二阳时，叫作少阴（记成—）

第四种：二阴一阳时，叫作少阳（记成-）

看看自己的铜板是上述哪种情况，并记下结果。用同样的方法再做五次，将结果由下而上，分别记下来，如此便可得到六爻。

画卦时，从下往上画，从初爻至六爻，第一次摇钱为初爻，最后一次摇钱为上爻。老阳为阳极变阴，老阴为阴极变阳。

数字占卜法

梅花易数，又名梅花心易。相传是北宋大儒邵康节先生观梅时，偶然看见麻雀在梅枝上争吵，以易理推衍成卦而得名。梅花易数重心领神会，它依先天八卦数理，即乾一、兑二、离三、震四、巽五、坎六、艮七、坤八，可随时随地起卦，取卦方式多种多样。据说邵康节运用此法每卦必中，屡试不爽。这里我们先来介绍梅花易数中的数字占卜法。

数字起卦，大致可分为单位数和多位数两种起卦法，单位数起卦要加时辰做内卦。多位数一般用一分为二，即分两段各除以八，并分别取余数做上下卦。逢奇位数时数位少的一组做外卦，数位多的一组做内卦，以对应天清地浊，天轻地重，阳少阴多的自然法则。

具体方法视具体情况而定，如下：

（1）单位数：单位数为外卦也就是上卦，加当时的时辰为内卦，也就是下卦，两数相加除以六为动爻。

（2）两位数：十位数为上卦，个位数为下卦，十位数与个位数之和除以六求动爻。

（3）三位数：百位数为上卦，十位数为下卦，个位数除以六求动爻。

（4）多位数：位数为奇数时，少一位的前段各数之和求上卦，多一位的后段各数之和求下卦，总数之和除以六求动爻。位数为偶数时，前后段均分，前段各数之和求上卦，后段各数之和求下卦，总数之和求动爻。

（5）特殊数的处理：如910，把910变成9+10，用9求上卦，用10求下卦，用9+10=19求动爻。如103，用10得上卦和下卦（为上下重卦），用3求动爻。

我们在日常生活中凡所见数字均可以用来起卦，如扑克牌、电话号码、车牌号码、书页号码等，其起卦方法类似于数字起卦法，如扑克牌，可任意先取一张牌为上卦，以其数除以八，除不尽者取本数，有余数者按余数起卦，然后取一张牌为下卦，方法同前，最后两数相加除以六的余数为动爻。如电话号码：8523697，七位数，取前三位相加为上卦，取后四位相加为下卦，上卦为15，除以8余7，为艮卦，下卦为25，除以8余1，为乾卦，即得山天大畜卦。起卦时，凡得单数以上少下多，凡得双数为均分，均除以8取余数为卦，两数相加除以6的余数即为动爻。

时间起卦法

时间起卦法，也是梅花易数起卦法中的一种，顾名思义，是以某一偶发状况，配合年月日与时辰起卦的方法。

用时间起卦的具体步骤与方法如下：

（1）将偶发事件的年、月、日、时记下来（传统命理学的时间皆以农历为准，欲对照西历与农历时间者，请参阅万年历）。

(2) 将年支化成数字（可查阅万年历，找出该年的地支，例如：若是午年起卦，午数为七；若是亥年起卦，亥数为十二，其余以此类推），再与月数、日数相加得到总数，将总数除以八，以所得余数为上卦。如果总数不满八，则直接以此数为上卦。

(3) 将年、月、日所得总数加上时辰数（时辰数求法与年数相同，例如辰时为五；戌时为十一），再将所得总数除以八，余数为下卦。

(4) 再以年、月、日、时的总数相加除以六，以余数为动爻。如此即得到本卦与变卦。

(5) 求互卦：将本卦的上下两爻去掉，以三爻、四爻、五爻为互卦的上卦；二爻、三爻、四爻为互卦的下卦。

(6) 金钱卦中可能没有动爻，也可能不止一个动爻，梅花易数起卦法中却固定只有一个动爻，因此同样时间起卦法中的动爻只可能单独出现在上卦或下卦，不可能同时出现于上下卦。一般传统的易数断卦方法，是以不动者为体卦，有动爻者为用卦。体卦代表主体，用卦为对方或对应的事情。

时间起卦法是非常简便的起卦法。但是，用时间起卦固然简便迅速，断卦则须多积累经验。所谓“运用之妙，存乎一心”就是这个道理。

方位起卦法

方位起卦法，也属于梅花易数起卦法，即直接根据人或物及其所在的方位进行起卦。

根据人或物及其方位起卦进行预测，邵康节称之为“端法后天起卦”。其方法是：“以物为上卦，方位为下卦，合物之数与方位之数，加时数取动爻。”

比如从东方来则配以震卦，因震在东方；从南方来则配以离卦，因离在南方；从西方来则配以兑卦，因兑在西方；从北方来则配以坎卦，因坎在北方；从西北来则配以乾卦，因乾在西北；从东北来则配以艮卦，因艮在东北；从西南来则配以坤卦，因坤在西南；从东南来则配以巽卦，因巽为东南。八卦配方位，均用后天八卦方位。

比如《梅花易数》中的《老人有忧色占》卦例：在乙丑日那天的卯时，也就是一天早上的五点至七点，邵康节在路上行走，看见一位老人由巽方（东南方）来，且面带忧愁，问他因为什么事情而忧愁，老人回答："没什么忧愁。"邵康节感到很奇怪，于是起卦预测。老人为乾卦的卦象，便用乾卦做上卦，以巽方的卦巽卦做下卦，乾为天，巽为风，得天风姤卦。乾卦数一，巽卦数五，再加上卯时数四，共得十数，用十除以六，余四，九四爻动。《易经》天风姤卦爻辞说："包无鱼，起凶。"此条爻辞很不吉利，用卦象来说，天风姤卦巽木为体，乾卦金克木，互卦中又出现了两个乾卦，全都是金克木，体卦又没有什么生扶之气，况且被占测的人在路上行走，其应验是很快的。使用成数的十数，均分后取其一半，即是五。于是，他对老人说："你在五天之内，要谨慎小心，恐怕有重大灾祸。"果然在第五天，老人赴喜宴，因为鱼骨鲠喉而死。

方位起卦法，应卦的期限，一般看人的情况是处于动中还是处于静中，来决断事情的快和慢。行走的人应验的时间短，用成卦的数除以二，取其半数作为应验的日期。坐着的人应验的时间慢，用成卦数乘以二，作为应验的日期。站立的人应验的时间不快不慢，直接用成卦的数来定应验的日期。虽然有以上三种方法来定应验的日期，但是还要灵活变通。

测字起卦法

梅花易数起卦法最大的特色就是只要有数就可起卦。因此，中国文字也可用来起卦。举凡一字二字三字，甚至多字皆可。

一字占

中国文字可约略分为有偏旁的合体字与不可分割的独体字，所以测字起卦，必须先判断是独体字还是有偏旁的字，若是不可分割的独体字，以其笔画总数平均分之，若笔画为偶数，则各分一半，若为奇数，则以笔画少者为上卦，笔画多者为下卦。若属有偏旁的合体字，可大致分为左右型、上下型、内外型三类。

(1) 左右型的字：如“判”“搭”“伴”等字，以左边的笔画数为上卦，右边的笔画数为下卦，再以总笔画数除以六，以余数为动爻数。

(2) 上下型的字：如“雷”“些”“奇”等字，以上字笔画为上卦，下字笔画为下卦，笔画数除以六，以余数为动爻数。

(3) 内外型的字：如“国”“因”“问”等字，以外笔画为上卦，内笔画为下卦，总笔画数除以六的余数为动爻数。

二字占

二字占的方法，是以第一个字的笔画除以八，余数为上卦；以第二个字的笔画除以八，余数为下卦。再以两个字的总笔画除以六，以余数为动爻。

例如：以“发财”二字占问财运，“发”字十二画，除以八余四，震木为上卦，“财”字十画，除以八余二，兑金为下卦。

姓名占

姓名占的算法，一般以姓的笔画数除以八，余数为上卦；名的总笔画除以八，余数为下卦。再以姓名总笔画数除以六，得余数为动爻。如“江小海”，“江”字七画，不满八画，不必除以八，直接以七为上卦，故艮七为上卦。“小海”总共十四画，除以八余六，坎六为下卦。

如姓名总笔画二十一，除以六余三，三爻动，故可得本卦山水蒙，变卦山风蛊。上互卦为坤地，下互卦为震雷。

此外，须注意的是，以姓名起卦比较特殊，必须以古字型的笔画为准，如①“清”“河”“江”等字，皆以四画“水”为部首。②提手旁者，如“抢”“提”“捉”，应为“手”部四画。③竖心旁者，应为心部四画，如“情”“怀”“忆”。

四字占

四字为四象，平分二字为上下卦，四字笔画相加除以六的余数为动爻。

五字占

五字为五行，以前二字为上卦，以后三字为下卦，以五字相加除以六，除不尽之数仍取五为动爻，即五爻动。

六字占

平分三字为上下卦，以六字为动爻，即六爻动。

七字占

以前三字为上卦，后四字为下卦，以七数除以六的余数为动爻，即初爻动。

八字占

平分四字为上下卦，以八数除以六的余数为动爻，即二爻动。

九字占

以前四字为上卦，后五字为下卦，以九数除以六的余数为动爻，即三爻动。

十字占

平分五字为上下卦，以十数除以六的余数为动爻，即四爻动。

十一字占

十一字以上至于百字，皆均分其数以起卦，或以少一字者为上卦，多一字者为下卦，以两数相加除以六的余数为动爻。

六十四卦

乾卦[1] 第一

乾卦

原文

乾：元、亨，利、贞。[2]
初九：潜龙，勿用。[3]
九二：见龙在田，利见大人。[4]
九三：君子终日乾乾，夕惕若厉，无咎。[5]
九四：或跃在渊，无咎。[6]
九五：飞龙在天，利见大人。[7]

上九：亢龙，有悔。⑧

用九：见群龙无首，吉。⑨

注解

①乾卦：上卦、下卦均为乾，象征天，纯阳至健之美德。“乾”即健，即天，指日影移动的法则。

②元：表示天地万物之本始，元气、太初都由此而来。亨：意为亨通。利：和谐。贞：卜问，预测，在此有“纯正”的含义。乾卦中的“元、亨、利、贞”是古代大型祭典中太宰的赞辞（祝词），以示天地接同。

③潜龙：初九以潜伏于深水之中的龙，象征一个人的力量和道德尚未成长到足够发挥自己的作用。

④见：通“现”，发现。田：指垄亩大田之间。大人：指贵族，此处指有道德修养身居高位之人。

⑤君子：指德高之人。乾乾：努力不懈，即健行不息。惕：警惕，小心谨慎。厉：危险。咎：灾祸。

⑥或：有时。

⑦见：出现。

⑧亢：极，高。悔：此处指不幸、懊悔的意思。

⑨无首：即无终结，势在必变中也。

译文

乾卦：万物的开始，拥有亨通的力量，能够和谐而有利于物，拥有光明正大的品格。

初九：当巨龙还潜伏着，不可有所作为。

九二：当巨龙出现在田野里，会见贵族是有利的。

九三：君子整天勤奋努力，晚上仍警惕戒备，这样就会免于灾祸。

九四：龙有时飞起，有时跃入深潭，但是没有害。

九五：当龙在天空自由飞腾时，有利于出现有德且居高位之人。

上九：龙处在极高处时，就会出现悔恨的事。

用九：群龙在天空出现，没有一个以首领自居，吉利。

赏析

“乾”，代表的是刚强勇毅、永不退缩的精神，也象征中华民族勇敢坚强、生生不息的精神。尽管在千百年中历尽千辛万苦，经历了各种沧桑，中华民族至今没有像古巴比伦、古希腊、古埃及一样沉沦，而是依然坚强地屹立于世界民族之林，在世界传扬中华精神，其原因就在于重乾精进，坚忍不拔，万代如一，自强不息。民族英雄岳飞就是这种自强不息精神的实践者之一。

怒发冲冠，凭栏处、潇潇雨歇。
抬望眼，仰天长啸，壮怀激烈。
三十功名尘与土，八千里路云和月。
莫等闲，白了少年头，空悲切。
靖康耻，犹未雪。
臣子恨，何时灭？
驾长车，踏破贺兰山缺。
壮士饥餐胡虏肉，笑谈渴饮匈奴血。
待从头，收拾旧山河，朝天阙。

这阕慷慨悲壮的《满江红》，正是这位顶天立地的血性男儿所写。

宣和三年（1121年），岳飞一边研读兵法，一边拜周同为师学射箭，练就了能挽弓三百斤、左右开弓、箭无虚发的本领。第二年，岳飞首次从军入伍，带兵首战告捷，活捉贼首陶俊、贾进和，表现了非凡的军事指挥才能，因功补承信郎。正当岳飞“欲伸大义于天下”时，也就是这年年底，岳飞的父亲岳和病故，岳飞不得不解甲回乡，扶灵守孝。这期间，岳飞博览群书，谙熟历来兵家的治军要领，为日后统帅三军打下了坚实的基础。

宣和六年（1124年），岳飞守孝期满，第二次从军，参加了保卫太原的战斗。靖康元年（1126年），岳飞因功被提为偏校，进义副尉。后因丢失“诰身”（任命文书）离开部队，此时，正值金兵入侵中原之际，其母姚氏再次送子参军，并在岳飞背上刺下“精忠报国”四字，这也成为岳飞恪守终身的信条。

同年十月，岳飞第三次从军到相州兵马大元帅赵构军中，带兵奇袭游寇获胜，一举招降了三百八十名游寇，得到了赵构的赏识，补承信郎，接着在侍御林大败金兵，杀金军枭将，功勋卓著，升任保义郎。岳飞并不居功自傲，在滑州杀败金兵再立战功，继任秉义郎。

靖康二年（1127年），岳飞能征善战已经是举国皆知，于是被转入抗金力量最大的宗泽部，岳飞不负重任，在开德曹州（今山东菏泽）大破金兵，因功转武翼郎。同年七月，岳飞向皇帝上了一道奏章——《南京上皇帝书》，主张驱除外侮，北上抗金。这一道奏章得罪了主张南逃的黄潜善、汪伯彦，岳飞被罢官离军。在回家的路上，碰上了河北招抚使张所招兵，立志报国的岳飞并不气馁，第四次从军，张所早就倾慕岳飞的军事才干，提拔岳飞为“准备将”。岳飞在参加收复新乡的战斗中，活捉金军千户阿里索，进战太行山，击垮了金军万户王索的反扑，使金兵闻风丧胆，岳飞也因战功突出转武功郎。

建炎二年（1128年）春，岳飞离开新乡转入开封宗泽部，带兵汜水关、竹芦渡等地，接连克敌制胜，宗泽很器重岳飞灵活妙用兵书阵法的高超指挥才能，遂提拔岳飞为统制官。但宗泽死后，接任宗泽的杜充治军无能，部下王善举兵数万叛乱，他无能平定，岳飞仅以两千兵力，平叛军于南熏门，转升武经大夫。后杜充假借勤王，率部进驻建康（今南京）。第二年十一月杜充卖主求荣，带领三千亲兵北降金兵。逆臣贼子的所作所为丝毫没有动摇岳飞精忠报国的信念，为了保存抗金实力，遂带领余部进驻茅山（今江苏句容），在广德取得六战六捷的战绩，升任御使下都统制。

建炎四年（1130年）春，岳飞率部向宜兴移营，平定了太湖流寇郭吉、戚方，接着在常州阻击金军，活捉万户一人，取得四战四捷之战功，把宜兴人民从金兵的铁蹄和暴政下解救了出来，宜兴的百姓为了感激岳飞的恩德，为他建了生祠祭祀。百姓的厚爱更加坚定了岳飞的报国雄心。事隔不久，清水亭一仗，岳飞杀得金兵横尸十五里，斩获金军将首一百七十五颗；又在建康南面的牛头山设下伏兵痛击金兵，斩首三千余，生俘三百余。接着他又于当年六月收复了建康，并北渡长江，收复了泰州、高邮等大片失地，岳家军从此威名大震，从苦难中解救出来的百姓为了感恩岳飞，又在靖江为他建了生祠祭祀。一时间，金兵元气大伤，“撼山易，撼岳家军难”的话传遍了金兵大营。自此，北宋内忧外患的局面得到了缓解，宋高宗对岳飞刮目相看，亲授岳飞武功大夫、忠州防御使，岳飞一跃成为南宋高级将领。

绍兴元年（1131年），岳飞与张俊会师进军洪州（今江西南昌），岳飞在九江战败马进，俘敌八千，因功提升为神武右军都统制。第二年，岳飞奉命到湖南桂岑平定了游寇曹成军，因功迁中卫大夫、武安军承宣使，镇守江州。

绍兴三年（1133 年）春，岳飞奉命到江西虔吉（今赣县、吉安县）平定了盗寇彭友。四处征战，岳家军不断壮大，这时岳家军已达一万八千人，分守在江州、虔州和广州三处。同年九月九日，高宗在临安召见岳飞父子，并赐“精忠岳飞”锦旗，授镇南军承宣使、江西沿江制置使、江南蕲州制置使、江州制置使司等官职，岳飞在江州写下了震烁千古的《满江红》，抒发了奋发自强、壮心不已的报国情怀。

绍兴四年（1134 年）五月，岳飞被任命为镇南军承宣使，率军北伐，两个多月时间，收复了金兵长期盘踞的郢州（今钟祥市）、隋州（今隋县）、新野、唐州、邓州、襄阳六州郡，岳飞被晋升为清远军节度使。第二年，高宗再次召见岳飞，并封他为武昌郡开国侯。同年六月，岳飞奉高宗之命仅用八天时间平定了洞庭杨么，收编六万降军入岳家军，扩充了抗金力量，高宗嘉奖全军，并升岳飞为检校少保。绍兴六年（1136 年），岳飞移军襄阳，任武胜定国军节度使、湖北京西路宣抚使。三月十六日，岳飞年近七旬的母亲姚夫人病逝于鄂州军营，四月岳飞扶灵上庐山葬母，五月返回军营，七月底岳飞被任命为河东宣抚使，从襄阳北伐，直取中原，不到一个月时间，岳家军先后收复汝州、颍州、卢氏县、商州、虢州、伊阳、长水、业阳等大片金兵控制的土地。军事上的重大胜利进一步坚定了岳飞“收拾旧河山”的决心，但昏聩无能的高宗听信谗言，对岳飞并不支持，岳飞担心孤军无援，被迫撤军，气愤至极，便上庐山为母亲守丧去了。

绍兴七年（1137 年），金国得知岳飞为母守丧的消息，派兵大举南下。高宗无奈，不得不派李若虚上庐山东林寺请岳飞下山，拜岳飞为太尉，升湖北京西宣抚使兼营田大使。绍兴八年（1138 年）十一月，岳飞用反间计废除了金人扶立的刘豫傀儡集团，为北伐做了战略准备。然而，以秦桧为首的投降派互为勾结、沆瀣一气，岳飞多次上书高宗反对议和、痛斥秦桧的投降伎俩，主张进兵北伐。高宗满足于苟且偷生的“和平”局势，未能接受岳飞的进谏。绍兴九年（1139 年），岳飞被授予开府仪同三司（一品官）的最高官阶。绍兴十年（1140 年）夏，金人撕毁和约南侵，岳飞奋起抗战，大破金兵于蔡州、陈州、颍州、郑州、西京、嵩州、许州、孟州、卫州、怀州、郾城等地，并在顺昌、郾城大捷中粉碎了金“拐子马”“铁浮图”等不可战胜的神话。朱仙镇大捷，威震敌胆，金兵统帅金兀术叹呼：“撼山易，撼岳家军难！”正当岳飞所向披靡，抗金取得节节胜利之际，宋高宗连下十二道金牌，强令岳飞班师。绍兴十一年（1141 年）四月二十四日，秦桧为剪除和谈障碍，指使万俟卨上章诬蔑一贯主战的岳飞“谋反”，并收买王俊做假证，十月将岳飞父子和部将张宪关进杭州大理寺。同年十二月二十九日，赵构、秦桧以“莫须有”的谋反罪名，将岳飞父子和张宪杀害。中国历史上著名的民族英雄、驰骋在抗金战场上的主帅岳飞，就这样被秦桧一伙奸臣夺去了年轻而宝贵的生命。

岳飞虽然被杀害了，但他自强不息的精神和精忠报国的业绩是不可磨灭的。正是他，表达了被压迫民族的要求，保持了崇高的民族气节，在处境危难的条件下，坚持了抗金的正义斗争，保存人民的抗金力量，联合抗金力量，维护南宋半壁河山，从而使高度发展的中国封建经济和文化得以继续向前发展。岳飞不愧是我国历史上一位杰出的民族英雄，他的精神永远召唤着每一个中华儿女自强不息、精忠报国。

只有具有坚强精神的人才是值得称颂的人，同样，只有具有生生不息精神的民族才是一个伟大的民族。只有拥有这些精神，才能让中华民族立于世界民族之林。

坤卦[1]第二

坤卦

原文

坤：元亨，利牝马之贞。君子有攸往，先迷，后得主，利。西南得朋，东北丧朋。安贞吉。[2]

初六：履霜，坚冰至。[3]

六二：直、方、大，不习，无不利。[4]

六三：含章，可贞。或从王事，无成有终。[5]

六四：括囊，无咎无誉。[6]

六五：黄裳，元吉。[7]

上六：龙战于野，其血玄黄。[8]

用六：利永贞。[9]

注解

①坤卦：上卦、下卦均为坤，为地，象征宇宙纯阴至顺的灵德。坤，地气充溢，也有伸的意思。

②元亨，利牝马之贞：元亨，前途非常亨通、顺利。牝马，母马。“乾为马”，而马代表天，为阳性；坤卦言“牝马”则属阴性，故称地。攸：所。因此说坤在“东北丧朋”。

③履：踏。霜：这里是用薄霜象征阴气初起，预示严寒将至。

④直、方、大：天圆地方，博大无边，这里表示坤之德性。直，正直。方，端方。大，宏大。

⑤章：文采绚丽，美德。王：指乾，指君王。

⑥括囊：束紧口袋。

⑦黄裳：黄色服饰。黄色在“五色”之中，象征中道、中色。裳，下服，古时服装上称衣，下称裳，裳居下，象征谦下，所以说“黄裳，元吉”。

⑧龙战：指阴阳交合。阴极阳来而阴气未消，所以有阴阳二气交合的“龙战”之象。玄黄：玄为天色，黄为地色，所谓玄黄是天地颜色混杂不明，阴阳互渗难辨。

⑨永贞：占问长久之吉凶。

译文

坤卦：始即通达，(此占)利于像母马一样守持正道。君子有所行，先迷途，后首位，有利。往西南可以得到朋友，往东北则丧失朋友。安于守正道则吉。

初六：踏霜时，当知坚冰不久即至。

六二：正直、端方、宏大，虽然不谙其事，但不会发生不利的事。

六三：蕴含美德，所占卜之事是可行的。跟从君王做事，成功以后，不要将功劳归于自己，若辅佐有功，则应当不居功自大才能善终。

六四：束扎口袋，就不会有灾害，但也不要要求赞誉。

六五：穿黄色下服，大吉。

上六：两龙在原野相斗，流出的血青黄混杂。

用六：宜永远保持正直之心。

赏析

坤卦喻为“大地”，告诉人们应学会诚实宽容。无论是在我们的工作中还是学习中，总会遇到一些不如意的事情。如果我们能在处理事情时宽容地对待对方，就能缓解双方的关系；假使对人不能以诚相待，不能宽容他人，最终必然导致关系紧张，甚至结怨成仇。

在我国历史上，有不少优秀的人，深悟坤卦中蕴含的“诚”“宽”两字的要义，修养心志。曾国藩就是恪守诚宽之道，从湖南双峰一个偏僻的小山村，走上满清王朝的政治舞台，成为近代中国最显赫的历史人物之一。

曾国藩（1811—1872），乳名“宽一”，或许是这个乳名的深刻含义在冥冥之中铺平了他的人生道路。小时候的曾国藩聪颖过人，早年仕途并不顺畅，直至二十八岁那年入京赴考中进士才出现了命运的转机。此后十年连升十级，三十七岁任礼部侍郎，官至二品。因母丧返乡，恰逢太平天国巨澜横扫湘鄂大地，他便在家乡组建民团湘军，历尽艰辛为清王朝平定了天下，被封为一等勇毅侯，成为清代以文人而封武侯的第一人，后历任两江总督、直隶总督，官居一品，死后被谥“文正”。曾国藩所处的时代，是清王朝由乾嘉盛世转为没落、衰败，内忧外患接踵而来的动荡年代，由于曾国藩等人的力挽狂澜，出现了“同治中兴”的局面。而曾国藩正是这一过渡时期的重心人物，在政治、军事、文化、经济等各个方面产生了令人瞩目的影响。这种影响不仅仅作用于当时，而且一直延至今日。曾国藩一向主张“以能立能达为体，以不怨不尤为用”，强调严于律己，宽以待人。作为权倾朝野的汉族重臣，曾国藩同样免不了受到清朝皇族的猜疑和牵制，但这并不影响曾国藩的为人处世之道，他始终奉行“待人以恕”的怀柔品德。这使他身边聚拢了一大批能臣将帅，而这种“诚宽”的品德又集中体现在他正确地处理与重臣左宗棠的关系上。

左宗棠只比曾国藩小一岁，但左宗棠屡试不中，科场失意，蛰居乡间，半耕半读。但左氏恃才傲物，自称“今亮”，语言尖锐，锋芒毕露。这与曾国藩为人拙诚、语言迟讷的性格恰恰相反。咸丰二年（1852年），四十一岁的左宗棠才由一个乡村塾师入佐湖南巡抚张亮基，当了个“刑名师爷”。两年后，张亮基迁为湖广总督，左宗棠入湖南巡抚骆秉章幕僚达六年之久，而此时的曾国藩已经是位重权高的显赫人物。曾、左虽非同僚，却同在湖南，然而“一山容不得二虎”，曾、左之间常有龃龉。

曾国藩赞赏左宗棠的才干，并没有依循封建官场的陋习对他进行打压和排挤。1856年，曾国藩奏左宗棠在剿灭太平军的过程中接济军饷有功，因而，朝廷命左宗棠以兵部郎重用。左宗棠得知自己的升迁与曾国藩有关，于是对曾国藩心存感激，但左宗棠性情刚直，在朝野上下得罪了不少人，尤其是在湖南“久专军事，忌者尤众”，于是碰上了樊燮事件。樊燮事件不仅让左宗棠丢了官职，咸丰帝甚至下密令“如左宗棠有不法情事，可就地正法”。幸得当时的一些朝臣坚持认为“天下不可一日无湖南，湖南不可一日无左宗棠”，左宗棠才幸免于难。曾国藩也极力上疏为左宗棠辩解，在这种情况下，咸丰帝才有“弃瑕录用”的旨意，草草了结了此案。

当时，曾国藩驻军安庆宿松，左宗棠来营暂避锋芒，曾国藩热情地接待了他，并连日与他商谈。曾国藩知道左宗棠有将帅之才，于是上奏朝廷说：“左宗棠刚明耐苦，晓畅兵机。当此需才孔亟之际，或饬令办理湖南团防，或简用藩臬等官，予以地方，俾得安心任事，必能感激图报，有裨时局。”曾国藩在左宗棠极其潦倒、“四顾苍茫”的时候，向左宗棠伸出了援助之手。左宗棠也不负厚望，在贵溪、东平等地段多次阻击太平军，节节胜利。事后，曾国藩又在呈给朝廷的战报中写道：“长江南岸七百多里，只有左宗棠一军纵横驰骋，来回策应，这在清军之中是绝无仅有的。”

在曾国藩一再保举下，左宗棠于同治一年（1862年）二月重新被朝廷取用，受命为浙江巡抚。曾国藩也担心自己“树大招风”，一方面请求辞掉自己节制浙江军务的谕令，一方面把左宗棠推到了浙江的最高位置上。并根据曾国藩的奏请，左宗棠的部下蒋益澧也被提拔为浙江布政使。曾国藩如此谦让，又如此真心实意地为清朝廷保举人才，心中哪有半点对左宗棠的嫌隙之意？曾国藩这种不为名利的心胸也在很大程度上削减了满清政府对汉族重臣的猜疑，同时也为左宗棠开辟了一条顺畅的仕途。

同治二年（1863年）三月十八日，左宗棠被授命为闽浙总督，仍署浙江巡抚，从此与曾国藩平起平坐了。三年之中，左宗棠从被人诬告、走投无路，一跃成为封疆大吏，这样一日千里的仕途，固然出于左宗棠自己的才能与战功，而如此报功保举也只有曾国藩才能做到。三年的仕途让左宗棠对曾国藩的态度有了彻底的变化，后来左宗棠在曾国藩的挽联中，深情地写道：

谋国之忠，知人之明，自愧不如元辅。

同心若金，攻错若石，相期无负平生。

曾、左二人早期虽有龃龉，但因为曾国藩的宽怀大度，使左宗棠成为他事业上最得力的帮手和生活中最知心的朋友。正如左宗棠自己所说的“同心若金，攻错若石”。共同的事业——中兴清室使他们走到了一起，这也正是曾国藩“待人以诚恕”的最好例证。

大地应天而动，不私其身，诚宽博大，厚德广纳。曾国藩的事业在风雨飘摇的时局中延续了几十年，就因为他遵循地之道，这种为人处世的法则也深深影响了他的属下和学生，曾国藩辞世时，他的学生——晚清名臣李鸿章对曾国藩的一生做了一个精辟的定论：

师事近三十年，薪尽火传，筑室忝为门生长。

威名震九万里，内安外攘，旷世难逢天下才。

宽广的胸襟是做人和交友的准则，人与人之间以诚相待，互相信赖，就能为自己的事业开辟一条顺利的道路，在人生道路上赢得更多的朋友。

屯卦[1] 第三

屯卦

原文

屯：元亨，利贞。勿用有攸往，利建侯。[2]

初九：磐桓，利居贞。利建侯。[3]

六二：屯如邅如，乘马班如，匪寇，婚媾。女子贞不字，十年乃字。[4]

六三：即鹿无虞，惟入于林中，君子几不如舍，往吝。[5]

六四：乘马班如，求婚媾，往吉，无不利。

九五：屯其膏，小贞吉，大贞凶。[6]

上六：乘马班如，泣血涟如。[7]

注解

①屯卦：震下坎上，幼苗破土的初生状态。“屯者，物之始生也。”

②勿用：不宜。用，宜。建侯：授爵封侯。

③磐桓：徘徊。磐，通“盘”。居：居守。

④屯如邅如：乘马欲进，又班师而回。表示行进艰难。匪：通“非”。不字：不嫁人。字，古时礼仪，女子订婚后即用簪子插住发髻，这里引申为许嫁。

⑤即鹿无虞：追鹿而无虞人做向导。虞，古时掌管山泽禽兽的官员。几：求。舍：放弃。吝：困难。

⑥屯：积聚。膏：油脂。小：少量。大：大量。

⑦泣血：痛哭至眼睛出血。涟如：泪流不止的样子。

译文

屯卦：始即通达，占问有利。不利于出行，有利于建立封侯。

初九：徘徊难行时，居守正道有利。有利于建立封侯。

六二：有许多人聚集在一起，驾驶马徘徊回旋，他们不是强盗，而是来求婚的。女子若此时不应允，则十年后才能结成姻缘。

六三：捕鹿时没有熟悉山林的人当向导，结果进入密林中去，君子与其紧随其后不如放弃追捕，如果执意进入密林会有不利。

六四：乘着马纷纷前去，求取婚姻，前进的结果吉利，没有什么不利。

九五：草木萌发初生时遇到雨水润泽，若雨水少则吉，若雨水大则凶。

上六：乘着马回旋徘徊，悲痛得血泪流淌不断。

赏析

在人类社会漫长的发展历程中，无论是纯光明、纯进取还是纯黑暗、纯停滞的时代都极为罕见，甚至这只是一种纯主观的想象。屯卦向我们讲述的就是这样一个道理。

在春秋（公元前770—前476）后期，长江下游崛起的两个国家——吴国和越国，为了争夺霸权，战争不断。

公元前494年春，越王勾践得到吴王夫差准备攻越的消息后，决定先发制人，出兵攻打吴国。吴王夫差在伍子胥、伯嚭的辅助下，派出精兵，迎战越军于夫椒（今江苏苏州西南）。由于吴军实力较强，越军在准备不充分、兵力不充足的情况下大败而归，最后只剩下五千人，退守会稽山（今浙江绍兴东南）。吴军乘胜追击，把会稽山包围得水泄不通。在这生死存亡的紧急关头，勾践采纳了范蠡的建议，决定以屈求生。勾践一面准备死战，一面派文种以美女、财宝疏通吴国太宰伯嚭，去向吴王夫差求和，让夫差允许越国作为吴国的属国存在，勾践愿做吴王的臣仆，忠心侍奉吴王，否则勾践将“尽杀其妻子，燔（烧）其宝器，悉五千人触战”。在接受了大量贿赂的伯嚭的劝导下，最终吴王夫差准许议和，撤军回国。不久，越王勾践履行和约，和范蠡一道去吴国给夫差当奴仆，王后也做了吴王夫差的女奴。勾践为吴王驾车养马，他的夫人为吴国打扫宫室。他们住在囚室，粝衣恶食，极尽屈辱却从不反抗。由于勾践能卑事吴王，同时又贿赂伯嚭，最后勾践终于取得了吴王的信任，三年后被释放回国。而三年之中，文种没有辱没越王交付给他的治理国家的使命，越国不仅度过了因战争而引起的困难时期，还恢复了往日的繁荣。

越王勾践回国后，他在坐卧的地方悬挂了苦胆，吃饭的时候要先尝尝苦胆的味道，日夜思量着有朝一日报仇雪恨。他用文种治理国家，用范蠡训练军队，积极发展经济，积蓄力量。他还下了一道“罪己诏”，检讨自己使很多百姓在战场上送命的失误，并亲自去慰问受伤的平民，抚养阵亡者的家属。勾践还针对越国战败后人口减少、财力耗尽的情况，制定了休养生息的政策。由于改革内政，减轻刑罚，提倡百姓开荒种地，越国在十年中没有向人民征收赋税，百姓每家都有三年的粮食储备。越国百姓对越王的爱戴，如对父母一般。

勾践对内改革的同时，还开展卓有成效的外交战。对吴国，他经常送给夫差优厚的礼物，表示忠心臣服，以消除他对越国的戒备，助其骄气，麻痹腐蚀夫差。同时用高价收买吴国的粮食，造成吴国粮食紧张，破坏吴国经济。他为了消磨吴王夫差的意志，将西施和郑旦送给了他，自此，吴王沉湎在西施和郑旦的温柔乡中，不能自拔。西施还利用她的姿色离间吴王和大将伍子胥的关系，伍子胥以自杀而终，这为越国灭吴国清除了障碍。这一系列的措施，不仅壮大了自己，而且削弱了敌人，灭吴也就成了指日可待的事了。公元前482年，夫差为了称霸中原，带三万精兵远征，国内空虚，给了越王勾践以可乘之机。勾践随即调集越军约四万人，大举攻吴，公元前476年，吴王夫差自杀，越国取得了吴、越之战的最后胜利。

在乾坤始合，万物屯养时期，所要加强修养的所谓“屯德”，其实就是帮助万物生长的天德，对人类而言，则是为开创进步事业，休养生息，积极建功的美德。

蒙卦[1] 第四

蒙卦

原文

蒙：亨。匪我求童蒙，童蒙求我。初筮告，再三渎，渎则不告。利贞。[2]

初六：发蒙，利用刑人，用说桎梏，以往吝。[3]

九二：包蒙，吉。纳妇，吉。子克家。[4]

六三：勿用取女，见金夫，不有躬，无攸利。[5]

六四：困蒙，吝。[6]

六五：童蒙，吉。

上九：击蒙，不利为寇，利御寇。[7]

注解

①蒙卦：坎下艮上，象征着启蒙。

②童蒙：幼童，引申为无知之人。蒙，蒙昧，指需要教育的人。再三：这里承前省略了一个“筮”字，所以“再三”即“再三筮”，意为接二连三地占筮。渎：亵渎。

③发蒙：启发蒙昧之人的智慧。刑人：受体罚或刑罚之人。说：通“脱”。桎梏：古代刑具名。铐在足上称桎，铐在手上称梏。以：而。

④包蒙：强调教育的广泛。纳妇：迎娶媳妇。子克家：子能够治理家庭。

⑤取：通“娶”。金夫：美称，指貌美郎君。不有躬：不顾体统，自失其身。

⑥困蒙：陷于蒙昧之中。

⑦击蒙：以责罚的方式启发幼童的蒙昧。

译文

蒙卦：亨通。不是我请教幼童，而是幼童请教我。第一次占卜，我告诉他教诲之辞，若接二连三地来问便是对占卜的亵渎和轻侮，若轻侮占卜，则不会告诉教诲。有利于占卜。

初六：启发蒙昧，对受刑之人有利，脱去桎梏，然而前行仍然困难。

九二：为众阴所包含，吉利。就像迎娶美丽贤惠的妻子一样，吉利。因为儿子已经有能力治理家庭，可以为他娶亲了。

六三：这个女子不宜取回来做妻子，因为当她见到貌美的男子，就会不顾礼节地接近他，所以娶她不吉利。

六四：困于蒙昧之中，如同陷入困境之中。

六五：幼童受启蒙，吉利。

上九：以责罚的方式启发幼童的蒙昧，做伤害别人的强盗之事不利，抵御别人伤害的事有利。

赏析

从原始社会进入现代社会，不能不说是人类的一大进步。在这一过程中，维系人类进步的正是道德。

蒙卦阐释的教育原则，首先重视自然感应，潜移默化，循序渐进；教育的动机必须纯正，而且坚持到底；教育应当严厉，但也应适度，过严反而容易引起抗拒；教育应当包容，有教无类。这些道理在中国历史上得到了阐释。

孟子名轲，字子舆，父亲激公宜在孟子三岁时外出谋生计，从此就音讯全无，家里只有几亩薄田，全靠母亲仉氏纺线织布维持生计。孟子家住今天山东邹城乡下的一个小村庄，庄外不远处是一片坟地，总有送葬出殡的人家在那里吹吹打打。孟子少时聪明好学，看了以后回来就模仿出殡打幡、哭丧祭拜，惟妙惟肖，出神入化。孟母看到这种情形，非常担忧，于是决定搬家，给孟子换个环境，以便他学到更多好的东西。

孟家迁到了庙户营（今山东邹城西北），这里是个大集镇，母亲原本是想让孟子多长一些见识，开阔眼界。但这里的集场喧闹异常，孟子总是喜欢看热闹，看后回来不是用棍子挑两块石头学卖菜，就是用木头做刀子比比画画地学杀猪。孟母觉得不妥当，担心儿子以后不能有所作为，于是决定再次搬家。

第三次，孟家搬到了因利渠畔（今邹城南关），隔壁是个学堂，周围都是读书人。孟子每天都看到上学的人举止文雅、落落大方，于是孟子学着读书演礼，孟母这才放下心来，这就是孟母三迁的故事。

孟子十分聪明，上学后什么东西都是一学就会，慢慢地他就觉得学堂的课实在没有意思。有一次，孟子一连三天没有上学，早上出门说去上学，下午还准时回家，孟母以为他是放学了。学堂的老师三天不见孟子的踪影，派人到孟子家里探问，看孟子是不是病了，这时孟母才知道儿子逃学了。下午，孟子回来了，母亲问他到哪儿去了。孟子却说上学去了。孟母大怒，拿起剪子就把织布机上的经线齐着机杼给剪断了。这一下孟子害怕了，因为这是维持家计的唯一来源。孟母让他将断了的线头全部接上，几百根经线全剪断了，哪里还接得上。于是孟母对儿子说："读书与织布一样不能截断，截断了就接续不上了。即使能接续上，但织出的布满是疙瘩，还有人愿意买吗？你贪玩逃学，荒废时光，怎么能学到安邦定国的本领呢？"

此后，孟子痛下决心刻苦学习，终于成为道德高尚、学识渊博的"亚圣"。

需卦[1]第五

需卦

原文

需：有孚，光亨。贞吉，利涉大川。[2]
初九：需于郊，利用恒，无咎。[3]
九二：需于沙，小有言，终吉。[4]
九三：需于泥，致寇至。[5]
六四：需于血，出自穴。[6]
九五：需于酒食，贞吉。[7]
上六：入于穴，有不速之客三人来，敬之，终吉。[8]

注解

①需卦：乾下坎上，象征等待。“物种不可不养，故受之以需。”需也作饮食解。

②孚：诚信。光亨：大为通顺。

③郊：城邑之外。恒：指恒心。

④沙：沙滩。小：少。言：议论。

⑤致：招来。

⑥血：血泊，这里指伤得很重。出：离开。穴：陷阱，这里比喻险恶。

⑦酒食：这里指酒宴。

⑧不速之客：未经邀请而来的客人。

译文

需卦：有诚信，光明亨通。保持正直之心，宜于涉过大河。

初九：在郊外等待，持之以恒，则无过失。

九二：在沙滩之中等待，虽有口舌是非，最终得吉。

九三：在泥泞之中等待，无法进退，以致招来盗寇。

六四：在血泊中等待，从洞穴中爬出来。

九五：在危险面前，不犯险前行，却停留在酒食中，这是吉利的。

上六：返回地穴之中，有三个不速之客来到，（如果）以礼敬之，最终得吉。

赏析

正始八年（公元247年），曹爽用心腹何晏、邓扬、丁谧之谋，把太后迁到永宁宫，一时曹爽兄弟“专擅朝政，兄弟并掌禁兵，多树亲党，屡改制度”，来排挤司马氏的势力。司马懿不能禁止，从此与曹爽矛盾渐深。五月，司马懿装病，不问政事。时人为之谣曰：“何、邓、丁，乱京城。”

随即，曹爽等人加紧了篡权的步伐。正始九年（公元248年）三月，黄门张当私自把内庭才人石英等十一人送给曹爽，曹爽、何晏趁机与张当勾结，谋危社稷。曹爽及其同党也担心司马懿是装病。

同年冬，河南尹李胜要到荆州任刺史，行前去拜望他。司马懿假装病重，让两个侍婢扶着自己，要拿衣服，拿不稳，掉在了地上，还指着嘴说渴。侍婢献上粥来，他用口去接，汤流满襟。李胜说：“众情谓明公旧风发动，何意尊体乃尔！”司马懿故意上气不接下气地说：“年老枕疾，死在旦夕。君当屈并州，并州近胡，善为之备。恐不复相见，以子师、昭兄弟为托。”李胜说：“当还忝本州（李胜是荆州人），非并州。”司马懿故意错乱其辞：“君方到并州。”李胜又说：“当忝荆州。”司马懿说：“年老意荒，不解君言。今还为本州，盛德壮烈，好建功勋！”李胜回来对曹爽说：“司马公尸居余气，形神已离，不足虑矣。”过了几天，他又说：“太傅不可复济，令人怆然。”曹爽等人从此便不再防备司马懿。

司马懿表面装病，实际上也在暗中布置，准备消灭曹爽势力。

嘉平元年（公元249年）春正月，魏帝曹芳离开洛阳去祭扫魏明帝的坟墓高平陵，大将军曹爽、中领军曹羲、武卫将军曹训均从行。司马懿趁机上奏永宁太后，请废曹爽兄弟。当时，司马师为中护军，率兵屯司马门，控制京都。司马懿列阵，经过曹爽门前，曹爽部将严世登楼，引弩欲射，孙谦拉着他的胳膊阻止他说：“事未可知。”一连阻止三次。大司农桓范用计出城去投曹爽，蒋济对司马懿说：“智囊往矣。”司马懿却说：“爽与范内疏而智不及，驽马恋栈豆，必不能用也。”

司马懿召司徒高柔假节行大将军事，管领曹爽军营，对他说：“君为周勃矣。”召太仆王观行中领军事，统摄曹羲军营。司马懿自己率太尉蒋济等勒兵出迎天子，驻扎在洛水浮桥。派人上奏章给皇帝：“先帝诏陛下、秦王及臣升于御床，握臣臂曰‘深以后事为念’。今大将军爽背弃顾命，败乱国典，内则僭拟，外专威权。群官要职，皆置所亲；宿卫旧人，并见斥黜。根据盘牙，纵恣日甚。又以黄门张当为都监，专共交关，伺候神器。天下汹汹，人怀危惧。陛下便为寄坐，岂得久安？此非先帝诏陛下及臣升御床之本意也。臣虽朽迈，敢忘前言。昔赵高极意，秦是以亡；吕霍早断，汉祚永延。此乃陛下之殷鉴，臣授命之秋也。公卿群臣皆以爽有无君之心，兄弟不宜典兵宿卫；奏皇太后，皇太后敕如奏施行。臣辄敕主者及黄门令罢爽、羲，训吏兵各以本官侯就第，若稽留车驾，以军法从事。臣辄力疾将兵诣洛水浮桥，伺察非常。”

曹爽扣住奏章，不让皇帝知道，把皇帝留在伊水之南，砍伐树木建成鹿角，征发屯兵数千人以自守。桓范劝曹爽挟持皇帝到许昌去，发文书征调天下兵马勤王。曹爽优柔寡断，果然疑惑，不从其计。反而夜遣侍中许允、尚书陈泰去见司马懿，探听动静。司马懿趁机数说曹爽的过失，说他该早自归来服罪。接着又派曹爽的亲信殿中校尉尹大目去对他说，朝廷只是免他的官职罢了，并以洛水为誓。

曹爽欲信其言，桓范等人援引古今，百般劝谏，从晚上一直劝到第二天黎明。劝到最后，曹爽投刀于地，说：“司马公正当欲夺吾权耳，吾得以侯还第，不失为富家翁。”桓范哭着说：“曹子丹佳人，生汝兄弟，豚犊耳！何图今日坐汝等族灭也！”

曹爽把司马懿的奏章给皇帝看，请皇帝下诏免去自己官职，随皇帝进入京城。曹爽兄弟一回府，就被司马懿派兵包围。司马懿在曹爽府宅四角修造高楼，让人在楼上密切监视着。一次，曹爽刚拿着弹弓到后园中，楼上人就喊：“故大将军东南行！”曹爽愁闷，不知所措。

不久，司马懿以谋反的罪名，杀曹爽及其党羽何晏、丁谧、邓扬、毕轨、李胜、桓范等，并灭其三族。从此曹魏的军政大权完全落入司马懿的手中，为司马氏取代曹魏奠定了基础。

同年二月，皇帝任命司马懿为丞相，增繁昌、鄢陵、新汲、父城为其封邑，前后其计八县，食邑二万户，特许奏事不名。司马懿固辞丞相之职不受。十二月，诏命加九锡之礼，朝会不拜，又固辞九锡。

嘉平二年（公元250年）春，魏帝命司马懿在洛阳立庙。司马懿久病，不任朝请，每遇大事，天子亲自到他府中去征询意见。兖州刺史令狐愚和太尉王凌（驻在寿春）见皇帝孱弱，强臣专权，谋立楚王曹彪。未发，令狐愚死。

嘉平三年（公元251年）春正月，王凌借口吴人塞涂水，请求出兵征讨。司马懿知其阴谋，不令兴兵。并于四月亲率中军讨伐王凌。司马懿故技重施，他先下赦书赦免凌罪，又写信安慰他，但不久大军突至。王凌自知势穷，便独自乘船迎接，派属官王彧请罪，送上印绶、节钺。

司马懿军到武丘，王凌在水边面缚等待，说：“凌若有罪，公当折简召凌，何苦自来邪！”司马懿说：“以君非折简之客故耳。”说罢，命将领率六百人马想把王凌解送洛阳。王凌向司马懿要棺材上的钉子，想试探一下，看司马懿想不想杀自己，司马懿命手下人找来送给他。后来，王凌途经贾逵庙，曾大呼：“贾梁道！王凌是大魏之忠臣，惟尔有神知之。”五月，王凌到项城，深感绝望，服毒而死。

司马懿进军寿春，参与王凌之谋的人都出来自首。司马懿推知其事，凡牵连在内的一律诛灭三族。他还派人挖开王凌、令狐愚的坟墓，在附近的街市上剖棺暴尸三天，然后烧掉他们的印绶、官服，把他们裸埋土中。司马懿把楚王曹彪也杀了。并且把魏之王公全部拘捕，放置邺城，命有司监察，不准他们结交往来。

魏帝策命司马懿为相国，封安平郡公，孙及兄子各一人为列侯，前后食邑五万户，封侯者十九人。司马懿固辞相国、郡公之位不受。

嘉平三年（公元251年）六月，司马懿病，夜间常梦见贾逵、王凌为祟。八月，司马懿去世，享年七十三岁。当年九月，司马懿被葬于河阴，谥文贞，后改为文宣。晋武帝受魏禅，给司马懿上尊号为宣皇帝，称其陵墓为高原，庙号高祖。

讼卦① 第六

讼卦

原文

讼：有孚窒惕，中吉，终凶。利见大人，不利涉大川。②

初六：不永所事，小有言，终吉。③

九二：不克讼，归而逋。其邑人三百户，无眚。④

六三：食旧德，贞厉，终吉。或从王事，无成。⑤

九四：不克讼，复即命渝。安贞，吉。⑥

九五：讼，元吉。⑦

上九：或锡之鞶带，终朝三褫之。⑧

注解

①讼卦：坎下乾上，象征争讼、争论。

②有孚：有诚信。窒惕：阻塞而恐惧。

③不永所事：不长久受困于争讼之事。永，长久。

④不克讼：争讼失败。逋：逃亡，逃避。邑：封地，古代三百户为一邑，是小国。眚：过失，灾祸。

⑤食旧德：吃昔日积累的功德。贞厉：不失其正但危险。

⑥复即命：回归正理。渝：改变。

⑦讼：这里指"决讼"，即审断讼案。

⑧锡：通"赐"。鞶带：大带。古代根据官阶颁赐的腰带，上或有金玉之饰。终朝：终日，整天。褫：剥夺。

译文

讼卦：象征着争辩之事，因为诚信被阻塞而心理恐惧，事情发生的过程中可能有暂时的吉利，但结果凶险。有利于拜见大人，但不利于涉越大川。

初六：不能长久地从事诉讼之事，稍有言语责难，而结果吉利。

九二：争讼失败，回到采邑就逃跑。跑到一个有三百户人家的城中，便没有灾祸了。

六三：享用往日积累的功德，占卜的征兆险恶，结果却吉利。如果跟随君王做事，不能居功。

九四：争讼失败，复其本位，改变初衷。安于已变得正位，吉兆。

九五：明辨诉讼之事，大吉大利。

上九：在疑惑中被君王赏赐官职，但一天之内赐予的官职又多次被剥夺。

赏析

人与人相处，难免会有矛盾发生，以至于有争讼的出现。在这种情况下，应力持中庸平和的原则，能让则让，能避则避，能止则止，万不可逞一时之愤，使事态扩大。因为争讼是一件两败俱伤的事情，倘若遇到执法公正的法官，尚可一伸正义，然而这样的境遇似乎不多，因而诉讼中充满着风险。即便胜诉，也会结下冤仇，从大局着眼，仍是有害无益的。古人说"冤家宜解不宜结"，也正是这个道理。

对没必要争论的人和事就不要斗嘴，正所谓"小不忍则乱大谋"。在为人处世中，不妨先退让一步，利用忍耐暂时躲避。这样做，不但能避其锋芒，避免争斗，还能减少不必要的麻烦。历史上有很多这样的实例，可以作为这种道理的佐证。

赵惠文王十六年（公元前283年），廉颇率领赵军征讨齐国，大败齐军，夺取了阳晋，被封为上卿，他以勇气闻名于各诸侯国。蔺相如是赵国人，是赵国宦者令缪贤家的门客。蔺相如因完璧归赵不负出使秦国的使命而得到赵王的器重。后来，秦国攻打赵国，夺取了石城。第二年，秦国再次攻赵，杀死两万人。

秦赵之间的战争以赵国失败而告终，秦王派使者通告赵王，想在西河外的渑池与赵王进行一次友好会见。赵王害怕秦国，不想去。廉颇、蔺相如议道："大王如果不去，就显得赵国既软弱又胆小。"于是赵王去渑池与秦王会见，蔺相如随行。在宴会上，秦王饮到酒兴正浓时，说："寡人私下里听说赵王爱好音乐，请您弹瑟吧！"赵王不敢违抗，就弹起瑟来。秦国的史官上前来写道："某年某月某日，秦王与赵王一起饮酒，令赵王弹瑟。"蔺相如上前说："赵王私下里听说秦王擅长秦地土乐，请让我给秦王捧上缶，以便互相娱乐。"秦王发怒，不答应。这时蔺相如向前递上缶，并跪下请秦王演奏。秦王不肯击缶，蔺相如说："在这五步之内，我蔺相如要把脖颈里的血溅在大王身上了！"侍从们想要杀蔺相如，蔺相如圆睁双眼大喝一声，侍从们都吓得倒退。当时秦王被蔺相如的威势吓出了一身冷汗，也只好敲了一下缶。蔺相如回头招呼赵国史官写道："某年某月某日，秦王为赵王敲缶。"秦国的大臣们说："请你们用赵国的十五座城向秦王献礼。"蔺相如说："请你们用秦国的咸阳向赵王献礼。"秦王直到酒宴结束，始终未能压倒赵国。与此同时，赵国大将廉颇在边境也部署大军来防备秦国加害赵王，因而秦王只能忍气吞声，不敢轻举妄动。

渑池之会结束后，由于蔺相如功劳大，被封为上卿，位在廉颇之上。廉颇说："我是赵国将军，有攻城野战的大功，而蔺相如只不过靠能说会道立了点功，可是他的地位却在我之上，况且蔺相如本来是卑贱之人，这让我感到羞耻，官位比他低，我难以忍受。"并且扬言："我遇见蔺相如，一定要羞辱他。"蔺相如听到后，不肯和他相会。蔺相如每到上朝时，常常推说有病，不愿和廉颇去争位次的先后。一次蔺相如外出，远远地看到廉颇，蔺相如就掉转车子回避。于是蔺相如的门客就一起直言进谏："我们之所以离开亲人来侍奉您，就是仰慕您高尚的节义呀。如今您与廉颇官位相同，廉老先生口出恶言，而您却因害怕而躲避他，平庸的人尚且感到羞耻，何况您身为将相呢！我们这些人没出息，请让我们离去吧！"蔺相如坚决地挽留他们，说："诸位认为廉将军和秦王相比谁厉害?”门客们回答:“廉将军比不了秦王。”蔺相如说:“以秦王的威势,而我敢在朝廷上呵斥他,羞辱他的群臣,我蔺相如虽然无能,难道会怕廉将军吗?但是我想到,现在强秦之所以不敢对赵国用兵,就是因为有我们两个人在呀,如今两虎相斗,势必不能共存。我之所以这样忍让,就是为了把国家的危难摆在前面,把个人的私怨放在后面。”门客们听了这话,为蔺相如的大义所感动,便不再有怨言了。后来,廉颇也听到了这些话,感到非常羞愧。于是脱去上衣,露出上身,背着荆条,由宾客领路,来到蔺相如的门前请罪。他说:“我是个粗野卑贱之人,想不到将军您是如此的宽厚啊!”两人终于和好,成为生死与共的好友。

这一年,廉颇向东进攻齐国,打败了齐国的一支军队。过了两年,廉颇又攻下齐国的几座城邑。此后三年,廉颇又攻下魏国的房陵、安阳。四年后,蔺相如领兵攻齐,打到平邑就收兵了。此时,赵国进入到前所未有的强盛时期。

成语“负荆请罪”就来源于这一历史史实。当然,在我们日常生活中很少会出现这样极端的情况,但也常常会发生一些争执,有时搞得不欢而散甚至使双方结下芥蒂。人发生了冲突或争吵之后,无论怎样妥善地处理,总会在心理、感情上蒙上一层阴影,为日后的相处带来障碍。最好的办法,还是尽量避免它。

“有话好好说”,人们常常用这句话来排解争吵者之间的过激情绪。争吵者往往不善于克制自己,措辞激烈、专断,不愿意以尊重态度聆听对方的意见,而且想把自己的思想强加在别人身上,这样最终肯定没有什么好的结果。

讼卦的精神,是要我们多以平和宽厚之心及方法来处理人际关系与矛盾,逞强争讼,易伤人伤己,难以弥合彼此的关系。实际生活中,谁能够克服喜好争讼的弱点,谁就能在人生中避免麻烦,远离祸端,一生和顺通达。

师卦[1] 第七

师卦

原文

师：贞，丈人吉，无咎。[2]

初六：师出以律，否臧，凶。[3]

九二：在师中吉，无咎。王三锡命。[4]

六三：师或舆尸，凶。[5]

六四：师左次，无咎。[6]

六五：田有禽，利执言，无咎。长子帅师，弟子舆尸，贞凶。[7]

上六：大君有命，开国承家，小人勿用。[8]

注解

①师卦：坎下坤上，象征军旅之事。

②丈人：贤明的长者。

③律：军纪。否臧：军纪不善，军纪不好。

④在：处于。中：军旅之中。王三锡命：君王多次颁赐奖赏其功。锡命，发布奖赏的命令。

⑤舆尸：用车载运尸体，比喻兵败如山倒。

⑥左次：驻扎在左方。如果驻扎在左低右高的地势上，利于防御和攻击。

⑦禽：通“擒”，擒获。执言：发布命令。弟子：指三爻，互卦有震象。

⑧大君有命：君王降下诏命，论功封爵。开国：封诸侯，开创千乘之国。承家：授大夫，承袭百乘之家。家，大夫封地。小人勿用：意在用君子，不要用小人。

译文

师卦：占问率军用兵的结果是，用贤明的长者执掌军旅则吉，没有灾祸。

初六：出征当遵守法纪，不然出师虽顺，亦有凶。

九二：贤者身在军中则吉，没有灾害。君王多次嘉奖并委以重任。

六三：出师有时会运尸体归来，有凶险。

六四：军队驻扎在左方，则没有灾害。

六五：打猎有收获，有利于发布命令，没有灾害。长子率师作战，次子战败以车载尸而归，占问为凶。

上六：君王发布命令，裂土分封诸侯，采邑赏封大夫，不可重用小人。

赏析

“师”是军队的编制系列之一。周代五百人为一旅，五旅为一师，故师旅又成为军队的通称。汉语里常用的“师”字，包括师出有名、兴师动众、出师勤王、挥师南下、誓师出征、正义之师、百万雄师、班师回朝、劳师犒军等，从战争动员、出兵作战、战争性质、军队阵容，直到大军凯旋，欢迎慰劳，本义都与军队和统兵作战有关，并被广泛应用于聚集民众，共图大业的引申义中。

《易经》的师卦也早有此意。其《卦辞》意为：“出师征战，要符合正义，任命德才兼备的统帅带兵方可吉祥而无过错。”

在这里，《易经》师卦用短短十六字，概括了两条具有普遍哲理意义的军事原则，这就是一要师出有名，为正义而战；二要精选良将，用人得当。用兵圣孙子的话来说，两者均是衡量战争全局的谋略中最重要的五事之一，即所谓“道”与“将”。师卦中说“丈人吉，无咎”，强调的就是“仁义”，也就是民众的作用。的确，“得人心者得天下”。古往今来，那些成就大业的“明君圣主”，哪一个不是在当时极得人心的统治者？如唐太宗、明太祖等这些人的治军治国手段，可谓得“师卦”之深义。民心是战争取胜必不可少的前提。光有权力是不够的，还要有威望。这种威望不是坐着等来的，而是要不失时机地赢得人心，要创造一切机会赢得民众的拥戴。

在封建社会里，君主的权力高于一切，一般地说，人民处于无权的地位，但这不等于说统治者就可以为所欲为。几千年间，王朝倾覆，皇冠落地，此起彼伏，屡见不鲜。从历史的变化中，有不少具有创新意识的统御者认真总结历史的教训，摸索出了重视民众的力量是治国安邦的最基本方针之一。荀子说：“天下归之之谓王，天下去之之谓亡。”一归一去，民众是最根本的因素。作为一代英豪的朱元璋，也认识到了老百姓的力量的重要性，因此，他每到一处地方，便收买一处的民心，明朝的天下就是由此而来的。

朱元璋率部攻打太平城的战斗刚结束，士兵们正准备动手抢掠、大发横财的时候，却见城中的大街小巷贴满了《戒缉军士榜》榜文，上面赫然写道：“敢有抢掠财物、杀害百姓者，杀无赦。”下面盖着朱元璋的大印。混乱的局面立刻变得井然有序。在战事结束后，朱元璋论功行赏，军士们都有份。朱元璋的高明做法，既得到了人心，也稳住了军心。于是，太平城也就成了朱元璋最稳固的根据地。

由于一系列的安民政策的实施，朱元璋很快得到天下百姓的拥护，他又在扩大江南根据地的同时，让自己的新政深入人心。在占据应天后，他对自己接下来的路程有清醒的认识。他深知“君主为天下人之役”，官吏是受雇于百姓，是为百姓服务的。他训诫将领时说：“我自起兵以来，从未随意杀掠。今尔等带兵出征，望能体察我的心意，严格约束士卒。城破之日，不得妄行杀掠。有违军令者，军法处置。倘再纵容，定当严惩不贷！”诸将奉命而去，很快就攻下镇江。入城后果然纪律严明，秋毫无犯，各地民众都称颂朱元璋的军队是仁义之师，为朱元璋的部队提供了很多的便利，也为朱元璋统治江南奠定了坚实的基础。

朱元璋在严格约束军队时，还善于笼络一些有识之士。朱元璋对学有所长、术有专攻的人大力用之，朱元璋能够自觉地同读书人交往，积极主动地了解先辈们积累的各种经验，弥补各种文化的不足，同时诚恳地请教于各地士大夫，虚心地向他们学习，这也消除了他们的敌意。这些士大夫往往是一个宗族、一个地域的核心人物，他们有很大的凝聚力、亲和力和号召力，团结他们，用他们来管理当地百姓，朱元璋的确技高一筹。

历代战争中，天时、地利、人和是取胜的三大因素，其中“人和”更是决定胜负的关键要素，如果能创造“人和”的良好态势，则平定天下必成定势。同样，在现实生活中，争取得到群众和部下的广泛支持，与他们共同生活，互助合作，形成一个和谐圆满、强而有力的战斗集体，这样的领导者才是真正英明的领导者。

比卦[1] 第八

比卦

原文

比：吉。原筮，元永贞，无咎。不宁方来，后夫凶。[2]

初六：有孚比之，无咎。有孚盈缶，终来有它，吉。[3]

六二：比之自内，贞吉。[4]

六三：比之匪人。[5]

六四：外比之，贞吉。[6]

九五：显比，王用三驱，失前禽，邑人不诫，吉。[7]

上六：比之无首，凶。[8]

注解

①比卦：坤下坎上，象征亲近、团结，协和邦国之意。

②原筮：旧筮，指再三占筮。原，卜也。永贞：永远坚持正道。不宁方来：不愿臣服的诸侯国。后夫：后来者。

③有孚比之：有诚信之心者前来亲辅。盈缶：美酒装满酒坛。缶，大肚小口，用来盛酒的瓦罐。终来有它：终有其他来归附。

④内：内部。

⑤匪人：行为正当的人。

⑥外比：向外亲辅。

⑦显比：明显地亲近归附。三驱：不合围，开一面之网。诫：告诫。

⑧无首：没有首领。此处指不居于首位。

译文

比卦：吉利。卜筮其卦象，则知道元统大业利于坚持正道，没有灾祸。不安宁的四方之国都来归附，后来之人有凶。

初六：有诚信而亲辅，没有灾祸。诚信多得像水之满缶，若终有其他来归附，吉利。

六二：以中正仁和之心亲附君王，吉利。

六三：亲近归附于行为不正当之人。

六四：向外亲近，占问则吉。

九五：亲附光明，王用三面之礼狩猎，任由最前面的禽兽逃离，因先王有此仁德之心，邑人都不害怕，吉利。

上六：亲近归附时不能领先居首，凶。

赏析

“比”通常指一种认识的方法，即比较、对比、比照，等等。用来确定事物的比例、比重等。后发展为指一种文学修辞方法，即古代作诗方法所说的“赋、比、兴”三法之一，或作为修辞手法之一，属于修饰学辞格之一的比拟、比喻、对比、排比等。

但“比”的本意，主要还是亲比的意思，一般指人或物之间的密切关系。所谓比喻、比拟、比兴，以及比较、对比等，都需要将互比的双方放在一起做比较，才可得出比的结果，引出比的意象。因此，比就是关系的紧密，如同“海内存知己，天涯若比邻”所形容的那样。

那么，比的行为或态势是否值得称道呢？这需要具体分析。对于有伟大志向的同道者来说，比无疑是一种亲密无间，有利于事业发展的人际关系。而对于心怀诡计，相互勾结的恶人贼党来说，比则是指狼狈为奸，即所谓的“比周”。《荀子·臣道》说的“朋党比周，以环主图私为务”，以及《论语·为政》所说的“君子周而不比，小人比而不周”，都是同一个道理。

从易家“网开一面”，让叛逃者离去而不加强制，待心悦诚服真心来归顺才亲比的做法，可以联想到诸葛亮“七擒孟获”，终于使他真心臣服而归顺，巩固了蜀国大后方的历史故事，这就是修养《易经》比德的成功例子。

从前，吐谷浑国的国王阿豺有二十个儿子。他这二十个儿子个个都很有本领，难分上下。可是他们自恃本领高强，都不把别人放在眼里，认为只有自己最有才能。平时二十个儿子常常明争暗斗，见面就互相讥讽，在背后也总爱说对方的坏话。

阿豺见到儿子们这种互不相容的情况，很是担心，他明白敌人很容易利用这种不和睦的情况来各个击破，那样一来国家的安危就悬于一线了。阿豺常常利用各种机会和场合苦口婆心地教导儿子们停止互相攻击、倾轧，要团结友爱。可是儿子们对父亲的话都是左耳朵进右耳朵出，表面上装作遵从教诲，实际上并没放在心上，依然我行我素。

阿豺的年纪一天天老了，他明白自己在位的日子不会很久了。可是自己死后，儿子们怎么办呢？再没有人能教诲他们、调解他们之间的矛盾了，那国家不是要四分五裂了吗？究竟用什么办法才能让他们懂得团结呢？阿豺越来越忧心忡忡。

有一天，久病在床的阿豺预感到死神就要降临了，他也终于有了主意。他把儿子们召集到病榻跟前，吩咐他们：“你们每个人都放一支箭在地上。”儿子们不知何故，但还是照办了。阿豺又叫来自己的弟弟慕利延说：“你随便拾一支箭折断它。”慕利延顺手捡起身边的一支箭，稍一用力，箭就断了。阿豺又说：“现在你把剩下的十九支箭全都拾起来，把它们捆在一起，再试着折断。”慕利延抓住箭捆，使出了吃奶的力气，咬牙弯腰，脖子上青筋直冒，折腾得满头大汗，始终也没能将那捆箭折断。

阿豺缓缓地转向他的儿子们，语重心长地说道：“你们也都看得很明白了，一支箭，轻轻一折就断了，可是合在一起的时候，怎么折也折不断。你们兄弟也是如此，如果互相斗气，单独行动，很容易遭到失败，只有二十个人联合起来，齐心协力，才会产生无比巨大的力量，才能战胜一切，保障国家的安全。这就是团结的力量啊！”

儿子们终于领悟到了父亲的良苦用心，想起自己以往的行为，都悔恨地流着泪说：“父亲，我们明白了，您就放心吧！”

阿豺见儿子们真的懂了，欣慰地点了下头，闭上眼睛安然去世了。

小畜卦[1] 第九

小畜卦

原文

小畜：亨。密云不雨，自我西郊。[2]

初九：复自道，何其咎？吉。[3]

九二：牵复，吉。[4]

九三：舆说辐，夫妻反目。[5]

六四：有孚，血去，惕出，无咎。[6]

九五：有孚挛如，富以其邻。[7]

上九：既雨既处，尚德载。妇贞厉，月几望；君子征凶。[8]

注解

①小畜卦：乾下巽上，象征阴柔力量的聚集，有“止”的意思。小，少。畜，通“蓄”。

②自我西郊：（浓云）从西郊而起。

③复自道：回归正道。

④牵复：牵连而复回。

⑤舆：大车。说：通“脱”。辐：古代车子上固定车轮于轮轴上的掣栓。反目：失和。

⑥孚：诚信。血去：排除惊恐。血，同“恤”，忧惧。

⑦挛：拘系，捆绑。如：样子。富以其邻：与邻人同富。以，与。

⑧既雨既处：天已降雨，雨又停息了。尚：通“上”。德：同“得”。几：接近。望：古代历法，每月十五日为“月望”。征：出征。

译文

小畜卦：亨通。阴云密布却无雨，云气自西郊而起。

初九：返回正道，会有什么灾呢？这本是吉利的。

九二：牵连而复回，吉利。

九三：车身与车轴分离，象征夫妻反目成仇。

六四：有诚信，摈弃忧虑，排除惊惧，没有灾害。

九五：以诚信拘系，与邻居同富。

上九：天已降雨，雨又停止了，上九为阴气所积载。此时妇女以守正道避险，要像十五的月亮一样，阴气不能过剩；君子在阴气太盛之时出征则凶。

赏析

积小胜多，以柔制刚，是大自然在矛盾双方对比力量悬殊、阴阳不调、进展不顺时，经常出现的一种自我调节状况。对于这种状况，易家以乾下巽上的卦象来表示，称为“小畜”，所下的卦辞断语是：“小有积畜是亨通的，它就像城西郊外浓云密布，雨点却下不来一样。”

夜已经很深了，熙熙攘攘的军营终于安静下来了，在主帅营帐里，灯火微明，军师刘伯温正在为主帅朱元璋讲习八卦。“小畜，柔得位而上下应之，曰小畜。健而巽，刚中而志行，乃亨。密云不雨，尚往也。自我西郊，施未行也。小畜卦，言一日寸困顿之法，力不足，则滞而不前，非不行也，乃蓄积而后作……”朱元璋不时颔首赞许。

元朝末年，天下大乱，在一些较大的诸侯割据势力中，大部分起义军领袖皆已称王、称帝。最早的徐寿辉，在彭莹玉等人的拥立下，于元至正十一年（1351）称帝。张士诚于元至正十三年（1353）自称诚王，国号大周。元至正二十年（1360）徐寿辉被部下陈友谅所杀，陈友谅自立为帝，国号大汉。四川明玉珍闻讯，也自立为陇蜀王。一时间，九州大地，“帝王”满天飞。

对于这种时局，刘伯温特意为朱元璋讲解了小畜卦，劝谏朱元璋坚定信念，一本初衷，全力以赴，并注重中庸原则，刚柔并济，以诚信感召众人，与将士们精诚团结，结合所有力量，获得一切援助，共同排除障碍，达到实现理想的目的。朱元璋也知道此时掩藏自己的实力，让其他竞争对手互相火拼，而自己则暗聚力量，等待他们拼到你死我活时再出击，一定会取得最终的胜利。于是主帅和军师共同商讨出了“高筑墙，广积粮，缓称王”的大战略。“缓称王”作为朱元璋实现抱负的最后一个环节，实际上也是最重要的一个环节。这也正是刘伯温和朱元璋智慧的表现。

与其他各路义军首领迫不及待地称王的做法相比，朱元璋的“缓称王”之战略不可谓不高明。“缓称王”的根本目的在于最大限度地减少己方独立反元的政治影响，从而最大限度地降低元朝对自己的重视程度，避免或大大减少过早与元军主力和强劲诸侯军队决战的可能。这样一来，朱元璋就能更好地保存实力，积蓄力量，从而求得稳步发展。

直到元至正二十四年（1364），朱元璋才称为吴王。至于称帝，那已是元至正二十八年（1368）的事情了。此时，天下局势已基本确定，也就是说，朱元璋即便不称帝，也快成为事实上的“帝”了。

在当时，天下大乱，起兵割据并不意味着与朝廷势不两立、不共戴天。但一旦冒出个什么王或帝，打出个什么国号，那就标志着这股势力与朝廷分庭抗礼了。因此，谁要是称什么王或帝，朝廷必定要派大军前去镇压。这就是所谓的“枪打出头鸟”。徐寿辉称帝的第二年，元朝大军就对此政权发起了大规模的进攻。同样的道理，张士诚、明玉珍等人，莫不为元军所围攻。

相比之下，只有尚未称帝的朱元璋，一直到大举北伐南征前，都未受到元军主力进攻。其中一个重要原因就是，朱元璋一直在“忍辱负重”，隶属于小明王的政权。当时天下称帝者有三四个，处于摇摇欲坠中的元政权根本顾不上朱元璋这一类依附于某一政权的势力。而朱元璋，正是抓住了这一有利时机，加紧扩充地盘，壮大实力，最后终于成为收拾残局的主宰者。

“缓称王”还避免了过多地刺激个别强大的割据政权。元末虽乱，但最后“冠军”只能有一个。从这个意义上讲，不管哪个割据政权都是皇权路上的竞争者。因此，割据政权除要与朝廷斗争外，相互之间还有“竞争”，这种“竞争”实际上就是血腥的相互残杀。正因为朱元璋“缓称王”，不但避免过早卷入这种残杀，而且借隶属于小明王的政权，一方面讨得该政权的欢心，另一方面也得到了该政权的庇护，可谓一箭双雕。

可见，朱元璋的抱头藏尾之举，使之厚积而薄发，终获成功。

现实生活中，我们不可能去称王称霸，但在人生事业升迁的过程中会出现各种意想不到的困难和挫折，优秀的决策者一旦选定目标，就会一往直前，在困顿的时候注重蓄积自己的力量，没有路也会开辟出一条道路。做人处世也应该如此，只有懂得在自己没有足够力量之时，不轻易言勇，不要把自己不锋利的矛头对准别人坚硬的盾牌，不然受伤的只会是自己。

履卦[1] 第十

履卦

原文

履：履虎尾，不咥人。亨。[2]

初九：素履往，无咎。[3]

九二：履道坦坦，幽人贞吉。[4]

六三：眇能视，跛能履，履虎尾，咥人，凶。武人为于大君。[5]

九四：履虎尾，愬愬，终吉。[6]

九五：夬履，贞厉。[7]

上九：视履考祥，其旋元吉。[8]

注解

①履卦：兑下乾上，象征谨慎行走。履又为足，践行也。

②咥：咬。

③素：质朴无华。

④幽人：深思明哲之人。

⑤眇：目盲，即眼不能视。武人：勇武之人。为：作为，引申为效命。大君：君王，天子。

⑥愬愬：恐惧的样子。

⑦夬：决断。

⑧视：回顾。考：考察。祥：此指吉凶祸福的征兆。旋：回还。

译文

履卦：轻轻地踩了老虎尾巴，因未踩伤老虎，（老虎）不咬人。（此占）亨通。

初九：穿着洁白的鞋子，谨慎行走，没有灾害。

九二：深思明哲之人行走在平坦的路上，吉利。

六三：目盲而视，脚跛而行，踩老虎尾巴，（老虎）咬人，有凶险。武人要报效于天子。

九四：小心翼翼地行走在老虎的身后，保持警惕，最终得吉。

九五：决然而行，将有危厉。

上九：回顾素日所行之善恶，就可以考察其福祸吉凶，这是因为上九能回还而下应于三爻之阴，吉利。

赏析

在河南开封包公湖南岸的开封博物馆内，珍藏着一块北宋时期遗留下来的“题名碑”，碑上刻有北宋历任开封府尹的姓名和上任年月。元代诗人王恽瞻仰“开封府题名记”碑后写下的一首感怀诗：“拂拭残碑览德辉，千年包范见留题。惊乌绕匝中庭柏，犹畏霜威不敢栖。”是诗人感叹碑上包拯和范仲淹的英名，开封府也正是因为与他们的名字联系在一起，才成了百姓心目中的圣殿。对于范公，人们或许读过他那篇流芳千古的雄文《岳阳楼记》，而对他在历史上曾有过怎样的作为，却往往知之甚少。

事实上，论历史贡献和政治作为，包拯远不及范仲淹。范仲淹是英雄且兼圣贤，是名震千秋的文学家，更是名噪一时的政治家和军事家。

范仲淹出身贫寒，不到两岁父亲便死了，母亲带着他改嫁到一户朱姓人家，受过不少苦难和屈辱。他自幼刻苦读书，后来他独自前往南京（今商丘）求学，五年未解衣就寝，二十七岁时终于考中进士。他在当了十三年地方小官之后才调入京城，可惜不久就被贬出京城，这源于一场至今仍为人们津津乐道的归政风波。

宋仁宗赵祯为宫女李婉仪所生，出世后就被刘皇后抱走，而李妃则被贬别宫，备受虐待。仁宗自幼只知刘太后为其母，不知有生母。他十二岁登基后，刘太后垂帘听政达十一年之久。随着时间的推移，刘太后归政问题成了朝中极其敏感、人人讳言的问题。

宋仁宗二十岁那年，碍于刘太后的威势，打算率百官在朝堂上为刘太后贺寿，朝堂是神圣之地，而这种有损皇帝之尊的贺寿方式遭到范仲淹的强烈反对。当时范仲淹只是一个中级官员，初入庙堂且来之不易，本可韬光养晦，谁知没过多久，他竟然再次犯颜直谏，批评刘太后独揽大权，要求归政于帝。范仲淹直谏的勇气令满朝文武震惊，却因此激怒了刘太后，被贬出京城。得罪刘太后而没有引来杀身之祸，于他来说已经是万幸了。他却抱定“宁鸣而死，不默而生”的信念，接连上书议论国事，谏言切直，无所避讳。

后来，刘太后去世，宋仁宗的身世真相大白。那些依附刘太后的官员，此时却纷纷诋毁她，要求追究她的过失。范仲淹虽得罪刘太后遭贬，却力劝皇帝感念太后的养育之恩，“宜掩小故，全其大德”。仁宗深受感动，下诏不得再议论刘太后之事。一场宫廷中真假母子间的大事不带血腥地被和谐化解，范仲淹表现得可谓光明磊落、光彩照人。为此，范仲淹被调回京师。

时值京东和江淮大旱，随后蝗灾又起。身为谏官的范仲淹多次奏请救灾，仁宗没有办法，只得派他安抚灾民。赈灾归来，他还把灾区饥民吃的野草、树皮带回京城，在宫廷内外巡回展示，以戒奢风。这种心忧黎民苍生的做法引起了强烈震荡，余靖、尹洙、蔡襄、欧阳修、苏舜钦等慷慨激昂之士纷纷上书指责朝廷过失，掀起了凌厉进言之风。宰相吕夷简等对此深感不安，就寻找借口，再次将范仲淹贬出了京城。

这一次，范仲淹被贬两年，但政绩斐然，后被召回京师时得到提升。吕夷简对他心怀芥蒂，奏请皇上派他出任最为繁忙也最易受到咎责的开封府尹，治理人事繁杂的京城。不料，上任不到一个月，范仲淹便把京城治理得井井有条。有一宦官恃势作威，无人敢惹。范仲淹下定必死的决心，向家人交代好后事，然后上疏劾奏，最终为京城百姓除了此害。更令吕夷简难堪的是，范仲淹还将朝中官员升迁情况绘成“百官图”进献给了皇帝，指责吕夷简用人唯亲，官员升迁不凭政绩，只依私情。这样一来，范仲淹厄运难逃，再次被贬。

范仲淹虽三次被贬，但他励节风尚、惩治时弊的业绩却深深地影响和感召着时人，凌厉进言之风仍在延续。晚范仲淹十余年才进京出任谏官的包拯，显然也受到了这种风尚的影响。

范仲淹鞠躬尽瘁地实践着他所认定的治国之道，脚踏实地为百姓办事，把全部精力和无限才华都投入到处理国计民生的事务中去。他给后人留下的诗文屈指可数，但诗文中流露的忧国忧民的思想奠定了他在中国文学史上的不朽地位，一些传世之作大多是他关怀民生的内心独白。

塞下秋来风景异，衡阳雁去无留意。

四面边声连角起，千嶂里，长烟落日孤城闭。

浊酒一杯家万里，燕然未勒归无计。

羌管悠悠霜满地，人不寐，将军白发征夫泪。

词中写到的关塞风云之气，战士守边之苦，英雄忧患之泪，凝成了一曲激越苍凉的豪唱，反映了他关爱将士、期盼和平的理想。

范仲淹被贬至邓州时，恰逢老友滕宗谅重修岳阳楼，来信请他写篇文章纪念。他独自在小院中焦灼徘徊，自责自求，满怀忧国忧民之情。在宦海中沉浮了大半生的他早已霜染鬓发，回想如烟往事，不禁思潮起伏，无限感慨。他总结历代先贤和自己一生经历，将他对人生、对社会的理解，将他一生经历的政治波涛，借洞庭湖波澜壮阔的气象倾泻而出，终于发出一声光照千秋的慨叹："先天下之忧而忧，后天下之乐而乐。"这是范仲淹忧国忧民思想的高度浓缩，也是他一生追求和实践的行为准则。

历史留名的人物灿若繁星，但文能治国，武能安邦，人格操守与文章风范如范公者，纵观古今又有几人？几经沉浮，依然不改本色，"不以物喜，不以己悲"，治家严谨，俭朴清廉，死后入殓时连件新衣服都没有，在历朝历代的高官显贵之中，实属罕见。

以天下为己任，不计较个人恩怨，脚踏实地地践行自己的职责，不管遇到什么困难和挫折，不改初衷。这也正是履卦中所倡导的要旨。它告诫我们：一旦选定了奋斗目标，就应该矢志不渝地努力，不管前面的路有多么曲折坎坷，也要义无反顾，一往无前。

泰卦[1] 第十一

泰卦

原文

泰：小往大来，吉，亨。[2]

初九：拔茅茹，以其汇，征吉。[3]

九二：包荒，用冯河，不遐遗；朋亡，得尚于中行。[4]

九三：无平不陂，无往不复，艰贞无咎。勿恤其孚，于食有福。[5]

六四：翩翩，不富以其邻，不戒以孚。[6]

六五：帝乙归妹，以祉元吉。[7]

上六：城复于隍，勿用师，自邑告命。贞吝。[8]

注解

①泰卦：乾下坤上，象征自然与社会祥和美好。泰，通也。

②小往大来：小的往外，大的入内。

③以其汇：以其同类而聚集在一起。

④包荒：荒是污秽，包是包容。冯（píng）河：即徒步涉过河水。不遐遗：不因偏远而遗弃。遐，远。朋亡：不要结党营私。朋，同道，同党。亡，通“无”，音义同。得尚于中行：能辅佐德行持中的君王。尚，辅佐。中行，德行持中不偏，此指六五爻。

⑤陂：山边、水旁倾斜之处。艰贞：占问患难之事。勿恤其孚：不必忧虑返还。恤，忧虑。孚：诚信。于食有福：有口福之吉。

⑥翩翩：鸟疾飞的样子。

⑦帝乙归妹：帝乙嫁出了自己的妹妹。帝乙，纣王之父。归，嫁。妹，古代称为女子，少女。以祉：以之祉，意为因此而得福。以，因。之，代“帝乙归妹”。祉，福。

⑧隍：护城河的壕沟。勿用师：不可出兵征战。师，军队。告命：请命。

译文

泰卦：坤道柔小往外，乾道伟大入内，吉利，亨通。

初九：拔出茅草，草和根相连，因其同类相聚，前进则吉。

九二：以包容之心，囊括之志，足涉长河，不因偏远而有遗忘；不结党营私，以中正之道辅佑君王。

九三：没有只平而不陂的事情，没有只往而不返的情况，在艰难中守正则可以没有灾害。不要忧虑诚信不被人理解，（此占）将有口福之吉。

六四：翩翩地来回飞翔，上与阴虚为邻，下有乘阳的嫌疑，此乃因其不以诚信戒其行为之故。

六五：帝乙嫁出了自己的妹妹，其妹以此得福，吉利。

上六：城墙倒塌于城壕中，这时不能出师，城邑中的人请命不要用兵。因为占之有难。

赏析

《易经》主张：小心地履行各项礼仪，人类社会自然就康泰和谐了。所以接着《履》的是《泰卦》。“泰”字与太、极、最诸字意义相通，其在中华文化的辞典中，主要是安宁、平安的意思，含义十分吉祥。如安泰、富泰、康泰、和泰、福泰、通泰等。正因为如此，与“泰”相关的成语也不少，如表示一年之始，万象更新、吉祥如意的三阳开泰；表示人物神态从容、自信开朗的泰然自若；表示事物转化辩证关系的否极泰来等。

东晋时，司马睿移镇建邺后，对于能否在江东站住脚，他并没有十足的把握。因为江东士族们对他十分冷漠，在相当长的一段时间里，居然没有一个名流拜会他。东吴灭亡后，江东士族的经济利益虽然没有受到太大打击，但政治地位却一落千丈。西晋朝廷藐视他们，很多贤人不被任用。鉴于此，陆机的疏议讲得十分清楚：“至于荆、扬二州，户各数十万，今扬州无郎，而荆州江南乃无一人为京城职者，诚非圣朝待四方之本心。”即便有个别人被征到朝廷为官，也受到百般猜忌，所以到了西晋末年，便纷纷弃官而归了。这绝不是说他们想就此归老林下，而是在等待时机，准备东山再起，恢复昔日的荣光。

司马睿感到笼络江东士族的重要性，于是特意将顾荣、纪瞻等人征入幕府。可他们对司马睿并不感兴趣，表现得异常冷淡。江东士族的态度使司马睿焦虑不堪，如果得不到众多士族的支持，在江东站住脚将无从谈起。为此，谋臣王导和王敦决定选一个良辰吉日拥司马睿出巡，来观察江东士族的动态，再决定下一步如何行动。这一天，司马睿出游，北来名流摆出全部仪仗追随其后，在出游过程中，他故意从顾荣、纪瞻等人的宅第处绕行，终于得到了他们的拜见。

王导代表司马睿拜访顾荣和贺循，请求他们帮助。这是政治礼遇，也是一个信号，它表明司马睿有意重用江东士族。顾、贺二人欣然接受。司马睿终于同江东士族拉上了关系。在顾、贺二人的影响和推荐下，其他江东人士相继而至。司马睿分别给他们晋级封爵。顾荣是司马睿非常器重的人，事无大小，都找他来商议。对于江东士族来说，这确实是东吴灭亡以后少有的光辉时期。为了搞好与江东士族的关系，王导还学说吴语，并提出与吴郡陆氏联姻的要求。不久，散骑常侍朱嵩和尚书郎顾球逝世，鉴于吴郡朱氏和顾氏都是江东名门望族，司马睿为表达他的心意，勇于突破仪制，亲自为他们举丧、发丧。司马睿接二连三的举动，终于使江东士族大为感动，纷纷向他投诚。司马睿终于被江东士族确认为自己利益的最高代表。

司马睿并不满足在江东立足。三定江南的事实表明，司马睿移镇建邺初期，在力量对比上，江东士族占有强大的优势。司马睿等人对此惴惴不安，认为这是寄人篱下。有一次，在和顾荣的谈话中，他无意中流露出这种心态：“寄人国土，心常怀惭。”为了改变这种状况，司马睿煞费苦心。永嘉之乱，北方名门大族为躲避战乱，纷纷南渡。他们南渡，带走大量民众，这无疑是一股重要的力量。司马睿采纳王导的建议，及时抓住机遇，尽量录用，给予特殊优待，参与北来士人的聚会，竭力倡导匡复神州的大计。

在民族矛盾成为社会主要矛盾的时候，“匡复神州”无疑是具有强烈号召力的口号。其实，司马睿并没有北伐之意，他深知以其现有实力，实现这一目标并不是一件容易的事。如果真的能够实现，以司马睿这种距皇统疏而又疏的关系，对他也未必有利。他之所以始终没有放弃这一口号，无非是想借此号召北来士族支持自己及其后裔，这只是一种策略。北来士族本来是一批失势之人，南渡江东，迫切希望地方当局的照顾和安置。真有北伐愿望的人士，也需要地方当局的支持，才能将自己的愿望付诸行动。既然司马睿对他们另眼相待，投靠司马睿也就成了必然之势。有了众人的支持，司马睿终于可以松一口气了，有了众人齐心协力的帮助，他的江东政权便逐渐稳定了。

司马睿依靠江东士族以及大量宾客的力量，开创了万众和合的局面，巩固了自己的基业。司马睿之所以能够功高盖主，与他深谙泰卦中“辅相天地之宜，以左右民”之道理是分不开的。

否卦① 第十二

否卦

原文

否：否之匪人，不利君子贞，大往小来。②

初六：拔茅茹，以其汇，贞吉，亨。③

六二：包承，小人吉，大人否，亨。④

六三：包羞。⑤

九四：有命无咎，畴离祉。⑥

九五：休否，大人吉。其亡其亡，系于苞桑。⑦

上九：倾否，先否后喜。⑧

注解

①否卦：坤下乾上，象征天地闭塞，阴阳隔绝。

②否：不通泰，事不然也。匪人：非其人，即不当其人。

③以其汇：按种类相汇聚。

④包承：相互包容，顺承。

⑤包羞：羞耻。

⑥命：天命。畴：同类。离祉：受福，依附福德。

⑦休否：闭塞止息。其亡：行将灭亡。系于苞桑：系之如山之固，如桑木之坚。

⑧倾否：倾覆闭塞。倾，倾覆，引申为“转化”。

译文

否卦：闭塞不通，不利于人道，不利于君子之行，此时正大的阳气消亡，卑弱的阴气生长。

初六：拔起茅草，根系相连，这是因为草根按照同类相聚之故，征兆吉利，亨通。

六二：被包容且被顺承上位之尊者，这对小人是好事，大人不愿同流随波，所以亨通。

六三：被包容而行小人之道，最终会导致受羞辱。

九四：承受上天之命，无错，因依附而获得幸福。

九五：闭塞止息，大人就会吉。将要灭亡！将要灭亡！要使我系上如山之固，如桑木之坚。

上九：倾覆闭塞，起先还有闭塞之困，而后则通泰喜悦。

赏析

一个王朝由盛及衰，往往与奸佞之臣息息相关，这些奸佞的小人一旦得势，就会无所不用其极，此时，当政者如果不提高警觉，就有可能断送自己的江山，以至于丢失性命。英明的君王之所以能力挽狂澜，是因为他们采取了一系列明智的举措：巩固团结、坚定立场、伸张正义，等等。

这也就是否卦中阐释的要义，只可惜明朝的英宗皇帝不谙此道，误入小人王振的陷阱，把偌大的江山推向了灭亡的边缘。

明朝宣德十年（1435年）正月，宣宗皇帝朱瞻基去世，几天后，九岁的太子朱祁镇登基，改元正统，他就是大明朝的英宗皇帝。宣宗临终前留下了一道遗诏，命令大臣，凡是国家的一切大事，都必须请示宣宗的母亲太皇太后张氏，再送往内阁议决实行。

由于张太皇太后把持朝政，再加上大学士杨士奇、杨荣、杨溥等一班仁、宣时期富有经验的老臣主持着政务，正统初期，基本上保持了社会的稳定和经济的繁荣。

然而安定的社会环境并不能杜绝恶势力的滋长。宦官王振逐步窜到前台窃取权力，干预朝政，最终酿成英宗被北方的瓦剌所俘的大祸。

王振是山西蔚州（今蔚县）人。他非常善于逢迎，因而深得朱祁镇的欢心，朱祁镇即位后，王振扶摇直上，后被提拔为司礼监太监，掌管皇城里的一切事宜，替皇帝管理奏章、代皇帝批答臣子上奏的一切公文。

野心勃勃的王振掌握了如此重要的部门，便处心积虑地加以利用，以图达到自己的目的。王振十分清楚，从朱元璋开国一直到宣宗，对宦官的管束都十分严厉，因此，为了巩固自己的地位，他一面讨好英宗，一面故作姿态骗取阁臣的好感。表面上毕恭毕敬，暗地里却拼命拉帮结派。

朱祁镇当皇帝不久，太皇太后命王振随文武大臣在朝阳门外阅兵。

王振竟骗过所有大臣，谎报与自己交往甚密的纪广为骑射第一，并越级提拔他为都督佥事。

一次得手，王振便大了胆子。后来，他竟然打着英宗的旗号摘去了“内臣（即宦官）不得干预政事，预者斩”这块牌子，开始大揽朝纲了。

英宗也因为太皇太后的去世而更加无拘无束。他在王振的怂恿下只管游玩享乐，哪里还管什么祖宗训诫，朝事全交给了王振。

一旦大权独揽，王振便明目张胆地广植私党，打击异己。在王振的淫威之下，公侯勋戚常呼王振为翁父。其情其势，可想而知。

昏庸无能的英宗对王振的专横不仅视而不见，无动于衷，反而认为王振忠心耿耿，是难得的人才，于是对他宠眷益深，赏赐有加。没多久，王振的擅权就把一个政治清明的大明王朝搅得乌烟瘴气，而此时北方蒙古瓦剌部却逐渐强盛起来，正统四年（1439 年），也先执掌了瓦剌的实权。上台后的也先积极向中原扩张势力，蚕食大明江山。面对也先的一系列的扩张、侵扰，朱祁镇和王振沆瀣一气，不但不谴责、反击，就连收到求救文书也从不派兵。王振从中收受瓦剌大量的贿赂，假使有朝臣进谏，他便极力庇护，粉饰太平。

正统十四年（1449 年）七月，也先寻找借口，分四路向明朝内地进攻。由于多年战备荒废，塞外明军不堪一击，城堡很快一一陷落，只剩下一座大同（今属山西）城。英宗顿时慌了手脚，驸马都尉井源等四将率兵万人前去迎敌，但很快全军覆灭。英宗不得不又找来王振和群臣商量对策。王振为了讨功邀宠，动起了劝驾亲征的念头，英宗仅通过两三天的筹备，就仓促率领50万大军亲征大同。也先得知英宗亲征便佯装败退，诱使明军深入，英宗率领部队顺利地进入大同。他还想继续北进，追击也先。这时，王振的同党、大同镇守太监郭敬，把前线惨败的实情密告了王振。英宗和王振吓得异常慌恐，不知所措，便匆匆决定班师回京。开始，王振唆使英宗率大军绕道他的老家蔚州，借此耀武扬威，光宗耀祖。然而走着走着，他忽然想到，如此多的兵马经过蔚州一定会将家乡田里的庄稼踏坏，而遭到乡人的唾骂。等大军行进了四十多里时，王振却让英宗下令改变行军路线，掉头向东奔向宣府。由于改变行军路线耽误了时间，他们很快就被瓦剌骑兵追上。明军殿后部队虽一再力战，但难以抗敌，很快便溃散。英宗率残部来到土木堡（今河北怀来东）。这里离怀来城仅二十里，为确保安全，几名参将建议英宗进城里驻守，而王振却因为自己的千余部辎重车辆未到而让英宗在土木堡扎营等候。第二天，土木堡就被赶上的瓦剌大军重重包围了。

土木堡地势高，无水源，士兵下挖二丈多仍见不到一点水。一连两天人和马都没有喝上水，士兵一个个饥渴难耐。英宗亲自带领御兵冲了几次都没有成功。眼看突围无望，英宗索性下马面南盘膝而坐。一个瓦剌士兵抓住了他，要剥他的衣甲，但看到朱祁镇衣着与众不同，就推搡着他去见也先的弟弟赛利王。堂堂的明朝皇帝就这样窝窝囊囊地做了俘虏。英宗被俘后，护卫将军樊忠把怒火集中到了王振身上，他猛喊一声："我为天下诛此贼！"用铁锤猛击王振，王振一声惨叫，摔死马下。

英宗成了俘虏后，他身边的五十多位文臣武将全部战死。英宗所率五十万军队，也差不多全部被葬送。这次事变就是明史上有名的"土木堡之变"。从此，明王朝一蹶不振。

同人卦① 第十三

同人卦

原文

同人：于野，亨。利涉大川。利君子贞。②
初九：同人于门，无咎。③
六二：同人于宗，吝。④
九三：伏戎于莽，升其高陵，三岁不兴。⑤
九四：乘其墉，弗克攻，吉。⑥
九五：同人先号咷后笑，大师克，相遇。⑦
上九：同人于郊，无悔。⑧

注解

①同人卦：离下乾上，象征着与人同志。

②野：在古代，以国为中心，国外为郊，郊外为野，此指国之外域。

③于门：指王门、宫门。

④宗：宗族之人。

⑤伏戎于莽：预设伏兵于草莽、树丛之中。伏，埋伏。戎，军队。莽，树丛。升：登上。岁：年。兴：指兴兵征战。

⑥乘其墉：登上城墙。乘，登上，即攻占。墉，城墙。弗克攻：攻而不克。

⑦号咷：号咷大哭。大师：强大的军队。克：取胜。

⑧悔：悔恨。

译文

同人：处于旷野与人志气相同，亨通。宜于涉越大河，利君子行其正道。

初九：出门与人志气相同，必定没有灾害。

六二：只与宗族内血亲求同，有难。

九三：伏兵于林莽之中，登上高陵观察形势，三年不敢兴兵。

九四：登上城墙，敌人不能攻打我，吉利。

九五：与人和同时先号哭而后笑，因为大军克敌告捷，志气相同的人相遇在一起。

上九：在远郊野外而和同于人，无悔。

赏析

一位老者坐在一个小镇郊外的马路边散心。这时，一位陌生人开车来到老者面前，他走下车问老者："请问先生，住在这个小镇上的人怎么样？我打算搬到这里住。"

老者惊奇地看了一眼陌生人，接着反问道："你先告诉我，你打算离开的那个地方的人如何？"

陌生人回答："不好，都是些不务正业、游手好闲的人。我住在那里根本享受不到人生的快乐，所以我打算搬到这儿来住。"

老者听完年轻人的诉说，唉声叹气地说道："先生，恐怕你要失望了，因为住在这个镇上的人，也和你们那边的人的作风差不多。"

这位陌生人听完就离开了，继续寻找他理想的居住地。过了一会儿，另一位陌生人也来到老者面前，询问同样的问题，老者也同样反问他。

这位陌生人说：“哦！住在那里的都是非常好的人。我在那里度过了一段非常美好的时光，但我正在寻找一个更有利于我工作发展的小镇。我舍不得离开那个美好的地方，但是为了生计，我不得不寻找更好的发展前途。”

老者听后，满是皱纹的脸上浮现出灿烂的笑容，他和蔼地对那位年轻人说：“先生，你很幸运，居住在这里的人都同你们那里的人一样好，你将会喜欢他们，他们也会由衷地喜欢你的。”

从这个故事中我们可以看出：不善于和同的人，无论到何地，都会认为别人难以相处。善于和同的人，与任何人都会相处融洽。

一个人的力量有如大海中的一滴水，而同伴之间的合力就能够汇成一条河流，源源不断。每一位有事业心的人，要想开创一番成功的、伟大的事业，仅靠自己单枪匹马是远远不够的，往往需要团结同人，以寻求同人的支持，才能实现自己的远大目标。

在美国南北战争的最初两年内，北方始终处于很被动的地位，其主要原因是北方将领的才能比不上南方将领。林肯是北方军的总司令，但在实际战场上则另有陆军司令和海军司令。

林肯所依靠的第一位陆军司令是麦克莱伦将军，他略微有些才能，可他却总像缩头乌龟一般害怕战场上的真枪实弹。马克思当时曾讽刺麦克莱伦将军有两种恐惧：第一是惧打大败仗，第二是惧打大胜仗。他曾在进攻南方首都里士曼时，突然望而却步，给敌人以可乘之机，结果南军趁机大败北军。

但更令人厌恶的是，此人骄傲得不可一世，他把林肯看作乡下佬，对林肯的指挥一概采取置之不理的态度。按照宪法，林肯完全有权随时撤换他。

1861年11月的一个夜晚，林肯、国务卿西华德和林肯的秘书约翰·海莱按照约定来到麦克莱伦寓所。然而麦克莱伦并没有在家等候，听仆人之语，麦克莱伦将军参加一个并不重要的婚礼去了，很快就会回来。

海莱在日记中写道：

“我们进屋等了大约一个小时，麦克莱伦回来了。仆人告诉他，总统在客厅等他，但他穿过总统和国务卿待的那个房间门口径直上楼去了。他们又等了大约半个小时，再次派仆人去告诉将军，但得到的却是冷冰冰的回话，说将军已上床睡觉了。

“回家后，我对总统谈起这件事，但他似乎并不在意。他说，特别是在这紧要关头最好不要去计较繁文缛节和个人尊严。有一天，总统又说：‘只要麦克莱伦能为我们赢得胜利，我情愿为他牵马。’”

林肯不只是和“同类”人打交道，他总是试着和“另类”的人打交道，有时林肯并不喜欢他们，但林肯认为他们也是他生活中的一部分，在他们身上也能学到很多有用的东西。由此可见，林肯总统是多么的宽宏大度啊！

但麦克莱伦始终未给林肯带来胜仗，林肯忍无可忍，于1862年11月5日发布了撤职令，毅然解除麦克莱伦陆军司令的职务，由伯恩赛德接任。不久，伯恩赛德也被撤换，换上胡克少将，结果仍然不行，1863年又换上米德少将。同年7月，南方统帅罗伯特·李将军进军宾夕法尼亚，米德在葛底斯堡抵挡住南军，打了一场大仗，双方死伤惨重，罗伯特·李将军不得不宣布撤退。林肯命令米德追击，但米德胆怯，不敢追击，只是保存实力而退。

次日，林肯的儿子罗伯特看到父亲烦恼不堪的样子，内心也笼罩了一丝淡淡的哀愁，他走到父亲身边，轻轻地问道：“父亲，发生了什么事？”林肯回答：“米德将军放走了罗伯特·李将军，我们将为此牺牲十万人。”

最后，林肯换了一位真正有才能的“常胜”将军，就是在西部取得维克斯堡大捷的格兰特少将，林肯把他召到华盛顿，并特别提升他为中将。但有人提醒林肯，说格兰特有酗酒的毛病。一个由纽约教会人士组成的代表团拜谒林肯，他们说格兰特是个不可救药的酒鬼，将他委以重任是不合适的。

林肯的反应却出人意料，他不慌不忙地问道：“请问你们可曾知道他喝的酒是什么牌子？”他们说：“不知道。”林肯说：“很遗憾，如果你们能告诉我是什么牌子，我将购置这种酒，分发给各战场司令，以便让他们喝了也可以打胜仗。”

这只是林肯容忍、谅解并去关爱同伴的一个很小的缩影，正是因为林肯善待他人，经过几年的南北战争，终于开创了南北统一的大好局面。

孔子说：“君子处世待人的道理，有时可以外出行事，有时也要安居静处，有时需要沉默寡言，有时也可畅发议论。”两人如果心意相通，犹如利刃，可以砍断金属。而心意相通的言语，其气味像兰草一样芬芳。

大有卦① 第十四

大有卦

原文

大有：元亨。

初九：无交害，匪咎。艰则无咎。②

九二：大车以载，有攸往，无咎。

九三：公用亨于天子，小人弗克。③

九四：匪其尪，无咎。④

六五：厥孚交如，威如，吉。⑤

上九：自天祐之，吉，无不利。⑥

注解

①大有卦：乾下离上，象征着大有丰收。

②无交害：不与恶害相交。

③公用亨于天子：君临天下者便为天子，公侯之刚正受到君王重用。亨，通“享”。弗克：做不到。

④尪（wāng）：邪曲不正。

⑤厥孚交如：用其诚信智谋结交上下。厥，代词，其。威如：威严自显。

⑥祐：通“佑”，佑助，保佑。

译文

大有卦：非常亨通。

初九：不与恶害相交，自然没有过错。即使身处患难之中也无灾。

九二：以大车载财富，有所往，无灾。

九三：公侯享用天子的宴请之礼，小人受到这种礼遇必定招致祸害。

九四：排除自身的邪曲不正，无灾。

六五：其诚信之交，有其威严，吉。

上九：有上天保佑，吉，无不利。

赏析

在中国汉语词汇中，凡与“大有”二字结缘的，几乎无不吉祥，如大有之年、大有收获、大有希望、大有可为、大有前途、大有作为，等等，这种情形在某种意义上可以说，是与“大有元亨”的古易精神一脉相通而不悖的。当然，如果因为“大有”形势特别好而一味浪费，甚至转向腐败，那就“大有麻烦”了，这也是修养“有德”所不得不防的。

春秋时期，战乱绵绵。公元前636年，逃亡十九年的晋公子重耳，经历了无数的磨难，在秦穆公的帮助下回国即位，称晋文公。他在谋臣赵衰、狐偃、先轸等人的辅佐下，短短四年，便使晋国具备了称霸中原的条件。然而，晋文公想占尽“天时、地利、人和”，并没有急于求成，而是继续休养生息，鼓励民众发展生产，以增强国力。

公元前623年，晋国的实力已经达到了晋文公的预期设想，晋国屯兵卫境，联合齐、秦、曹、卫等国，与楚国形成了对峙之势，楚将子玉因此被激怒，不顾楚成王“无从晋师”的告诫，放弃攻宋，挥师进发曹都陶丘，寻求同晋军交战。一场春秋以来为称霸中原发生的规模最大的战争在楚、晋两国之间拉开了序幕。

晋文公为了履行当年的诺言，命令全军退避三舍，后撤九十里至卫国境内的城濮，当时晋军将士极为不满，认为一国之君避让敌国之臣是一种耻辱；况且楚军劳师远征，已经疲惫不堪，应该主动出击，后退就等于贻误了战机。

楚成王曾经有恩于晋文公，退避三舍表现出晋文公言而有信，报答了楚成王的恩德，而这一举措避开了楚军锋芒，骄纵了楚军，同时激励了晋军士气，而且“退让”赢得了诸侯同情。这是一种政治上争取主动，军事上诱敌深入，后发制人的谋略，晋文公选择了有利于己而不利于敌的战场，创造了一个以劣胜优的战争环境。

在晋军退了三舍之后，楚军还是不依不饶，晋军上下，不由义愤填膺，个个摩拳擦掌，欲与楚军决一死战，他们认为楚军欺人太甚。而楚军上下认为晋军不堪一击，于是骄横之气四溢，意志松懈，人人不再以晋军为意。俗话说，骄兵必败，看晋楚双方的精神状态，战斗结果可想而知。晋军退了九十里，不再退了，楚军追了九十里，自以为抓到了猎物，双方在城濮安营扎寨，准备次日厮杀，黑云压城，杀气冲天，眼见一场血战在即。

晋文公在诸将陪同下检阅晋军，见战士们个个精神抖擞，斗志昂扬，晋文公也不禁信心倍增。当即与先轸等人部署对阵计划，使狐毛、狐偃兄弟率上军进攻楚军之左翼，使栾枝引下军进攻楚军右翼，以先轸将中军居中当楚之中军。

晋军所有的布置已定，楚军主将成得臣送来战书，书上写道：“我想同你的战士角斗一场，你可以凭车观看，下臣我也奉陪。”骄横之气溢于言表。

晋文公郑重其事地答其战书道：“寡人不敢忘楚君昔日的恩惠，所以退避三舍，才敢与大夫您对敌，既然大夫您执意要观兵，寡人只有奉陪了！”

第二天清晨，两军在城濮摆开阵式，楚军首先向晋军发起攻击。两军刚一接触，只见与楚右军对阵的晋军中冲出一支蒙着虎皮的战车队伍，楚军马匹一见，以为是真虎上阵，惊慌倒地，楚军不战自溃，晋国乘势掩杀过去，楚右军遂告瓦解。同时，晋上军将领狐偃佯作败退，引楚左军离开中军，冲将过来，晋军元帅先轸见敌中计，遂挥中军从侧面拦腰冲断楚左军退路，晋上军见状反身大战，两下夹击。楚军不愧为精锐之师，被困仍苦斗不止，怎奈得晋军骁勇，且有备而来，终于被杀得全军覆灭。

那天，沙尘蔽日，两军车马驰骋，更是搅得面对面不辨人。楚军左右两军尽失，中军成得臣尚不知晓，等到晋军中、上、下三军一齐冲将过来，成得臣方才大悟，急令中军撤退，半途又被晋军勇将们截住大杀一阵，十停楚军去了六七停。城濮一战，晋军大获全胜。

城濮之战以后，楚国势力退出中原，晋国成了名副其实的中原霸主。晋文公率中原诸侯会盟，朝见周襄王，车骑千乘，旌旗蔽日，浩浩荡荡，威风凛凛。晋文公被周天子授予方伯斧钺，得以王命讨伐诸侯。晋文公重耳也因此被史家列为春秋五霸之一。

晋文公恪守因应原则，顺应天时，同时又谦虚谨慎，积极努力，所以赢得了成功。与之相对的楚军主将成得臣却骄狂自大，得意忘形，最后拱手献出了几代人苦心经营的中原大地。这一鲜明的对比也告诫现代人：要想建功立业或取得道德学问的圆满结果，就必须顺应客观规律，努力创造一切于自己有利的环境，在取得众人支持的情况下，一定会实现自己的理想。

谦卦[1] 第十五

谦卦

原文

谦：亨。君子有终。②

初六：谦谦君子，用涉大川，吉。③

六二：鸣谦，贞吉。④

九三：劳谦，君子有终，吉。⑤

六四：无不利，㧑谦。⑥

六五：不富以其邻，利用侵伐，无不利。⑦

上六：鸣谦，利用行师征邑国。⑧

注解

①谦卦：艮下坤上，象征敬恭谦虚。

②亨：指谦虚地待人接物，君子谦而有终，必致亨通。

③谦谦君子：指在逆境中不畏缩、不沮丧，在顺境中保持谦和，宠辱不惊的人。

④鸣谦：谦虚之名传扬在外。

⑤劳谦：天道酬勤，有功而能谦虚。

⑥㧑谦：发挥谦虚的美德。

⑦利用侵伐：宜用武力讨伐。

⑧行师：兴兵征伐。

译文

谦卦：亨通。君子保持谦虚的美德就能有好结果。

初六：谦而又谦的君子，能够渡过大河，吉利。

六二：宣扬谦虚的美德，吉利。

九三：有功而谦虚的君子，必定会有好结果，吉利。

六四：无有不利，发挥谦虚的品德。

六五：不富裕是因为邻国之故，我用武力讨伐，无有不利。

上六：宣扬谦虚的美德，有利于出兵讨伐邑国。

赏析

易家明智地发现：任何庞大的事物都不可以盈满自大，以免走向反面。所以接着《大有卦》的正是象征谦虚的《谦卦》。《谦卦》的《卦辞》只有“谦亨，君子有终”六字，意为“谦虚美德，万古亨通，唯有君子，有始有终”。

应该说，中国人没有不知道谦虚的好处的，也没有不喜欢谦虚的有德之士的，问题是如何做到始终如一，尊卑不易地保持谦德。一般说，尊贵时保持谦虚的外表易，保持谦虚的心态难，而卑贱者则很容易染上阿Q精神的毛病，这都是值得深思的。

公元218年10月，南阳百姓因不堪剥削暴动，宛守将侯音趁机叛乱，致函关羽求助。关羽反应迟钝，侯音为曹仁所擒杀。公元219年7月，关羽受刘备取汉中胜利鼓舞，北上取襄樊。曹操以于禁为将，督七军救曹仁，同时命徐晃率军进驻宛城。8月，山洪暴发，淹于禁等七军，关羽趁机攻击，庞德不降被杀，于禁投降。曹仁沉白马坚守樊城。关羽以偏将攻襄阳，亲自攻打樊城，并于樊城北布下阵地，以防北方曹军援兵，同时派人向附近郡县策反，荆州刺史胡修、南乡太守傅方投降，许昌以南部分官吏也暗中策应关羽。陆浑人孙狼聚众暴动，响应关羽，邺城魏讽趁机企图发动政变，即所谓“威镇华夏”。曹操听取司马懿、蒋济等人意见，与孙权结盟，同时命徐晃率军救曹仁，并命名将张辽火速援曹仁。

孙权接获曹操书信，欣然答应攻取荆州，便将取荆州的任务交给大将吕蒙。吕蒙到陆口，探子报告说沿江都有烽火台，荆州军马也有所防备。吕蒙闷闷不乐，便称病不出。孙权便派女婿陆逊去看他，陆逊知道吕蒙无病，却劝他装病辞职。

孙权依计召吕蒙往建业养病，于是攻打荆州之事，便让年轻的陆逊接替。陆逊故意派人送信给关羽，信中对关羽大肆吹捧。关羽从此松懈了对荆州的防备，并将荆州的兵力调往樊城。孙权得知荆州防务空虚，便拜吕蒙为大都督起兵攻打荆州。吕蒙将战船伪装成商船，精兵扮成商人，骗过烽火台的守兵。

当夜二更船内精兵杀上岸来，占了烽火台，拿下了荆州。公安守将傅士仁见荆州已失，又因失火之事对关羽怀恨在心，便到荆州投降了。孙权要他去南郡劝说糜芳，最后糜芳也投降了。屯兵于阳陵坡的曹将徐晃得知东吴攻下了荆州，也出奇兵攻下了郾城、四冢。

关平兵败，逃回大寨告诉关羽荆州已失，关羽却不相信。徐晃兵到关羽寨前，关羽箭伤未好，仍亲自出阵与徐晃大战八十余回合。曹仁也因曹操领兵前来相助，便杀出樊城，徐、曹两下夹击，关羽不敌败走。

关羽引兵渡过襄江，探马报说荆州失陷，又说公安、南郡守将投敌。关羽大怒，昏厥于地。待关羽醒来，便依赵累之见，一面派人往成都求救，一面去夺回荆州，以为安身之地。曹操见樊城已无危险，便不再追击，反而观看东吴与关羽交战。

此时，徐晃领兵来见，曹操因他杀得关羽弃寨而逃，亲自出寨迎接，并封他为南平将军，驻守襄阳。关羽行至荆州，正在进退无路时，得知吕蒙用计来瓦解他的军心，许多将士半路而逃，便愤恨地说：“我生不能杀吕蒙，死了也要杀了他!”

关羽率军继续向荆州前进，一路与吴军不断战斗。走到一个山谷，被吴军四面包围。关平见军心已乱，劝关羽到麦城驻扎，让廖化到上庸向刘封、孟达处求援。刘封听了廖化哭诉后，想前去解救关羽，但孟达却尽说关羽的是非，使刘封一改初衷，不愿出兵援救。廖化见哭诉无用，便往成都去了。

关羽身临绝境，东吴便差诸葛瑾前来劝降，但关羽却不为所动，说："若城破，最多一死而已。玉可碎而不可改其白，竹可焚而不可毁其节。我身虽死，却可名垂丹青。先生不必多说，我要与孙权决一死战！"诸葛瑾再三劝诱，最后仍然无功而还。

诸葛瑾回报孙权，吕蒙说他已有计策擒拿关羽，便让朱然埋伏在麦城以北，潘璋引兵埋伏在临沮。又令将士三面攻打麦城，只空北门。关羽不愿困死麦城，欲从小路突围前往西川。王甫劝他走大路，关羽说就是有埋伏，他也不怕。王甫见他不听，便与关羽哭别。

关羽率关平等两百余骑，从麦城北门冲出。走没多远，遇朱然伏兵四面杀来，关羽逃往临沮。行到决石，潘璋引伏兵截路，将关羽等人用绊马索绊倒，关羽被马忠捉了。孙权爱关羽才德，劝他投降，关羽两眼圆睁，厉声大骂。孙权考虑良久之后，才叫人将关羽父子推出斩首。

豫卦[1] 第十六

豫卦

原文

豫：利建侯行师。[2]

初六：鸣豫，凶。[3]

六二：介于石，不终日，贞吉。[4]

六三：盱豫，悔。迟有悔。[5]

九四：由豫，大有得，勿疑。朋盍簪。[6]

六五：贞疾，恒不死。[7]

上六：冥豫，成有渝，无咎。[8]

注解

①豫卦：坤下震上，象征欢乐。

②建侯：授爵封侯。行师：兴兵征伐。

③鸣豫：狂呼乱喊地娱乐。

④介于石：即“使石有间”。介，两者之间。不终日：用不到一天。

⑤盱：忧愁。

⑥由：从，借助，依赖。盍簪：合拢、合聚簪子，有会集朋友的意思。簪，古代系绾头发的首饰。

⑦恒：长久。

⑧冥：日暮。渝：改变。

译文

豫卦：宜于封建侯国用兵作战。

初六：狂呼乱喊地娱乐，有凶险。

六二：攻石治玉，不到一天就完成了，吉利。

六三：在音乐中独自忧愁，必有悔恨。若迟疑不决，必定更加悔恨。

九四：人们依赖他而得到欢乐，大有所得，无须疑虑。朋友聚合如簪。

六五：占问有疾病，（此病）虽长久却不死。

上六：在昏暗中仍醉于娱乐，若改正有所变化，没有灾祸。

赏析

在安乐与成功之际，更要坚守中正，兢兢业业，虽然成功已经到来，但一切都还在发展之中，过于相信自己力量的强大，只能招致与愿望相反的结果，唯有密切地注视着事态的发展，及时察觉不利的因素，并采取应变之策，才能把握发展的良机，永远保持成功的局面。这也是《豫卦》中阐释的有关成败安危的道理。

孟子说的“生于忧患，死于安乐”的观点也正好解释了豫卦的原意。通用汽车公司的总裁善于在安乐之中找寻危机的萌芽，立足长远，确保了通用汽车公司在世界汽车行业中长盛不衰的地位。

在世界汽车市场疲软的时候，通用汽车也陷入困境，史密斯临危受命，出任了通用汽车公司的总裁，经过一番艰苦卓绝的努力，通用汽车又显现了往日的生机。1984 年，通用汽车公司总销售额达 839 亿美元，获得利润 45 亿美元。在美国500家最大工业公司中，通用汽车公司名列第二，仅次于埃克森石油公司。由于当时石油价格不断下跌，美国人觉得似乎可以大手大脚地用汽油了，于是舒适而豪华的大轿车又时兴起来了，在这方面，通用汽车似乎又占尽了先机。

宽松的外部环境给通用公司创造了良好的发展条件，公司的机制出现了前所未有的高效能运转。各公司的经理们认为应该放松一下，尤其是总裁史密斯先生更应该过几天安稳日子了，可身为通用公司总裁的史密斯却没有这样想。他考虑到眼前市场的繁华暗藏着种种危机，公司如果没有长远的计划，就一定会在不远的将来栽跟头，也就更谈不上有什么美好的未来了。于是他召开公司高层领导会议，尽管很多人不理解，但史密斯还是果断地做出了两项重大举措。

其一，为了把握未来的汽车市场，通用公司不惜投下几十亿美元的巨额资金，成立一家生产小型车的汽车制造公司——农神公司。农神公司第一批产品在1987年秋推出，投产后的农神公司每年可生产四十万至五十万辆小轿车。农神公司的设备是经过改进的自动化设备，成本和质量均与日本生产的汽车不相上下，这为未来占有小型汽车市场做好了充分的准备。在自身研发的“农神”还没有下线之前，为了对付进口日本轿车，史密斯主动出击，与日本丰田公司签订了协议，在加利福尼亚的佛垒芝装配厂生产二十五万辆丰田设计的轿车，以通用的“雪佛莱”车牌在美国市场出售。除丰田以外，“通用”与日本的“铃木”、韩国的“大宇”和“现代”等汽车公司签订协议，用“通用”的牌子出售这些厂家的汽车。史密斯之所以采用这种方法，是因为他有自己的计划。因为在“农神”计划未实现之前，由于缺少替代产品，“通用”有可能被挤出汽车市场，所以史密斯采取了加入到他们中间去的策略。

其二，史密斯把目光投向了技术革新，决定用高新技术来降低生产成本。为了达到这一目的，通用公司不惜花25亿美元的巨资并购了达拉斯电子资料系统公司，利用电子系统推进“农神”计划，使公司的决策迅速而准确地贯彻到各级部门。此后，通用汽车公司生产的电脑化发展很快，成本大降，工作效率大大增强。这样一来，通用公司才在市场上逐渐占有优势。

史密斯这一系列决策的正确与否在后来得到了应验。中东地区局势紧张时，油价直线上涨，通用汽车传统的大轿车销量日减，然而，“农神”小型汽车的销量却日益飙升，通用汽车依然保住了自身的长足发展。“通用”人无不感谢他们的领头人史密斯先生。如果当时史密斯被通用公司的一片大好前景迷惑而得意忘形，如果史密斯不能为长远发展施行农神计划，可以说通用汽车早就被日本轿车挤出了市场。

在充满竞争的现代社会里，无论是做人，还是做事，都应该懂得这种居安思危的道理。好运来临时固然令人快乐，但在快乐的时候，我们必须保持清醒的头脑，不能得意忘形，只有这样，才能使我们的事业进一步向前推进。

随卦[1] 第十七

随卦

原文

随：元亨，利贞，无咎。

初九：官有渝，贞吉。出门交有功。[2]

六二：系小子，失丈夫。[3]

六三：系丈夫，失小子，随有求得。利居贞。[4]

九四：随有获，贞凶。有孚在道，以明，何咎？[5]

九五：孚于嘉，吉。[6]

上六：拘系之，乃从维之，王用亨于西山。[7]

注解

①随卦：震下兑上，象征追随、顺应。

②官：官职。渝：改变。交：与人交往。

③系小子：依附小人。系，系属，引申为依从、依附。

④随有求：追随别人而有所求。居：守居。

⑤有孚在道：保持诚信在正道之中。以明：以光明正大立身。

⑥孚于嘉：保持诚信于美善之道中。嘉，美善。

⑦拘系：强迫依附。从维：随从并系属于。亨：通“享”，祭祀。

译文

随卦：亨通，有利于做大事，没有灾祸。

初九：人的官职随着时间而变化，吉利。出门广交朋友定能成功。

六二：依附小人，就会失掉刚正的大丈夫。

六三：依附刚正的大丈夫，失去了小人，随从于人，求而有所得。利于守居正道。

九四：追随而有所收获，有凶险。若在正道之中保持诚信，行为光明磊落，又有什么灾害呢？

九五：保持诚信于美善之道中，可获吉利。

上六：不以精诚感化，只以拘禁，强求其跟随，并使其随从且系属于己，君王因兴师讨逆，祭祀于西山。

赏析

“随”在汉语词汇、成语乃至俗语中的应用都很广，如跟随、追随、尾随、紧随、随人、随意、随时、随众、随从、随军、随机应变、随风使舵、随遇而安、随时随地、随风倒、随大流、嫁鸡随鸡、嫁狗随狗，等等。这些随之义、随之谚与其易理中的定位关系很大，对理解随德也很有帮助。从随的卦象是震下兑上看，也确有战战兢兢、和颜悦色、跟风随上的样子。

1487年，孝宗朱佑樘即位后，致力于“更新庶政，大开言路”，因为孝宗知道至忠至诚地为天下百姓办事才能赢得百姓的拥戴，不平凡的身世使他始终想到百姓的疾苦。孝宗即位伊始，一些奸佞相继被惩处或罢免，同时他任人唯贤，笼络了一批忠心耿耿的大臣，如王恕、马文升、刘大夏、刘健、谢迁、李东阳等人。他们为孝宗励精图治立下了汗马功劳。在群臣之中，孝宗最信任的是王恕，也因为有了王恕，孝宗才如虎添翼，雄风大振。王恕也对新君的知人善任感激不尽，在职期间，除了仍能上疏抨击时弊之外，他还先后向孝宗引荐了包括刘大夏在内的许多人才。其中马文升是一位文才武略兼备的大臣，弘治二年（1489年），他由左都御史升任兵部尚书，并提督十二营团。马文升到职以后，大力整军，罢免了三十余名不称职的将校。有人伺机行刺马文升，孝宗立即下令锦衣卫缉捕，并特拨骑士十二人，时时跟随保卫马文升。

孝宗一直把重用忠良之士作为治理朝政的保证，对于内阁大臣们的奏请和意见，孝宗初时尽管大多能听从，有时也并非全都认可，但后来他看到这些人确实在用心辅佐，遂对其信任程度大为加强。凡阁臣们的奏请，无所不纳，与他们的关系极为融洽。这使其在位期间的社会面貌发生了巨大的改观，呈现出一派安定祥和的景象。

孝宗在减轻百姓负担上也做了许多好事。他对每年奏报上来的因灾免赋要求，几乎无一例外地支持。不仅免除灾区税赋，还通过钱粮赈济拯救受灾的百姓。为了整治黄河以及江南的水患，孝宗令刘大夏坐镇山东阳谷。刘大夏不负使命，历时两年，完成了多项水利工程，终于制伏了水害。奉旨到江南治理水害的工部侍郎徐贯，也出色地完成了使命。

与此同时，孝宗继续虚心纳谏，鼓励广开言路的风气，亲近贤臣，远离小人，勤于政事。弘治十年（1497年）二月，孝宗在后苑游玩的时间过长，侍讲学士王鏊反复规劝，孝宗当时没有接受，而是对诱导他玩乐的太监说："言官指出这一缺点完全正确，是一片诚挚之情，完全是为我着想啊！"自此之后，太监也收敛了诱导皇帝玩乐的言行，孝宗不再到后苑游猎寻欢。后来，王鏊升任礼部尚书。为了引导大臣们踊跃进言，孝宗还经常提起这件事情，让人们知无不言。为打消言官的顾虑，他还明确要求阁臣们："传我的话给诸位言官，不必顾虑。"为了巩固统治，孝宗如此虚心，只要是有利于国家和百姓的建议，孝宗纷纷采纳，并积极实施。在明王朝历代君主中是不多见的。就这样，一大批贤良聚拢在孝宗周围，形成了一个强而有力的统治核心。

孝宗的亲贤远佞、勤政爱民终于得到了回报，弘治时期社会稳定，经济繁荣，人民安居乐业，是明代一个难得的和平时期。他也因此而跻身于历史上中兴帝王的行列，被誉为"中兴之令主"。作为一个皇帝，他没有贪图享受，而是把全部的精力放在治理国家、安定百姓之上，这在历代君王中也是少见的。

如今，虽然没有皇帝这一特殊的阶层，但领导者无处不在，尤其是在商业高度发展的社会里，个人的力量已经逐步显得弱小和微薄，只有优秀的团队才能最大限度地抵御市场风险，也只有优秀的团队才能从众多竞争对手之中脱颖而出。一个有高度竞争力的团队，包括企业，不但要求有完美的个人，更要有彼此之间密切的配合。无数的个人精神，凝聚成一种团队精神，这样的团队才能兴旺发达，所建树的事业才会基业长青。

蛊卦[1] 第十八

蛊卦

原文

蛊：元亨。利涉大川。先甲三日，后甲三日。[2]

初六：干父之蛊，有子，考无咎。厉，终吉。[3]

九二：干母之蛊，不可贞。[4]

九三：干父之蛊，小有悔，无大咎。

六四：裕父之蛊，往见吝。[5]

六五：干父之蛊，用誉。[6]

上九：不事王侯，高尚其事。[7]

注解

①蛊卦：巽下艮上，象征积弊日久，必须救弊治乱。“蛊”字本义为腹中之虫，这里引申为蛊惑。

②先甲三日，后甲三日：甲子从十天开始。十天干是甲、乙、丙、丁、戊、己、庚、辛、壬、癸，一个月三个十天，一旬正好十天。如果将十天排列成一个圆，那么甲的前面就是癸、壬、辛，即先甲三日。后甲三日就是乙、丙、丁。

③干父之蛊：匡正其父辈之弊乱。

④贞：正，引申为勉强。

⑤裕：这里是宽容、宽缓的意思。

⑥用：因为，因而。誉：称誉。

⑦不事王侯，高尚其事：第一个“事”作动词，侍奉的意思。第二“事”作名词，行为的意思。

译文

蛊卦：大吉大利。有利于渡过大江大河。在甲日前三天的辛日准备，在甲日后三天的丁日出发。

初六：纠正父辈的弊乱之事，这说明儿子可以依靠，即便父辈去世也无灾害。即便有危险，结果还是吉利。

九二：纠正母辈的弊乱之事，是不能勉强行之。

九三：纠正父辈的弊乱之事，稍有悔恨，无大的过错。

六四：慢慢纠正父辈的弊乱之事，前面肯定有困难。

六五：纠正父辈的弊乱之事，受到赞誉。

上九：不侍奉君王诸侯，将自己的行为看得很高尚。

赏析

面对乱世，有志之士，不可坐以待毙，而应该有所作为，何况乱世也正是英雄豪杰施展抱负、厉行改革的大好时机呢？但改革必定要触犯一些保守者的利益，因此每一行动，都应该有周密的安排，先计而后行，并做好艰苦奋斗的思想准备。革除毒瘤要刚柔相继，既不能姑息养奸，也不能过于刚烈。选贤任能，打造一支破旧立新的精兵强将。只有这样，才能扶大厦于既倒，重新开创新的世界。

明朝嘉靖年间，佞臣严嵩祸乱朝纲，致使明王朝政治腐败，内忧外患接踵而来。1562年，严嵩的政权倒台，徐阶接任首辅，因为张居正是徐阶的学生，加上张居正的能力，使他受到朝廷的重用，张居正也竭尽全力帮助徐阶主持朝政，得到了不少的锻炼。

1566年，张居正升任宰相，并肩负着教育小皇帝——万历皇帝的任务，张居正励精图治，不仅使朝政有了很大的改观，而且教会了万历皇帝很多治理天下的策略和道理，在太后的帮助下，万历也逐渐变得英明了。对此，张居正感到非常高兴，因为没有万历的支持，他就不可能放开手脚进行一系列的政治改革。

由于张居正目睹了“庚戌之变”，所以他对军队素质非常担心，从接任宰相之位时他就开始筹划着整顿边防。他大胆地任用了一批智勇双全的将领，奉行“一时才臣，无不乐为之用，用必尽其才”的用人方针。经他亲手提拔并任用的谭纶、戚继光、李成梁、王崇佑、方逢时等都是智勇双全，而且又有着超群才华的人。经过张居正的几年整治，扭转了长期以来边防破败的局面，战守力量不断得到增强，蒙古兵没敢再次来犯。为了加强防御力量，张居正总想着积极改善蒙汉之间的关系，他命令沿边将帅抓住一切有利时机，积极发展与蒙古的友好关系。这些举措当时在蒙古地区引起了强烈的反响，改变了自明朝开国以来一直与蒙古的敌对关系与战争状态，促进了双方的友好往来。

张居正任内阁首辅之后，针对朝中一些空谈阔论、不务实际的现状进行了吏治的改革与整治。万历元年（1573年）十月，张居正向宋神宗上疏了请行考成法，神宗批准了他的要求。张居正的这种改革从根本上肃清了明朝的吏治。

张居正为了扭转吏治腐败的局面，非常重视对吏治的改革，制定了考核官员的办法，其考核内容主要有两条：首先六部和都察院把所属官员应办的事情规定完成期限，并分别登记在三个记账本上，一本留部院做底本，一本呈送内阁，一本送科道，六部和督察院按照登记本，逐月进行检查，如果没有按期完成，必须如实上报，六科亦根据登记账本，稽查六部的执行情况。这样层层检查，循环往复，最后由内阁总其成，于是内阁成了名副其实的政治中枢。从中央到地方的各级官员，张居正都要严格考核，那些一心为民、秉公办事的官员，在考核中被列为上等，而那些专门靠花言巧语骗取信任的官员，被列为下等，还有许多专拿薪水不管事的官员，被张居正裁减出了官员队伍。这样，就形成了一个完整的吏治体系。根据检查的结果，对官员进行惩罚与奖励，这样官员就有了明确的目标，办事效率也大大提高了，而且贪污腐败等行为也从中得到了抑制。

张居正在当政期间，裁减的不合格官员约占官吏总数的百分之三十。另外，张居正还广泛搜罗人才，把他们放在重要位置。他打破了论资排辈的偏见，不拘一格地任用人才。于是，明王朝的吏治出现了一种较为清新的气象。

政治清明，人民才能安居乐业，但名目繁多的杂税依然困扰着千千万万的老百姓。针对赋税繁重的现象，张居正又提出了“一条鞭”法。所谓“一条鞭”法，就是把田赋、徭役及其他名目繁多的杂税，统统合为一体，按照各家各户的具体情况重新核实编订，将有丁无田的编为下户，将有丁有田的编为中户，将田多丁少和丁田俱多的编为上户。总数确定之后，按照丁田比例，将所有的赋、役摊派到丁、田里边。“一条鞭”法的施行，简化了征税的手续，在一定程度上防止了富人的逃税。为了推行“一条鞭”法，张居正责成吏部丈量田地，限三年完成，除御赐的田地外，一律按地办纳粮差，不得优免。

清丈田地的工作触及到了官僚、贵族、豪强的利益，遭到他们的强烈反对，张居正不畏强权，下令对阻挠丈量田地的官员无论是谁都要严肃查处。清丈田地的工作终于突破了种种阻力，取得了实际的效果。“一条鞭”法的实施，整顿了赋税，缓解了明朝的经济危机，稳定了明朝的统治，产生了积极而重大的影响。

正是由于张居正能够循序渐进、宽猛结合、执着不懈，他的改革才取得了重大的胜利，挽救了明朝日益衰微的国势，张居正也因此成为彪炳千秋的政治家。

改革的过程是没有先例可循的，历史上的改革都没有现成的理论指导。毋庸讳言，改革的过程必然是一个充满问题、充满矛盾、充满曲折的过程。摸着石头过河，难免会有划破脚的痛苦、打湿衣服的烦恼和摔倒在河中的惊险，这些都不可怕。如果我们因为改革的过程中有问题、有错误，就放弃改革，否认过河的必要性和重要性，不再过河，那河对岸的风景就永远只能是隔河相望，可望而不可即。有一句非常富于哲理的名言，说的是：因循守旧，墨守成规，不犯错误，才是最大的错误。

临卦[1]第十九

临卦

原文

临：元亨，利贞。至于八月有凶。

初九：咸临，贞吉。[2]

九二：咸临，吉，无不利。

六三：甘临，无攸利；既忧之，无咎。[3]

六四：至临，无咎。[4]

六五：知临，大君之宜，吉。[5]

上六：敦临，吉，无咎。[6]

注解

①临卦：兑下坤上，象征着君临天下。

②咸临：以感化之心而临民。咸，通“感”。

③甘：美味，引申为美言。既：已经。
④至临：以亲近的方式统治人民。
⑤知：同“智”。
⑥敦：温柔敦厚。

译文

临卦：极为亨通，利于做大事。到八月将有凶事。
初九：以感化之心而临民，大事则吉。
九二：以感化之心而临民，吉利，没有不利的事情。
六三：只凭甜美之巧言治民，是没有好处的；已知此而忧之，则无灾祸。
六四：非常亲近地统治人民，没有过失。
六五：用明智来治民，大人君主以合适的方式治理国家，吉利。
上六：温柔敦厚地统治民众，吉利，没有灾祸。

赏析

易学广博精深，对天道变化和人际关系的规律，都有精细的观察和分析，对“临”这个概念的看法亦如此。《易经》《临卦》卦辞认为，“阳气增长时期，是非常亨通而正确的，但到了阳气盛极而衰的八月，就会有凶险之事发生”。

从对“临”的界定和认识出发，《易经》总结了丰富的天文地理知识，在万物到了“阳临阴消”的阳气增长时期，伟大人物居于正位的大好形势下，没有被胜利冲昏头脑，而是预见了在“阴临阳消”，阳气盛极而衰的八月之后，又将逐渐消退的不利局面，告诫人们在眼前“元亨利贞”的大好形势下，警惕“妖雾又重来”的可能，握紧手中的金箍棒，进而对六爻各时段的注意要点做了精辟的说明，表明了易家临德思想的远见卓识。

在山东省桓台县有一个方圆一百公里的湖荡，人们称之为马踏湖。在马踏湖中一座突起的青丘上，有一座五贤祠，里面记载着颜蠋的一段逸事。

有一次，齐宣王召见颜蠋，颜蠋并不上前朝拜。齐宣王不悦，说：“颜蠋，你到我这边来。”颜蠋却道：“请大王到我这边来。”齐宣王左右的人喝道：“大王乃一国之君，你乃布衣之士，怎能让大王屈尊到你那边去呢？”颜蜀大笑道：“你们哪里知道，我去，是贪慕权势之举；大王来，是礼贤下士之行。”齐宣王大怒，说：“做国君的高贵，还是你做士人的高贵？”颜蜀答道：“士人高贵！国君比不上士人。”宣王说：“你怎么能这么说呢？”颜蜀说：“从前秦国攻打齐国，下令说：‘哪个胆敢走到柳下季坟墓五十步内去砍柴，定斩不饶！’另外，还下令说：‘哪个能斩得齐王头的，就赐他高官厚禄。’这样看来，活着的国君的脑袋，还抵不上死了的贤士的坟墓。”齐宣王听后一言不发。臣子们都说：“颜蜀过来，颜蜀过来！大王是千乘大国之主，又财力雄厚，天下志士仁人都来归附，才智出众的人都来出谋献策，天下四方，无敢不服，各种物资无不齐备，百姓无不归顺。最高级别的士人，也不过是一介平民而已。那些粗陋而低级的，只配看守里巷。士人处境低贱极了！”

颜蜀回答：“你们错了！不务实事、徒慕虚名的人遭到削弱；不做好事、希望得福的人显得窘迫；没有功劳、窃据官位的人下场不妙。尧有九个助手，舜有七个诤友，禹有五个丞相，汤有三个贤佐，他们在位的时候，万国来朝。为什么当时会有这么多的小国呢？这是他们礼贤下士的结果。从古到今，没有别人帮助而自己能名扬天下的，一个也没有！因此君王应积极向别人请教，向卑贱的人学习。

“诸侯、国君之所以称孤道寡，是因为他们生来低贱吗？并不是。孤、寡原是卑贱的称谓，国君以此自称，岂不是对人谦恭而重视吗？尧传位于舜，舜传位于禹，周成王任用周公旦，后代都称他们为贤君明主，这就雄辩地证明士之可贵了。如今大王是一国之君，难道不能效法这些英明的先王礼贤下士吗？”

宣王听到这里，终于弄懂了“士者贵，王君不贵”的道理，惭愧地对颜蜀道歉：“依你说来，贤士可真是不能得罪的呢，我真是自讨没趣，如今听到先生的高论确实如醍醐灌顶，请先生收我为学生吧！”随后齐宣王告诉臣子们：“颜蜀先生明察事理，让我懂得了今后怎么治理我们的国家，从现在开始，颜先生跟我享受一样的待遇。”

后来，齐宣王在颜蜀的辅佐下精心治理自己的国家，成了历史上一位有名的君王。

其实，颜蜀所阐释的治理国家的道理与《临卦》的寓意完全吻合，《临卦》中说道：领导者应以高尚的人格感召民众，以威信维持纪律，恩威并济，不可以诱骗为手段。而应当启人智慧，让人不断挖掘潜能，然后选拔贤能，敦厚而不苛刻，始能人人心悦诚服，上下融洽，发挥组织才能，有所作为。这样若天下有事，有志之士都会积极参与，有所作为。

观卦① 第二十

观卦

原文

观：盥而不荐。有孚颙若。②

初六：童观，小人无咎，君子吝。③

六二：窥观，利女贞。④

六三：观我生，进退。⑤

六四：观国之光，利用宾于王。⑥

九五：观我生，君子无咎。

上九：观其生，君子无咎。⑦

注解

①观卦：坤下巽上，象征着观察。

②盥而不荐：看过灌祭之后就可以不用再观看后面的祭祀过程了。盥，灌祭，

古代祭祀宗庙时用香酒洒地以降神的祭礼。荐，献祭，灌礼之后陈列祭品的仪式。孚：诚信。颙：严肃端正的样子。若：语助词，没有实际的意思。

③童观：这里指初涉世的人显得幼稚、浅薄，意为像幼童一样。

④窥：从门缝或小洞中偷看，即偷偷窥测。

⑤生：进也。

⑥用宾于王：在君王那里做客或以宾客之礼朝拜君王。

⑦其：犹言“彼”。

译文

观卦：看过祭祀前的灌礼之后，就可以不用再看后面贡献祭品的仪式了。因其经历了庄严的祭奠，内心已信服君王的威严。

初六：像幼童一样地看事物，对小人而言无灾，对君子而言则为羞愧之事。

六二：从内向外窥视，利于女子守正。

六三：观察自己的行为，就可知进退与否。

六四：观察一国壮丽辉煌的大气象，利于成为君王的宾客。

九五：观察天下生民，可以使君子不犯错。

上九：观察他治理的百官庶民，君子就可以不犯错。

赏析

中华民族是一个崇尚道德伦理榜样的民族，“榜样的力量是无穷的”，这句话可以说是妇孺皆知的俗语。

古有“二十四孝”，今有雷锋、任长霞等，每一代都有被宣传歌颂的榜样。

从历史事实上看，伦理榜样促成了封建道德体系的形成，在社会群体中确实起过重要作用；从价值层面看，树立榜样也确有必要，因为榜样的行为与精神是时代凸现出来的精华，是未来社会发展的方向。

尤其是领导者更应该清醒地意识到这一点，言传身教，做下属的表率。

《观卦》中说到“先王以省方观民设教”，也就是这个道理。三国时期的曹操是大家非常熟悉的历史人物，虽然他身上溢漫着封建王侯的霸气，但他严于律己、自觉守法，在这一点上还是做得很好的，不愧是我国历史上著名的政治家。

建安五年（公元201年），曹操率军在官渡和袁绍进行决战的前夕，为了严肃军纪，下了一道命令："军队行军，不许践踏麦田，违者斩。"

可是，在行军中，麦田里突然飞出一群斑鸠，从曹操骑的马头上掠过。

战马受了惊吓，嘶叫着窜进麦田并狂奔起来，等曹操用力勒住缰绳停下来，已经踩坏了一大片麦子。

曹操赶紧下马，对管理法令的主簿说："我践踏了麦田，违犯禁令，请按军法治罪。"

主簿觉得统帅的马踩了麦田，不好治罪，就对曹操说："法令是为一般将士而立的。按照《春秋》的规矩，对尊贵的人是不能施加刑罚的。将军是一军的主帅，何况战马受惊，闯入麦田，是出于意外，不是存心违法，我看就不必治罪了。"

曹操见主簿不肯定罪，便要拔剑自刎。

部下慌忙拉住，劝阻道："您是统帅，责任重大，怎么可以轻生呢？"

曹操叹了口气说："我身为统帅，更应该自觉遵守法令，即使不处死，也一定要受到处罚！"说着，用剑割下自己的一绺头发，掷在地上。

古代的人认为身体发肤，受之父母，是不能随便损毁的，因此割发也是一种刑罚。

曹操割发代首的事情，马上在全军将士中传开了。全军上下见曹操这样严格要求自己，人人便都自觉遵守军令，不敢违犯。

曹操"割发代首"，为全军做出了遵纪守法的榜样。在法律不健全的社会里，国君的表率作用十分重要。

"其身正，不令则行；其身不正，虽令不从。"君主制定法律、树立礼仪，首先必须以身作则。如果君主"法不治己"，下面的老百姓就不会服从，这样国家的法律无法得到实施，国家产生混乱也就是必然的了。所以，历代思想家都强调君主在遵守法律方面要起到表率作用。

一个国家和社会的盛衰成败在很大程度上取决于社会群体的道德素质，通过榜样的道德人格的示范作用，对提高整个社会群体的道德素质有很大的作用。

社会群体素质是维系一个国家和社会生存发展的重要条件，因此，做群众的榜样是任何一个领导者必须践行的执政信条。

在我们的社会中也应该不断地发现榜样，树立榜样。

人人学习榜样，个个争当模范，这样，对社会的安宁、国家的治理都会有很大的帮助。

噬嗑卦[1] 第二十一

噬嗑卦

原文

噬嗑：亨，利用狱。[2]
初九：屦校灭趾，无咎。[3]
六二：噬肤灭鼻，无咎。[4]
六三：噬腊肉遇毒，小吝，无咎。[5]
九四：噬干胏，得金矢。利艰贞，吉。[6]
六五：噬干肉得黄金。贞厉，无咎。
上九：何校灭耳，凶。[7]

注解

①噬嗑卦：震下离上，象征咬合、刑罚。噬，咬。嗑，合。
②狱：刑罚。

③屦校灭趾：脚上带着刑具而弄伤了脚趾头。
④噬肤灭鼻：像咬脆肉似的割掉犯人的鼻子。
⑤噬腊肉：咀嚼又干又硬且味香的腊肉。
⑥干胏：干肉。得金矢：金箭横在其间。下文“黄金”同此。
⑦何：通“荷”，意为担在肩膀上。灭：伤害。

译文

噬嗑卦：亨通，有利于施用刑罚。
初九：足上戴着刑具而伤了脚趾，没有太大的罪过。
六二：像咬脆肉似的割掉犯人的鼻子，以使其不再犯大错。
六三：吃腊肉却中了毒，稍有困难，但没有大的灾祸。
九四：吃干肉却遇到了肉中的金属箭头。艰难之中守正，吉利。
六五：吃干肉得到金子一样的东西。事有危险，但最终没有灾祸。
上九：肩上带着的刑具伤了耳朵，凶险。

赏析

在旷日持久的楚汉相争中，一开始刘邦根本不是项羽的对手，无论个人的勇猛、名望的影响力、士卒的精锐、战功的卓著，项羽都远远超过了刘邦，可是最后项羽却败在刘邦的手上，这究竟是因为什么呢？其中一个重要的原因，便是刘邦谙习《噬嗑卦》的哲理，在官爵的封赏上高项羽一筹，致使刘邦终得天下。

没有韩信，便没有刘邦的江山。韩信是刘邦取得胜利的一个关键性人物，这是众所周知的史实。早年，韩信是项羽的部下，他在投奔刘邦时曾这样评价项羽：“项羽的行动举止威风凛凛，发起怒来，将士谁也不敢再吭一声，只能唯令是从，这只不过是匹夫之勇罢了；他对人恭敬慈爱，说起话来如拉家常，平易近人；谁要是有了疾病，他会急得流泪，将自己的饮食送给病人。可是，当别人立了大功，应该封官赏爵时，他却迟迟不肯封赏，很多良将对这一点都不堪忍受。”韩信向刘邦建议，要反项羽之道而行之，大胆任用天下强将，将天下城邑封赏给有功之人，这样便可以无往而不胜。

刘邦接受了他的建议。在这之前，刘邦看中韩信的将帅之才，破格将韩信这个投奔来的普通将领提升为大将，而且拜将的礼仪极为隆重。韩信一步登天，事后更加努力地为刘邦出谋划策，在战场上取得了一次又一次重大的胜利，占据了山东的大片土地。为了治理好山东，稳定这一地区的人心，韩信请求刘邦给他一个“假齐王”（即代理齐王）的名分。当时刘邦正被困在荥阳，盼着韩信来解救他，一接到韩信的请求，十分恼火，冲着谋士张良、陈平，破口大骂道：“我被困在这里，瞪大了眼睛盼他来救我，他倒想自己称王！”谋士张良对他说：“我们现在处境十分困难，假如韩信自己称王，我们也无法阻止，而今他只是要一个名分，这对于他治理齐地也是有用的，不如顺势买个好，就立他为王，并对他客气点，让他固守在齐地，成为您日后创建基业的大后方。要不然，会出乱子的！”

这话立即让刘邦醒悟过来，他现在其实是控制不了韩信的，只有来个顺水推舟，答应韩信，才能将他笼络住。于是刘邦立刻改口道：“大丈夫平定天下，要当就当真王，为什么当假王？”随即便派了张良到韩信那里，举行了隆重的典礼，封韩信为齐王。韩信也不辱名分，把偌大的齐地治理得井然有序。

后来，在楚汉相争的关键阶段，刘邦又一次受困，通知韩信及另一位大将彭越前来会战，这两个人都没能如约前来，形势非常危急，刘邦一筹莫展，又是张良给他出谋划策：“楚兵眼看就要失败，而韩信、彭越虽有官爵，但并没有得到相应的封地，他们不来，也是理所当然的。您如果将从睢阳到海边的这一片土地尽划归韩信，从睢阳以北到谷城这一片土地尽划归彭越，同他们共分天下，让他们各自为战，楚敌很快便会失败；如果不这样做，我们的危险就大了。”

刘邦接受了张良的建议后，韩信与彭越便联合出击，围困项羽于垓下，迫使项羽自刎于乌江，将刘邦推上皇帝的宝座。

如何在最短的时间内让混乱的状态归于安定，最直接的方法就是制定一套严格的赏罚标准，在赏与罚的实施过程中惩恶扬善，让人们知道行为准则和行动方向。这样有利于广大民众形成合力，混乱的状态就会很快消失。

任何一个组织或团队，有了严明的赏罚制度，很大程度上就会让人们知道“有所为”和“有所不为”，这对于摒弃不良习气，形成优良的组织文化和团队精神是大有裨益的。

贲卦① 第二十二

贲卦

原文

贲：亨，小利有攸往。

初九：贲其趾，舍车而徒。②

六二：贲其须。③

九三：贲如濡如。永贞吉。④

六四：贲如皤如，白马翰如。匪寇，婚媾。⑤

六五：贲于丘园，束帛戋戋，吝，终吉。⑥

上九：白贲，无咎。⑦

注解

①贲卦：下离上艮，象征文饰。“贲”的本义为文饰。

②徒：徒步。

③须：胡须。

④濡：此处为润泽、滋润之意。

⑤皤：白色。翰：羽飞之状。

⑥丘园：山上的园圃。丘，土山。园，园圃。束：一般五匹为一束。帛：绸缎、丝织品、棉织品。戋戋：很多的样子。

⑦白贲：用白色来装饰。

译文

贲卦：亨通，有利于前往。

初九：把文饰好的鞋子穿在脚上，弃车徒步而行。

六二：饰其面毛胡须。

九三：文饰得那么俊雅，润泽得那么滋润，做事能够长久吉利。

六四：文饰得那么俊美，一身洁白素雅，白马奔驰如飞。(他们）不是强盗，是来求婚的。

六五：用一束束洁白的丝绸来装饰山上的园圃，虽有困难，但最终得吉。

上九：用白色来文饰，没有过失。

赏析

中国人素来以“礼仪之邦”自居，但是到了当代，国门大开才发现并非如此，现代社交礼仪在中国已是稀缺品，国人须从国外引进所谓的时尚礼仪。一些海外的顶级礼仪培训机构抓住机会捷足先登，在中国这块古老的文明之地发现了新的需求和商机。是中国人失掉礼仪了吗？是中国几千年的文化传承脱节了吗？

古代先贤在《周易》《贲卦》中阐释了“礼仪”：为建立与维持秩序，制定文明的规矩，规范个人的行为，是不可少的文饰。然而，一切人为的文饰，应当恰如其分，重内涵实质，实际的效用不在外表的形式。应当高尚而不流于粗俗，不要被外表的形式迷惑，不可因一时得失动摇，不可因虚荣而铺张，陷入烦琐，失去意义。

应当领悟一切文饰都是空虚的道理，唯有重实质，有朴实的内涵，才是文饰的极致。

历史上有许多讲礼仪的故事。

如“孔融让梨”，写的是孔融年幼就知礼让他人；“张良拾鞋”，说的是张良能为一位老人到桥下去捡鞋，并且恭恭敬敬地给老人穿上。

这些生动感人的故事都教育人们要以礼待人，还有叔孙通以朝纲朝仪安天下的故事，更是在民间广为流传。

汉明高祖刘邦当了皇帝后，他手下的一班功臣也多犬马之辈、沽酒之徒，加上刘邦也是市井出身，见识鄙陋，因而君臣上下举止粗俗，无规无矩，不成体统。

君臣无序，刘邦对此也很头疼。

一天，秦朝的博士叔孙通对刘邦道：“现在天下已定，朝仪不可不正，臣愿到孔夫子老家鲁地征集儒生，让他们和我的弟子一同来京都讲习朝仪。”

刘邦欣然同意了。

叔孙通受命到鲁地征集了二三十个儒生，回来后，与鲁地儒生和自己的弟子共同商定，逐条演习。待新的朝仪定下来以后，又奏请刘邦同意，派文吏先到郊外学习。等文吏学得差不多了，又请刘邦当面视察。

总的说来，这套朝仪反映的宗旨是尊君抑臣，上宽下严。刘邦看后颇为满意，这才降诏，让群臣观礼学习。

转眼间新年来临了，刚巧新皇宫长乐宫已竣工。

元旦那天，各诸侯王和大小文武百官，均到新修建的长乐宫朝贺。

天刚蒙蒙亮，便有专门的仪官引着诸侯群臣依次进入，并按尊卑排列于东西两阶。

殿中早已陈列齐备，仪仗威严，气氛庄重。

不同等级的司仪官肃立殿旁，一切准备停当之后，只见汉高祖刘邦乘着专车慢慢来到殿前，登上宫殿，面南而坐。

这时，诸侯百官按等级渐次进入，以不同朝仪进行拜贺，而后依次分座入宴。

宴席旁立有临察数人，诸侯百官个个谨小慎微，唯恐失仪，所以只是象征性地饮宴，不敢放肆。

只有在按礼敬酒之后，才能略为放松。

酒过三巡，有的便放松下来，稍有越轨行为，立即被司礼官请出，不准再坐。

汉朝开国以来，如此秩序井然的宴会，还真是第一次。

这一套礼仪，差不多在中国实行了两千多年，整个封建社会运用的基本上都是这些礼节。

宴罢席散，刘邦退入内廷，不由一阵大喜："我今日方知皇帝的尊贵。"

遂重赏叔孙通等人。

如果没有叔孙通制定朝仪，任凭一班功臣在朝廷上一直闹将下去，朝廷的朝政还怎么去实施呢？无规矩不成方圆，无礼不成朝政，任何时代，任何国家，任何实体，都要有自己的规范、秩序，否则就不能成大事。

"礼仪"指的是由一定社会的道德观念和风俗习惯形成的，为大家共同遵守的礼节；它是一个人乃至一个民族、一个国家文化修养和道德修养的外在表现形式，是做人的基本要求。中华民族自古以来就非常崇尚礼仪，号称"礼仪之邦"。孔夫子曾说过："不学礼，无以立。"就是说一个人要有所成就，就必须从学礼仪开始。可见，礼仪教育对培养文明有礼、道德高尚的高素质人才有着十分重要的意义。在现实生活中，不少人对应有的礼仪不重视，礼仪观念淡薄，导致思想品德滑坡。

崇尚礼仪，培养文明有礼的言行举止应该是我们中华民族永久的时尚，这样不仅有利于人们自身的发展，更有利于当今和谐社会的形成。

剥卦① 第二十三

剥卦

原文

剥：不利有攸往。

初六：剥床以足，蔑，贞凶。②

六二：剥床以辨，蔑，贞凶。③

六三：剥之，无咎。

六四：剥床以肤，凶。④

六五：贯鱼以宫人宠，无不利。⑤

上九：硕果不食，君子得舆，小人剥庐。⑥

注解

①剥卦：坤下艮上，象征剥落、剥蚀。

②剥床以足：床是人安身的住所。在古代，床是坐、卧的地方，把床折了象征失去了正道。

③辨：即床头。

④肤：本意为皮肤，此处作动词，用身体紧贴着地面睡。

⑤贯鱼以宫人宠：引领宫人鱼贯而入承受君王的恩宠。以，引。宫人，后宫妃嫔。

⑥舆：大车。庐：房舍。

译文

剥卦：不宜有所往。

初六：去掉床脚，灭正道，有凶险。

六二：把床头剥落，灭正道，有凶险。

六三：处于剥落之时，没有过失。

六四：把床去掉使自己的皮肤紧贴着地面，有凶险。

六五：引领宫人鱼贯而入承受君王的恩宠，没有什么不利。

上九：有硕大之果而不曾被食，君子得到大车会载着硕果去济世，小人得势则百姓的房舍也将被剥夺。

赏析

所谓“剥”，从易理卦序看，是因为“贲”卦多方修饰达到了美饰要求后，再过多文饰就不会通达了，所以接下来的是《剥卦》。从认识的角度看，“剥”就是剥去事物的表层、表象、表皮或伪饰，暴露其本质，显示其真相，从而掌握制衡它的规律，或确认其真正的价值。这就如同考古学家寻得了一块包裹着珍贵猿人头骨的化石，细心地凿去头骨表层的附着物，以显露其真容，获得对其在人类进化史上的考古意义的了解一样。

所谓剥德，即剥伪存真显美之德，它与贲德强调的文饰美，是文明进程中不可分割的两方面。没有必要的文饰，人类就会粗野无文，缺少美感，而不剥去过时的、虚假的、有害的繁文缛礼、多余修饰，人类又会丧失天真活泼的本性，变得僵化而虚伪。而紧接贲德之后，强调修养剥德的积极意义，正在于此。

也正是从剥的反面意义上，易家主张君子要不甘于被小人剥蚀，被恶俗腐蚀，要积极奋起，反其道而用之，剥上益下，剥外实内，剥阴壮阳，脱胎换骨，进入天然去雕饰，真美更风流的美德境界。

西汉建国后，张良曾悉心研究军事，整理了春秋以来的一百八十二种军事著作。编写了汉初传世的各类兵书，为我国古代军事科学的弘扬和发展做出了杰出的贡献。在汉朝初创之时，张良谨慎行事，隐忍伺机，遇到非人力可挽回的局势时，退身自保，著书立说，所以取得了这样的成就。这在局势混乱的年代真可谓难能可贵。

张良系文弱之士，不曾挥戈迎战，却以军事谋略家著称。天下初定后，功勋卓著的张良没有邀功请赏，而是托辞多病，闭门不出，屏居修炼道家养生之术，并随着刘邦皇位的渐次稳固，刘邦曾以高官厚禄请张良临朝，但张良置名利而淡之，假托神道，可谓用心良苦，逐步从“帝者师”退居“帝者宾”的地位。在汉初刘邦剪灭异姓王的残酷斗争中，张良极少参与谋划。在西汉皇室的明争暗斗中，张良也恪守“疏不间亲”的古训。

公元前197年，汉朝上层出现了一场新的危机。高祖欲废吕后之子太子刘盈，改立戚夫人之子越王如意，因遭大臣反对而没有结果。吕后让其兄建成侯吕泽强请张良，令其谋划。张良无奈，只得说出了心里话。汉十二年（公元前195年）的一天，高祖刘邦设宴群臣，太子刘盈跪在身边侍候，忽见四位须眉皓齿、衣冠楚楚的老人跪在太子身后，这就是刘邦仰慕已久而屡求不应的四位隐士。宴后，刘邦无可奈何地对戚夫人说：“我想换太子，但这四人辅佐他，羽翼已成，难动啊！”

这四位隐士便是张良推举给太子刘盈的谋士，张良此术不仅帮助太子巩固了自身的地位，对其而言，也是一个绝妙的金蝉脱壳之计。

此后，张良索性托病不朝，杜门谢客，直至汉惠帝六年（公元前189年）在长安病逝。

复卦[1] 第二十四

复卦

原文

复：亨。出入无疾。朋来无咎。反覆其道，七日来复，利有攸往。[2]

初九：不远复，无祇悔，元吉。[3]

六二：休复，吉。[4]

六三：频复，厉，无咎。[5]

六四：中行独复。[6]

六五：敦复，无悔。[7]

上六：迷复，凶，有灾眚。用行师，终有大败；以其国，君凶，至于十年不克征。[8]

注解

①复卦：震下坤上，象征复归、返还。

②反覆其道：指冬去春来、月盈月亏、朝起暮落，都有定规、法则。七日来复：以晷盘表测日影，按冬至到夏至，测出天行规律以七日为一期，每月四期。“七日”在此象征转化迅速。

③不远复：行而不远即复。祇悔：大的悔恨。

④休：美，善。

⑤频：皱眉。

⑥中行独复：居中行正，独自返还。

⑦敦：敦厚。

⑧迷复：误入迷途而求返还。灾眚：灾祸。行师：兴兵征伐。以：用。克：能。

译文

复卦：亨通。阳气从内生长，出入之间不会生病。朋友前来也不会有什么过失。路上往返很快，七天就可以了，有利于出门。

初九：没走多远就返回了，这样就没有大的悔恨，大吉大利。

六二：完美的回复，吉利。

六三：蹙额皱眉地回来，虽有危险，却没有灾祸。

六四：居群阴之中而行为正当，可独自一人返回。

六五：敦厚忠实地回复，无悔恨。

上六：迷路难返，凶险，有灾难。出兵作战，结果将会大败；若在此时治理国家，则会使国君处于危险，以致十年都不能作战。

赏析

人生，充满了丰富而深邃的内涵；人生，闪烁着天上彩虹的色彩。每个人的经历虽然不尽相同，有的如柏油马路平坦笔直，有的如盘山小道九曲回肠，有的如钱塘江潮汹涌澎湃，有的如西子湖水波光潋滟。不管是哪种境界，都值得思索，都值得品味。

一个人不可能做什么事都一帆风顺，困难和挫折是在所难免的。但是，我们不能被困难吓倒，而是要用理智面对它，冷静地找到战胜它的方法。这也就是《复卦》告诉我们的道理。

“人生自古谁无死，留取丹心照汗青。”这是追求人生永恒价值者的呐喊。

张璨于1964年出生于一个军人家庭。十五岁那年，一次北京大学之行，“做个北大学生”成了她的梦想。可是，1981年高考时，张璨状态不佳，成绩不理想，被东北地区一所大学录取。一心想进北大的张璨没去东北那所学校报到，1982年第二次报考北大，她将报考专业由生物改为国际政治。那年秋天，她终于如愿以偿地跨进了北大校门。

在大学里，张璨是个活跃分子。1984年，在北京大学举行的第一届大学生演讲大赛中，张璨以《我与中华同崛起》为题，获得了第一名。当时二十岁的张璨还当上了北大学生会文化部的副部长。那时，她的梦想是当一名出色的外交官、一名女大使。幸与不幸有时只有一线之隔。正当张璨编织着自己瑰丽的北大骄子梦时，1985年，北大注销了她的学籍——根据当时的有关规定，被高校录取而不去报到的学生停考一年。

“那时的感觉真是从天堂坠到地狱。”事情过了这么多年，张璨仍然抑制不住内心的激动。这件事对张璨打击很大，张璨为了恢复学籍，不停地写申诉材料，找人谈话，一直折腾到毕业，这事也没有解决。

张璨的事在学校传开后，许多人都同情她、支持她，用他们的经验和智慧帮她出谋划策，大到陪她上访，甚至教她怎么进大门、怎么去申诉，小到帮她定进度表，要她坚持上课。

“这件事至少让我懂得了一个道理，”张璨说，“就是遇到什么事都不能哭，遇到什么问题都要想尽办法去解决。”

张璨暗暗对自己说：“一定要坚强，一定要坚定，一定要比别的北大同学读更多的书。”

人生就是要经受挫折，只有承受痛苦才能成长。

1986年7月，同学们毕业了，很多人被分到中央国家机关，这让张璨很是羡慕。她自己也完成了学业，却因为没有文凭，只得到一纸说明，大意是说她被注销了学籍，但坚持上课，成绩合格，学校不管她的分配。

张璨一离开校门就开始在中关村到处找工作，她鼓励自己：“没有工作也许会更有前途，因为自己面对的机会会更多。”

一天，她揣着推荐信，到中关村的四通公司求职。路上她遇见了大学时的同学，同学对她说：“你为什么不能自己干呢？”

二十二岁的张璨真的自己干了起来。租农民的房子，借别人公司的名字，借别人的电脑拿到自己店里当样品，有人买电脑谈妥价，交上钱，她再买来零件自己组装。因此，她不得不常常熬到夜里两三点，累了就打地铺休息一会儿。就是凭着这种坚强的意志，张璨淘到了人生的第一桶金。

她的第一桶金是从废品里拣出来的。她得知沈阳一家国有大公司的仓库要处理一批物资，便以几百元的价格买回了一卡车的印刷纸板、油印机、油墨等印刷设备。对于张璨来说，这车“破烂”的意义却非同小可。她倒腾了两天两夜，才将那些物资运回北京。经过一番清洗、整理、油漆、上光，一下子竟卖了5万元。不过，张璨真正赚到的第一笔巨额财富应该说是来自电脑的生意。当时电脑在中关村还没有品牌的概念，电脑的品牌概念应该说是由她的公司推出来的。

她把目光瞄准了当时正如火如荼的计算机市场。她注册了一家电脑贸易公司，她给公司起名为“达因”。达因，取自英文“DYNE”一词，意为“力的最小单位”。那时的达因公司，当然很小，也很弱。但正因为小，才有广大的发展空间。

张璨聪明、机敏而又踏实能干，在人生曲折坎坷的旅途上一路高歌。如今，达因公司已经成为拥有四十多家分公司，净资产上亿美元的大型集团公司。

从张璨的人生发展的崎岖道路中，我们可以看出：对绝大多数人来讲，成才之路都是崎岖坎坷且布满荆棘的。尽管有成功的光环在前方召唤，但追求成功的过程却是艰难的。这好比在波涛中前进的航船，前方虽有光明的灯塔，但通往灯塔之路却随时会出现旋涡、暗礁，会有抛锚停船，也会有船翻落水的危险，但只要认定目标，勇往直前，就一定能走向成功的彼岸。

选择怎样的人生之路，谱写怎样的人生篇章，完全是由你自己决定的。只有对自我做出恰如其分的评估，正确地规划自己的人生目标。面对命运的挑战，选择做生活的强者，紧紧扼住命运的咽喉，那么，在立志成才的道路上你就一定能披荆斩棘，勇往直前。

无妄卦① 第二十五

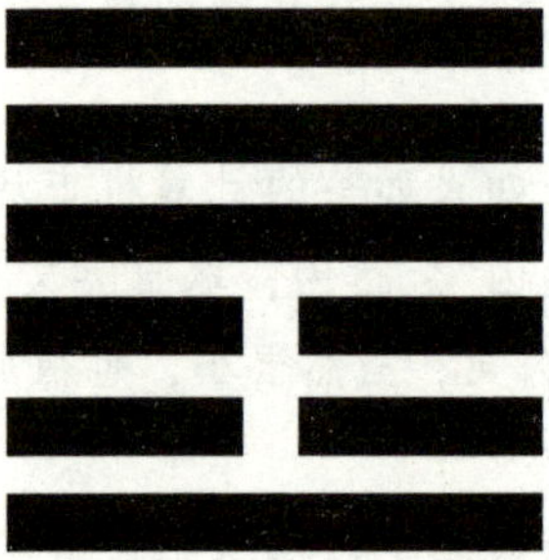

无妄卦

原文

无妄：元亨，利贞。其匪正有眚，不利有攸往。②

初九：无妄往，吉。

六二：不耕获，不菑畬，则利有攸往。③

六三：无妄之灾，或系之牛，行人之得，邑人之灾。④

九四：可贞，无咎。

九五：无妄之疾，勿药有喜。⑤

上九：无妄行，有眚，无攸利。

注解

①无妄卦：震下乾上，象征不妄为。无妄卦的卦象是下单卦为震，震为动，为雷；上单卦为乾，为天。

②其匪正有眚：指元、亨、利、贞，即正，不持守正道就会有灾祸。匪，非，不。正，指正道。眚，灾祸。

③菑：开垦一年的瘠田。这里作动词，意为开垦。畬：耕种三年的田地。

④无妄之灾：意想不到的灾祸。或：有人。系：拴。行人之得：路人顺手牵走据为己有。邑人之灾：附近人家遭受缉捕的横祸。

⑤勿药：不服药。有喜：古人称病愈为有喜。

译文

无妄卦：非常亨通，有利于做大事。不持守正道就会有灾祸，所以不利于前往。

初九：不虚妄前往，就会吉祥。

六二：不耕种收获，不开垦良田，却有利于前往。

六三：不虚行妄为却遭遇灾难，就像有人将牛拴在树下，过路的人将它牵走，居住在他家附近的人却被怀疑而被捕，这真是飞来横祸啊。

九四：能够坚守正道，没有灾祸。

九五：行为不虚妄却染上了疾病，即便不服药也会痊愈。

上九：无志妄行，却有灾祸，没有什么有利的事。

赏析

《无妄卦》中蕴含这样一个道理：执政的人本身的虚妄和没有诚信一定会造成混乱的局面。从而可知，一个有秩序的社会，必定要有一套诚信的法则，而始终如一地照着这套制度来影响众人的行为，就一定能促成长治久安局面的形成。

战国时候，魏国的魏武侯在位时，吴起曾担任西河的太守。西河西边就是秦国，秦国有个岗亭靠近魏边境。驻守岗亭的秦国士兵经常来西河骚扰，或凌辱这一带的妇女，或抢走农民的耕牛，或偷割成熟的庄稼，西河百姓深受其害。因此，吴起一上任，就决心拔掉这颗钉子。

当时，秦强魏弱，吴起手下兵力不足，临时征兵又很难征到。怎么办呢？他想了一个主意。

一天，吴起叫人把一根车辕子搬到北门外面，并把它斜靠在北门的一侧，旁边张贴告示："如果有人能将这根车辕子搬到南门外面，太守将赏给他良田二十亩，上等住宅一套。"落款处是吴起的名字，并赫然盖着西河太守的大印。

很快地，许多人围了上来。有的说，车辕子那么轻，搬到南门也不远，赏赐怎么会这么丰厚呢？有的说，太守怕是在跟老百姓开玩笑吧？议论归议论，就是没有人动手去搬。

傍晚时分，北门来了一个二十多岁的小伙子。他看了看告示，又看了看车辕子，将信将疑地问那负责监守的士兵："这是真的吗？"

那士兵回答："你没看见有太守的大印吗？"

小伙子心里还是有些狐疑，但他决定试一试。于是，他扛起车辕子，迈开大步，穿过繁华的闹市区，一直送到南门外面，小伙子身后跟着一大群看热闹的人，他们一边嘲笑小伙子白日做梦，想得到天上飞来的横财，一边也想看看结果究竟如何。

车辕子送到了指定地点，负责监守的士兵就领着小伙子进了太守府。不一会儿，小伙子出来了，他满心欢喜，手里拿着太守赏给他的田契和房契。看热闹的人见了眼红得不得了，后悔当初自己为什么不试一试。

过了两天，吴起又叫人把一石豆子放在东门之外，出告示说："如果有人把这石豆子送到西门外面，本太守将给予重赏。"落款处依然是吴起的大名和西河太守的大印。

这一次，人们都争着去搬豆子了。搬运的人同样得到了赏赐。自此以后，西河百姓都知道新来的太守言出必行，很守信用。

吴起看着时机已经成熟，就贴出了第三张告示："本太守明天将领兵攻打秦国的岗亭，为西河百姓除害。现在大量征收壮丁，希望大家积极参军。攻打岗亭时，首先攻上去的，将封为国家的大夫，赏给上等的住宅和田地。"落款处依然是吴起的大名和西河太守的大印。

百姓见了告示，都争着报名参军，不一会儿就征够了兵丁。第二天，吴起率领兵马向秦国岗亭发起猛攻，将士们个个奋勇争先，不到一个时辰就把秦国的岗亭夺了下来。

"重赏之下必有勇夫"，吴起利用重赏换来了诚信，取得了百姓的信任，消除了自己的心腹之患。

大畜卦[1] 第二十六

大畜卦

原文

大畜：利贞；不家食，吉；利涉大川。[2]

初九：有厉，利已。[3]

九二：舆说輹。[4]

九三：良马逐，利艰贞；曰闲舆卫，利有攸往。[5]

六四：童牛之牿，元吉。[6]

六五：豮豕之牙，吉。[7]

上九：何天之衢，亨。[8]

注解

①大畜卦：乾下艮上，象征积蓄。畜，蓄。

②不家食：非求食于家，而食禄于朝，以天下为公。

③已：停止。

④舆说輹：舆指车子。輹，是古代木车下的横木，车轴由它固定、转动。车子停下来，就将棱取下，走时再套上去。说：通“脱”，脱离。

⑤逐：奔走。闲：练习。卫：防备。

⑥童牛：无角小牛。牿：牛角上束的横木。

⑦豮豕之牙：豮指阉割过的猪。豕，猪。这里指被驯服的猪。

⑧何天之衢：何其畅达的通天之路。衢，四通八达的道路。

译文

大畜卦：利于守正；不使贤能之士求食于家，吉利；利于涉越大河。

初九：有危险，宜于停止前行。

九二：车身与车轴分离而不能前行。

九三：良马驰逐，即使道路艰难，也是吉利的；每日练习用车马防卫，宜有所往。

六四：施牿于童牛角上（以防觝人），大为吉利。

六五：被阉割过的猪，其利牙被驯服，有吉。

上九：何其畅达的通天之路，亨通。

赏析

“不积跬步，无以至千里，不积细流，无以成江河。”只有努力巩固和充实自己的学识、经验和财富，为自己的奋发积蓄力量，才能真正有所作为。在中国历史上，有一个著名的韬光养晦的史事，这就是春秋时期的楚庄王“三年不鸣，一鸣惊人”的故事。

楚庄王的祖父楚成王在城濮之战中被晋国打败，便一蹶不振。公元前262年，太子商臣逼迫成王上吊自杀，即位为楚穆王。楚穆王在位十二年后，便由其子熊侣即位，这就是楚庄王。

年轻的楚庄王并未像其他新君上任那样雷厉风行地干一些事情，而是不问国政，只顾纵情享乐，日夜沉浸在声色犬马之中。每逢大臣们进宫汇报国事，他总是不耐烦地回绝，任凭大夫们自己办理。他根本不像个国君，朝野上下也拿他当昏君看待。看到这种情况，朝中一些正直的大臣都感到十分着急，许多人都进宫去劝谏，可楚庄王不仅不听劝告，反而觉得他们妨碍了他与内宫嫔妃们嬉闹。后来干脆发了一道命令：谁再来进谏，杀无赦。

三年过去了，朝中的政事乱成一团，在这期间，楚庄王的两个老师斗克和公子燮攫取了很大的权力，两人心怀不满，因此串通作乱。他俩派子孔、潘崇去征讨外族，又把两人的家财分掉，并派人刺杀两人。刺杀未成功，潘崇和子孔就回师讨伐，斗克和公子燮竟挟持楚庄王逃跑，逃到庐地时，当地守将战黎杀掉了斗克和公子燮，楚庄王才得以回郢都亲政。就是经历了这样的混乱，楚庄王仍无悔改之意。

大夫伍参再也忍不下去，冒死晋见楚庄王。他到宫殿一看，只见庄王左手抱着郑国的姬妾，右手搂着越国的美女，纸醉金迷，面前是钟鼓齐鸣，轻歌曼舞。楚庄王看到伍参进来，很不高兴，迎面问道："你难道不知道违抗我的命令是死罪吗？"

伍参抑制住慌张，连忙赔笑说："大王，我不是来进谏的，只是有一个谜语，猜了许久也猜不出，我知道大王天生智慧，想请大王猜一猜，也好给大王助兴。"

楚庄王这才露出笑脸，说道："那你说说看。"

伍参说："高高的山上，有只奇怪的鸟，身披鲜艳的五彩羽毛，美丽而又荣耀，只是一停三年，三年不飞也不叫，人人猜不透，实在不知是只什么鸟！"

楚庄王听后思考了一会儿，说："三年不飞，一飞冲天；三年不鸣，一鸣惊人。此非凡鸟，凡人莫知。"

伍参听后非常高兴，知道庄王心中有数，就又趁机进言道："还是大王的见识高，一猜就中，只是此鸟不飞不鸣，恐怕猎人会射暗箭啊！"

楚庄王听后身子一震，随即就叫他下去了。

伍参回去后就跟大夫苏从商量，认为庄王不久即可觉悟，没想到几个月过去后，楚庄王仍一如既往，不仅没有改过，还越发不成体统了。苏从再也忍耐不住了，就闯进宫去对楚庄王说："大王身为楚国国君，即位三年，不问朝政，如此下去，恐怕会像桀、纣一样招致亡国灭身之祸啊！"

楚庄王一听，立刻竖起浓眉，露出一副暴君的模样，抽出长剑指着苏从的心窝说："你难道没听到我的命令，竟敢辱骂我是桀、纣，是不是想死？"

苏从沉着从容地说："如果我的死能使大王振作起来，能使楚国强盛，我甘愿就死。我死了还能落个为国而死的美名，大王却会成为一个暴君而遭世人唾骂。"说完，面不改色，请求楚庄王处死他。

楚庄王被镇住了，他凝视了苏从几分钟，突然扔下长剑，不顾君臣之礼，抱住苏从激动地说："好啊，苏大夫，我等待了多年，竟无一个冒死进谏之臣，我的心都快凉了。你能以死报国，正是我多年寻找的社稷栋梁之臣！"楚庄王说完，立刻斥退那些莫名惊恐的舞姬歌妃，拉着苏从的手谈了起来。两人越谈越投机，竟至废寝忘食。

在与楚庄王的谈话之中，苏从惊异地发现，庄王虽三年不理朝政，但对朝中大事及诸侯国的情势都了如指掌，对于各种情况也都想好了对策，这一发现使苏从不禁激动万分。

原来，这是楚庄王的韬光养晦之策。他即位时十分年轻，不明世事，朝中诸事尚不明白，也不知如何处置，况且人心复杂，尤其是若敖氏专权，他更不敢轻举妄动。无奈之中，他想出了这么一个自污以掩人耳目的方法，静观其变。在这三年中，他默默地考察了群臣的忠奸贤愚，也测试了人心。他颁布劝谏者死的命令，也是为了鉴别哪些是甘冒杀身之险而正直敢言的耿介之士，哪些是只会阿谀奉承、只图升官发财的小人。如今，三年过去，他的年龄已长，经历已丰，才干已成，人心已明，他也现出庐山真面目了。

第二天，他就召集百官，任命了苏从、伍参等一大批德才兼备的大臣，公布了一系列的法令，还采取了削弱若敖氏权势的措施，并杀了一批罪大恶极的犯人，以安定人心。从此，这只"三年不鸣"的"大鸟"开始励精图治，争霸中原，后来楚庄王平定了国内的若敖氏叛乱，对外进行了长期的战争，终于成为春秋五霸之一。

在力量不足时保全自己，蓄积自己的各种能力。在困境之中，平心静气地坐下来思考，通常会有许多较为正确、理性的想法出现，工作中有正确的思路，做什么事情也就事半功倍了。

颐卦[1] 第二十七

颐卦

原文

颐：贞吉。观颐，自求口实。[2]

初九：舍尔灵龟，观我朵颐，凶。[3]

六二：颠颐，拂经于丘颐，征凶。[4]

六三：拂颐，贞凶；十年勿用，无攸利。[5]

六四：颠颐，吉。虎视眈眈，其欲逐逐，无咎。[6]

六五：拂经，居贞吉。不可涉大川。

上九：由颐，厉吉。利涉大川。

注解

①颐卦：震下艮上，象征颐养。

②观颐：观其所养，即观察某一时间、某一特定环境中的吉或凶，以求

颐养好自己。口实：食物。

③尔：你。灵龟：指卜得的龟兆，古人认为龟不死而能长寿，是神物，所以以龟甲行卜，并且称之为灵龟。观我朵颐：指看我鼓起腮帮子大吃大喝。朵，鼓起腮帮子的样子。

④颠颐：自己居中正之位，应不缺颐养的，却求之他人，求不着，又向下求，故曰颠颐。拂经：颠倒事理。拂，逆。经，常理。于丘颐：向高处索取食物。征：兴兵出战。

⑤拂颐：违背颐养之道，违逆了常理。

⑥逐逐：迫切地追求。

译文

颐卦：占之则吉。观看事物的颐养情况，自当明白自食其力的道理。

初九：舍弃你的灵龟，却来观看我隆起两腮大吃大喝，有凶险。

六二：颠倒颐养之理，违背以下养上的常理，而向高处求食，前行有凶险。

六三：违背颐养的常理，做事有凶险；因为十年之久无所用，所以没有什么利益。

六四：颠倒颐养之道，却吉利。像老虎一样威猛地注视着初九，不断索取颐养食物，没有过错。

六五：违背常理，住在家里则吉。不可涉越大河。

上九：天下众生赖之而获得颐养，虽有危厉，但最终得吉。利于涉越大河。

赏析

"颐"的本义是下巴，也可指腮帮或脸颊。成语"颐指气使"，就是指有权势者不说话，仅以下巴或脸色来示意的傲慢之态。而"颐"即是指脸颊或下巴，其动态就和兼指须眉毛发的"需"有了可比之处，二者的动作，均与脸动有关，有张口吞食之意。但颐还有从脸色、形貌、饮食引申出去的另一个含义，就是保养，并且还可兼指精神方面的保养修炼，如所谓的颐神养志、怡情养性、颐养天年，等等。这是《易经》强调互养的颐德与强调等待的需德，在修养食德的共性基础上，又有所不同的地方。

在众多的东吴将领中，吕蒙打起仗来非常勇敢，但是文化水平低，每次孙权和吕蒙一同讨论打仗的方案，吕蒙总是说不出多少自己的见解。孙权想：这些打仗勇敢的将领应该提高文化，增长才能才是。

于是，孙权对吕蒙说：“你现在带兵打仗，身上的担子很重，应该多读点书，努力提高自己的水平。”

吕蒙回答：“我都这么大年纪了，况且军队里的事务过于繁忙，哪里还有时间读书啊？”

孙权说：“你比我小啊，如果说忙，难道你比我还忙吗？我小时候读过《诗经》《礼记》《左传》《国语》，管理国家大事以后，又读了许多历史和兵法之类的书籍，都觉得受益匪浅。我希望你多学点历史知识，还应该读读兵法之类的书。像你这样天资聪颖的人，又加上有多年的战争经验，只要抓紧时间学，就一定会有收获的。”

吕蒙说：“唉，年龄大了，学习起来会有很多的困难。”

孙权说：“学习与年龄没有什么关系，从前汉光武帝在打仗的时候都手不释卷。还有曹操，年纪愈大愈好学，你还有什么顾虑呢？”

吕蒙听了孙权的话，就开始读书学习。刚开始总是提不起兴趣，但他仍坚持不懈怠。就这样，天长日久，他对看书也有兴趣了，渐渐地，吕蒙成为一个知识渊博、有智有谋的人。

一次，鲁肃经过吕蒙的驻地去执行任务，就顺便去看望吕蒙。俩人谈起关羽，说这个人很厉害，不可轻视。当时鲁肃把守的区域正好与关羽是相邻的。

吕蒙问鲁肃：“你现在离关羽的驻地这么近，准备用什么策略对付关羽呢？”鲁肃原本认为吕蒙只是个武将，心里根本看不起他，所以也不想跟他谈论战事，因此，就随口回答：“现在不管了，到时候再说吧。”

吕蒙对鲁肃这种态度很不满，就批评他：“你如此大意不行啊！关羽智勇双全，而且他特别好学，尤其对《春秋·左传》研究得很透彻。现在东吴和西蜀交好只是表面现象，我们要时时警惕，防止不测。”

鲁肃很是不屑地问道：“你有何高见？”吕蒙见鲁肃的态度稍有转变，就献上了三条计策，引经据典，讲得有条有理。

鲁肃一听大为惊讶，没有想到吕蒙会有这么高的水平。他连连点头，极为赞赏地说：“老弟啊！我原来只知道你是一介武夫，把你当作一个粗人。谁知如今你的学识已有这样高的水平，再也不是从前的吕蒙了！士别三日，当刮目相看啊！”

事后，鲁肃把这件事告诉了孙权。孙权很高兴，感叹道：“像吕蒙这样的武将，读书学习之后能有这样大的进步，我实在是没有想到啊！”

后来，孙权以吕蒙为榜样，鼓励其他将士也要多读点书，抽时间学习，以提高自身的水平。

从《卦辞》《象传》和《象传》旨意看，《颐卦》的主旨在于从动物取食和人类自我颐养的行为中，找寻到修养颐德的正确途径，这确是很有意思的。

大过卦[1] 第二十八

大过卦

原文

大过：栋桡；利有攸往，亨。[2]
初六：藉用白茅，无咎。[3]
九二：枯杨生稊，老夫得其女妻，无不利。[4]
九三：栋桡，凶。
九四：栋隆，吉。有它，吝。[5]
九五：枯杨生华，老妇得其士夫，无咎无誉。[6]
上六：过涉灭顶，凶，无咎。

注解

①大过卦：巽下兑上，象征大有过越，即强大过人者方可战胜大的困难。
②栋桡：栋，指房子的梁木。桡是弯曲。栋桡是说梁弯曲了。
③藉：铺垫。白茅：古代不用桌椅，席地而坐。祭祀时将供品放在地上，

地上铺一层洁白的茅草，以示虔诚。

④稊：老树生新芽。女妻：年少的妻子。

⑤隆：隆起。它：指意外情况。

⑥华：花。士夫：幼夫。

译文

大过卦：屋梁被压弯了；有利于出门旅行，亨通。

初六：用洁白柔软的茅草垫在祭品之下，没有过错。

九二：枯萎的杨树重新发芽，老头娶了年轻女子为妻，这没有什么不吉利的。

九三：屋梁被压弯了，凶险。

九四：屋梁隆起，吉利。但有意外事故，有难。

九五：枯萎的杨树重新开花，老妇人嫁了一个年轻丈夫，没有过错，也得不到别人赞誉。

上六：渡河涉水，水淹过了头顶，凶险，但没有过错。

赏析

“大过”之时，社会动荡，人心惶惶。这时，就很需要能独立带头而无所畏惧的人来力挽狂澜，干出一番非凡的事业。其实，历史上很多大有作为的人都是在“大过”之时脱颖而出的，唐朝贤相魏征就是其中一位。

公元618年，李渊父子建立了大唐王朝，但天下初定，仍是群雄割据的逐鹿局势。魏征怀着勃勃雄心来到长安，但因职位低微，一时不为李渊所知。魏征认为眼前动荡的局势正是自己建立功名，求取仕途的好机会。十一月，他自请前往山东（今河北、河南及山东等地区），招降瓦岗军旧部归唐。李渊非常高兴，就任命魏征为秘书丞（掌管国家图书之职），乘驿车东下。

不到一个月，魏征就到了黎阳，先给据守此城的徐世勣写信陈述形势利害：“当初魏公（李密）举旗反隋，振臂一呼便拥众几十万，声威所及，半于天下。一败不振，终降唐朝，由此可知天命之所归也。现在你身处兵家必争之地，不早做打算，就可能错失机会，前途有危了。”徐世勣看过信之后，前思后想，决计归唐。他一面将所辖地区的郡县户口、士马人数造册登记，派人送往长安，一面运送粮草接济唐将淮安王李神通。此时，李神通因被河北义军窦建德所败，自相州退至黎阳，遂与徐世勣舍兵守城，保存实力。此后不久，魏征又前往魏州（即武阳郡），劝说自己的老上司元宝藏归降了。

魏征在山东地区的招抚活动，以得到徐世勣所占据的李密旧地十郡及二十万众为最大成绩，这对李唐平定中原地区起着奠基的作用。

第二年二月，自称长乐王的窦建德在山东聊城擒杀了自称皇帝的宇文化及。十月，又举兵南下攻克黎阳，李神通、徐世勣父子及魏征等人，全都当了俘虏。窦建德早已听闻魏征的名气，便任命魏征担任起居舍人（记录皇帝言行的官职）。

武德四年（公元621年）五月，秦王李世民在统帅大军东征的战事中击败并活捉窦建德，窦建德失败后，魏征与隋朝旧官裴矩一同回到关中。皇太子李建成听说魏征有才干，召他主管东宫的经籍图书，任太子洗马职务。

“玄武门之变”后，李世民执掌朝政后，立即传召魏征。因为魏征是李建成的亲信下属，众人都替魏征的性命捏了一把汗。但魏征却并不惊慌，坦然前往。李世民一见魏征，就怒声责问：“你离间我们兄弟，该当何罪？”魏征面不改色，从容答道：“如果先太子早听从我的建议，就不会有如今的下场。臣下尽忠为主，这有什么过错呢？春秋时管仲辅佐齐桓公创立霸业，但他在做齐桓公哥哥公子纠的师父时，还曾用箭射伤齐桓公呢。”李世民听后，无言反驳。看到魏征不卑不亢的态度，满腹的嫌怨也消去了大半。随后，李世民任命魏征为詹事主簿（掌管文书之职）。登基称帝后，李世民又提升魏征任谏议大夫，这是专门负责向皇帝提意见的官职。以后，魏征又屡次升迁，权倾朝野。

唐朝初年是一段动荡的岁月，政治的变动影响着一代人的生活。在这样一个动荡年代中，成功变得既简单又复杂，有些人在乱世中崛起，有些人在乱世中沉沦。贫富的差距、亲人的命运有时候会因为一阵兵马的厮杀而瞬间改变。魏征在这种动荡年代能乘风破浪，无惧而立，积极发挥自己的聪明才智，做出了“拓荒者”般的贡献，在很大程度上，很符合《大过卦》所揭示的规律。

如今，感情的纠葛、爱情的追逐，对名利的看法、做人的立场，一切都在不安定的环境中随波飘摇，如能持中守正，那么“大过”之时，也正是人们大有作为的最佳时机。

在人生的道路上，总有事业不顺、前途暗淡的时候，要审时度势，不断地调整自己的状态和方法，使自己乱中求稳，这样才能把自己的事业做大做强。

坎卦[1] 第二十九

坎卦

原文

习坎：有孚维心，亨。行有尚。[2]

初六：习坎，入于坎窞，凶。[3]

九二：坎有险，求小得。[4]

六三：来之坎坎，险且枕。入于坎窞，勿用。[5]

六四：樽酒，簋贰，用缶，纳约自牖，终无咎。[6]

九五：坎不盈，祗既平，无咎。[7]

上六：系用徽𬙊，寘于丛棘，三岁不得，凶。[8]

注解

①坎卦：坎下坎上，象征重重险难。

②有孚：有诚信。维：维系。尚：崇尚。

③入于坎窞（dàn）：落入坎中的坑中。窞，指小而深的坑。

④坎有险：坎中有凶险。求小得：九二是阳居阴位，看来不正，但它居中，故求小得。

⑤来之坎坎：来往都处在坑穴之间，进退都有险。险且枕：坑穴既险又深。枕，深。

⑥樽酒：一樽薄酒。簋贰：两簋淡食。簋，古代盛谷物的竹器。缶：瓦器。纳约自牖：通过窗口收得信约。牖，窗。

⑦祇：通“坻”，小丘。

⑧系：捆绑。徽：三股绳子拧成绳索。纆（mò）：绳索。

译文

坎卦：重重坎险，（然而）有诚系于心，亨通。勇敢前行必有赏。

初六：重重坎险，入坎险穴中，凶。

九二：坎中有险，（故）其求仅有小得。

六三：来去皆坎，坎险且深。入坎险穴中，即使有才能，也不可用。

六四：一杯薄酒，两簋淡食，以瓦缶盛物，自窗口递给受难者，最终不会有过错。

九五：坎陷未满盈，小丘已经整平，没有灾祸。

上六：被绳索捆绑，又囚禁于狱中，三年不能释放，有凶险。

赏析

在人生处于困境，周围的环境过于险恶的时候，应该面对现实，稳定心态，避开鲁莽。在深思熟虑之后，寻找解决问题的有效方法，这是《坎卦》告诉人们的道理。

明孝宗时，云南少数民族地区经常发生骚乱，或彼此侵扰，或与官府对抗。很多官员都不想到那里为官，孝宗知道孔镛的贤明，便把孔镛调到了田州。

孔镛就任田州知府，刚上任的第三天，州内的军队都到别处执行任务去了，只留下一座空城和几十名老弱病残的兵丁。当地的峒族山民得到了消息，一大清早就冲到山下，包围了州城。众人惊慌失措地关起城门，下决心与城里的老百姓一起死守几天。可是新上任的知府孔镛却命令门卫把城门打开，让峒族人进来。一些久在田州的老官员纷纷说道："大人，不行啊，峒族人全是山里野人，他们可不知什么空城计，你只要一开门，他们就杀进来了！"

"这是个孤立的城池，内部又粮草空虚，守城能支持几天呢？只有因势利导，用朝廷的恩威去晓谕他们，或许他们会解围而去。把门打开，我出去与他们谈，我将用皇上的恩威与仁德之理去劝导他们。"众人一听全都哭笑不得，心想这个迂腐的知府老爷怕是死定了。一些好心人不忍看太守去送死，竭力相劝，但孔镛心意已定，说："这是我的城池，我应当独自前去。"众人纷纷劝阻他，但孔镛立即命令准备好坐骑，并命令开城门。众人请他带着士兵去，孔镛拒绝了。

峒族人见城门开了，以为是军队出来交战，再一看，是一个官员骑着马走来了，只有两个马夫为他牵马，而且城门随即关上了。只见孔镛身着朝服，毫无惧色。一个峒族人首领喝道："你是什么人，还不下马受死！"孔镛不慌不忙地说道："我是新来的太守，带我到你们寨子里去见你们的族长！"

峒族人一听太守要到寨子里去，一时不知如何是好，因为有史以来还没有一位朝廷命官到他们的山寨中去，所以一定不能轻率，得等族长拿主意。"好吧，我们带你去。"首领说着便带着攻城的大队人马和孔太守往山里走去。

敌兵退了，也避免了一场血战，城里的人都很高兴。然而，峒族人把太守带走了，田州知府上上下下的人一时不知如何是好了。

孔太守跟着峒族人走到半路上，只见路两边的树林中捆了好多人，那些人一看太守来了，都哭喊道："大人救命，大人救命啊！"孔太守一看就明白了，这些路过的商人和出城赶考的学子，是被峒族人在半路上捉住的。放人是他们族长才有的权力，于是他不动声色，一直往前走。

中午过后，到了峒族人的山寨，族长并没有见他，而是在屏风后面观察事态的变化。孔太守坐到了位子上，一个首领拿着刀来杀他。孔太守大叫一声："无礼，本太守第一次到你们寨子视察，还不跪下！"

那个首领不动，反问："你是什么人？到这里就是我们的俘虏！"

"叫你们的族长出来跟我说话！告诉他，我是你们的父母官孔太守，没有我就没有人管教你们！没有我，你们永远只能过着打家劫舍的日子！没有我，你们的生活永远不得安宁！我冒死前来解救你们，你们却要杀我，这是天理不容的事啊！如果你们不听我的话，我的官兵马上就会前来兴师问罪……"

没等孔镛把话说完，族长从屏风后走了出来，双脚跪倒在地，连连磕头说："要是以前朝廷的官员都像你说的那样体恤我们，我们也就不至于这样，我保证，在您任太守期间，我们绝不会再进犯田州城，一定听大人的话！”

众人一见，全都跪到了地上。

孔太守说：“起来吧，我知道你们本是良民，因饥饿所致入城抢夺，现在我来做你们的父母官，把粮食和布帛分发给你们使你们渡过眼前的难关。明年春季我们再做计划，如果你们过不上好的生活，我孔镛就不离开田州。我走了一个上午的路，现在我已经饿了，给我拿饭来！”

峒族人马上给孔太守做了一顿好饭。吃完饭，孔太守说：“备床，我要休息了。”接着便从容入睡。

第二天一早，他便对峒族人的族长说：“跟我到城里取粮食和布帛去吧。”于是，众人便随他往城里去。走到半道上时，又看到那些捆在树上的人。孔太守说：“这些秀才是好人，你们既然已经归顺朝廷，就应该放了他们，让他们跟我一起回去。以后也不许再乱捉人了！”峒族人给秀才们松了绑，把帽子和衣服还给了他们，秀才们纷纷向孔太守叩头谢恩。

黄昏时分，孔太守带着峒族人来到了城下。城上的官吏一看，又吓坏了。他们说：“一定是太守投降了峒族人，带着他们来攻城了！”孔镛大喊：“开门，开门！”可城中就是不开门。孔太守这时才明白了，叫峒族人退到大路边上，自己走到城门口。这时城门开了，他来到城里，讲明了情况，城中百姓十分高兴。

峒族人将粮食和布帛运回了山寨，从此老老实实地过起了日子。在这以后，孔镛也信守诺言，经常到峒族人的山寨，嘘寒问暖，帮助峒族人发展生产，很快就使他们过上了幸福的生活。在孔镛调离田州时，峒族人倾寨而出，男女老少跪立在官道两边，喊声震天，哭声恸地，送这位让他们重生的衣食父母。

孔镛身为太守，面对峒族山民的刀刃从容不迫，只身闯入峒族人的山寨，用自己的真诚换来了充满野性的峒族山民的信任，使长期与官府对立的峒族人归顺了朝廷。他也用类似的方法平息了其他少数民族的是非恩怨，保证了明朝边远地区的安宁。

拿破仑曾经说过：“近于绝望的境地最能启发一个人的潜伏力量，没有这种经历，英雄也就难以显现出自己的本色。”善于在绝望中找到希望的人才是真正的强者。

离卦[①]第三十

离卦

原文

离：利贞，亨。畜牝牛，吉。[②]

初九：履错然，敬之，无咎。[③]

六二：黄离，元吉。[④]

九三：日昃之离，不鼓缶而歌，则大耋之嗟，凶。[⑤]

九四：突如其来如，焚如，死如，弃如。[⑥]

六五：出涕沱若，戚嗟若，吉。[⑦]

上九：王用出征，有嘉折首，获匪其丑，无咎。[⑧]

注解

①离卦：离下离上，象征着附着于光明。

②牝牛：母牛。

③错然：恭敬的样子。

④黄离：黄指土色，中和之气。这里是以黄色喻六二居中不偏的美德。

⑤日昃之离：西落的太阳附着于天空。昃，太阳偏西。大耋之嗟：老暮穷衰之嗟叹。耋，指六十岁到八十岁的老人，此处泛指老人。

⑥突如其来如：喻指太阳的起落好像突然之间的事情。

⑦沱若：滂沱的样子，形容泪流满面或泪如雨下。

⑧折：斩断。首：首级。匪：非。丑：同类，随从。

译文

离卦：利于做大事，亨通。畜养母牛，吉利。

初九：走路、做事须谨慎，行为慎重，没有过错。

六二：黄色附着于天空，大吉大利。

九三：西落的太阳附着于天空，此时若不敲缶而唱歌，那年老时只能发出叹息，凶险。

九四：太阳的起落好像突然之间的事，上升到高处，炎热得似火烧，又如死一般的寂静，最终因背离了“离道”而被众人遗弃。

六五：泪如雨下，忧戚叹息，吉利。

上九：君王用兵出征，斩断敌人的首级，建立了丰功伟绩，又俘获了敌人，没有过错。

赏析

明霞艳照，丽火映天，辉煌灿烂，这就是离火熊熊，光照万物的景象。“离”在八纯卦中指火，与坎水相对，性质是丽。离在八卦家族里是中女，即少妇，最为丰美迷人。而离之美又附丽于火，丽正是火的特性；当璀璨的焰火飞溅迸射于夜空之时，是多美的一幅图画啊！可惜的是，红火戏持久，红颜惜易老；好景不常在，好花不常开。明月丽日般的美火，性烈躁急，往往只是瞬时闪过，如电光火石一般，远不能如柔水长流那么持久。这也许正是老子的恒道美学观崇尚水而不喜欢火的原因。

曾经红极一时、富甲一方的“红顶商人”胡雪岩，正是依靠背后强大的政治力量才使得财源滚滚，最终登上财富的巅峰。在封建社会，实行四民制：

士、农、工、商。其中，商人排在最后，身份也最低贱，这样的体制使商业活动难以充分发展。政治的力量足以让商人们心惊胆寒，大多数商人在商业活动中会尽量回避官府，不与官府发生冲突。胡雪岩却与众不同，他设法与官吏们沟通，争取得到保护，从而获得更大的活动范围和经济利益。经商要得到官吏的保护，首先得找到值得交往的官吏。封建官场中也良莠不齐，哪些官员会在宦海沉浮中握有实权，并能出人头地，哪些官员会在官场竞争中屡遭厄运，升迁无望，要识别他们，全凭商业奇才的一双“慧眼”。

王有龄在当时只是一名候补官员，可是他穷途落魄、举目无亲，每天只能闲坐在茶馆里虚度光阴，根本无钱“投供加捐”做官。胡雪岩得知王有龄的情况后，心中颇为高兴。他凭借商人的慧眼和睿智，断定王有龄将来定会大有前程。如果自己助他进京“投供加捐”，就一定会有惊人的回报。胡雪岩当时只是信和钱庄收账的小伙计，他当机立断，没同老板商量，就将手里刚收上来的五百两银子送给了王有龄。王有龄得到资助，大受感动，把胡雪岩当作大恩人，他暗暗下了决心：不管成名与否，定要报答胡雪岩。第二天，王有龄就带着这笔钱直奔京城。老板得知胡雪岩资助了王有龄，火冒三丈，将胡雪岩赶出了钱庄。其他钱庄老板，也因为胡雪岩“独断专行，私用钱款”的恶名而不愿意雇用他。一时间，胡雪岩穷困潦倒，艰难度日。而这时在京城的王有龄却开始了他平步青云的鸿运，他得到一份掌管海上运粮的美差。胡雪岩得知王有龄已身登官门，心里的一块石头总算落了地，知道自己的苦日子马上就要结束。不久，王有龄衣锦还乡。王有龄到任后，第一件事就是帮助胡雪岩重新找回饭碗，洗刷名声。他帮胡雪岩办起了钱庄，钱庄的同行们了解胡雪岩“独断专行，私用钱款”的真相后，也认为胡雪岩是个忠厚仁义之人，纷纷与他合作。自此，胡雪岩在业内声名鹊起，为他日后的生意打下了坚实的基础。

在王有龄的鼎力协助下，胡雪岩还贩运粮食。他利用王有龄职务之便代理海运，为自己筹借到一笔款项；同时，他还利用王有龄在官场的势力，代理公库，把公家闲置的银子充实到自己的钱庄。不到两年工夫，他的钱庄就名震江南。有了王有龄这个名声好、升迁快的后台，朝廷粮食的购办与转运，地方团练与军火的费用，各方面的钱都涌进胡雪岩所办的钱庄。胡雪岩深知官府势力的巨大作用，便继续与前途有望的官员们交往，同时在官府新贵中寻找依附对象，给予帮助，以使自己得到更快的发展。他不计得失，为朝廷大官左宗棠运输粮食，得到了左宗棠赞赏，左宗棠又成了胡雪岩将生意做大做强的有力后盾，胡雪岩也可以放心地一次吸收上百万的巨款，也可以理直气壮地与洋人的商行抗衡。

由于左宗棠的帮助，胡雪岩接受了皇帝赏赐的顶戴，被美誉为“红顶商人”，这意味着胡雪岩的商业活动有无可置疑的合法性。同时，皇帝的恩宠使胡雪岩身价百倍，甚至保证了他的信誉。这个小小的“红顶”居然给商业奇才胡雪岩带来了莫大的好处！胡雪岩凭着这“红顶”，积累了万贯家财，成为显赫一时的一代巨贾。

胡雪岩不愧是眼光独到的商业奇才，他发现了依附他人对生意人的重要性，便不断地寻找自己事业上的帮手，终于积累了大量的财富，取得了辉煌的成就。

如今，社会分工越来越明晰，彼此竞争也越来越显得激烈，要想成就自己的事业，更需要得到他人的帮助，不管他人的名望怎样、地位如何，只要对你走向成功有所帮助，他就是你登高望远的好“梯子”，有了他你就能高瞻远瞩，把事业越做越大！

咸卦① 第三十一

咸卦

原文

咸：亨，利贞。取女，吉。②

初六：咸其拇。③

六二：咸其腓，凶，居吉。④

九三：咸其股，执其随，往吝。⑤

九四：贞吉，悔亡。憧憧往来，朋从尔思。⑥

九五：咸其脢，无悔。⑦

上六：咸其辅颊舌。⑧

注解

①咸卦：艮下兑上，象征着感应，亨通和顺，天地感而万物化生，有利之卦。咸，即“感”。

②取：通“娶”。

③拇：大脚趾。

④腓：小腿肚。居：居家不出。

⑤股：大腿。执其随：掌握跟随之人。执，掌握。

⑥悔亡：悔恨之事消亡。悔，困窘危难，这里指困境。亡，通“无”，消失。憧憧：思绪不宁的样子。从：依顺。思：意愿，想法。

⑦脢：后背的肉。

⑧辅颊：面颊。

译文

咸卦：亨通，有利于做事。娶女，吉利。

初六：使大脚趾有感应。

六二：小腿肚有所感应时，有凶险，若能居住在家，则可吉。

九三：使大腿有所感应，牢牢地掌握跟随之人，若急于前往会遇到困难。

九四：做事吉利，悔恨之事将会消亡。心绪不宁地不断往来之时，朋友会随从你的意愿。

九五：使脊背有感应，没有什么悔恨。

上六：使面颊口舌有所感应。

赏析

男女之间心灵相通而生爱慕之情，结为夫妇，组成幸福和谐的家庭；天地交感促成万物发育生长；君子以其德行感化百姓，上下一心，则天下太平。这是《咸卦》中阐释的道理，俗话说：“同心山成玉，协力土变金。”把上上下下的智慧集中起来，把方方面面的力量凝聚起来，才会取得事半功倍的成效。对领导者来说，善于团结是一种责任，是一种胸怀，要处处从大局出发，要有讲团结的良好愿望，要有兼听纳谏的宽阔胸怀，更要有善于同不同意见的人合作共事的协调能力。这样，才能领导属下干出一番轰轰烈烈的事业来。

公元383年发生的淝水之战，是偏安江左的东晋王朝同北方氐族贵族建立的前秦政权之间进行的一次战略性大决战。战争的结果是弱小的东晋军队上下团结，利用前秦统治者苻坚不得人心和战略决策上的失误而大获全胜，成为中国历史上以弱胜强的著名战例之一。淝水之战中，双方得失的关键在于人心归一与否。胜负双方的原因辩证地说明了《咸卦》中阐释的相互感应的重要性。

公元316年，在内乱外患的多重打击下，腐朽的西晋王朝灭亡了。在割据混战的状态下，占据陕西关中一带的氐族统治者以长安为都城，建立了前秦政权。公元357年，苻坚自立为前秦天王。苻坚即位后，重用汉族知识分子王猛治理朝政，推行一系列改革，在吏治整顿、人才擢用、学校建设、农桑种植、水利兴修、军队强化、族际关系调和方面均收到显著的成效，在一定程度上使前秦实现了“兵强国富”的局面。在这种情况下，前秦积极向外扩张势力，初步统一了黄河流域的北方地区。

公元373年，苻坚亲率大军向南挺进，攻占了东晋的梁、益两州，这样长江、汉水上游就纳入了前秦的版图。接着，前秦军队又先后占领了襄阳、彭城两座重镇，直接威胁偏安于长江下游的东晋王朝。秦晋矛盾日趋尖锐，最终导致了淝水大战。

东晋太元七年（公元382）四月，被军事上的胜利冲昏了头脑的苻坚决定率军攻打江南，想一举荡平江南地区。群臣中只有少部分人附和苻坚的意见，多数大臣对此持有反对意见。尚书左仆射权翼认为，东晋虽然弱小，但是君臣和睦、上下团结，且东晋拥有长江天险，又得到民众的拥护和支持，进攻不易取胜。但苻坚却骄狂地声称：“以我百万大军，把马鞭扔在长江中，也完全可以阻断长江水流，东晋方面还有什么天险可以凭恃的呢？”深得苻坚信任的兄弟阳平公苻融也不同意出兵，苻融还陈述了前秦表面强盛，但背后的民族矛盾、阶级矛盾却相当激烈。然而这一切苻坚根本听不进去，固执地认为，以强击弱，垂危的东晋政权可以迅速消灭。

是年七月，苻坚不顾群臣反对，决意南下。任命其弟为征南大将军，委任谏议大夫裴元略为巴西、梓潼二郡太守，积极经营舟师，企图从水路顺流东下会攻建康。

为了劝阻苻坚南下攻晋这一冒险举动，前秦的大臣们做了最后的努力。他们针对苻坚信佛的特点，通过释道安进行劝说。苻坚的爱妃张夫人和太子宏、幼子诜也都一再相劝，苻坚依然不改初衷，积极备战。

太元八年（383年）八月，苻坚认为攻晋的时机成熟，挥军南下，誓师一举攻灭东晋，并扬言要生擒司马曜（即晋孝武帝）。于是，苻坚亲率九十万大军，水陆并进，在东西长达几千公里的战线上摆开了南下攻晋的阵势。

在苻坚积极备战的同时，晋孝武帝司马曜在谢安等人强有力的辅弼下，任命桓冲为江州刺史，谢石为征讨大都督，谢玄为前锋都督，胡彬为水军都督，摆开了与前秦大军决战的态势。

由于双方力量悬殊太大，东晋城池相继失守，苻融部将梁成率兵五万进抵洛涧（今安徽怀远境内），并在洛口设置木栅，阻断淮河交通，遏制从东西增援的东晋军。东晋军将领胡彬困守硖石，粮草乏绝，难以支撑，便写信请求谢石驰援，可是此信却被前秦军截获。苻融及时向苻坚报告了东晋军的情况，建议前秦军迅速开进，以防东晋军逃遁。苻坚得报，便亲率骑兵八千驰抵寿阳，并派遣原东晋襄阳守将朱序到东晋军中劝降。心念旧主的朱序到了东晋军营阵后，抱着以身报国的必死决心，不但没有劝降，反而建议谢石等人主动出击。谢石听了朱序的介绍和作战建议后，决定转守为攻，争取主动。

十一月，晋军前锋都督谢玄派猛将刘牢之率领精兵五千迅速奔赴洛涧。前秦将梁成在洛涧边上列阵迎击。刘牢之分兵一部分迂回到前秦军阵后，断其归路；自己率兵强渡洛水，猛攻梁成的军队。前秦军腹背受敌，抵挡不住，主将梁成阵亡，步骑五万人土崩瓦解，争渡淮水逃命，丧生者不计其数。晋军活捉了前秦扬州刺史王显等人，缴获了前秦军的大批辎重、粮草。洛涧遭遇战的胜利，极大地鼓舞了东晋军的士气。谢石趁机命诸军水陆并进，直逼前秦军。苻坚站在寿阳城上，看到东晋军布阵严整，又见淝水东面八公山上的草木浮动，以为也是东晋兵，心中顿生惧意和怨气，便对苻融说："这明明是强敌，你怎么说他们弱不堪击呢？"

前秦军洛涧之战失利后，沿着淝水西岸布阵，企图与东晋军从容交战。谢玄知道自己兵力较弱，利于速决而不利于持久，于是派遣使者激将苻融说："将军率领军队深入晋地，却沿着淝水布阵，这不是速战速决的方法。如果您能让前秦兵稍稍后撤，空出一块地方，使东晋军能够渡过淝水，两军一决胜负，这不是很好吗？"前秦军诸将都认为这是东晋军的诡计，力劝苻坚不可上当。但是苻坚一意孤行，说："只引兵略微后退，待他们一半渡河，一半未渡之际，再用精锐骑兵冲杀，便可以取得胜利。"于是苻融在苻坚的命令之下指挥前秦军后撤。前秦军本来就士气低落，人心不齐，指挥不灵，这一撤更会阵脚大乱。此时朱序率领旧部趁机在前秦军阵后大喊：

"秦军败了！秦军败了！"

前秦军听了信以为真，丢盔弃甲，争相逃命。谢玄等人指挥东晋军队乘势抢渡淝水，展开猛烈的攻击。苻融眼见大事不妙，骑马飞驰巡视阵地，想稳定退却的士兵，结果马倒在地，被追上的晋军手起刀落，一命呜呼。主帅毙命，前秦军全线崩溃，人马相踏而死者，满山遍野，堵塞大河。活着的人更没命地拔腿向北逃窜。苻坚本人也中箭负伤，仓皇逃至淮北。淝水之战，秦军被歼灭的十有八九。从此，前秦王朝便江河日下，一蹶不振。

淝水之战使东晋王朝的统治得到了稳定，为江南地区社会经济的恢复和发展提供了必要的契机，也是促使北方地区暂时统一局面的解体。北方贵族重新崛起，趁机肢解了前秦的统治，苻坚本人也很快遭到了身死国灭的悲惨下场。

恒卦[①] 第三十二

恒卦

原文

恒：亨，无咎，利贞，利有攸往。

初六：浚恒，贞凶，无攸利。[②]

九二：悔亡。

九三：不恒其德，或承之羞，贞吝。[③]

九四：田无禽。[④]

六五：恒其德，贞，妇人吉，夫子凶。[⑤]

上六：振恒，凶。[⑥]

注解

①恒卦：巽下震上，象征恒久不变。

②浚：深。

③承：承受，蒙受。羞：羞辱。

④田无禽：打猎时没有获得猎物。

⑤夫子：男子。

⑥振：振动不安，变化无常，此指不能持恒守德。

译文

恒卦：亨通，没有过错，有利于做事，有利于出行。

初六：深入地求取长久之道，占问结果为凶，没有什么好处。

九二：悔恨之事将会消亡。

九三：不能长久地保持美好的品德，时而受到别人的羞辱，做事会遇到困难。

九四：打猎时没有获得猎物。

六五：长久地保持美好的品德，占问吉凶，女人吉利，男人凶险。

上六：动荡不止，凶险。

赏析

坚持就是胜利，这是永远不变的真理！几十只大象在“象王”的带领下开始了它们异常艰苦的旅程，恶劣的天气和高山大河的阻挡，并没有改变它们前进的方向，它们总是坚定不移地朝着遥远的目的地前行。有一个非洲国家为了防止大象侵害庄稼，在路上设置了有刺的金属围栏，阻止它们北上，结果象群踏平了围栏，继续它们的千里征程。象的坚持只是出于生存的本能，不带任何功利色彩，而人类的“坚持”却融入了太多的内容，结果也就千差万别。

有这样一则故事。师傅教两个徒弟酿酒之法，告诉两个徒弟要选重阳节正午颗粒饱满的米，与冰雪初融的高山流泉调和，注入千年紫砂铸成的陶瓮，密封九九八十一天，直到鸡鸣三遍时方可启封。两个徒弟按照师傅的说法去做了，然后就是漫长的等待。

终于，第八十一天到了，两人夜不能寐。远远地传来第一声鸡鸣，过了很久很久，才依稀响起了第二声，漫长的等待已经让其中一个徒弟再也忍不住了，未等第三声鸡鸣，他迫不及待地打开陶瓮，里面全是像中药一般苦、醋一样酸的水！他追悔莫及，只能失望地把它洒在地上。

而另外一个徒弟，虽然也按捺不住想要伸手，但还是坚持到了第三遍鸡鸣响彻天宇时才启封。呈现在这个徒弟面前的是芳香醉人、甘甜清澈的美酒。只是多等了一遍鸡鸣，结果却大相径庭。

这个故事告诉人们，成功者与失败者的唯一区别，就在于是否坚持到底，而坚持，并不都是漫长的时间，可能是一年、一天，有时甚至只是“一遍鸡鸣”而已。坚持目标，永不停息，谁能坚持到底，谁就能取胜。这也是《恒卦》所诠释的道理。

现在有不少的成功人士，他们就是因为坚持自己的人生目标，最终走出了一条成功的捷径，冯立军就是其中一个。

说起冯立军，中山市民没有一个不知道的。可能和许多大企业的老板相比，他的经历不值得一提，但他有一个成功必备的素质——眼光长远、持之以恒。或许，正是这种人的创业过程和创业故事更能贴近我们的生活，所以，人们才记住了他的名字。

冯立军的老家在皖南山区一个偏远的小山村。十年前，只有初中文化的他只身一人来到繁华的中山市，租了一间十几平方米的小房子，开始在一家小快餐店打工。打工的日子十分艰辛，然而，在远大目标的驱使下，他总是重活累活抢着干。由于他吃苦耐劳、手脚勤快，而且聪明伶俐，很快就被安排到厨房学习炒菜，不久就成了快餐店的大厨。有了一门手艺和稳定的收入，他渐渐在城里立下了足。但冯立军和别的打工仔不同的是，他并不满足于这种生活。他省吃俭用，并留心学习小快餐店的管理方法。

积累了一定的资金后，冯立军开始实现人生理想的第一步——自己做老板开一家小餐馆。他把老婆从老家接到中山，冯立军既当老板又当厨师，早上还要赶早市买菜，老婆是服务员兼收银员。开业半年，小店被他经营得红红火火。短短两年时间他便净赚 8 万余元，这笔钱对于冯立军贫寒的家来说无疑是一笔巨款。但他并未就此打住，经过考察，他花 4 万元接手了一家距小快餐店不远的经营不善的小玩具经营部，雇一个老乡看店。由于他的销售形式灵活，生意日渐红火。

到了 1999 年初，他又看准新的商机，跨出人生第二步，花 9 万元吃进一家近两百平方米的饭店，而将小快餐店转给他人经营。自己买菜、做厨师，又雇了两人，加上老婆一共四人，经营着一家饭店，他早上五点起床去早市买菜，买回来后要清洗、择切；客人来了要热情接待，让客人满意。有时晚上生意做到很晚才能休息。回忆起那段时光，冯立军说：“虽然人很累，但有生意做，就不觉得累了。”经过两年多的苦心经营，他积累了一定的资产，他把自己的饭店装饰一新，取名为“南国徽都”，由于管理得当，饭店的生意日渐兴隆。

2003年，第一家“南国徽都”的分店在中山市繁华闹市石岐凤鸣路开业了，自此，冯立军的餐饮事业进入了蓬勃发展的黄金时期。如今，在珠江三角洲的很多大城市都开有集娱乐、休闲和餐饮为一体的“南国徽都”的分店。今年刚刚三十岁的冯立军已经成为“南国徽都”餐饮集团的老板了！

“经商不易，功从苦来。”冯立军就是靠这种持之以恒的精神，苦干、实干加巧干，十年工夫，从一位一文不名的伙计成为资产几百万元的饭店老板。他依然过着俭朴的生活，他的心里只有一个目标——将生意做得更好更大，把“南国徽都”打造成一个品牌，走向全国，走向世界。

纵观古今，凡是有卓越成就的人，无不是靠恒心、耐心和自己顽强的意志、毅力获取的。

发展之路从来就不是一马平川，面对目标要持之以恒，不管经历多少波折，无怨无悔，心无旁骛，就一定能战胜各种诱惑和困难，最终获得成功。

遁卦① 第三十三

遁卦

原文

遁：亨，小利贞。

初六：遁尾，厉，勿用有攸往。②

六二：执之用黄牛之革，莫之胜说。③

九三：系遁，有疾厉；畜臣妾，吉。④

九四：好遁，君子吉，小人否。⑤

九五：嘉遁，贞吉。⑥

上九：肥遁，无不利。⑦

注解

①遁卦：艮下乾上，遁象征逃遁和退避。

②遁尾：意为退避迟缓而落在后边。但“遁尾，厉”就有一定的危害性了。“未大必折，尾大不掉”，比喻难以驾驭控制或自保。勿用：暂不施展才能。

③执：缚。革：皮。说：通“脱”。

④系遁：心中有所顾恋而迟迟不能退避，自己系住了自己的心。畜：豢养。臣：臣仆。妾：侍妾。

⑤好：喜爱。

⑥嘉遁：居阳位的人能不显示自己。也指相机而动，时机嘉美。

⑦肥：通“蜚”，即飞。

译文

遁卦：亨通，做事有小的利益。

初六：退避迟缓而落在后边，有危险，不宜前往。

六二：用黄牛皮绳捆住，无人能够逃脱。

九三：心中所系而不能退避，有疾病、危险；若是用于豢养臣仆侍妾，吉利。

九四：喜欢隐遁，这对君子是吉利的，对小人则不利。

九五：嘉美的隐遁，吉利。

上九：高飞般隐遁起来，没有什么不利。

赏析

在古易家看来，万物不可以永久地留在它原来的住所里，所以接着《恒卦》的正是《遁卦》。“遁”是易经十二消息卦的六月卦，遁时属未，正是阴爻增长，由姤卦的一阴到遁卦的二阴，阳气在逐渐消退之际。遁正是逃遁、避遁、隐遁、溜之大吉的意思。而《遁卦》《卦辞》则对退避之义下了如下判断，“退避隐遁，这是亨通的。小事上较为顺利，但要坚持走正道”。

不只在政治、经济、军事上如此，对任何事物而言，退与进也都是不可偏废的，知进不知退者，绝不是好将军、好官员、好专家、好企业家，只有善知进退，才能立于不败之地。易经将遁德作为中国人的必修之德，是很有哲学眼光的。

《三国演义》中有这样一个故事：刘备由于苦不得志，迫不得已去投靠曹操。一日刘备与曹操青梅煮酒论英雄，酒席之间，曹操问刘备：“汝周游四方，一定知道当今的英雄，你道来我听。”

刘备说了几个人的名字，曹操均摇头表示不同意。

曹操对刘备讲："所谓英雄，就是要胸怀大志，腹有良谋，有包藏宇宙之机，吞吐天地之志。"

刘备接着问道："那么当今谁能称得上盖世的英雄呢？"

曹操用手指了指刘备，又指了指自己，说道："现在天下能称得上是英雄的人，非你我二人莫属！"

刘备闻听此话，大吃一惊，手中的筷子不小心落到了地上。好在此时雷声大作，刘备巧妙借雷声掩饰住了自己内心的惶恐。

刘备为何会被吓成这样呢？因为他与曹操心存异心，他正在养精蓄锐，他害怕曹操发现自己诛曹扶汉的意图。

刘备能够成就一番事业，首先在于他脑中始终藏有一股夺取天下的霸气，这股霸气迫使他跟自己赌着一口气，也跟曹操赌着一口气，就是做个乱世英雄而不屈居人下。

其次就在于他聪明的处世方法，也就是为求存而善于蛰伏，为求得生存能够做到能屈能伸。但是，刘备在这一点上与曹操相比还略有逊色。

刘备历尽千辛万苦，终于占领了东西两川和荆州之地。然而由于关羽的失误，荆州被东吴夺取，关羽也惨死麦城。

刘备得知消息，肝肠痛断，发誓要为关羽报仇，他要起兵伐吴。尽管赵云再三劝阻，但丧失了理智的刘备依然兴兵伐吴。

后来，刘备被陆逊火烧连营七百里，全军大败，自己也一病不起，命丧白帝城。堪称一代枭雄的刘备不能做到能屈能伸，却感情用事，结果换来的是彻底的失败。

一个人有七情六欲是很正常的，也是应该的，但一个做事只考虑感情的人一定是一个不成熟的人。事情是复杂多变的，感情往往左右人们的理智，使人们错误地分析复杂多变的形势。刘备感情用事，在心态上，他无法与曹操相比。

曹操镇压了黄巾起义后，声势大振，有了一块较为稳定的根据地，于是派人去接他的父亲曹嵩。当曹嵩带着一家老小途经徐州时，徐州牧陶谦出于一片好心，同时也想借此结交曹操，便亲自出境迎接曹嵩一家，并给他们全家以热情招待。一般来说，事情办到这种地步就可以了，但陶谦还嫌不够，他还专门委派五百多士兵护送出城。这样一来，好心却办了坏事。护送的这批人原来是黄巾军余党，他们只是出于无奈才归顺了陶谦，而陶谦却没给他们任何好处。如今他们看见曹家的车辆满载着金银财宝，顿时起了歹心，半夜杀了曹嵩一家，将宝物抢劫一空。曹操听闻此讯后，咬牙切齿道：“陶谦放纵士兵杀死我父亲，此仇不共戴天！我要兴起大军，将徐州踏平。”但是，当曹操正准备率军攻打徐州报仇雪恨之时，情况出现了变化：吕布率兵攻破了兖州，占领了濮阳。这该如何是好？一边大仇未报，一边情况又发生了突变。如果曹操被复仇的心情左右，那么，他就看不出事情的发展趋势，也察觉不出情况的危急。但曹操毕竟是一个十分冷静沉着的人，而且很会控制自己的情绪。正因为如此，他立刻分析出了情况的严重性，他说：“失去兖州，就等于让我们没有了归路，不可不早做打算。”

于是，曹操彻底放弃复仇计划，立刻决定拔寨退兵，去收复兖州。他对事态做了较为全面的考虑后，才做出这个决定，从而摆脱了这次危机，保住了自己的地盘和势力。

将曹操的遭遇与刘备的情况进行比较，可以看出：刘备仅失去了一个义弟关羽，曹操一家老小四十余人被杀，曹操的恨应该更大、更强烈。刘备与曹操却截然相反，他只凭自己复仇的心态而制订并实施了伐吴的计划。因此，刘备的失败是必然的。

大壮卦[1] 第三十四

大壮卦

原文

大壮：利贞。

初九：壮于趾，征凶，有孚。[2]

九二：贞吉。

九三：小人用壮，君子用罔，贞厉。羝羊触藩，羸其角。[3]

九四：贞吉，悔亡。藩决不羸，壮于大舆之輹。[4]

六五：丧羊于易，无悔。[5]

上六：羝羊触藩，不能退，不能遂，无攸利，艰则吉。[6]

注解

①大壮卦：乾下震上，象征刚大、盛壮、健壮。两单卦结合，雷天大壮，阳德刚健，为天地之大用。阳盛阴消，故隆盛者必操守纯正，则吉。

②趾：脚趾，也表示一种行动，有所为。

③小人用壮，君子用罔：小人持壮逞强，感情用事，君子盛壮而不用，没有自己的私欲。罔，无，不。羝羊触藩，羸其角：公羊强顶藩篱想冲出去，羊角必然被篱笆上的绳藤缠绕。羝羊，强壮的公羊。羸，缠缚，纠缠。

④輹：通“辐”。

⑤易：变化和交易。

⑥遂：前进。

译文

大壮卦：有利于做事。

初九：壮于趾，前行必有凶险，走路之人心中应当怀有诚信之德。

九二：做事吉利。

九三：小人盛壮，逞强凌势，君子则不用其壮，凶险。就像公羊用角强顶藩篱，羊角定然被藩篱缠绕。

九四：做事吉利，悔恨也会随之消亡。藩篱决口后，就缠不住羊角了，大车的辐条也变得强壮了。

六五：在变化和交易中丢了羊，没有什么悔恨。

上六：公羊抵触藩篱时被缠绕，不能退出，也不能前进，没有什么不利，虽然陷入困境，但结果吉利。

赏析

“大壮”本是好事，但很容易引起自满的情绪，于是骄矜滋生，最终导致失败。很多成大事者曾经受各种困苦赢得了成功，然而成功的光环却让他们头晕目眩，于是整天陶醉在歌舞升平的景象当中，没有意识到浮华的背后潜伏着重重危机，骄傲自大，放任自流，危机就在他们懈怠的那一刻突然出现，顷刻间，大厦倾倒，曾经的辉煌变成过眼云烟，淹没在沧桑变幻之中。

《大壮卦》告诉人们应省身自律，不能陶醉于一时的“壮”，才能使“大壮”的状态保持长久，一旦危机来临，也不会措手不及。

曾经英明一世的乾隆皇帝，就因为晚年好大喜功，劳民伤财，宠幸佞臣，致使满清王朝江河日下，最终走向崩溃的边缘。

乾隆帝在其统治的早期，文治武功，励精图治，沿袭康熙以来国富民强的盛世景象。这种“天朝大国”的盛况滋长了他不可一世的傲气，于是他开始巡游南北各省，以图声威天下。起初，乾隆打着巡视天下，抚恤民生，陪奉太后巡幸，侍候皇太后南巡的旗号。然而随着巡游的次数增多，其目的也发生了变化，再加上宠臣和珅串通上下官吏，大肆搜刮民财，铺张浪费，乾隆的巡游也就成了天下百姓的灾祸了。

乾隆八年（1743年），乾隆与皇太后前往盛京祭谒祖陵。这边还没开始走，那边便忙于修筑桥梁道路，装饰皇帝要住的行宫，以及准备其来临需要的一切。孝圣太后与乾隆帝到达盛京后，先赏赐盛京将军银5000两、副都统银2500两。随即举行大宴，盛京文武官员、三陵官员及自京随来的王公大臣、官员、蒙古王公、额驸等均入宴，耗费银两达千万计。

乾隆十年（1745年）七月，乾隆帝再次奉皇太后谒陵。因“途次迎銮者，踊跃趋事”，重奖吉林将军、副都统以下各级执事官员、兵丁。到了盛京谒陵完后，又是颁赏盛京官兵。而盛京礼部侍郎郎世臣，因备办祭典“并不竭尽诚敬，草草办理”，被发往黑龙江。乾隆此举助长了官员重金迎驾的风气。

1748年2月，乾隆帝侍奉皇太后去曲阜谒孔子陵庙，游泰山，一路冠盖如云，极尽奢华之能事。

乾隆追求排场奢华，生活也日益奢靡。乾隆前后六次南巡，每次的队伍都相当庞大。除了随行的后妃、皇子皇孙，还带有一整套政务处理班子及王公、章京、侍卫等，约两千五百余人。走水路得用千余艘大小船只，巡幸所经地方，各级官员都要提前建造行宫，训练士卒，通缉盗匪，清理刑狱，筹办珍玩，安排迎銮。

南巡途中，乾隆的生活条件和设施与宫中没有两样，每日早晚照例鸣鼓奏乐。茶房所用乳牛多至七十五头，膳房所用羊一千头、牛三百头，均提前从北京运到镇江、苏州等地。乾隆对饮食极为讲究，每天仅供乾隆一人生活所需的侍从就将近千人。

乾隆六次南巡靡费了大量人力、物力和财力。江浙商人们又为了迎合乾隆的享乐，绞尽脑汁，煞费苦心，不惜银两，慷慨资助。正由于商人的积极参与，使乾隆南巡显得格外铺张豪奢。然而商人们为了报销银两，资助他的南巡活动，便加重了对百姓的盘剥，民不堪命，商业也陷入日趋困顿的局面。

乾隆南巡多打着治理河患的旗号，对黄河、长江等处水利治理多少也有些推动。但这种极其靡费的“观风问俗”方式，不仅耗费了前代积聚的大量资财，也助长了地方官员竞尚奢华、贪贿敲索的颓风，影响巨大。

乾隆后期的奢靡之风，很大的原因就在于宠臣和珅。乾隆中期，正红旗人和珅承袭了一个三等轻车都尉的低级世职，1769年转到銮仪卫当差，后承袭了三等侍卫之职。1785年，升为副督统。1786年，升任户部侍郎，命为军机大臣，而后执掌朝政几十年。乾隆退位前，对和珅的擅权已有所觉察，但依然任其所为。和珅虽有辅政之能，但唯利是图，生活奢侈糜烂，有这样的辅政大臣，群臣不贪才怪。

事实上，自从乾隆三十年（1765年）以后，清王朝已经开始有了衰败的迹象，边关的战争和皇室贵族的日常开支，已经开始让朝廷财富日益变少。再加上官吏的贪污腐败，朝廷的政务也开始慢慢变了味儿，各地不断出现的大案要案就是明证。比如1768年，两淮盐政营私案、山东库银案、江苏包庇贪吏案、浙抚贪污案，等等。乾隆帝虽然严厉惩处了这些大案的贪官，但因和珅从中周旋，为贪官撑腰，始终无法制止各地的贪风。

乾隆禅位后，嘉庆并没有对和珅做出什么动作，1799年，乾隆驾崩后的第六天，嘉庆列了和珅二十款大罪，将他赐死，并没收了他的全部家财。据说所得钱财约值白银10亿两，相当于清政府二十年的财政总收入。

乾隆做了六十年的皇帝，早年他的确很有作为，这和他的才能与勤政都是相互联系的。他大权在手，勤于政事，并且有较高的文化素养，懂得蒙文、藏文、维文等多种民族文字，又精于骑射，领悟军事。在所有的帝王之中，他也算是一个文治武功都不错的皇帝。就因为晚年不能洁身自保，使他的功业大打折扣。或许是封建帝王特殊的地位，“康乾盛世”“天朝上国”让乾隆沉醉于“千古第一全人”的迷梦之中，如果他能看到当时西方工业革命的兴起和发展，如果他能看到满清王朝内忧外患的势头，那么，书写中国帝王史杰出篇章的非乾隆莫属！

凡成功者，必定是经过千辛万苦、通过艰苦努力最终才获得成功的。取得成功不容易，保持它就更难。这需要我们正确面对成功之后的喜悦，保持冷静的头脑，正确地看待自己和对手。如果是不可一世，轻视对手，这样不仅不能守成，失败也会跟着来了。

晋卦[1] 第三十五

晋卦

原文

晋：康侯用锡马蕃庶，昼日三接。[2]

初六：晋如摧如，贞吉。罔，孚裕无咎。[3]

六二：晋如愁如，贞吉。受兹介福，于其王母。[4]

六三：众允，悔亡。[5]

九四：晋如鼫鼠，贞厉。[6]

六五：悔亡，失得勿恤；往吉，无不利。[7]

上九：晋其角，维用伐邑，厉吉，无咎，贞吝。[8]

注解

①晋卦：坤下离上，象征前进、晋升。

②康侯：此处指尊贵的公侯。锡马蕃庶：锡，通“赐”。马，指马和车。蕃庶，众多。

③晋如：前进、晋升的样子。摧如：遇挫折而退却的样子。罔：无，没有。孚：诚信。裕：宽裕。

④受兹介福：兹，这个或那个。介福，大福。全意是宏大的福祉、福泽。于其王母：王母的意思是祖母。六五位居尊位，故称王母。

⑤允：信任。

⑥鼫鼠：即硕鼠，俗名土狗，比喻五技不精者，即飞不过房、游不过河、爬不上树、挖坑埋不了自己、一跑就让人追上的人。

⑦恤：忧虑。

⑧角：角端，如兽角之上。

译文

晋卦：尊贵的公侯接受天子所赐的众多车马，一天之内被多次接见。

初六：无论是上进还是退却，都是吉利的。即使没有得到众人的信服，等些时日，也没有灾祸。

六二：无论是上进还是忧愁，都是吉利的。获得这样的福祉，是受了祖母的庇护。

六三：万众信任他，悔恨就会消失。

九四：上进时犹如鼫鼠，危险。

六五：悔恨消亡，莫要为得失忧虑；有利于前往，没有什么不利。

上九：上进至极，像高居兽角之上一样，有利于出兵征战建立功绩，虽有危险，但最终得吉，没有什么灾祸，只有一些困难罢了。

赏析

弓弦拉得太满就容易绷断，人对自己要求过高、过急、过苛、过于理想化，就如同拼命拉一张本已绷紧的弓，往往会适得其反。真正老练的弓箭手，都是稳稳地拉弓、缓缓地加力，一旦拉满，力贯千钧，势不可当。当一个人蓄势待发、胸有成竹时，也就是掌握了拉弓的真谛之时。这个真谛就是不断地积累、蓄势，让人们不断地领略你那日见深厚的潜质。有潜质的人，是最具魅力的人，也是最具成功希望的人。

万向集团的掌舵人鲁冠球，就是这样一个具有潜在魅力的人，从万向的发展进程，我们就不难看出他是如何蓄势而发，一步一步走向成功的。

企业家是企业的缩影，企业是企业家的放大。几十年来，鲁冠球把一个小作坊发展成通用、福特汽车的合作伙伴，一举开创民营企业收购海外上市公司的先河。带领万向集团牢牢抓住汽车零部件主业不放松，坚持以高新技术改造传统产业，向新型工业化道路一步一步地迈进，企业发展不断跃上新的台阶。在他身上见证了民营企业的过去，也反映了民营企业的未来，他向人们展示了一个民营企业家稳步发展、与时俱进的真实传奇。

万向创建之初，由于是计划经济，只能拾遗补阙，生产五花八门的产品，犁刀、铁耙、万向节等，只要能做的都做，企业因此生存下来。20 世纪 70 年代中期，有了一定的积累以后，鲁冠球开始选择专业化的发展道路，专攻万向节。

那时的鲁冠球总认为船小好掉头，经过几年的磨炼，鲁冠球慢慢地懂得，如果老是掉头，不仅容易迷失方向，而且耽误时间，影响速度。他认为一个企业必须要有目标，目标确立以后，再专注执着，集中精力，一步一个脚印地向主攻目标逼近。这样，才能够保证每一件事都在为目标创造价值，工作效率才能得到最大的发挥，成功的机会也才会增大。鲁冠球当即选定了企业的奋斗目标，他表示，发展汽车零部件产业是万向长远的战略，这不仅是一种追求、一种积累，更是一种坚定不移的信念。

1980 年，机械部对全国五十六家万向节生产厂家的产品进行整顿评比，万向一举成名，成为全国三家定点万向节生产厂家之一。从此，鲁冠球带领企业稳扎稳打，一步一个台阶，小产品逐渐做出了大市场。

改革之初，鲁冠球制定了“立足国内创业，面向国际创汇，扎根企业内部，脚踏实地工作”的战略。用的是国内先进设备，产品销往全国。

员工辛勤的汗水点点滴滴地完成了资本的累积，1994 年，企业改名为万向集团，正式形成集团化管理结构，创建董事局，并对下属企业实行公司制改造，变原来的行政式放权为经营式放权。并制定了“大集团战略、小核算体系、资本式运作、国际化市场”的战略。此时的万向用上了国际先进设备，产品销往国际市场。1996 年，鲁冠球进行资产重组，以较低的投入和较快的速度获得了多家年销售亿元、利润超千万元的成长性公司，实现了相关产品的系列化，核心业务能力显著增强。第二年，随着万向技术中心的设立，企业知识产权工作逐步走向规范化、科学化。

21 世纪，鲁冠球把战略方针调整为“大集团战略，小核算体系，资本式经营，国际化运作”。别看只在 20 世纪 90 年代的目标上调整了四个字，却反映了他带领万向从国际营销到国际生产，再到国际资源配置，不断融入全球化的思考和实践，也是万向发展战略进一步提升的具体体现。

如今的万向已经拥有国家级技术中心，2004年综合能力评比列全国332家国家级技术中心第3位；拥有国家级实验室，出具的试验报告获得46个国际组织的互认资格。在首届中国自主产权百强企业排行榜中，万向名列第9位，并成为世界上万向节专利最多的企业。

跑得快，还得跑得稳。三十多年来，鲁冠球咬定汽车零部件不放松，坚持走产品延续、技术延续、市场延续的道路，一步一个脚印，锲而不舍地实施从零件到部件，到系统模块化的发展战略。从一个产品、一家企业，发展到现在的几十家企业，几千个品种的产品，老老实实地做配角，专心致志地把零部件做专、做精、做透、做强、做大，在国内已建成四平方公里的制造基地，小产品做出了大市场。

鲁冠球常说，办企业，谁都想做大，做到行业第一。但制定发展战略，必须遵循实事求是、循序渐进的原则，有多少能力做多少事情。企业一旦超越了自己的承受能力，过度地扩张，就等于把自己的命运交给了别人。如果企业不超越自己的能力，宏观再调控，银根再紧缩，土地再控制，都不会影响发展。稳健的经营决策和作风使万向一步一步走向辉煌。

惊人的业绩并没有使鲁冠球懈怠，他依然豪情万丈地带领万向人向新的台阶迈进。

万向的成功是一个积累和渐进的过程，做人和做事是一样的道理。人的智力和才华，是随着知识与经验的积累而逐渐丰富的，而既是积累，也就需要有一个实践和感悟的渐进阶段。对自己要求过急、过高、过苛，企望一口吃成个胖子是不可能，也是不现实的。

做人做事都要有程序，不能逾越事物的自然发展阶段，不从小事做起，积累经验，怎么会有办大事的能力呢？南柯一梦终究有醒的时候，再美好的蓝图那也只是梦境，毕竟不是现实，梦里可以一步登天，现实之中干什么事都不是那么容易的，都要脚踏实地地去干，想很快把什么事情做完又做好的可能性是很小的。

为官是一级一级地上升，致富是一点一点地积累。打败强大的对手，必须一步一步地去做；急躁冒进，只能是暴露自己的实力，不仅不能挤掉对手，反而有可能使自己处于危险之中。初出茅庐未必就非要当那个莽撞的初生牛犊，而应当在知识与经验的积累中逐渐展示自己的才华，稳中求进，步步高升。“万丈高楼平地起”，只有不断地积累才能实现质变的飞跃。

明夷卦[1] 第三十六

明夷卦

原文

明夷：利艰贞。

初九：明夷于飞，垂其翼。君子于行，三日不食。有攸往，主人有言。[2]

六二：明夷夷于左股，用拯马壮，吉。[3]

九三：明夷于南狩，得其大首，不可疾贞。[4]

六四：入于左腹，获明夷之心，于出门庭。[5]

六五：箕子之明夷，利贞。[6]

上六：不明，晦，初登于天，后入于地。[7]

注解

①明夷卦：离下坤上，象征光明陨灭。明，光明，此指太阳。夷，泯灭。明夷是说太阳已经西下，看不见了。

②明夷于飞，垂其翼：光明陨灭时，飞行要低垂掩抑着翅膀。主人有言：遭到主人责备。

③用拯马壮：因左边大腿受伤，以马代步，以使伤者能够痊愈恢复健壮。

④南：古代南方为光明所在的方向。狩：狩猎。首：元凶首恶。疾：急速。

⑤入：退。腹：腹地。获：获知。心：指内中情状。于：于是。

⑥箕子：殷商纣王之叔父，贤臣，因进谏而遭纣王囚禁，遂佯装疯癫以自保。

⑦晦：暗。

译文

明夷卦：有利于在艰难中守正的人。

初九：光明陨灭时，飞行要低垂掩抑着翅膀。君子在旅途，多日没有食粮。应有所前往，因为主人有责难之言。

六二：光明陨灭，使左大腿受伤，此时若能借助良马来拯救伤者，就可恢复其健壮之体，吉利。

九三：光明陨灭时，在南边狩猎并实行征伐，俘获元凶首恶，但不可操之过急，应当守正。

六四：退在左腹，深刻领会光明陨灭的含义，才能出远门。

六五：殷纣王的叔父箕子处于光明陨灭时，最终得吉，因为他内含光明，坚守正道。

上六：不发出光明却带来黑暗，起初登天，最终却落地。

赏析

离下坤上的明夷卦，从易学卦理来看是火在地下之象，有如火山即将爆发，滚烫熔岩在黑暗沉重的地壳下聚集涌动，等待喷出地面之前那沉寂闷热局面，是一种易使人冲动受害而不得不防的形态。针对这种形态和局面，明夷卦的卦辞提出了“光明隐藏，易受伤害的时期，有利于艰苦奋斗走正路”的忠告。也就是说，在黑暗笼罩的时候，要明白时势，韬光养晦，避害远祸，修养明德，以保持坚定正确的方向，继续艰难行进，这样做才是有利的。

司马迁，字子长，汉景帝中元五年（公元前145年）出生于龙门山下(在今陕西韩城)。司马迁的祖先并不十分显要，其家族世代掌管太史的官职。但是司马迁和他的父亲司马谈都以此为荣，在他们的心中，修史是一项崇高的事业。他们为此奉献了自己一生的精力。

司马谈一直准备写一部贯通古今的史书。在父亲的直接教导下，司马迁十岁时便开始学习当时的古文。后来，他又跟着董仲舒学习《春秋》，跟孔安国学习《尚书》。司马迁学习刻苦，进步非常快，极有钻研精神。

司马谈去世后，司马迁一直牢记父亲的遗志，于是决心效法孔子编纂《春秋》，写出一部同样能永垂史册的专著。公元前104年，司马迁在主持历法修改工作的同时，正式动手写他的伟大著作《史记》。在写作的过程中，发生了司马迁为李陵辩护的事件，司马迁也因此被判了死刑。

据汉朝的刑法，死刑有两种减免办法：一是拿五十万钱赎罪，二是受“腐刑”。司马迁官小家贫，当然拿不出这么多钱赎罪。腐刑既残酷地摧残人体和精神，也极大地侮辱受刑者的人格。司马迁当然也不愿意忍受这样的刑罚，悲痛欲绝的他甚至想到了自杀。可后来他想到：人总有一死，但死的轻重意义是不同的。他觉得自己如果就这样“伏法而死”是毫无价值的，于是他想到了孔子、屈原、左丘明和孙膑等人，想到了他们所受的屈辱以及所取得的骄人成果。

司马迁毅然选择了腐刑。面对最残酷的刑罚，司马迁痛苦到了极点，但他此时没有怨恨，也没有害怕。他只有一个信念，那就是一定要活下去，一定要把《史记》写完，“是以肠一日而九回，居则忽忽若有所亡，出则不知所往。每念斯耻，汗未尝不发背沾衣也”。正因为还没有完成《史记》，他才忍辱负重地活下来。

司马迁在这种残酷的打击下，不仅没有在耻辱中颓废，还使他的思想发生了深刻的转变，使其在奇耻大辱的震撼中获得了新生，极大地影响了他的写作。他不羁的性格从此挥发出内在的洒脱，拿得起、想得开、放得下。

他用传统的力量来宽解传统的压力，对世俗的“俗人”，他视若等闲，积极、充分地保护自己；在历史人物身上，他找到自慰和自励。他为自己的生命设立了目标，他要以惊人的毅力忍受肉体和精神上的摧残，为完成《史记》而勇敢地活下去，即使碎尸万段亦不言悔。

这崇高的信念和坚强的意志使他把满腔的悲愤化作无穷的动力，兢兢业业地写作，用他真实的心、强劲的笔，和着他的血和泪，融着他的感情和智慧，构建着中国史学辉煌的大厦。

汉武帝要把这位旷世奇才推进万丈深渊，不料却把他推向了光辉的顶点，《史记》在耻辱的激励下丰满传神。司马迁通过《史记》表达了对汉武帝及其封建专制的不肯屈服的意志，也表达了自己的爱憎。

《史记》这部鸿篇巨著至今闪烁着耀眼的光辉。它把一幅幅色彩斑斓、威武雄壮的历史生活画面再现给千千万万的读者，洋溢着感人肺腑的艺术力量。

家人卦① 第三十七

家人卦

原文

家人：利女贞。

初九：闲有家，悔亡。②

六二：无攸遂，在中馈，贞吉。③

九三：家人嗃嗃，悔厉吉；妇子嘻嘻，终吝。④

六四：富家，大吉。

九五：王假有家，勿恤，吉。⑤

上九：有孚威如，终吉。⑥

注解

①家人卦：离下巽上，象征着一家人。

②闲：防备。

③无攸遂：无所成就。馈：饮食。

④嗃嗃：严酷的样子，比喻斥责之声，此处指森严治家。

⑤假：通“格”，正也。恤：忧虑。

⑥孚：诚信。威：威严。

译文

家人卦：利于女子守持正道。

初九：防止邪恶才能保护家人，悔恨也会因此消亡。

六二：没有成就，就在家中操持烹饪饮食，守持正道可获吉。

九三：家长治家严谨，虽有悔恨、危险的事，但最终得吉；妇人、子女在一起相互嬉闹，最终会有灾难。

六四：使家庭富贵，大吉大利。

九五：君王以美德正其家，无须忧虑，吉利。

上九：心存诚信，威严治家，最终得吉。

赏析

家庭是生活的港湾，家人是家庭的核心。对家人及其伦理关系予以高度重视，提倡夫妇父子之道，是坚信“修身，齐家，治国，平天下”的人生奋斗目标，将《易经》作为五经之首的儒家主张。而这一主张，源自中国传统文化的宝典——《易经》。

一个家庭的幸福和睦包含了每个家庭成员的身心健康、老有所养、小有所教、婚姻美满等许多因素。家庭和事业同样重要，家庭和睦、舒心，事业才会蒸蒸日上；同样，事业的成功，家庭才会拥有坚实的经济基础。所以重视家庭不能忽视事业，重视事业也要注意多顾自己的小家，这就是家人卦所阐释的道理。如果你想做成一件事，凭借家庭的力量能达到事半功倍的效果。因为来自另一半的支持总是最无私的全力支持，这包含着经济与精神上双重的支持。

一代明主唐太宗的成功很大程度上就得益于他的妻子长孙皇后。

长孙皇后自幼饱读诗书，受过良好的教育。当唐太宗闲暇无事时，常与她谈古论今。她品评古代人物非常精到，对唐太宗处理政务很有帮助。长孙皇后嘉言懿行，对唐太宗帮助很大。唐太宗正是把长孙皇后作为依靠，才开拓出一片大唐盛世。

唐太宗有暴戾的性格，有时对毫无过错的宫女乱发脾气。长孙皇后见此情况，往往会先顺从皇帝，假装发怒，将宫女暂且拘押，等到皇帝怒气平息后，再为之申辩。

每当唐太宗生病的时候，长孙皇后总是亲自侍奉，昼夜不离皇上身边，并常在衣带上系着毒药，说："皇上如有不测，我也不忍独生。"

长孙皇后有胃病，有一次，她跟随唐太宗到九成宫，柴绍等人半夜报告说有变故，唐太宗急忙穿起甲衣出门询问情况，长孙皇后也抱病随从，左右加以阻止，她义正词严地说："皇上已受惊，我心里怎能自安！"从此病情日益加重。

后来长孙皇后病重，众医都束手无策。一日，太子对皇后说："医药尽备，可疾病不愈，望奏请皇上赦免罪人并剃度一些人士为僧，或可得到神灵福佑。"

皇后听后摇摇头，严肃地对太子说："死生在天，不是人力所能改变的。如果为善即有福，我又不曾干过恶事；如果为善与有福无关，妄自祈求又有什么用？赦免罪犯的诏旨，是国家大事，不可屡屡下达。岂能因为我一个妇人，而让皇上做他不想做的事。如果按你的想法去做，我还不如早早死去！"

面对长孙皇后这铿锵有力、掷地有声的回答，太子再没有胆量上奏了，他只好私自将这件事情告诉宰相房玄龄，房玄龄又转告唐太宗。唐太宗听后，想颁布赦令，却遭到长孙皇后的制止。

这期间，房玄龄因事被免官，长孙皇后知道后很不放心。几个月后，长孙皇后知道自己离大限之期不远了，便与太宗诀别："房玄龄伺候皇上多年，小心谨慎，屡有奇谋妙计，如果无重大过失，请陛下不要责罚他。"言辞恳切，令太宗潸然泪下。

长孙无忌与唐太宗是布衣之交，又是皇后之兄。太宗将他视为心腹，平时对他以礼相待，甚至想任用他为宰相。没想到，这一想法遭到长孙皇后的坚决反对，她说："妾位居后宫，我家所受富贵荣宠已达极点，为了宗族安全，实在不应让我的兄长再执掌国政。汉朝吕氏、霍氏和上官氏，可为彻骨之戒，请陛下体察我的用心。""妾生时无益于人，更不能以死害人，愿陛下不要因坟茔之事劳烦天下百姓，只要借山为坟，有些瓦木葬器就可以了。""妾还愿皇上亲近君子，远离小人，接纳忠谏，省息劳役，中止游猎。如果这样，妾身虽灭于九泉，亦再无怨恨。此外，也不要儿女前来看我，见到他们悲哀，只会在我心中徒增悲苦。"

然后，皇后取出衣中毒药给太宗看，说："妾身本想在陛下患病不愈之日，以死随从车驾的，因妾不想位处当年吕后那样的地位。"

不久，长孙皇后与世长辞。长孙皇后不仅是一位杰出的女性，更是一位伟大的"妻子"，从她平时对丈夫——唐太宗细致入微的照顾和她的遗嘱中，我们可以看出：唐太宗李世民之所以能够享有"一代明君"的美誉，与长孙皇后的竭力相助是分不开的。

长孙皇后去世后，唐太宗非常悲痛，将皇后生前采录历代妇人得失之事写成的《女则》出示诸位近臣，说："皇后所写的这些书文，足以百世垂范。朕不是不知天命而做无益的悲伤，只是从此以后再也听不到那些有益的劝谏之言，失去了一位良佐，所以不敢忘怀！"于是他马上召回房玄龄，让其官复原职。

睽卦[1] 第三十八

睽卦

原文

睽：小事吉。

初九：悔亡。丧马勿逐，自复。见恶人，无咎。[2]

九二：遇主于巷，无咎。

六三：见舆曳，其牛掣，其人天且劓，无初有终。[3]

九四：睽孤，遇元夫，交孚，厉，无咎。[4]

六五：悔亡。厥宗噬肤，往何咎[5]？

上九：睽孤见豕负涂，载鬼一车，先张之弧，后说之弧；匪寇，婚媾；往遇雨，则吉。[6]

注解

①睽卦：兑下离上，象征乖离、隔膜。

②逐：追。

③曳：拖拽。掣：牵制。其人天且劓：天，在古代，罪人额头上刺字涂

墨称天。劓，古代刑名，割鼻。

④睽孤：指孤傲自负，导致独自一人。元夫：刚强的大丈夫。

⑤厥宗噬肤：与宗亲感情深厚。厥宗：宗亲，即同一宗族之人。噬，咬，此为吃的意思。肤，肉。

⑥豕：猪。涂：泥浆。弧：弓。说：通“脱”，放下。

译文

睽卦：做小事吉利。

初九：没有悔恨。马跑掉了，不必去追，它自己会回来。途中遇到恶人，没有灾祸。

九二：刚进小巷就遇到主人接待，没有灾祸。

六三：看到一辆拉货的车被吃力地拖拽着，拉车的牛被牵来牵去，难以前进，就像一个人额头被刺字涂墨之后，又被割了鼻子，这是因为六三起初失位受困，但最终得吉。

九四：乖异背离的时运使自己孑然孤立，此时遇到刚强的大丈夫，同他一起秉持诚信，相互交流，虽有危险，结果却没有灾难。

六五：悔恨消亡，与同宗族的人亲和，就此前进有什么灾难呢？

上九：乖异背离至极，孤独狐疑，仿佛看到一头猪满身是泥，一辆大车载满了鬼怪在奔驰，起初拿起弓箭要射，后来放下了；原来那不是来抢劫的，而是来与己配婚之人；若前往遇到雨天，吉利。

赏析

有离必有合，有异必有同，这是必然的自然法则。与对方建立合作关系，能否成功的关键在于彼此间有无共同的利益。战国时的苏秦之所以能够凭借一张嘴，将相异的六国联合在一起，形成对付强秦国的联盟。正是因为他从求同存异的角度切入，让各国认清了“合纵”与自己国家的利害关系。战国中期，苏秦开始时企图推行连横政策，当时秦孝公已卒，他坚决支持商鞅变法，但孝公的继承者秦惠王新立，不用辩士，故苏秦没有在秦国得到什么职位。

苏秦怀着愤恨和不满，转而到关东六国组织合纵反秦。周显王三十六年（公元前333年），苏秦到达燕国，求见燕文公，对他说，燕国与赵国是近邻，受到赵国的威胁要大于秦国，所以应联合赵国来保全燕国。燕文公认为他的话很有道理，便采纳了这个意见，于是苏秦得到燕国的器重。

苏秦到了赵国，对赵肃侯说，赵国处于关键的位置，若对六国有所偏移，对自己终究不利，而联合六国，可以有效地制衡秦国，成就霸业。赵肃侯觉得苏秦说得很有道理，打心眼里高兴，立即优待苏秦，赐给他大量财物，作为他去联络其他诸侯的费用。苏秦到了韩国，见到韩宣惠王，针对韩国的形势分析说韩国的土地是有限的，而秦国的需求是无限的，以有限的土地去对付无限的需求，这简直是拿钱去买祸害，不经过战争就悄悄地把土地消耗光。韩宣惠王把苏秦的话琢磨了一阵，决定参加合纵。

苏秦到了大梁，假托赵王的命令，向魏王提出六国同盟、合力抗秦的方针，劝魏王不要向秦国称臣，说魏国地方看上去不大，但是人烟稠密，武士众多，足以联合他国，抗击强秦。魏王也采纳了苏秦的方针。苏秦又来到齐国，向齐王发表了长篇说辞，说秦国不可能越过赵魏来攻打齐国，而齐国居然臣服于秦国，这是很令人蒙羞的。齐王听了他的话，顿时有所醒悟，急着向苏秦请教今后的方针。苏秦果断地说："你们还没有沦为秦国的附庸，并且有自己的地位。因此，我建议大王参加六国同盟，互相支持，使秦国不敢跨进关东半步。"齐王连连答应。

苏秦对楚威王说，楚国是天下的强国，秦国最怕的就是楚国，六国中其他各国已经联合，楚国不参与，则必然为秦国所攻。楚威王高兴地同意加入合纵集团，并愿意做联盟的领袖。

经过苏秦这样一番游说，秦国为之忧虑的六国合纵联盟便建立起来了。苏秦成为纵约长后，执六国相印，并给秦国下了纵约书，秦国十五年不敢出函谷关东进。

异中求同，是客观规律。国家与国家的建交是这样，个人之间的交往也是如此。有作为的人，有时固然因为时势的考虑或坚持原则的需要，虽同而存异，虽合而有别，但是在一般情况下，应以积极主动的姿态，努力从异中求同，团结所有的力量以便有所作为，这对所有加入者都有益处。

团结产生力量，任何一个团队必须先统一思想，成员之间要相互容忍、谦让，要有吃亏精神，善于在异中求同、同中存异。领导者要有自知之明，切不要有狭窄的视野、固定的模式、陈腐的框框，更不要疑心太重；还要保持清醒的头脑，学会"去粗取精，去伪存真"，择其善者而从之。遇到困难时，团队成员也应该做到患难与共、共同承担责任，在处理工作上要有大局观念，在处理内部的团结问题上也要从大局需求出发，这样团队才能经得起波折和风浪，才能无往而不胜。

蹇卦① 第三十九

蹇卦

原文

蹇：利西南，不利东北。利见大人，贞吉。②

初六：往蹇来誉。③

六二：王臣蹇蹇，匪躬之故。④

九三：往蹇来反。⑤

六四：往蹇来连。⑥

九五：大蹇朋来。

上六：往蹇，来硕，吉，利见大人。⑦

注解

①蹇卦：艮下坎上，象征行事艰难。蹇，难也。

②利西南，不利东北：西南象征平地，人行平地所以“利”；东北象征山丘，人涉险丘所以“不利”。

③来：返回，归来。

④匪：非。躬：自身。

⑤反：通“返”。

⑥连：艰难。

⑦硕：大。

译文

蹇卦：往西南方走有利，往东北方走不利。有利于会见大人，做事吉利。

初六：往前行走会遇到艰难，返身回来则会受到赞誉。

六二：君王的臣子往来艰难，这不是他自身的缘故。

九三：往前行走艰难，就返回原处。

六四：往前行走会遇到艰难，回来时又遭遇艰难。

九五：遇到了很大的艰难，朋友们纷纷前来帮助。

上六：往前行走会艰难，回来时能建立大功，吉利，有利于出现大人。

赏析

“蹇”是跛足的意思，引申为蹇驴或驽马。人若骑着跛足蹇驴，前行于沟渎蹇塞、崎岖坎坷的路上，其陷入困境的艰难之状是可想而知的。这也正是《蹇卦》与代表不利的《剥卦》连用，组成“蹇剥”（以表示不顺利）一词的由来。从卦序看，万物乖戾不和，持续下去必定会有难处，所以紧跟着《睽卦》的是《蹇卦》。

其实，万事不仅开头难，中间有曲折，结束得好亦不易，故此，顺利与蹇难，险阻与畅达，永远是一对既相对立又相统一的矛盾。《易经》特意列出《蹇卦》，正是透过《蹇卦》艮下坎上的卦象，点明对事物发展的艰难路途的一种清醒认识，它对于人们修养蹇德——不畏路途艰难，勇于向前之德——具有重要的指导意义。

孙膑是战国时期齐国人，大军事家孙武的后代。他早年曾和庞涓一道学习兵法。

后来，庞涓到魏国做了将军，很得魏惠王的信任。庞涓妒忌孙膑的才能，就假意把他请到魏国，暗中却在魏惠王面前诬告他私通齐国。魏惠王大怒，命人把孙膑的膝盖骨削去，还在他脸上刺了字。孙膑假装发疯，躲避了杀身大祸，后来，孙膑逃回齐国，齐威王很佩服他的才能，对他大加重用。

公元前354年，庞涓带兵包围了赵国的国都邯郸，赵国向齐国求救。

第二年，齐威王命田忌做主帅，孙膑做军师，率军救赵。

田忌打算率领救兵，直奔赵国，孙膑不同意，说："我们应当避实击虚，攻其要害，如今我们不如率领大军直接攻打魏国都城大梁，魏军一定回师自救。既解除了赵国的危急，又可打击魏国，岂不是很好吗？"

田忌听了，连声称好，就按照孙膑的计谋行事。

果然，庞涓丢下赵国，急速回军。走到桂陵，不料孙膑早已在这里设下埋伏。魏军措手不及，被齐军打得大败而逃。

庞涓在作战中，看到齐军战旗上有个斗大的"孙"字，不由得大吃一惊，说："原来孙膑还活着，我中了他的计了！"

庞涓收拾好残兵败将，狼狈地逃回了大梁。

过了十三年，魏惠王又派庞涓去攻打韩国。韩国抵挡不住，不断地向齐国求救。

这一次，孙膑还是采用桂陵之战的老办法，不直接去救援韩国，而去攻打魏国。

庞涓率领魏军日夜不停地往回赶，但此时齐军已攻入魏国境内，占领了不少地方。

这次，孙膑制定计策，下令齐军退兵。

庞涓见齐军退兵，就跟在后面，紧紧追赶。第一天，他追到齐军扎过营的地方，只见营地上到处都是煮饭用的灶。他叫人点了点灶的数目，不觉吃惊地说："想不到齐军竟有十万人吃饭，人数真不少呀！"

第二天，他又追到齐军扎过营的地方，再叫人一点，发现煮饭用的灶减少了一半。他高兴地说："看来已有不少齐军逃跑了。"

到了第三天，庞涓发现齐军煮饭用的灶又大大减少了。于是他更加高兴了，对部下说："我早就知道齐军胆小怕死，他们进入我们国境才三天，却已跑了一大半。"

庞涓命令士兵抛下辎重，轻装行军，日夜兼程，追击齐军。他哪里料到这正是孙膑用的减灶诱敌之计，特意引他追击。

孙膑预料他当天晚上可以赶到马陵，于是命令士兵把大树砍倒，堵塞道路，只留路旁一棵大树，削去树皮，在树上写上这样几个大字："庞涓死于此树下。"又命军中弓箭手埋伏在道路两旁。当晚，庞涓果然赶到马陵。他走到那棵大树底下，见道路被树堵塞，就命人搬树。这时，他看到树身上好像有字，就命人取火来照，但他没来得及把树上那几个大字看完，齐军已万弩齐发。庞涓身中数箭，自知兵败难逃，就拔剑自刎。庞涓临死时，还不服输，愤愤地说："想不到叫孙膑这小子成了名！"

从此，孙膑的名声就传遍了当时的各个诸侯国。

解卦[1] 第四十

解卦

原文

解：利西南。无所往，其来复吉。有攸往，夙吉。[2]

初六：无咎。

九二：田获三狐，得黄矢，贞吉。[3]

六三：负且乘，致寇至，贞吝。[4]

九四：解而拇，朋至斯孚。[5]

六五：君子维有解，吉，有孚于小人。[6]

上六：公用射隼于高墉之上，获之，无不利。[7]

注解

①解卦：坎下震上，象征解脱、舒解。

②夙：早。

③田：狩猎。

④负且乘：背着东西坐车。

⑤解而拇：解开并依附在你的大脚趾头上。斯：乃。

⑥君子维有解：君子被绑而又解脱，指消除祸患。维，语助词，无实义。

⑦隼：一种猛禽名，俗称鹞子。墉：城墙。

译文

解卦：有利于西南方。没有危难就不需要前往，返回原处，吉利。若有危难必须前往，早去吉利。

初六：没有罪过。

九二：打猎获得几只狐狸，并获得金箭头，做事吉利。

六三：带着财物坐车，会招致强盗来抢劫，做事有困难。

九四：解除依附在你的大脚趾，你的朋友将至，并相信你。

六五：君子能够消除危难，吉利，以君子之道消除危难，小人也会信服。

上六：王公射下了栖身在高高的城墙上的一只隼，并抓住了，没有什么不利的。

赏析

《解卦》所阐述的是面对困境应把持的原则，譬如迎难而上，赦免过失，宽大罪犯，缓和矛盾，等等。这些内涵丰富的卦辞启迪着千千万万的人勇于面对困难，战胜挫折，赢得辉煌的人生。

一个人要想干成一番事业，一定会遭逢困难和艰辛。在一般情况下，人是不怕困难的。但若碰到太多的困难，感到“对手”太强大了，则往往被慑服。其实，人生的主宰就是自己。在困难面前能否有迎难而上的勇气，这有赖于战胜困难的心理准备和克服困难的坚强决心。黑格尔说：“人格的伟大和刚强只有借矛盾对立的伟大和刚强才能衡量出来。”困难只能吓住那些性格软弱的人，对真正坚强的人来说，任何困难都难以迫使他就范。相反，困难越多、对手越强，他们就越感到拼搏有味道。史玉柱就是一位善于在困境中拼搏的铁汉。

十几年来，史玉柱一直是中国经济界的风云人物。他白手起家，创造了20世纪90年代的财富神话；后经巨浪，又一贫如洗；然而几年后他又奇迹般东山再起。他的创业经历给人印象最深刻的，不是他的广告轰炸，而是他顽强的意志和永不言败的信念。

史玉柱的老家在安徽怀远。1984年，他从浙江大学数学系毕业，被分配到安徽省统计局工作。因工作出色，1986年，安徽省统计局认为他人才难得，将他列入干部第三梯队送至深圳大学软件科学管理系读研究生，毕业回来即是处级干部。一般人都认为他官运亨通、前程似锦，但到深圳后他开阔了眼界，为深圳的“遍地金钱”所打动，于是研究生毕业后他做的第一件事就是辞职。为此他遭到了领导、亲人的一致反对，但他义无反顾，很快带着他在读研究生时开发的M-6401桌面文字处理系统返回深圳。

重返深圳的史玉柱一贫如洗，只能借宿深大学生宿舍，买不起电脑编写程序，便采用“瞒天过海”的手法冒充深大学生混入学生计算机实验室，被管理人员发现驱逐后，他又通过熟人来到配置有电脑的学校办公室，别人下班他上班，天天苦干到凌晨。1989年夏，他自认自己开发的M-6401桌面文字处理系统作为产品已经成熟，便用手中仅有的4000元承包下天津大学深圳电脑部。该部虽名之为电脑部却没有一台电脑，仅有一张营业执照。

当时深圳电脑价格最便宜一台也要8500元。为了向客户演示、宣传其产品，他决定赌一把，以加价1000元的代价获得推迟付款半个月的“优惠”，赊得一台电脑。以此方式，若他在半月之内没有收入，不能付清电脑款项，不但赊购的电脑需要交回，1000元押金也将鸡飞蛋打。

为了尽快打开软件销路，史玉柱想到了打广告。他再下赌注，以软件版权做抵押，在《计算机世界》上先做广告后付款，推广预算共计17550元。1989年8月2日，他在《计算机世界》上打出半个版的广告：“M-6401，历史性的突破。”广告刊出后，他天天跑邮局看汇款单，整个人几乎为之疯狂。直到第十三天，史玉柱终于收到了汇款单，不是一笔，而是同时来了数笔。史玉柱长呼一口气。此后，汇款便如雪片般飞来，至当年9月中旬，他的销售额就已突破10万元。他付清全部欠账，将余下的钱重新投向广告宣传，四个月后，M-6401桌面文字处理系统的销售额突破100万元。这是他的第一桶金。

此后，史玉柱再接再厉，又陆续开发出M-6402，一直到M-6405汉卡，获得巨大成功。但他也为此付出惨重代价，妻子与他分道扬镳。1991年，巨人总部从深圳迁往珠海，M-6403实现利润3500万元，三十八层的巨人大厦设计方案出台。后来这一方案因头脑发热、行政暗示等各种因素一改再改，从三十八层窜至七十层。1992年，他成立巨人高科技集团，注册资金为1.19亿元。

1993年，巨人推出M-6405，中文笔记本电脑、中文手写电脑等多种产品，其中仅中文手写电脑和软件在当年的销售额即达到3.6亿元。巨人成为四通之后的中国第二大民营高科技企业，史玉柱成为珠海第二批重奖知识分子。

1994年初，巨人大厦一期工程动土，计划三年完工。同年8月推出脑黄金，一炮打响。史玉柱当选为中国十大改革风云人物。

1995年，巨人推出十二种保健品，投放广告1个亿。史玉柱被《福布斯》列为大陆富豪榜第八位，而且是唯一一个以高科技起家的企业家。

1996年，保健品方面因为巨人大厦"抽血"过量，再加上管理不善，迅速盛极而衰。巨人大厦资金告急。1997年初，巨人大厦未按期完工，国内购楼者天天上门要求退款。而媒体地毯式报道巨人财务危机，客观上进一步封堵了巨人的迂回余地。不久巨人大厦停工，巨人名存实亡。

1998年初，史玉柱黯然离开成就他一番事业的珠海，只是此次的苍凉哀伤同当年南下深圳开始创业的豪迈不同。离开珠海的时候，史玉柱几乎身无分文，只得给别人做市场策划，以应生活之需。

史玉柱决定东山再起，他再次选择保健品作为个人再起的一个突破口，有他自己的理由，由于资金有限，刚开始的时候，史玉柱采取的是委托加工的生产方式，边生产边试销。后来，脑白金侧重于对功效的宣传，南京、常州、苏州、苏南地区的市场就这样做起来了，之后延伸至浙江、山东等地。

史玉柱的市场销售才能再次得到发挥。于是我们看到了脑白金伴随着铺天盖地的广告迅速占领全国市场。2000年，脑白金实现销售收入8.01亿元。2001年，销售收入突破10亿元，稳居保健品市场榜首。

脑白金迅速红遍大江南北，使史玉柱很快有了归还巨人大厦欠款的经济实力。2001年1月，史玉柱以个人名义开始偿还原巨人大厦在香港及内地的楼花欠款，用两亿多元挽救了自己的名声，再一次神话般崛起。

史玉柱经受了常人无法承受的挫折，从他的创业经历中我们可以看到：真正的强者，不但在碰到困难时不害怕困难，而且在碰到困难时，能够积极主动地解决困难。

"上帝给你关上一扇门，必然会给你开一扇窗。"假如上帝在关上门的同时，也封闭了窗，那就只能背水一战——画一扇窗给自己！它可以让希望重新燃起，让一切还没有来得及实现的梦想在心灵的窗前翩然起舞。

许多人在困境中变得沮丧，当进展受挫、陷入困境时便张皇失措，或怨天尤人，或到处求援，或借酒消愁。这些做法只能徒然瓦解自己的意志和毅力，客观上是帮助困难打倒自己。还有的人，面对很大的困难时不愿竭尽自己的全力，当突破不了困难时，便心安理得地寻找这样或那样的借口，似乎是“天亡我，非战之罪也”，其实这就是一种怯弱。不言而喻，这种人永远不能克服困难，迈向成功的足迹只能永远湮没在困难的泥淖里。

泰戈尔曾这样写过：“明月说，我的清辉洒向了人间，虽说我身上有些许污斑。”困难的环境，虽然耗去了我们的时间和精力，但更磨炼了我们的意志，增强了我们的才干。害怕困难，回避挑战，都是懦夫的表现，只有以积极的态度迎难而上，在前进的过程中不断正视困难、征服困难，这样的成功才会令人目眩。

损卦① 第四十一

损卦

原文

损：有孚，元吉，无咎，可贞，利有攸往。曷之用？二簋可用享。②

初九：已事遄往，无咎。酌损之。③

九二：利贞，征凶，弗损，益之。④

六三：三人行，则损一人，一人行，则得其友。

六四：损其疾，使遄有喜，无咎。

六五：或益之十朋之龟，弗克违，元吉。⑤

上九：弗损益之，无咎，贞吉。利有攸往，得臣无家。

注解

①损卦：兑下艮上，象征减省、减损。损未必凶，益未必吉。损刚而益柔，中道自得，根本自固，故为吉。损，是减少的意思。

②曷之用：减损之道用什么来体现呢？簋：食具，古代盛谷物的竹篮。享：祭祀。

③已：完毕。遄：疾速。

④益：与“损”相反，增加。

⑤或：有人。十朋之龟：价值十朋的宝龟。朋，古代以贝为货币，十贝为一朋。十朋形容价值连城。

译文

损卦：心存诚信，大吉大利，没有灾难，有利于前进。减损之道用什么来体现呢？二簋淡薄的食物就可以用来祭祀。

初九：已经具备损下益上的条件，就应该迅速前往，那样才不会有过错。损下益上时要酌情考虑损失的多少以及时间因素。

九二：利于做事，出征有风险，无须减损自己就能达到增益的目的。

六三：三人出行，损失了一人，一人出行，得到朋友。

六四：减损其疾病，迅速接纳阳刚之气以使病情痊愈是一件可喜之事，没有什么灾祸。

六五：有人献上价值十朋的大宝龟，不可拒绝，大吉大利。

上九：无须自我减损就能使他人受益，没有灾祸，做事吉利。有利于前往，因为得到众臣的拥护就不再是一己之家了。

赏析

东汉自章帝早逝之后，后来的皇帝年龄都非常小，没有执政能力，所以就由皇太后临朝听政。在东汉中后期近百年历史中，居然出现了六位实际掌握最高权力的皇太后，而东汉政治的两大特色：外戚专政、宦官专政，都和女主临朝有着直接的关系。

在这六位女主中，有五位要么生前失权被废或被杀，要么死后家族失势，只有一位生前享尽无上尊荣，死后也没人捣乱拆台，这位皇太后就是汉和帝刘肇的和熹皇后邓绥。

邓绥出身豪门，邓绥的祖父是东汉光武帝刘秀手下第一名臣，太傅、高密元侯邓禹。从母系方面来说，邓绥的母亲同样出身世家豪门，是光武帝刘秀最爱的皇后阴丽华的堂侄女。

邓绥可能是东汉六位皇太后里文化程度最高的一个，她六岁就能读《史记》，十二岁时能倒背《诗经》和《论语》，家人都称她为女诸生。邓绥不仅学识好，而且为人极聪明，懂权术。她这个皇后不是刚入宫就册封的，而是硬生生从前皇后手里夺过来的。

邓绥前面这个皇后阴氏也出身南阳阴氏，按辈分来说是邓绥的晚辈，应该叫邓绥表姑。阴氏早在永元四年（公元93年）就入了宫，永元八年被汉和帝刘肇册封为皇后。

刚开始的时候，刘肇和阴氏的感情还算不错，但当邓绥被选入宫的时候，刘肇才惊讶地发现，这世界上居然还会有如此美丽的女人！邓绥虽然只有十四岁，身高却有七尺二寸，差不多一米六左右，而且天生国色，“姿颜姝丽”。邓绥一入宫，立刻把阴皇后给比了下去。

刘肇虽然被邓绥迷住了，但毕竟邓绥晚来了一步，只好委屈她做个贵人。邓绥的生理年龄虽然小，但心理年龄却很成熟，对人情世故看得也十分透彻。

邓绥做人非常到位，她每次见到阴氏，都要恭恭敬敬地行礼，非常谦卑，绝不敢有半点怠慢。甚至在宴会上，邓绥发现自己穿的衣服和阴氏重样了，就立刻换掉，以示对皇后的尊敬。至于那些宫女太监，邓绥向来善于笼络，平时散碎银子也塞了不少，后宫上下都非常喜欢邓贵人，夸她会做人，人缘极好。

而邓绥潜在的竞争对手阴氏为人处世的能力却比邓绥差得太多，情商比较低。自从她发觉刘肇的心思渐渐转到了邓绥身上后，就醋意大发，当然她不敢冲刘肇发火，所以她将所有的账都记在了邓绥的头上。

阴氏确实很不会做人，在宫中这种地方，说话一定要谨慎，不然就会授人以柄，自找麻烦。有次刘肇生了一场大病，阴氏以为刘肇撑不住了，就对身边人狠狠地说：“哼，等皇帝驾崩之后，看我怎么收拾那个妖精，不把他们邓家斩尽杀绝，这口恶气我就出不来。”她倒是逞了口舌之快，可她却没想到邓绥人缘好，已经有人把这话暗自传给了邓绥，让邓绥快想办法自保。

邓绥一听可急了，万一刘肇真有个三长两短，她很可能就会变成第二个戚夫人，而戚夫人的下场她是知道的。就算她之前从没窥视过阴氏的位子，现在也必须要反击了，不是争位，而是保命。而邓绥现在唯一的办法就是在刘肇那里寻找突破口，阴氏再有能耐也高不过刘肇。

邓绥当着身边人的面，取出一瓶毒药，号啕痛哭：“这事你们都知道了，你们说，我平时对皇后怎么样，就算宫女太监也未必有我对她那么谦卑。天地良心，我从来没有对她不敬的意思。既然她不想让我好活，那我就成全她，我这就死给她看，这样她就解气了，同时也报了皇帝陛下对我的厚恩。而且皇帝有恙，我活着又有什么意思?”

她的心腹赵玉见邓绥这个模样，冲着邓绥高声喊道：“娘娘，你这是做什么？谁说陛下不行了？刚才奴才得到消息，陛下的病已经好了，娘娘不要再做傻事了。”

邓绥听到这个消息，自然顺势不再寻死。

阴氏差点逼死邓绥的事情很快就被刘肇知道了，刘肇那次病很重，却顽强地挺了过来。刘肇本就很喜欢邓绥，这次邓绥的表现让刘肇心疼不已，邓绥在刘肇心里赚足了印象分。而阴氏因为出言不慎，白白授人以柄，在刘肇心中彻底失去了位置。

永元十四年（公元102年），也就是大英雄班超从西域归来病故的这一年，阴氏的“巫蛊案”东窗事发。这事被捅出来后，刘肇震怒不已，立刻派中常侍张慎等人查办此案，牵连甚广。阴氏的几个弟弟都被扯了进来，相继死在狱中，阴氏的父亲阴纲被迫自杀，阴氏其他家属也被赶出洛阳。

至于阴氏，刘肇已经不可能再让她做皇后了，于是废掉了阴氏的后位，将她迁居到桐宫关了禁闭。

如果阴氏心胸宽广一些，待人厚道一点，就算刘肇有心立邓绥为后，也没借口废她。就算强行废掉她，也不至于落得这般凄凉的下场，没多久，阴氏就郁郁而死。

阴氏死后，刘肇理直气壮地立邓绥为皇后，母仪天下。

邓绥非常会做人，八面玲珑，知道如何把事情做得天衣无缝，当初在“巫蛊案”发生的时候，她就曾经在刘肇面前为阴氏求过情，阴氏没有被杀，估计就有她说情的因素。所以刘肇越发器重邓绥，而这样的人确实有国母风范。

刘肇破天荒地驳了邓绥的面子，坚持要立她做皇后。邓绥欣然接受诏命，光明正大地做起了大汉皇后。

不过邓绥也不是做皇后的命，而是做皇太后的命，仅仅三年后，二十七岁的刘肇得病驾崩。刘肇的次子刘隆继位，而刘隆这时只是个刚出生不到一百天的小娃娃，哪里懂得治国？于是朝廷大事皆由邓绥做主，邓绥也开了东汉太后临朝的先例。

刘隆命太短，八个月后，不满一岁就死了，邓绥又改立刘肇的侄子刘祜，当然，继续由邓绥临朝听政。皇太后的位子，邓绥一坐就是二十年。汉安帝永宁二年（公元121年）三月，四十一岁的邓绥撒手西归。

益卦① 第四十二

益卦

原文

益：利有攸往，利涉大川。

初九：利用为大作，元吉，无咎。②

六二：或益之十朋之龟，弗克违，永贞吉。王用享于帝，吉。③

六三：益之用凶事，无咎。有孚中行，告公用圭。④

六四：中行告公，从，利用为依，迁国。⑤

九五：有孚惠心，勿问，元吉，有孚，惠我德。⑥

上九：莫益之，或击之，立心勿恒，凶。⑦

注解

①益卦：震下巽上，象征增益。益，饶也，损而不已，必益，故受之以益。

②利用为大作：利于有大作为。

③王用享于帝：君王享祭上天祈求福泽。帝，天帝。

④益之用凶事：将增益用于凶险困难之事。中行：执守中正之行为。告公用圭：手执玉圭向王公告急求助。圭，一种玉器的信物，古代大夫祭祀、朝聘时，执之以示“信”。

⑤迁国：迁都。

⑥惠：施恩惠。

⑦或击之：有人攻击他。

译文

益卦：有利于出行，有利于渡过大江大河。

初九：有利于做出大事业，大吉大利，没有灾祸。

六二：有人送给价值十朋的大龟，不能不要，可以得到长久的吉祥。君王祭祝天帝，祈求福泽，吉利。

六三：所获得的增益应用来拯救凶事，没有灾祸。心怀诚信，执守中正的行为，手持玉圭向王公告急求助。

六四：执守中正的行为，向王公表示顺从，有利于依附国王做出迁都的大事。

九五：真诚地怀有仁爱之心，无须疑问是否会吉利，天下人会感念我的恩惠。

上九：没有人帮助，还有人来攻击，居心无常，必然凶险。

赏析

益卦，“上卦阳多，故曰有余，下卦阳少，故曰不足”，卦象告诉我们，治国有一条原则，就是“自上惠下”，统治者减损，使人民增益。“天道下济品物咸亨，圣人下济万国咸宁”，范仲淹曾说：“益上曰损，损上曰益。何也？夫益上则损下，损下则伤其本也，是故谓之损；损上则益下，益下则固其本也，是故谓之益。本斯固矣，干斯茂矣，源斯深矣，流斯长矣。”由此可见，损下益上也罢，损上益下也罢，不管表面上直接受损的是谁，但是在国家社稷这个统一体之内，受损者最终还是能够有所得益。这就是上下、损益之间最突出、最根本且相辅相成的关系。

历来英明的政治家把“民”当作国家的“本”“源”，在一定程度上认识到了上与下、统治者与人民之间相反相成的辩证关系。他们认为，如果无限制地搜刮人民、减损人民，统治者不过是收一时之利。相反，如果人民富庶，民富则国强，统治者就可永享太平，其利将取之不尽用之不竭。清顺治皇帝就是这样一位英明之主。

在叔父多尔衮执掌朝政期间，顺治福临这个皇帝也就当得无忧无虑了。随着年龄的增长，福临已经步入了少年时代，他不仅骑射之术日精，更关心治国用兵之道。他也很想有一番作为。顺治七年（1650 年）十一月，多尔衮出猎坠马受伤，不久在喀喇城去世。顺治八年（1651 年）正月十二日，顺治皇帝在太和殿亲政，十四岁的福临成为真正的一国之君。然而，摆在顺治面前的是国家贫弱、民生凋敝的景象，长期的战乱使社会经济遭到了严重的破坏，耕地大量荒芜，农民死亡逃徙，广大人民群众的生活极端困苦，阶级矛盾十分尖锐。

由于宫廷中良好的学习条件，顺治六岁时以少年人所特有的热情和勤勉，阅读了大量汉文书籍，先秦两汉、唐宋八大家、宋元时期的著述等都耳熟能详。勤奋读书使他摆脱了先辈那种游牧民族的草莽之气，他不再像自己的先辈一样单靠“武功”治天下，转而以“文教”作为治国之本。他非常清楚，要维持自己的统治，就要缓和阶级矛盾，安定人民的生活，以促进社会经济的发展。如果进一步竭泽而渔，对人民进行残酷的剥削，不仅不能稳固自己的统治，而且也不可能有任何效果，因为广大农民已在死亡线上挣扎，只有给他们以实惠，才能使民富国强，天下太平。

顺治即位伊始，大胆革除多尔衮摄政时期的一些弊政。在军事上，他决定首先采取以抚为主的怀柔政策和先西南后东南的先主后次的战略措施，终于使大规模武装反清斗争得以平息，一个统一的多民族封建王朝终于在他的文治武功中实现草创，这为老百姓营造了安居乐业的外部环境。

顺治不愧是一代明君，他从明朝的灭亡中看到，苛重的剥削是造成农民起义的重要原因，“收拾民心，莫过于轻徭薄赋”，“行蠲免，薄赋敛，则力农者少钱粮之苦，而从逆之心自消”，因此他在经济上采取了“轻徭薄赋”的政策。这对当时的清统治者来说，是巩固政权的唯一途径。顺治以国计民生为首务，采纳了范文程等人的建议，设立兴屯道厅，在北方推行屯田开荒，且制定了一系列鼓励政策。顺治十四年（1657 年），清政府免除明朝天启、崇祯年间繁重的杂派，不久又编成《赋役全书》颁行天下，以防止各级官吏的加征和私派。第二年，鼓励垦荒的措施立见成效，顺治十分喜悦，他对主持这件事的官员大为称赞，并立即加以提拔重用。

多尔衮摄政时曾进行了两次大规模的圈地运动。一些满族官兵随意将民地指为官庄，把私人熟田硬说成是无主荒地，一律圈占。许多百姓被圈地弄得倾家荡产，无以为生。被圈的土地中只有少量分给了八旗旗丁，大部分落入皇室王公和八旗官员之手。顺治认为田野小民全仰赖土地为生，亲政后他便下了严禁圈地的谕令。令地方官将以前所圈土地全部退还原主，使其抓住时机耕种。在顺治执政期间，这种危及千家万户的滋扰总算暂时中止了。

多尔衮执政时期，对文武官员的烧杀掳掠、贪污行贿多持放纵态度，造成吏治腐败。顺治清楚地认识到吏治的腐败威胁着清政权的巩固和稳定，于是刚开始亲政时，他就下达了惩治贪官的谕令，明示臣下。他派出权力很大的监察御史巡视各地，对违法的总督、巡抚、总兵进行纠举。顺治亲自召见这些监察御史，对注意事项一一做了指点。不久，漕运总督吴惟华、江宁巡抚土国宝、云南巡抚林天擎等人就因贪污不法、苛派累民被革职。巡按御史顾仁辜负圣上重任，执法犯法，“违旨受赃”，被立即处死。据记载，仅顺治九年被革职的贪官污吏就达两百余人。

顺治的这些措施，都是从老百姓的根本利益出发，对安定人民生活，调动农民的生产积极性，促进社会生产力的发展，起了积极作用。康熙以后，全国耕地面积扩大，人口增长，均与这一政策有一定的关系。一时间，大清天下出现了政治清明、百姓安居乐业的局面。

益人必然使人悦服。不但治国如此，对于个人而言，如果能诚心诚意地帮助别人，让他人得到实惠，也必然能得到他人诚心诚意的回报，自己也得益。

夬卦[①] 第四十三

夬卦

原文

夬：扬于王庭，孚号有厉，告自邑，不利即戎，利有攸往。[②]

初九：壮于前趾，往不胜，为咎。

九二：惕号，莫夜有戎，勿恤。[③]

九三：壮于頄，有凶。君子夬夬独行，遇雨若濡，有愠，无咎。[④]

九四：臀无肤，其行次且。牵羊悔亡，闻言不信。[⑤]

九五：苋陆夬夬中行，无咎。[⑥]

上六：无号，终有凶。[⑦]

注解

①夬卦：乾下兑上，象征决断。夬，指拉弓时戴在拇指上的护套，弦由

戴护套的手指弹出，故曰决除，决断的意思。

②扬于王庭：在君王的朝廷之上宣扬自己的言论。扬，张扬。庭，通“廷”。自邑：城邑。即戎：指兴兵出战，立即征伐。

③惕号：因惊恐而大叫。莫：同“暮”。恤：忧虑。

④頄：颧骨。夬夬：决断的样子。濡：沾湿。愠：怒，怨。

⑤次且：即趑趄。

⑥苋陆：草名，一种像苋菜一样的草。

⑦号：大声号哭。

译文

夬卦：在王庭上发挥阳刚之德与小人决断，心怀诚信号令众人戒备危险，因此从城邑上发布号令就可以了，不利于兴兵出战，有利于前行。

初九：脚趾受了伤，再前往，脚力不胜将遭难。

九二：发出警惕的号令，即使夜晚敌人来犯，也不必担心。

九三：颧骨受了伤，凶险。君子坚决果断地独自赶路，遇到下雨天淋湿了衣服，很不高兴，但没有归罪于他人。

九四：臀部受了伤，走起路来十分困难。牵羊献给当权者，则悔恨就会消失，但他没有听从这些话。

九五：像斩断苋陆草一样，刚毅果断地清除小人，居中行正，则无过错。

上六：不用号啕大哭，因为小人的结果是难逃凶险。

赏析

天渊之别，常用来指上天与深渊的巨大差距。水泽处于天之下，是司空见惯的。然而，自然界偶尔也会有水泽聚于山顶，高与天齐，湖天一色的壮丽奇观，这就是被人称之为天池、天湖或天潢的地方。易卦中乾下兑上的《夬卦》卦象所指，正是如人间天池、峰巅天湖那样美丽的旅游胜地。

清朝初期，许多大臣和官僚都是靠着祖上的功勋和对百姓的刻薄而发迹崛起的，这些官员习于官场旧俗，胸中毫无主见，遇事不计是非曲直，拿着朝廷优厚的俸禄，在其位不谋其政，对国计民生的利弊一无所知，却是实施苛政的老手。乾隆当政后，努力想改变这一状况，他希望以仁德治理天下，建立新政，找到一条振兴大清的出路。但要推行“宽仁”，势必会遭到一些官员的极力阻挠和坚决反对，他自己也知道除暴灭恶为治政之大手段，实行新政，实现以宽代严的转变，也不是轻而易举之事。为此，乾隆采取了“杀一儆百”的措施，很快地使清朝官场出现了前所未有的生机和活力。

乾隆即位后，户部尚书史贻直极言河南垦荒之弊，揭露“小民鬻儿女以应捐粮”的社会现实。乾隆闻知下谕，对雍正苛严政治的积极执行者田文镜予以谴责，说：“河南地方，自田文镜为巡抚、总督以来，苛刻搜求，以严厉相尚，而属员又复承其意旨，剥削成风，豫民重受其困。”王士俊继任河东总督兼河南巡抚后，不以田文镜为前车之鉴，反而督促州县开垦更加严厉，为此，乾隆撤销了王士俊的官职。王士俊在雍正时期颇负骨鲠之名，当他看到乾隆一上台就废除陈规，不遵遗轨，极为慨叹，于是进言指斥时政，他指责新帝乾隆的新政违反了雍正的老政策。他指责群臣以翻驳前案为名影射新君，把乾隆当作翻父皇所定之案的不孝之子，实属狂妄、谬误之举。更为严重的是，王士俊彻底否定了以宽代严、革除弊政的指导方针，这不仅涉及对新皇帝的评价问题，而且关系到新政能否继续施行，若不加以制止，便会混淆视听，扰乱人心，新政就会有夭折的危险。

乾隆看过王士俊的密折后十分愤怒，马上在奏折上严批申饬，将原折发于总理事务王大臣和九卿传阅，又在养心殿召见他们，严厉驳斥王士俊的欺君悖理之行为。乾隆还详细论证了自己与康熙、雍正二朝方针的一致性，强调王士俊所指责的“违反祖制”是“巧诈之习，牢不可破，外饰耿直，以便己私，敢将悖理之言，妄行陈奏”。乾隆的观点得到拥护新政的大臣们的赞同。随后，乾隆即令将王士俊革职拿京。原拟斩决，后来又因宽容之策，免他死罪，驱逐回籍为民了。

在雍、乾政治交替时，甘肃巡抚许容也是以对百姓刻薄而闻名的封疆大吏。当乾隆下令赈恤灾民，树立自己仁君形象的时候，许容却按雍正时的旧规，克扣灾粮。乾隆对此甚为不满，下谕说：“政莫先于爱民，甘肃用兵以来，百姓急公踊跃，今值歉收，当加恩赈恤。汝治事实心，而理财过刻。国家救济贫民，非较量锱铢时也。”但是，许容仍迟迟不予照办。

乾隆对许容甚为不满，只好将其解任，并为此降谕，从灾民的困苦出发，予以严厉谴责。紧接着，大学士查郎阿秉承乾隆旨意，疏劾许容匿灾殃民，结党营私。乾隆下令将许容押解来京，交刑部治罪，部拟杖徒，不过后来也被缓免了。此后，许容虽也复出为官，但经历这次打击，名声已经扫地，后郁郁而死。

在清除严苛的官僚时，除王士俊、许容外，因“严刻”被处置的官员还有很多。广东布政使萨哈谅奏办理征税情形，乾隆下谕痛陈征税扰民之弊，要让百姓实沾恩泽。除此谕外，乾隆还分别给四川总督黄廷桂、广东巡抚杨文斌、福建布政使张廷枚等下谕，要他们减轻百姓负担，不要做那些急功近利苛刻百姓的事。他说，对那些“以苛为察，以刻为明，以轻为德，以重为威”，“拂人性、逆人情者”，要严以查办，不能姑息养奸，扰害良民。

山东文登知县王维于署东平州任内杖毙两命，乾隆听说后，让巡抚岳严审定拟具奏，斥责说：“残忍刻薄，如疯如狂，肆无忌惮，且创设不经见之非刑，草菅民命。似此酷劣之员，身为巡抚，何以不行查参？著伊明白回奏。以次奉旨严审，不得回护前非，丝毫容隐，自干严谴。”

姤卦① 第四十四

姤卦

原文

姤：女壮，勿用取女。②

初六：系于金柅，贞吉。有攸往，见凶，羸豕孚蹢躅。③

九二：包有鱼，无咎，不利宾。④

九三：臀无肤，其行次且，厉，无大咎。

九四：包无鱼，起凶。

九五：以杞包瓜，含章，有陨自天。⑤

上九：姤其角，吝，无咎。⑥

注解

①姤卦：巽下乾上，象征柔刚相遇。风生水起，万物萌生。娠卦为分离，姤卦为相遇。

②取女：娶女。

③柅：塞在车轮下阻止车轮启运的小木块，引申为车闸。羸：绳索。豕：猪。孚：通“浮”，浮躁。蹢躅：同“踌躇”，躁动不安的样子。

④包：通“庖”，厨房。

⑤以杞包瓜：用杞柳的柳叶庇护树下之瓜。含章：含藏彰美。陨：降落。

⑥角：指上方、角落。

译文

姤卦：女子过分健壮必会伤男子，不宜娶这种女子为妻。

初六：系在刚强灵敏的车闸上，手持正道定会吉祥。有所前往，则必然有危险，如同一头捆起来的猪一样躁动不安。

九二：厨房里只有一条鱼，没有什么过错，只不过不利于宴请宾客。

九三：臀部被打得皮开肉绽，趑趄难行，有凶险，但是没有大的灾祸。

九四：厨房无鱼，就会因兴起争端而有凶险。

九五：用杞柳荫蔽树下之瓜，象征心有彰美之德，定有喜庆降落。

上九：遇到空荡荡的一角，心里有悔恨和可惜，但终究没有灾祸。

赏析

姤与夬是姊妹篇。夬是三月卦，五阳剥一阴，阳盛阴衰；姤是五月卦，“是月也，日长至，阴阳争，死生分”（《礼记·月令》），将其运用到社会发展上，提出了以阳遇阴，以阳抑阴，清除和抑制小人和女色的道理。历史上奸佞小人和女色误国之事屡见不鲜，帝纣“好酒淫乐，嬖于妇人。爱妲己，妲己之言是从”（《尚书·殷本纪》），结果商灭！周幽王为博取褒姒一笑，竟然以烽火调动千军万马，戏弄各路诸侯。然而待到西戎起兵再举狼烟之时，被戏弄的却不再是诸侯反而是周幽王自己了。陈朝后主陈叔宝因为亲佞贪色，最终也走上了一条不归路。

陈叔宝早年做皇太子时就是一个偏爱“长夜之饮”的酒色之徒，后来亲政后“复扇淫侈之风”，把陈朝推向了亡国的深渊。他生活腐化，宠幸妃子张丽华，在当皇帝之前就出了名。据说贵妃张丽华长得十分迷人，头发长有七尺，发黑如漆，其光可鉴，神采飞扬且又聪明能干。她总是临窗梳妆打扮，人们遥遥望见便似觉神仙下凡。陈叔宝对她可谓言听计从，虽然有个沈氏做皇后，但那不过形同虚设，张丽华享受的是皇后所不能及的待遇。

陈叔宝身边除有一大群美人外，还有一班奸佞的大臣，陈叔宝对他们更是信任有加，放手将朝政交予他们处理。这些奸臣知道陈叔宝是一个奢靡贪色的荒唐君王，于是投其所好，拼命搜刮老百姓的钱财，供其挥霍，然后在其疏于朝政的时候，滥用手中的权力。朝廷中一些正直的大臣只要露出一点不满情绪，或者有点小小的过失，这些奸臣就唆使陈叔宝把这些大臣罢官免职。而这个荒唐皇帝不辨是非，任由朝政混乱。

被陈叔宝重用的奸臣中，施文庆、沈客卿最为得宠。他们的本领莫过于对上溜须拍马，厚颜薄唇；对下苛剥百姓，贪求无厌，欲壑难填。他们的所作所为，完全是为了“自取身荣，不存国计”，把国家安危存亡抛到了九霄云外。而小人得道导致的是一些忠良谏言的臣子，如傅縡、章华等人遭到杀身之祸。

陈后主“亲小人而远贤臣”，让奸佞当朝，忠良蒙冤，而自己则整天沉溺在荒淫无度的腐朽生活之中。此外，他还大兴土木，造起了三座豪华的楼阁，让他的宠妃们居住。陈后主和宠妃经常在宫里举行酒宴，宴会的时候，还让宫廷里一些腐朽文人一起参加。大家通宵达旦地喝酒赋诗，为此还挑选了一千多个宫女为他们歌舞。

皇帝如此沉迷于享乐，不问朝政，有时大臣们甚至很难见上皇帝一面，即便有宦官传了折子上来，也是由张贵妃代为处理，结果造成了贿赂公行，赏罚无常，纲纪混乱的腐败局面。

物极必反，天下不会永远都是皇帝一个人的，当陈后主和他的臣子们在悠闲享乐的时候，长江以北的形势已发生了很大的变化。“后庭花”唱开了皇帝臣子们的心扉，也唱开了国家的大门。

公元581年，杨坚正式废掉北周静帝，自己即位称帝，是为隋文帝。隋文帝上台以后，实行了一系列改革，经济得到了很大的恢复和发展，加上他本人生活俭朴，使隋国逐步出现繁荣景象，国力也随之雄厚起来。于是，隋文帝就开始对外扩张并树立了统一整个华夏大地的雄心。他在消灭西梁后，把下一个目标定在了陈朝。而且陈叔宝荒淫无度、不理国事的消息，早已经是路人皆知，他认为这正是个好机会。

公元588年，隋文帝派兵攻打陈朝，陈朝的兵居然连抵抗的勇气都没有，隋朝的几路大军顺利地开到江边。江边陈军守将告急的警报接连不断地送到建康。然而这样紧急的军情，陈后主连拆都没有拆，就往床下一丢，继续他的淫乱生活。后来终于在大臣们的建议下商议战事，陈后主居然说："东南是个福地，从前北齐来攻过三次，北周也来了两次，都失败了。这次隋兵还不是一样来送死，没有什么可怕的。"

他的佞臣们更是随声附和："陛下说得对，我们有长江天堑，隋兵又没长翅膀，难道能飞过来！这一定是守江的官员想贪功，故意造出这个假情报来。"朝政大事就这样当作了玩笑，随后他又叫歌女奏乐，通宵玩乐。

然而，倒行逆施的人，天不会助他，长江天堑也不会助他。公元589年，隋朝将军贺若弼的人马从广陵渡江，攻克京口。与此同时，将军韩擒虎已渡江到采石，接着又攻下姑苏，与贺若弼迅速形成两股力量，建康成了被夹击的饺子。面对如此险恶的形势，陈叔宝才发出抵抗的命令。可惜一切都太晚了，亡国已成为不可逆转的事实。隋军打进皇宫后，陈后主慌不择路地跳进了井里，隋军遍寻不见陈后主。后来，捉住了几个太监，才知道陈后主逃到后殿投井了。隋军士兵找到后殿，果然见有一口井，就高声呼喊。士兵们威吓着叫喊说："再不回答，我们要扔石头了。"说着，真的拿起一块大石头放在井口，装出要扔的样子。井里的陈后主吓得尖叫起来。士兵把绳索丢到井里，把陈后主和两个宠妃拉了上来，于是陈后主做了隋军的俘虏。

陈朝作为南朝的最后一个国家被灭亡了，中国自从公元316年西晋灭亡起，经过两百七十多年的分裂局面后，重新获得统一。杨坚并没有杀掉这个荒唐的皇帝，陈后主于公元604年病死于洛阳。

作为一国之主，有傅縡、章华等忠贞之臣的辅佐，又有长江天堑作为屏障，陈后主本可以奋发图强，远播国威。然而他偏信佞臣，贪图女色，最终沦为囚徒，客死异地，这一惨痛的教训警示人们：只有远离奸佞才能有所作为。

萃卦[1] 第四十五

萃卦

原文

萃：亨，王假有庙，利见大人，亨利贞。用大牲吉，利有攸往。[2]

初六：有孚不终，乃乱乃萃，若号，一握为笑，勿恤，往无咎。[3]

六二：引吉，无咎，孚乃利用禴。[4]

六三：萃如嗟如，无攸利。往无咎，小吝。[5]

九四：大吉，无咎。

九五：萃有位，无咎，匪孚。元永贞，悔亡。[6]

上六：赍咨涕洟，无咎。[7]

注解

①萃卦：坤下兑上，象征聚集。

②假：到。庙：宗庙。

③一握：古代占卜术语，指在不吉利的情况下卜得吉卦之数。

④引吉：迎吉。引，迎。禴（yuè）：古代四季祭祀之一，此为春祭。

⑤嗟如：叹息的样子。

⑥萃有位：会聚时处于尊位。匪孚：不诚信。元：君长。

⑦赍咨：带着叹息的声音。涕洟：痛哭流涕。

译文

萃卦：祭祀时大人物聚集，此时君王到太庙祭祀祖先、天地，所以有利于见大人，亨通而有利于做事。以牛作为大的祭祀之物，有利于前行。

初六：心有诚信之德却不能持之以恒，于是就心生疑乱，与他人妄聚；若向自己所应之处呼号，则能与之握手微笑，所以不必担心，前往没有灾祸。

六二：被牵引到聚集之处，吉利，没有过错，心怀诚信有利于祭祀。

六三：相聚而朋友没有回答，所以不停地叹息，没有利益。前往没有灾祸，只有小的困难。

九四：大吉大利，没有灾祸。

九五：聚会时处于尊位，没有过错，但是尚未取信于民。作为德的元首，应当永久地持正道，那样悔恨就会消失。

上六：带着叹息痛哭流涕，可以免于灾祸。

赏析

孔子曾经说过："有益的朋友有三种，有害的朋友也有三种。和正直的人交朋友、和诚恳的人交朋友、和见多识广的人交朋友，就得益；和谄媚的人交朋友、和奸佞的人交朋友、和不学无术的人交朋友，就有害。"朋友之间的友谊是人生的一种需要，思想上互相欣赏，品行上互相磨砺，学识上互相帮助，事业上互相支持，生活上互相关心……谁能不需要呢？

《萃卦》中说道：真正的友谊的基础是诚信和中正。不论是凝聚集体，还是团结他人，以诚信相待、信守无欺是人们应普遍遵守的准则，虚伪和欺诈只能产生罪恶。"竹林七贤"的故事为我们很好地阐释了这些道理。

三国时北魏文学家嵇康是一个很讲究气节的人，不但能写一手好文章，而且爱好音乐，能弹琴、善吹笛，尤其爱竹，因为竹子既具有梅花笑迎风霜雪雨的坚强品格，又有文静、高雅、虚心进取、高风亮节、乐于奉献的美德，给人留下了完美的形象。他在家宅旁种了一片竹林，在竹林深处盖了一间竹屋，竹屋前放了一张竹桌，桌边放了一把竹椅，竹桌上放着文房四宝和竹笛，悠闲独处，读书写诗，弹琴吹笛。

嵇康喜爱交友，但很是讲究，常以竹量人，不三不四、不学无术、没有德行气节的人，不与交往。由于他有了名声，来拜访的人很多，他常常躲起来，不予会见。

一次，他正在竹林中写文章，忽听到有人进了竹林，便拿纸提笔，想写几句拒客诗，刚写好一句，脚步声近了，于是扔下笔匆匆钻进密林深处躲了起来。来人名叫阮籍，也是个有名气的诗人，他走近竹屋一看无人，以为嵇康不在家，很觉扫兴。转身走时，猛见桌上的诗笺上有行字，仔细一看，写的是“竹林深处有篱笆”，墨迹还没有干。阮籍望着墨迹，思索着诗意，明白这是句拒客诗。阮籍“嘿嘿”一笑，提笔在那句诗的下面写了句“篱笆难挡笛声转”。写罢，便拿起桌上的竹笛使劲吹起来。

这一吹不要紧，来找嵇康的人循声而来，一会儿就来了五个，他们是山涛、向秀、阮咸、王戎、刘伶。那些人只见阮籍吹笛，不见嵇康，便向阮籍询问嵇康的去处。阮籍向桌上的诗笺努了努嘴，一语不发，微笑着只管吹他的“高山流水”。大家一见诗笺，明白了，于是一人一句在原诗下联起句来。

嵇康躲在暗处，原本想来人见不到他就会回转，谁知来人不但不走，反而越来越多，万般无奈，只好出来相会了。

阮籍一见嵇康，哈哈大笑起来：“来来来，以文会友。诗笺上你起了头，看来是叫来人联诗的，我们都联了一句，你看看我们这些人值不值得一交？是拒是会看你大笔一挥了。”嵇康拿起诗笺来看，只见上面写着：“竹林深处有篱笆，篱笆难挡笛声转。笛声换来知音笑，笑语畅怀凝笔端。笔笔述志走诗笺，笔笔录下珠玑言。箴语共话咏篁句……”

嵇康一看联诗每句起头之字都是竹字头，心想：来者都是喜爱竹子之人，值得一交，于是便提笔在下边添了句“篁篁有节聚七贤”。从此以后，这七个人成了好朋友，史称“竹林七贤”。他们经常在竹林里聚会，无话不说，无所不谈，相互间结下了深厚的友谊。

友谊的前提是善于择人。君子与谄媚、奸佞、虚浮的人交往，就如同良木与山火相近，其结果可想而知。而与正直、诚信、多知的人相亲近，却能提高自己。嵇康以“竹”会友，向人们传达了志行高洁的交友标准，因此成为千古传诵的佳话。

升卦① 第四十六

升卦

原文

升：元亨，用见大人，勿恤，南征吉。

初六：允升，大吉。②

九二：孚乃利用禴，无咎。③

九三：升虚邑。④

六四：王用亨于岐山，吉，无咎。⑤

六五：贞吉，升阶。⑥

上六：冥升，利于不息之贞。⑦

注解

①升卦：巽下坤上，象征顺势向上升。

②允升：有利于上升。

③禴：古代四时祭祀之一，此指薄祭。

④虚邑：空的城邑。

⑤用亨：献祭。岐山：地名，位于今陕西岐山东北。

⑥升阶：登上一级级台阶。

⑦冥升：幽昧中上升。不息：不停。

译文

升卦：大亨大通，有利于出现王公贵族，不必担忧，向南出征吉利。

初六：有利于上升，大吉大利。

九二：若心怀诚信，即使薄祭也能达到目的，没有灾祸。

九三：上升顺利有如处在空虚的城中。

六四：君王在岐山举行祭祀，吉利，没有过错。

六五：做事吉祥，犹如沿着台阶一步步上升一样。

上六：在昏暗中不停地上升，有利于永不停歇地生长。

赏析

两千多年前，老子就曾说过：要几个人合围才能抱住的大树，是从细小的嫩芽成长起来的；九层的高台，是由一筐筐泥土筑起来的；千里的行程，是一步步走出来的。

每一个成功的经历，都应该是人们成就事业的借鉴，尤其是那些从平凡跨向卓越的成功人士，更应该是我们效法的榜样。他们曾经是不名一文的“小人物”，当初生活在社会的底层，没有任何背景，没有一点权势，没有分文财产，他们靠的是自己坚忍不拔的毅力，两手空空，却拼搏不已，终于开创出了灿烂的人生。他们的经验成为人们追求卓越、走向成功的宝贵基石。霍英东的成功之路，尽管充满艰辛和曲折，但一路走来，无不闪烁着催人奋发的光辉，更值得现在的人们去探寻。

霍英东，祖籍广东省番禺市，1922 年出生于香港，童年是在舢板上度过的。他七岁那年，父亲在一场风灾里被巨浪吞噬。本来家中生活就已非常困难，父亲的早丧更使这个家雪上加霜。霍母为维持生计，以经营驳艇业养家糊口。虽然收入极为微薄，但霍母节衣缩食，仍想法把三名子女送去读书。霍英东是个聪明勤奋的孩子，他不负母望，十二岁那年以优异成绩考入香港著名学府——皇仁书院。

他读中三那年，“卢沟桥事变”发生，中国军民奋起抗战。因战乱，霍母的驳艇业大受影响，霍英东也被迫辍学。此后，霍英东开始了艰难曲折的创业历程。他曾当过加煤工人，整天卖苦力。日军占领香港时，他又在机场卖苦力。一次工伤事故中，他被轧断了一根手指。工头同情他，后安排他做修车学徒。后来，霍英东还做过船上的铆钉工人及试糖工人，为了做好这些工作，他长年累月早出晚归，起早贪黑，光着脚丫去干活。

抗日战争的后期，霍母与几个友人合资开了一间杂货店，霍英东便协助母亲打理店务。霍英东从小就胸怀大志，决心创立自己的事业。为此，他十分注意观察社会，寻找时机。

在抗战结束后的一天，他留意到香港宪报上刊登的一则消息，大意是说将有战后剩余物资拍卖。具有冒险精神的霍英东决定参加拍卖活动，收购这些剩余物资做转卖经营。眼光卓识的霍英东此举十分成功，从中盈利不少。

20世纪50年代初，霍英东自立门户创业不久，朝鲜战争爆发了。当时一些西方国家出自政治目的，对中国大陆实行禁运。他立刻意识到船运业有利可图。他抓住这个机会，在朋友们的资助下，开始单独经营驳运业务。霍英东出于正义感和自身的冒险精神，果断地将第二次世界大战的剩余物资及药物运到大陆，既支援了中国的抗美援朝及经济建设工作，又从中赚到一些钱，使其霍兴业堂有限公司的业务得到迅速发展。

朝鲜战争一结束，香港的经济逐步得到恢复和发展。霍英东看到香港的特殊地位和作用，敏锐地看到了香港建筑业的潜在机遇。于是，他又投身房地产市场。

1954年，他筹建了立信建筑公司，收购和拆除旧楼，同时兴建楼宇。他利用宣传册以及广告推销楼宇，开创售楼花的先河（即楼宇在建筑阶段已开始售卖，收取投资者的订金）。这种带有极大风险的投资活动，使霍英东的财富呈几何级数增加。公司创办几年时间便打破香港房地产的纪录，拥有了香港70%的建筑生意。60年代初期，他又成为“淘沙”大王。“淘沙”这个行当是香港工商界许多人都不敢干的事，干这行用工多，获利少，赚钱难，风险大。而霍英东却另有高见，他不图一时之暴利，而是看好“淘沙”行业的长远利益。1961年，他从泰国购进了一艘长288米、载重2890吨的大挖泥船，开始了“淘沙”业。他稳妥获利，以少积多，不久，就获得了香港海沙供应的专卖权，成为香港淘沙业的头号大亨。中国实行改革开放之初，霍英东率先走进中国大陆。80年代初，他联同广东省旅游局投资2亿港元，兴建中山温泉宾馆，另外又投资兴建珠海宾馆与广州白天鹅宾馆。

到20世纪80年代后期，他开始开发番禺南沙以东的二十一平方公里土地，工程包括兴建港口、高尔夫球场、旅游区等，投资额超过100亿港元。1993年，霍英东基金会连同香港粤海集团、陈瑞球（长江制衣厂）与两家大陆机构，共斥资2.3亿美元兴建番禺大桥，各占20%股权。

现在，霍英东家族拥有的企业包括：有荣及霍兴业堂多家公司、澳门旅游娱乐公司（占股40%）、董氏信托（占股30%）、信德船务（占股40%）、东方海外实业（董氏信托控股75%）、信德集团等80多家公司，其中信德集团和东方海外实业是上市公司。

霍英东成功了，由一个名不见经传的机场苦力跻身于香港巨富的行列。他唯一的依靠就是自己敏锐的商业头脑和自强不息的拼搏精神。他一步一步走来，虽然步步艰辛，但能从小做大，次第而升，最终用自己的能力和智慧改变了自己，也向人们证实了自身的价值。

困卦① 第四十七

困卦

原文

困：亨。贞大人吉，无咎。有言不信。

初六：臀困于株木，入于幽谷，三岁不觌。②

九二：困于酒食，朱绂方来，利用享祀。征凶，无咎。③

六三：困于石，据于蒺藜，入于其宫，不见其妻，凶。④

九四：来徐徐，困于金车，吝，有终。⑤

九五：劓刖，困于赤绂，乃徐有说，利用祭祀。⑥

上六：困于葛藟，于臲卼，曰动悔有悔，征吉。⑦

注解

①困卦：坎下兑上，象征困厄。

②株木：枯树。幽谷：幽深的山谷。觌：见。

③困于酒食：受困于酒食之中。朱：大红色。绂：古代主持祭祀时所穿的衣服。

④困于石：困于巨石之下。据：抓。蒺藜：一种多刺的植物，一年一生。宫：居室。

⑤困于金车：受困于金车之中。

⑥劓：古代刑名，削鼻。刖：古代刑名，断足。说：通“脱”。

⑦葛藟：一种柔韧缠延之蔓。臲（niè）卼（wù）：动摇不安的样子。悔：后悔。

译文

困卦：亨通。对有德的大人而言吉祥，没有灾祸。在困难的时候有所言未必能取信于人。

初六：臀部困在株木中，陷入幽谷，三年不见露出面目。

九二：受困于酒食之中，此时因受命主持祭祀，祭祀时所穿的大红祭服已送到，有利于主持宗庙祭祀大典。若出征有凶险，但没有大的灾祸。

六三：困在巨石下，手攀附在刺多的蒺藜上，回到家里，妻子却不在了，凶险。

九四：缓缓前来，受困于一辆金车之中，有困难，但最终会是好结果。

九五：虽然贵为君王遭到削鼻断足的刑罚，受困于赤绂之中，后来逐渐逃脱，有利于举行祭祝。

上六：受困于藤葛蔓藟之中，受困于摇动不安之中。动则悔上加悔，若出征敌寇则会吉祥。

赏析

人的一生不可能只有成功而没有挫折。而一个人能不能把困境看作是对自己的挑战而不被困难击败，是能否最后成功的关键。可以说，如果你拥有了智谋、策略以及坚韧的性格，那么你几乎就拥有了成功。

有句古话说“人生不如意之事十有八九”，企业也是一样，在企业发展的进程中，难免碰到各种各样的逆境，而领导者的智谋、策略和坚韧毅力，正是战胜困境的法宝。世界上没有免费的午餐，任何成功都要以艰辛的付出为代价。在困难面前，或向前或后退，都很难做出抉择。事实上，人的能力最容易在困境中展露出来，世界船王的横空出世就是最好的例证。

1918年10月13日，包玉刚生于宁波市近郊的一个农村——钟包村。在他出生之前，其父亲包兆龙已有一子一女。在包玉刚之后，他还有一个弟弟和三个妹妹。从十六岁起，包玉刚就开始了他的社会实践生涯。1934年，包玉刚和宁波许许多多的年轻人那样，小学毕业就到上海做“学徒”。在上海，他工作吃苦耐劳，后来因一个亲戚的帮助，有幸进入了一家洋行工作。在这个工作岗位上，他不懂就问，勤劳刻苦，赢得了同事们的尊重和老板的赏识。由于他上进与谦虚的作风，以及在洋行工作当中积累了大量的工作经验，他被举荐进入当时国民党的官办银行工作。之后，包玉刚成为官办银行的要员，并且得到了前后两任市长的器重与提拔。1949年，上海即将解放时，基于更大的理想，包玉刚向行长递交了辞呈。当军政人员大都随国民政府去台湾时，包玉刚却选择了中立区香港。一天早晨，包玉刚偕妻子女儿趁机离开了上海前往香港。包玉刚英语不太熟练，粤语则一窍不通。初到香港，一想到一个月以前自己还是上海大名鼎鼎的银行要员，而到了香港连谋个银行差事都困难，他就非常沮丧。他接连面试了好几个银行，都被拒之门外。香港人的排外与歧视使得这个以前颇为成功的人信心大受打击。然而，事业的受挫，家庭的重担，都没有击垮他。坚强的包玉刚始终挺直他的腰杆，坚决不向任何困难低头。其实，所有的困难已经在他递交辞呈的时候就注定了，这是包玉刚自己的选择，他也不想去怨天尤人！后来回忆起当时的情况，他不无感慨地对身边的人说：“世界上没有免费的午餐，任何成功都要以艰辛的付出为代价。在困难面前，或是向前，或是后退，都是个艰难的抉择。一旦选择，也就无从后悔！但是，真正重要的只有一点——相信自己，依靠自己！”1951年，朝鲜战争爆发，中国人民志愿军出兵朝鲜，联合国对中国实行贸易禁运。这对在香港经营内地生意的英商来说，不啻是晴天霹雳；对与内地有千丝万缕联系的华商来说，又是天赐的发财良机。包玉刚公司中的四人，由于都是银行家出身，作风保守。他们从欧洲购买了许多化工原料、铸铁锭、轮胎等一般的战略物资，通过第三国或中立区澳门再卖给别的商人。显然，包玉刚等人不求暴利，但求平安。

但是由于他们在数量方面有保证，赢利也比较可观。而且，在朝鲜战争期间，由于业务的扩大，包氏家族的成员不断加入公司。朝鲜战争之后，世界的局势有了新的变化。当时所有的世界大国都处在第二次世界大战后的休养阶段，连美国也不得不加以调整与休养，这样，由于有待于经济迅速恢复，至少20年不再会有世界性的战争。世界经济将会有大的发展与繁荣，船的作用愈来愈重要，船主若赚不到钱，只能怪自己无能。有海的地方，都可以走船。

但是，整个20世纪50年代，放眼亚洲，最大的大陆国——中国始终处于一种封闭的状态，就连上海这个远东最大的进出口贸易港也都封港。香港的地位因此显得格外突出，世界各国来远东的货物都将云集香港。只要有船，就不愁没生意做。在这种国际形势之下，包玉刚竭力说服父亲同意自己的想法。当包兆龙正为是否买船犹豫不决时，包玉刚从香港船舶经纪公司获悉，英国威廉逊公司有一艘燃煤旧货轮，要价22万英镑。但包氏父子把家中稍值钱的东西全部变卖了，亲戚朋友中稍有财力的也都出钱集资了，仍只筹集了20万英镑。包玉刚在走投无路之际，试图直接说服威廉逊公司给他们以一定的优惠。包玉刚带着这种侥幸心理急忙飞赴伦敦。事情出乎意料的顺利，包玉刚果然以20万英镑的价格，谈妥并买下了这艘“二手船”。最后，威廉逊公司按照协议，将船维修油漆了一遍。包氏为“新船”定名“金安”号。

1955年8月初，包玉刚拥有了自己的第一艘轮船。从此以后，香港航运界又冒出一家新户。在同行眼里，包玉刚既没做过船长大副，也没在船务公司做过职员。他懂得旗语灯语吗？懂得航速、航线、耗煤、运价之间的微妙关系吗？因此，同行们并没感受到他的威胁。

然而，包玉刚比别人更了解自己。他更清楚自己对航运业一无所知的现实状况。他索性把船以低于市面运费的固定价格，长期包租给精明的日本人。几年之后，同行们发觉，原来真正懂得船业的是包玉刚。他们再也不敢小觑包玉刚了。此时，包玉刚把他的船队打理得有条不紊。又过了若干年，同行对包氏更是刮目相看，他那长期租船的笨办法，却使他的船队急剧扩张，其势力直逼老船王董浩云。

1956年，也就是“金安”号出租半年之后，发生了一件对全球航运业产生巨大影响的事件：埃及总统纳塞尔占领苏伊士运河，非友好国家的船只不得通过运河。几乎所有的资本主义国家都被列入非友好国家之列，而世界80%的商船都为这些国家所拥有。悬挂英国米字旗的香港船只也在其列。

而这对包玉刚来说，不是灾难，而是福音。因为欧亚航线的船只现在大都须绕道非洲好望角，船只紧缺，运费暴涨。正在这时，日本山下公司的租船期届满，于是山下公司出数倍于原价的租金，为“金安”号续了约。当包玉刚拿到这笔保证金之后，他马上加上自筹资金又购入一艘“二手船”，与另一家货运公司签下租约；之后拿到钱又再想方设法去买船。短短几年的时间，包玉刚已经拥有了十艘“二手船”。此时的包玉刚感到时机已经成熟了，于是他立即组建了环球航行公司，正式宣告他开创了长期租船的经营方式。在他的租赁业当中，精明能干的包玉刚采用出租船和船员等多种经营方式把环航公司打理得红红火火。

在以后的日子里，包玉刚带领庞大的队伍，尽心尽力地经营着环航公司这个誉满全球的大产业，走过重重困境，迈向辉煌的峰巅。包氏的好友曾经和他开玩笑道："都说你是个旱鸭子，现在你的旗下有这么多的船只，你无论在什么地方落水，你的船都会及时地赶到救起你。"

"创业艰难百战多"，成功源于千锤百炼。每一个成功者，都是从艰难中磨炼出来的。遭遇困境，从不抱怨，百折不挠地继续努力，这就是成功的不二法则。

井卦[1] 第四十八

井卦

原文

井：改邑不改井，无丧无得。往来井井。汔至，亦未繘井，羸其瓶，凶。[2]

初六：井泥不食，旧井无禽。[3]

九二：井谷射鲋，瓮敝漏。[4]

九三：井渫不食，为我心恻。可用汲，王明并受其福。[5]

六四：井甃，无咎。[6]

九五：井洌寒泉，食。

上六：井收勿幕，有孚元吉。[7]

注解

①井卦：巽下坎上，象征汲取之理。

②邑：泛指城邑，古时邑多为村镇。井井：从井中取水。第一个“井”字用作动词，取水。汔（qì）：即将。繘井：淘井。羸：此为倾覆的意思。瓶：古代汲水器皿。

③不食：不堪食用。禽：作水禽解。

④鲋：小鱼。瓮：汲水用的容器。敝漏：破旧，破碎。

⑤渫：除去污秽。为我心恻：使我深感悲伤。王明：君王贤明。

⑥甃：本指砖块，此处为以砖块砌井。

⑦井收勿幕：修整水井后，无须覆盖井口。幕，盖。

译文

井卦：城邑可以改移，但是水井不能移动，每日取水也不见其枯竭，时时流注其中也不见其盈满。来往之人不断地从井中取水。取水时水瓶升至井口尚未拿出来时，若使水瓶倾覆破碎，必有凶险。

初六：井下淤泥沉滞，不堪食用。水井破旧不堪，就连水禽也不愿光顾。

九二：在井中容水处射击小鱼，结果将取水的器物射穿了。

九三：水中的污泥已经淘净，但仍然没有人饮用，这让我深感悲伤。可以汲取饮用，只有遇到贤明的君主，才能使贤士同受其福禄。

六四：用砖块砌好井壁，就没有过错和灾祸。

九五：井水清冽，能食用。

上六：井已修复，无须再盖井口，此时心怀诚信，就能大吉大利。

赏析

水是生命之源，井是提供源泉的地方，这就是井与水的关系。《井卦》以此来说明个人需要不断地培养道德修养和不断开发知识潜能，因为只有不断地自我完善，才能有望成就一番事业。

在中国历史上，唐太宗李世民是一位有名的明君，更是一位能够正己修身、以自身为表率的君主。贞观初年，李世民刚刚登上帝位，就下令放走皇宫园囿中的鹰犬，指令各地州县不得进献珍禽异物，停止修建宫殿楼阁，甚至不让后宫妃子们多添新衣，他自己的龙袍也是三年不换新的。言行都比较谨慎，注意克己节欲，不以玩乐分心。上朝时，大臣们讨论军国大事，或请示皇上决断问题，他一般都先听后说，多听少说。遇上较难办理的事情，他也总在调查了解后，才做出判断。他爱护百姓，不夺农时，因此违犯法律的人很少，有一年全国竟然仅有二十几个违法的人。

贞观元年（公元626年）五月，有位外地大臣上书唐太宗，请求清除朝内的奸臣，唐太宗反复思考，也不明其所指。最后，在这个人进京述职时，就当面问他："你说让我清除奸臣是好事，但奸臣是谁呢?"这位大臣说："臣下远在外地，不能确定谁是奸臣。但我肯定朝中有奸人。陛下不妨故意说错一件事，而且装作固执己见，可以试验大臣的态度。那些敢于进谏、不屈不挠的，就是忠直之臣；如果巧言迎合的，就是谄媚奸臣。"太宗听了，虽然明白他的意思是用一些驭臣之术，但还是摇了摇头，笑了笑，对他说："你的主意不错，但我不能这么做。因为君主是源，臣下是流。如同江河，江河的源头若浑浊了，就不能要求下游流水清澈。君主自己诡诈，怎么能责备大臣不忠直呢？我是以至诚来治理天下的，有时看到前代有些帝王用权谋诡诈来驾驭臣子，实在觉得是一种可耻的行径。"这位上书的官员也无话可说，只好尴尬惭愧地退下了。

然而，这位大臣的话时刻困扰着唐太宗，是朝中真的有奸臣，还是上书者想由此表明自己的忠直呢？太宗便拿这个问题问耿直的大臣魏征。魏征分析说："我认为这种空泛的议论没有什么价值，其用意也不必深究。我倒觉得，陛下所提出的君源臣流的思想，是难能可贵的，更是值得庆幸的大事。君主能严于律己，则天下必定能够治理得很好。从前楚王请詹何做谋士，问他治理天下的要领，而詹何却只讲了君主正身修己的方法。楚王又问：'那国家究竟如何治理呢?'詹何回答说：'我没有听说过君主自身修养好了而国家却败乱的。'古代圣明的君主都能修正自身，远离享乐之欲，天下自然安乐。陛下所说，正同古代圣明君主的主张是一致的。"唐太宗听了以后，高兴地说："要安定天下，君主必须先修正自身，没有身正而影歪、上理而下乱的。我常想损害修身的因素，不在外界而在自身的贪欲。比如美味、声色等，贪欲越多，损害越大。既妨害治理国政，又侵扰百姓利益。如果再违背礼义德行，万民就会解体，怨声载道，叛离之乱必然发作。”魏征称赞说：“陛下为社稷深谋，常能正己修身，真是天下老百姓的幸运。”

李世民的想法得到了魏征的赞许，心里更觉踏实。第二天上朝时，唐太宗又兴致勃勃地向群臣讲了一通君源臣流的道理。“自古君王治理天下，唯有对自己修身、对臣民修德这两件事最为要紧，其他虚浮的事情都不必关心。尧舜用仁德治理天下，臣下就跟着仁德；桀纣用暴虐统治天下，臣下也暴虐。臣下的举动都是依照君主的喜好行事，比如南朝的梁武帝父子二人都崇尚浮华，信奉佛教和道教。梁武帝末年，武帝本人荒废国事，到寺庙里宣讲佛经，文武官员都头戴僧帽，脚穿高履，整天陪同僧尼拜佛，谈论苦海空门，不把军国大事放在心上。直到侯景领兵攻入京城，多数官员都不会骑马，狼狈步行逃亡，死伤遍及路旁，连武帝都被侯景囚禁而死。武帝之子孝文帝逃到江陵，被人包围，还向百官宣讲老子的道义，突然城被攻破，君臣都做了俘虏。这些教训实在不能忘却，我们应以此为鉴戒。我现在所喜好的，只有尧舜的仁德之道和周公的理政之教。古人说，君主犹如盛水的容器，臣民犹如水。水的形状或方或圆，都在于容器的形状，而不在于水本身。这些治国安民的正道，是我们一定要坚持的啊。”

文武百官频频点头表示敬服，并山呼“万岁，万岁，万万岁”。

由于唐太宗真正地按他所说的去做了，因而出现了“贞观之治”，这是封建历史上少有的太平盛世。

孔子把君子最重要的标准定为“修己”，但并不局限于此，而是“修己”之后要“齐家，治国，平天下”。修身养性并不仅仅是个人的事，而是有“博施于民”和“济众”的目的。自古以来，人们恪遵儒家思想，以加强自身的修养作为为人处世的前提条件，认真严肃地履行自身的职责，用他们的德行和智慧推动时代的车轮向前运转，谱写出了中华民族光辉灿烂的历史篇章。

革卦[1] 第四十九

革卦

原文

革：己日乃孚，元亨，利贞，悔亡。[2]

初九：巩用黄牛之革。[3]

六二：己日乃革之，征吉，无咎。

九三：征凶，贞厉。革言三就，有孚。[4]

九四：悔亡，有孚改命，吉。[5]

九五：大人虎变，未占有孚。[6]

上六：君子豹变，小人革面，征凶，居贞吉。[7]

注解

①革卦：离下兑上，象征变革去故。

②己日乃孚：在十天干中己日在前五数与后五数的中间，意指由盛转衰的时刻。

③巩：束缚住物体。革：皮革。

④革言三就：（由于遇到众多敌人阻挠）必须多次革命，才能有所成功。三，多次。就，成功。

⑤改命：改革天命，改朝换代。

⑥虎变：像猛虎一样推行变革。

⑦豹变：与“虎变”意思相同。

译文

革卦：到“己日”变革取得民众的信服，大亨大通，有利于做事，悔恨也会消亡。

初九：用黄牛革紧紧地困住其身。

六二：已日发动变革，出征则吉祥，没有过错和灾祸。

九三：出征凶险，占得险兆。变革多次已见成效，应该心怀诚信。

九四：没有悔恨，心怀诚信革除旧命，吉利。

九五：大人像猛虎一样推行变革，不要占卜吉凶而要保持诚信之德。

上六：君子的变革如同豹子的斑纹一样，而小人的变革则只是改变其貌，此时若是继续前行则有凶险，居正不动则吉利。

赏析

改革，古人称之“布新猷，除旧政”，或者叫作“变法乱常”。用现在的话说，就是除旧布新，打破常规。它意味着对原有的权力配置、利益关系、社会秩序乃至人们的生活习惯、思维方式、价值观念进行新的调整。改革必然引起新的矛盾，因而，在改革过程中及时化解新出现的矛盾，保持社会稳定，就能保证改革顺利进行，这也是古人所说的要善于以“小变”求“不变”。古往今来，无数历史事实证明，只有不断地革除旧政，才能更好地促进社会的健康发展。

我国封建社会的历史，经历了两千三百多年。其中，宋王朝约占七分之一。尽管自给自足的自然经济在整个宋王朝始终占统治地位。但是，在经济方面，自唐代以来商品经济已有了较大程度的发展；在政治方面宋代处于我国封建社会大变革的时代。这一切成果的取得都与当时改革派的厉行变革是分不开的。

北宋建国之初，一直奉行“不抑兼并”的土地制度。到宋仁宗时，全国已逐渐形成了“富者有弥望之田，贫者无立锥之地”的局面，再加上繁重的苛捐杂税，人民不得翻身。当时的北宋王朝很多大臣都想改变这一局面，但始终没有多大成效，及至王安石的变法横空出世，北宋的面貌才为之一新。

王安石出身于中下层官宦之家，自幼聪明好学，他博览群书，诸子百家、诗词歌赋无不精通，甚至还阅读下层社会的市井文学。王安石始终怀着学以致用的目的，深切而透彻地了解古代典籍。阅历和学识的增长使得他的思想日益成熟。因为经常跟随做地方官的父亲辗转各地，见多识广，早年的迁徙生活使他较为广泛地接触到社会的贫困和人民的苦难，对广大挣扎在贫困线上的劳动人民寄予深切的同情。他从小立下大志，即以天下为己任，很小的时候，他曾写诗言志：

此时年少自负恃，
意气与日争光辉。
秉闲弄笔戏春色，
脱略不省旁人讥。

由此可见，少年时代的王安石就有着不同凡响的志趣。

宋仁宗庆历二年（1042 年），王安石高中进士，任淮南判官。

庆历七年（1047 年），王安石调任鄞县（今属浙江）知县。他到任后便大量访问多方面人士，对鄞县的自然状况做了一番深刻的调查。经过调查得知这个县跨江负海，有着丰富的水利资源。由于前期统治者废掉营田吏，致使水土流失，连年荒旱，农业歉收。当他了解到这一情况之后便抓住了这一地区兴利除弊的关键，广修堤堰和川渠以确保丰收，还发动乡民们疏通渠道。这些水利设施起到了蓄水排灌的作用，对农业生产大大有利。

每当青黄不接的季节，穷人的口粮接不上的时候，他就让人打开官仓，把粮食借给农民，待到秋收以后，再要他们加上官定的利息偿还。这样做农民可以免除大地主豪强的重利盘剥，日子比较好过一些，因此很受百姓爱戴，同时也使政府从中得到一笔稳定的经济收入，搞活了政府经济。这是王安石立志改革的第一次尝试，因成功而受到朝廷的器重，也赢得了老百姓的尊敬与爱戴。初次改革的成功不仅坚定了他继续前进的信心，还为他将来从事政治改革积累了一定的经验。

王安石在任鄞县知县期间，曾多次上书上级官吏建议兴利除弊。皇祐三年（1051 年），他勇敢地向当时的宋仁宗递上了一封长达万言的《言事书》。《言事书》对北宋王朝以来内忧外患、积贫积弱的局面及形成的原因做了较为精辟的分析，主张重新建立宋王朝的“法度”，对现实政治进行大胆而深刻的改革。当时范仲淹“新政”失败之后，仁宗对改革持怀疑态度，心里根本无意改革，于是王安石的上书石沉大海。

治平四年（1067年），宋英宗死，宋神宗即位。神宗立志改变现实，有所作为，所以他需要一个得力的政治助手。由于神宗早就听说王安石的杰出才能，他就下令把正在江宁做官的王安石调到京城来面谈，面谈非常投机，宋神宗决定重用王安石。

熙宁二年（1069年），宋神宗将王安石提升为副宰相，主持朝政。王安石在内忧外患、矛盾重重的状态下，提出了“天变不足畏、祖法不足法、人言不足恤”的口号，但守旧派却以“祖宗之法不可变”为由极力反对王安石的变法，并认为王安石的思想观点是大逆不道、不能容忍的。但是由于有宋神宗的大力支持，王安石还是开始大刀阔斧地进行了改革。

王安石变法的内容主要有：一、青苗法。这就是他在鄞县试用过的借粮济民的办法，现在拿来推广到全国实行。二、农田水利法。政府鼓励地方兴修水利，开垦荒地。三、免役法。官府的各种差役，百姓自己可以不服役，改为由官府雇人服役。各家各户按贫富等级，缴纳免役钱，原来不服役的官僚、地主也要交钱。这样既增加了官府收入，也减轻了农民的劳役负担。四、方田均税法。为了防止大地主兼并土地，隐瞒田产人口，由政府丈量土地，核实土地数量，按土地多少、肥沃程度收税。五、保甲法。政府把农民按住户组织起来，每十家是一保，五十家为一大保，十大保为一都保。家里有两个以上成年男子的，抽一个当保丁，农闲练兵，战时编入军队打仗。

王安石的变法很快取得了成效，宋王朝的经济收入大大增加，政府和军队裁撤了大批冗员，效率大大增加，农田水利设施建设蒸蒸日上。社会生产力有了巨大发展，垦田面积大幅度增加，全国高达七亿亩，单位面积产量普遍提高，多种矿产品产量为汉代、唐中叶的数倍至数十倍，城镇商品经济取得了空前发展。这一时期被人们俗称为“王安石变法时期”。

王安石的改革促进了宋王朝社会生产力的发展。北宋王朝的农业、手工业、商业等发展水平大大超过了唐朝，成为秦汉以后中国经济发展的又一个高峰期，这说明王安石改革所确立的多种经济制度，是适应社会生产力发展要求的。

《革卦》中包含着“只有变革，才能产生新的气象”的道理，如果说北宋王朝的社会生产在整个封建时代居于两个马鞍形的最高峰，那么应当说，王安石变法时期的社会生产则居于这个最高峰的最高点。尽管变法在司马光等守旧势力的打击下以失败而告终，但它所产生的巨大作用和深远的历史影响，是永远不会磨灭的。

鼎卦①第五十

鼎卦

原文

鼎：元吉，亨。

初六：鼎颠趾，利出否。得妾以其子，无咎。②

九二：鼎有实，我仇有疾，不我能即，吉。③

九三：鼎耳革，其行塞，雉膏不食，方雨亏悔，终吉。④

九四：鼎折足，覆公餗，其形渥，凶。⑤

六五：鼎黄耳金铉，利贞。⑥

上九：鼎玉铉，大吉，无不利。

注解

①鼎卦：巽下离上，象征三足两耳的鼎器，鼎不止用于煮食，还代表君王的权威。鼎上的花纹，还有镇妖避邪的功用。

②鼎颠趾：鼎器从脚跟颠倒。利出否：利于倾倒无用之物。否，指无用、

鄙劣之物。以其子：因得子。以，因。

③实：此指食物。

④革：变异。塞：阻塞。雉膏：用雉肉做的美味食物。方雨亏悔：天正在下雨，鼎器中的美味亏毁，有些悔恨。

⑤覆公餗：将王公的美食倾倒出来。公，王公。餗，鼎器中的美食。其形渥：洒得遍地都是。渥，沾湿之状。

⑥铉：横在鼎耳以便抬起来的木杠。

译文

鼎卦：大吉大利，亨通。

初六：鼎翻倒而足向上，有利于倒出废物。为了生个儿子而娶小妾，没有过错。

九二：鼎中有食物，我的仇敌有病，暂时不来找我，吉利。

九三：鼎耳变异，鼎器暂时不能移动，外出打猎受到阻塞，吃不到美味的雉膏，天正在下雨，鼎器中的美味亏毁，有些悔恨，但最终是吉利的。

九四：鼎足折断，倾倒了鼎中王公的美食，弄得满地狼藉，凶险。

六五：鼎耳和鼎盖上的横杠都是金黄色的，吉利。

上九：鼎盖横杠用玉制成，大吉大利，没有不利。

赏析

“滚滚长江东逝水，浪花淘尽英雄。”

从三皇五帝到唐宗宋祖，从苏秦到诸葛亮，从恺撒大帝到丘吉尔……他们留给世人的除了其文治武功的恢宏伟业之外，更为灿烂夺目的是其独具一格的用人思想。抚今追昔，大凡有所建树的英雄人物，无不在用人方面留下了让后人久久玩味的佳话，而这些人之所以名垂青史，也正在于他们能够“让天下英雄为我所用”，最终得以“运筹帷幄之中，决胜千里之外”。

早在两千多年前，我国先哲在《周易》的《鼎卦》里就阐释了养贤的道理。养贤用才，不仅是变革的需要，也是事业长期保持发展的需要。只知用贤而不知养贤，人才的储备就会枯竭，难以适应事业的长期性发展。因此，养贤用才，除旧布新，不断地培养新的人才是每一个执政者和领导者的要务。

时至今日，养贤用才已经不再局限于对于人才的笼络与统治，而是更多地渗入了科学管理的思想观念。无论对于个人、企业，抑或是政府，今天的用人，既是人力资源管理的重要内容，又是成就事业的关键所在，愈来愈多的人已经认识到，得人才者得天下，失人才者失天下。在人才的得失之间，恰恰反映的就是用人者的韬略、技巧，乃至人格魅力。罗斯福之所以能在美国政坛上叱咤风云，在很大程度上靠的就是用人之术。

罗斯福在晋升和施政过程中，组建和使用了一个强有力的智囊团，这也开创了美国历史上用人的先河。智囊团中的人职位比部长低，但在影响和制定政策方面作用却更大，他们是对新政府起了重大作用的高参，后来不少的美国政要就是最早一批的智囊团成员。

从实践中知人，从细节处知人，从人才的心理变化知人，等等。鉴知人才的手段和途径数不胜数，而一旦知晓了人才的特点，就可以扬长避短，人尽其才。当然，知人的关键是力求全面，这样任用时才能做到随心所欲，事业也就会无往而不胜。

震卦① 第五十一

震卦

原文

震：亨。震来虩虩，笑言哑哑，震惊百里，不丧匕鬯。②

初九：震来虩虩，后笑言哑哑，吉。

六二：震来厉，亿丧贝。跻于九陵，勿逐，七日得。③

六三：震苏苏，震行无眚。④

九四：震遂泥。⑤

六五：震往来，厉，亿无丧，有事。

上六：震索索，视矍矍，征凶。震不于其躬，于其邻，无咎。婚媾有言。⑥

注解

①震卦：震下震上，象征雷霆震动。上下单卦都为震，指大地震动，阴

阳交合。雷霆轰响，人人惊恐，只有恬而安之，才能尽于欢笑中。

②虩虩：恐惧的样子。哑哑：又说又笑的样子。匕：匙、勺。鬯：本指祭祀用的香酒，洒在地上，恭请诸神降临。此处指祭祀。

③厉：危险。亿丧贝：将会大量失去钱财。亿，通“噫”感叹词。贝，古代货币，这里指宝物。跻于九陵：登上九重高陵。跻，登。

④苏苏：恐惧不安的样子。震行：震恐而行。眚：病，灾祸。

⑤遂：通“坠”。

⑥索索：心里不安的样子。矍矍：视线不定，不敢正眼看。躬：亲身。

译文

震卦：亨通。震雷使有些人恐惧，也会使有些人因此强化自身后无所畏惧地又说又笑，雷声的威力能够震惊方圆百里，不绝的宗庙祭祀使社稷安稳。

初九：震雷使有些人恐惧，也会使有些人因此强化自身而无所畏惧地又说又笑，吉利。

六二：雷声突然响起，危险，啊！宝物丢失了，这时正登在九陵之上，无须追逐，七天之内财物必失而复得。

六三：雷声震动使六三恐惧不安，在这样的声音中警惕而行，没有灾祸。

九四：在雷声震动中陷入泥沼中。

六五：在雷声震动中上下往来都有危险，唉！虽不会有所失，但还应保存祭祀之事。

上六：雷声震动使人恐惧不安，眼睛也露出惊恐不安的样子，出行有凶险。守正不“征”，就不会降到自己身上，而是会震及近邻，没有灾祸。若有婚约则会导致言语之争。

赏析

震动所造成的巨大力量的破坏性释放，无论是自然界的大地震，还是社会中的大震荡，都是一种不以人的意志为转移的周期性现象。对于自然和社会发生的各类大震荡，一般人若缺少必要的心理准备，会很难适应，甚至惊恐不安。易家则不然。由于早已掌握了自然、社会由震而定、由乱而治的演变规律，易家对大自然的雷霆震怒，以及人类社会的大碰撞、大震荡等现象，均取静观骤变的态度。

遇险不惊，镇定沉着，乃化险为夷之良策。倘使惊慌失色，处置不当，就会坏了大事。警惕而不经变故，会让人在巨变发生的时候从容应对，最终安然无恙。刘邦在鸿门宴脱险的事例，可作此解。

刘邦率先入关破咸阳，退驻霸上。后项羽率军西来屯军新丰鸿门（今陕西临潼东北），麾兵四十万，扬言要同刘邦交战。

秦末，“天下苦秦久矣”，公元前209年陈胜、吴广起义，刘邦、项羽也起兵江东。项梁拥立老楚怀王之孙为“楚怀王”，召集诸将结成反秦联盟，命主力军刘、项分南北两部，合力西击秦军，并约定“先入关中者王之”。项羽在北边打仗，很快，北边的战局平定下来，于是项羽带着自己的军队浩浩荡荡地往关中地区开过去，开到函谷关的时候，刘邦的军队把函谷关守起来了，项羽以勇猛著称，马上下命令英布攻打函谷关。刘邦的军队是打不过项羽的，项羽把函谷关打开后，他的军队开到了鸿门，这个情况对于刘邦来说就更不利了。这时刘邦队伍内部中的左司马曹无伤出卖刘邦，跑去报告项羽，说刘邦野心很大，要在关中称王。项羽一听，勃然大怒，马上下命令说，明天早上让所有的将士饱餐一顿，歼灭刘邦。

当时项羽兵力四十万，号称百万，刘邦的兵力十万，号称二十万，刘邦如果和项羽打一仗的话，那叫“以卵击石”，根本就不是对手，可以说此刻的刘邦是危在旦夕。项羽的叔叔项伯与张良有生死之交，连夜给张良通风报信，劝他速速逃命，免得与刘邦同归于尽。张良便将此事报告了刘邦。刘邦大惊失色，恳请项伯从中斡旋。他恭敬地尊项伯为兄长，献上一杯美酒为他祝寿，并决定把女儿许配给项伯的儿子。

刘邦此举，收益颇丰。项伯慨然答应在项羽那里为刘邦解释、疏通，并出计要刘邦第二天一早亲自去拜会项羽，说明原委，以消除误会。接着，他又连夜返回鸿门，劝说侄儿项羽，替刘邦开脱。项羽怒气消了大半。

第二天一早，刘邦带着张良、樊哙，在百名骑兵的护卫下，从霸上到了鸿门去拜见项羽。一见项羽，刘邦就说：“将军啊，当年臣和将军一起在怀王手下当差，接受怀王的命令出击，将军战河北，臣战城南，臣也没有想到，怎么一不小心，我就先来了，实在不好意思，不过也好，我不是很荣幸地又见到将军了吗?”项羽见刘邦言语诚恳，不但怒火全消，且觉得自己委实对不住刘邦，说：“这都是你的左司马曹无伤挑唆的。否则，我怎会如此!”遂命人摆下酒宴，款待刘邦。

随后就留刘邦一同饮酒。项羽、项伯面东而坐，范增面南而坐。刘邦面北而坐，张良面向西侧陪侍。席间，范增多次给项王使眼色，三次举起身上所佩饰的玉玦，示意项王当机立断，杀死刘邦，可是项王默然不应。

范增起身，出去叫来项庄，对他说："君王为人心软，不忍下手，你进去敬酒祝寿，祝寿完毕，请求用剑起舞，趁机在刘邦坐着时用剑杀死他。若不这样，将来我们都要被他俘获。"项庄于是就进去敬酒祝寿。祝寿完毕，他说："君王和刘邦饮酒，军中没有什么可以助兴，请允许我舞剑助兴。"项羽说："好吧！"项庄拔剑起舞，于是项伯也拔剑起舞，用自己的身体掩护刘邦，让项庄没有机会杀掉刘邦。

情况紧急，张良离席，来到军门，见到了樊哙。樊哙问："事态如何？"张良说："非常紧急。现在项庄拔剑起舞，用意一直是放在沛公身上。"樊哙说："看来真的很紧迫，请让我进去，我要跟沛公同生死。"说完，樊哙立刻带着宝剑，拿着盾牌闯入军门。卫士想拦住他，樊哙干脆撞倒卫士，进入军门。他分开帷帐，瞪大眼睛注视项羽，头发向上直立，眼眶都要瞪裂了。

项羽一惊，按剑问道："来者何人？"

张良回答："沛公的参乘樊哙。"

项羽称赞说："好一个壮士！赶快赐酒！"侍者斟给他一大杯酒，樊哙拜谢后，立饮而尽。项羽又说："赐他一个蹄筋。"侍者给了樊哙一个生蹄筋，樊哙把盾放在地上，然后把蹄筋放在盾上，用剑切了就吃。

项羽更加赞叹，问他还能不能喝酒。

樊哙起身说："臣连死都不怕，还怕一杯酒吗！秦王有虎狼之心，杀人唯恐不能杀尽，处罚人唯恐不重，天下的人都背叛了他。怀王和诸侯约定说：'首先攻破秦军，打入咸阳的人，应该被封为关中王。'现在刘邦首先攻破秦而打入咸阳，对于秦室的财富一点儿边都不敢接近，封藏了宫室，退出军队驻扎到霸上，专门等待大王。沛公之所以派人把守函谷关，是为了防备其他盗贼，防止意外事件的发生。刘邦这样劳苦功高，却没有得到封侯的奖赏，而你听信了小人的谗言，想诛杀有功的人。这样做是亡秦的延续，我相信，大王是不会采取这种做法的。"

项羽无话可答，只是说："请坐。"于是樊哙随张良就座。坐了一会儿，刘邦起来去厕所，叫樊哙一起出帐。

刘邦打算不辞而别，对樊哙说："我准备回去，但没有向项王告辞，怎么办呢？"

樊哙说："现在的情况人家好比是刀和案板，我们是要被宰割的鱼肉，还告什么辞呢？"张良这时也出来了，他问刘邦带来了什么礼物，刘邦说："我带了一对玉璧，准备献给项羽，一对玉斗，准备送给亚父（范增），刚才他们生气，没敢拿出来，你就代我献给他们吧。”

张良说：“遵命。”

在这时，项羽驻军鸿门，刘邦驻军霸上，相距四十里。刘邦就没有坐车，骑马逃离，樊哙和夏侯婴、靳强、纪信等四人手持武器跟着徒步奔跑，抄小道行进。刘邦对张良说：“从这条道路到达我们军中，不过二十里。你估计我到了军中以后，再回军帐中告辞。”估计刘邦已经回到军中，张良于是入帐辞谢，他说：“刘邦喝多了，不能亲自告辞。委派臣下献上白璧一双，玉斗一双，献给大王。”

项羽问：“刘邦现在哪里?”

张良答：“刘邦听说大王有意责怪他，只好独自回去，已经到达军中了。”项羽听后，接过了玉璧，把它放在座位上。范增接过玉斗，把它摔到地上，还拔剑击碎了它，说：“唉！项伯这帮无知的小子，不能和他们共同图谋大事。夺取项王天下的人，一定是刘邦。我们这些人都逃不掉。”

刘邦从鸿门脱身以后，回到军中第一件事情就是把曹无伤杀了。刘邦之所以能够从鸿门宴上安然脱险，虽然得力于项伯、张良等人的相助，但关键还在于他自身的镇定。这种从容不仅消除了项羽的疑忌，也为自己的随机应变提供了必需的保证。

刘邦到南郑后，积极准备反攻。先夺取关中三秦之地作为根据地，然后出兵东向，进攻项羽。后来，项羽被迫与刘邦约定：“中分天下，割鸿沟以西为汉，以东为楚。”定约后，项羽东归。刘邦在张良、陈平的提议下，决定趁此时机消灭项羽，于是用大将韩信、彭越围困项羽于垓下（今安徽灵璧南）。项羽兵败突围，至乌江（今安徽和县东北）自刎。刘邦也因此成就了自己的霸业。

艮卦[1] 第五十二

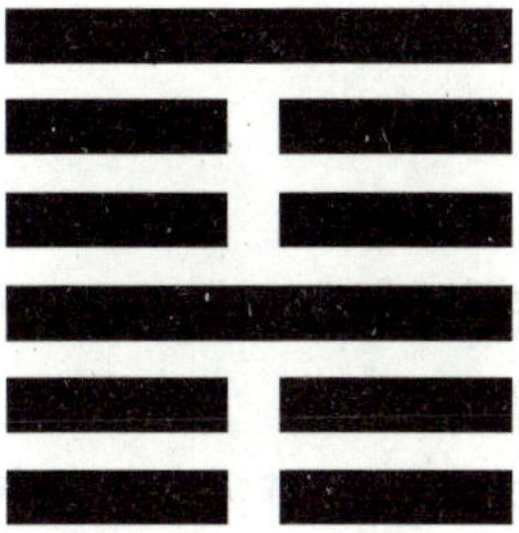

艮卦

原文

艮：艮其背，不获其身，行其庭，不见其人，无咎。[2]

初六：艮其趾，无咎，利永贞。[3]

六二：艮其腓，不拯其随，其心不快。[4]

九三：艮其限，列其夤，厉熏心。[5]

六四：艮其身，无咎。

六五：艮其辅，言有序，悔亡。[6]

上九：敦艮，吉。[7]

注解

①艮卦：艮下艮上，象征抑止。

②庭：庭院。

③趾：脚趾。

④腓：小腿肚。拯：举。

⑤限：指人的上下部位的界限，即胯，腰部。列：通“裂”。夤：脊背肉。熏：烧烤。

⑥辅：上牙床，此处指口。

⑦敦：敦厚。

译文

艮卦：止于背部，不可使全身面朝应当抑止的欲望，就像行走在庭院中，背对着背不见其人，没有灾祸。

初六：抑止于脚趾迈出之前，没有灾祸，有利于长久之事。

六二：抑止小腿肚的运行，不向前奉承本应随行的君子，所以心中感到不愉快。

九三：抑止腰部的运动，但背部的肉撕裂了，危险像烈火一样熏烤着人心。

六四：抑止上身的运动，没有过错。

六五：抑止其口不使妄语，说话注意分寸，悔恨就会消失。

上九：以敦厚的品德安定自身，吉利。

赏析

进退的学问在《孙子兵法》中有说过：“不以进为进，不以退为退，进中可退，退中可进。”兵法亦可以用于处世为人，曾国藩对此别有体悟。他说：“审时度势，知进知退，应是造就人生进取的要件。”如何造就，那就要靠一双慧眼、一种信念和一腔知识与学问。曾国藩的这种进退之术，可以说是炉火纯青，特别在人生的关键时候，能够淋漓尽致地发挥出来，做到以藏代露、以退为进。此等智慧，决定了曾国藩最终成为“中兴之臣”。

曾国藩认为大凡人在初创崛起之时，不可无勇，不可求平、求稳，而在成功得势的时候才可以求淡、求平、求退。这也是人生进退的一种成功学问。

在曾国藩兄弟满门封侯，大功告成之日，曾国藩能做到静思谦退，保泰持盈，而这时，偏偏有些人势盛时头脑发热，让欲望的火焰障住了双眼，总想再越雷池一步。当时风行一时的“劝进”浪潮，着实给曾国藩出了一道难题。

有一则笔记是曾国藩的一位朱幕府所记南京城攻破后湘军的秘闻：当曾国藩攻破南京城，宣布太平天国覆亡，进入南京城后，全城余烬未熄，颓垣败瓦，满目荒凉，惨不忍睹。一天晚上，约十一点钟，曾国藩亲审李秀成后，进入卧室小憩，湘军的高级将领约有三十余人忽然云集大厅，请见大帅。中军向曾国藩报告，曾国藩即问九帅（即其弟曾国荃）有没有来，中军回答未见九帅，曾国藩即令立即召见曾国荃。曾国荃是攻破南京的主将，这天刚好生病，可是主帅召唤，也只好抱病来见。曾国藩听到曾国荃已到，才整装步入大厅，众将肃立。曾国藩态度很严肃，令大家就座，也不问众将来意，众将见主帅表情如此，也不敢出声。如此相对片刻，曾国藩乃命随员去拿纸笔，随员进以簿书纸，曾国藩命换最好的大红纸，就案挥笔写了一副对联，写完后掷笔起身，一语不发，从容退入后室。众将莫知所措，屏息良久，曾国荃乃趋至书案前，见曾国藩写了十四个大字，分两行上下联：

倚天照海花无数；

流水高山心自知！

曾国荃读此联时，起初好像很激动，接着有点凄然，最后则是惶然。众将围在曾国荃之后，观读联语，有点头的，有摇头的，有叹气的，有热泪盈眶的，表情不一，然后曾国荃用黯然的声调对大家宣布说：“大家不要再讲什么了，这件事今后万万不可再提，有任何枝节，我曾九一人担当好了。”

这一段笔记显示了南京城破后湘军确有拥立曾国藩为帝的一幕，可是这种非常之举是成则为王、败则诛杀九族的危险举动。所以谁也不敢明言说出口。曾国藩明知众将来意，也不说破，只用十四字联语作答，相互之间都不点破。

其实，早在安庆战役后，曾国藩部将即有劝进之说，而胡林翼、左宗棠都属于劝进派。劝进最力的是王闿运、郭嵩焘、李元度。当安庆攻克后，湘军将领欲以盛筵相贺，但曾国藩不许，只准各贺一联，于是李元度第一个撰成，其联为：

王侯无种；

帝王有真。

曾国藩见后立即将其撕毁，并斥责了李元度。在《曾国藩日记》中也有多处诫勉李元度审慎的记载，虽不明记，但大体也是这件事。曾国藩死后，李元度曾哭之，并赋诗一首，其中有“雷霆与雨露，一例是春风”句，潜台词仍是这件事。

一次，曾国藩寿诞，胡林翼送曾国藩一联，联说：

用霹雳手段；

显菩萨心肠！

曾国藩最初对胡联大为赞赏，但胡告别时，又遗一小条在桌几上，赫然有：“东南半壁无主，我公其有意乎？”曾国藩见之，惶恐无言，将纸条悄悄地撕个粉碎。

左宗棠也曾作一联，联说：

神所凭依，将在德矣；

鼎之轻重，似可问焉！

左宗棠写好这一联后，便派专差送给胡林翼，并请代转曾国藩，胡林翼读到“似可问焉”四个字后，心中明白，加封转给了曾国藩。曾阅后，乃将下联的“似”字用笔改为“未”字，又原封退还胡。胡见到曾的修改，乃在笺末大批八个字：“一似一未，我何词费！”曾国藩改了左宗棠下联的一个字，其含意就完全变了，成了“鼎之轻重，未可问焉”！所以胡林翼有“我何词费”的叹气。一问一答，一取一拒。

曾国藩的门生彭玉麟，在他署理安徽巡抚、力克安庆后，曾遣人往迎曾国藩，在曾国藩所乘的坐船还未登岸之时，彭玉麟便遣一名心腹差弁，将一封口严密的信送上船来，于是曾国藩便拿着信来到了后舱。展开信后，见信上并无上下称谓，只有彭玉麟亲笔所写的十二个字：

东南半壁无主；

老师岂有意乎？

这时后舱里只有曾国藩的亲信倪人皑，他也看到了这“大逆不道”的十二个字，同时见曾国藩面色立变，并急不择言地说：

“不成话，不成话！雪琴（彭玉麟的字）他还如此试我。可恶可恶！”

接着，曾国藩便将信纸搓成一团，咽到了肚里。

当曾国藩劝石达开降清时，石达开也曾提醒他，说他是举足轻重的韩信，何不率众独立？曾国藩默然不应。

曾国藩熟读儒家经典，是晚清有名的理学家，在关键时刻，是进是退，何去何从，他还是看得非常清楚的。他坚拒纵横家王闿运劝其称帝的事，尤能反映曾国藩的品格特征和处世风格。

王闿运是湖南湘潭人，二十几岁开始研究经学，对《春秋公羊传》尤有深入研究，但他通经在于致用，他的致用是将经与术结合起来。术是权术，治理国家的一种方法、手段，所谓纵横之术。王闿运想用纵横之术来辅助识时务之人成帝王之业。

王闿运的这种抱负因太平军起义的爆发而更加强烈。起义军入湘后，曾国藩奉清政府之命帮办湖南团练，组织湘军与起义军为敌，王闿运曾多次上书言事，得到了曾的重视。后虽因身系独子，未能从军，但从此与湘军将帅保持了密切的关系。在太平天国存在期间，他曾三度至曾国藩驻地探视，并参与谋划。

咸丰五年（1855年），王闿运劝曾国藩自立不成。咸丰十年（1860年）再入曾府，其意也是“彼可取而代之”的意思，但曾国藩却正襟危坐，以食指蘸杯中茶汁，在几上点点画画。不多时，曾起立更衣，王闿运站起窃视几上，只见上面依稀有个“妄”字。

一晃又是几年过去了，此时的曾国藩正准备北上“剿捻”。一见王闿运到来，极为高兴，但因有了前两次“劝进”，曾国藩自然有所警惕。但王闿运这次却好像换了一个人似的，只是与曾国藩讨论学问。不过后来，曾国藩还是听出了王闿运的弦外之音。原来还是让他做曹操！但曾国藩这次倒也平静，故作不知。王闿运自知他的帝王之术再无实现的机会，颇为沮丧，只得悻悻而归。

三次纵横计不就，王闿运对曾国藩的看法大为改变。说曾国藩再次出山已“变节为巽顺”，虽功成名就，但“避事”不敢担当。直到晚年，王闿运经历了清亡、袁世凯复辟败亡等重大的历史事变，才对曾国藩当初不自立为帝的看法有了改变。自惭形秽，并书一联曰：“花鸟总知春浩荡，江山为助意纵横。”书毕，对身边的人说：“吾不敢着墨文正联上，以重污文正。另书此，纪文正之大，且以志吾过。”

王闿运对曾国藩的霸才悔过，对曾国藩恪守名分的行为赞叹不已，这说明曾国藩的头脑始终是清醒的，为人之道的确是精深的。

识时务者为俊杰。曾国藩功成身退，德泽后世，如果当初听了劝进之说，背叛朝廷，另立为王，带来的或许是国家的战乱和百姓的涂炭。他深知，一个人无论有多大的实力，他总要受周围环境及诸多因素的制约，为所欲为，最后吃亏的只是他自己。

人生在世，时空在变，世态也在变，因此人们一定都经历过或经历着各种各样的境遇，而每一种境遇中的抉择，往往都不同程度地影响着以后的命运。“当行则行，当止则止”在今天依然是人们的行为准则。

渐卦[1] 第五十三

渐卦

原文

渐：女归吉，利贞。[2]
初六：鸿渐于干，小子厉，有言，无咎。[3]
六二：鸿渐于磐，饮食衎衎，吉。[4]
九三：鸿渐于陆，夫征不复，妇孕不育，凶。利御寇。[5]
六四：鸿渐于木，或得其桷，无咎。[6]
九五：鸿渐于陵，妇三岁不孕，终莫之胜，吉。[7]
上九：鸿渐于陆，其羽可用为仪，吉。

注解

①渐卦：艮下巽上，象征着渐进。

②女归：女子嫁人。归，嫁。

③鸿：鸿雁，即大雁。干：岸边。小子：指少男。

④磐：大石头。衎（kàn）衎：愉悦。

⑤陆：指高平之地。

⑥或：或许。桷：房屋的木椽，引申为直而可以做椽的树枝。

⑦陵：大土山。

译文

渐卦：女子出嫁就会吉祥，有利。

初六：大雁渐渐飞到岸边，就像小孩子跑到岸边一样，有危险，受到大人的斥责后离开了岸边，最终没有什么灾祸。

六二：鸿雁飞到磐石之上，正在愉悦地享受美食，吉利。

九三：鸿雁渐渐地飞向高平之地，如同丈夫出征没回来，妻子怀孕而流产，凶险。有利于抵御敌寇。

六四：鸿雁渐进至树木之中，或许可以得到平直的树枝用来栖身，没有灾祸。

九五：鸿雁渐进于丘陵，妻子三年还没有怀孕，却始终没有受到欺侮，吉利。

上九：大雁渐渐飞到高平之地，其洁白的羽毛可以用来美化仪表，吉利。

赏析

一个人如果有坚定的信念，无疑会加重走向成功的砝码。坚定的信念，正是人们走向成功的基石。1955 年 10 月 28 日，比尔·盖茨出生在美国西部美丽的城市西雅图，他出身名门，外祖父是美国第九大银行的副总裁。

十一岁的时候，盖茨进入西雅图最著名的一所私立中学——湖滨中学学习。他进入这所学校后，以他的进取心、坚韧的性格、处事的态度以及他的聪明才智，很快便超过其他的同学。这时正是计算机悄然兴起之时，湖滨中学花巨资购置了一台计算机供学生们了解、学习。喜欢数学和自然科学的盖茨很快就迷上了计算机，和盖茨同时对计算机产生浓厚兴趣的还有比盖茨大两岁的高中部的学生保罗·艾伦，共同的爱好使他们成了好朋友。当他们掌握了一定的计算机技术后，他俩便经常在一起规划他们的梦想。1971 年年初，湖滨中学程序编制小组得到了一笔重要的业务，一家计算机公司找到他们，要他们为公司的一家客户编写一份工资表程序，这是一个极好的机会。由于平时盖茨在这方面具有特殊的才华，所以在这次工作中他便成了小组的中心人物。程序编出来以后，这家计算机公司答应将公司所获利润的10%给程序小组，并且还给他们提供价值大约1万美金的计算机使用时间。也是这一年的秋天，盖茨的好朋友保罗从湖滨中学毕业，进入了华盛顿大学计算机系。但他仍然和盖茨保持联系，而且他们联手四处招揽生意。这时他和盖茨办了个公司，因为他们又接到一笔业务，为市政府设计一个交通数字软件，于是他们为这个公司取名为交通数据公司，这个公司在这项业务中获得了2万美元的赢利。

1973年，盖茨被哈佛录取。哈佛是世界著名的大学，这里云集了全美乃至世界各地的优秀学生。在哈佛上学期间，他和同学们研发出著名的BASIC语言程序。然后比尔·盖茨从哈佛大学退学，开始在计算机行业纵横驰骋。

1974年，保罗在一个书摊上看到一则第一台个人电脑问世的消息。于是保罗便赶忙跑去告诉了盖茨。对于他们来说，微型计算机的问世，使他们长期以来致力研究的计算机编程技术有了用武之地。1975年，盖茨和保罗终于成立了自己的微软公司，它是微型计算机和软件公司的缩写。

微软成立后，盖茨和保罗达成了一份协议。按协议的规定，盖茨获得了微软公司60比40的权益，而随着公司的不断发展，比例又变更为64比36，盖茨在公司中的地位愈加显著了。

1975年7月下旬，盖茨和保罗与一家公司达成了一个关于8080BA-SIC使用权的协议。通过这份协议，盖茨和保罗获得了非常不错的收益。微软在这次交易中获得了大约18万美元的收益，取得了开门红。此时的微软虽然还没有形成大的气候，但盖茨以及他的朋友在计算机界已小有名气了。这时，微软又获得了两笔很大的交易，著名的通用电气公司和全国收款机NEC决定使用BASIC。这两项生意给微软带来了丰厚的收益，更重要的是微软从此名声大振。

接着，最大的计算机公司IBM公司需要一种配合计算机使用的软件，他们经过慎重考虑，决定试一试微软。1981年8月12日，IBM正式展出其新型个人计算机。这台计算机有一个磁盘驱动器，16K存储器。IBM推出的计算机轰动一时，而更引人注目的是，为IBM先进的计算机提供语言程序的正是年轻的盖茨领导下的微软。

微软公司为个人电脑PC所编写的软件包括BASIC语言和游戏节目。虽然当时只有微软MS-DOS这一种操作系统供IBMPC使用，但IBM并没有确定其操作系统的标准，因而盖茨的操作系统仍然前景堪忧。然而上帝似乎又一次赐幸运于比尔·盖茨，微软最大的竞争对手——基尔代尔教授虽然能提供16位CPAM操作系统，但这种系统很复杂，需要几个月才能完成，而且价格也比微软的DOS贵得多，因此，IBM决定全力进行DOS的开发。与IBM合作的盖茨又一次赢得了胜利。

1982年春，基尔代尔教授的16位CPAM操作系统终于推向了市场。虽然这种系统的价格较贵，但对微软的DOS仍然具有很大的威胁。盖茨为此立即展开攻势，他派出公司里的精兵强将兵分四路出击，说服许多商家使用微软的操作系统。由于盖茨足智多谋，巧妙引导对手，同时凭着对市场的深入了解，使他的对手一直未能占到优势。

经过不懈的努力，但微软取得了最终的胜利，在IBM个人电脑问世半年后，微软正式成为个人电脑软件方面的领导者，微软的DOS成为这个产业的唯一标准。随着IBM个人电脑的节节胜利，微软也平步青云。但微软并没有因此而陶醉，他们正积极地抓紧开发MS-DOS的升级版本。1982年5月，作为MS-DOS的升级版本——DOS.1版正式完成，公开发售。这种升级版本的磁盘容量将增至32K，比原来的大一倍多。这个版本的开发成功，使微软更上一层楼，这时只有二十六岁的盖茨一跃而成为计算机软件行业举足轻重的人物。

1995年，微软又开发出了“视窗95”系统软件，其功能更为先进，操作更为方便，是微软几年来的杰作。为此，盖茨全力推出它。在正式发售之前，盖茨耗资5亿美元以各种方式进行密集的广告宣传，更是世界广告史上前所未有的壮举。到年底，各种文字版本的“视窗95”在全球各地推出，“视窗95”风靡全球。1998年，微软再次出击，推出“视窗98”，其功能更为完善，操作更为简便。盖茨终于凭借自己的实力登上了计算机软件世界的巅峰，成为这个行业的霸主。如果不是出于对计算机的浓厚兴趣，不是对计算机的梦想，不是对计算机的痴心不改，或许就没有今天微软公司的辉煌。如今的盖茨，不仅为美国IT界做出了杰出的贡献，自己也享受到了成功所带来的甘甜。看到他今日的成就，谁会想到他过去一路的艰辛呢？盖茨用自己坚强的意志，自强不息，开创了属于自己成功的天地。

可见，成功需要坚韧和毅力，古语说“不积跬步，无以至千里；不积小流，无以成江河”。只要我们一步步来，什么是巅峰，这不重要，重要的是在不断前进的过程中坚定信念，矢志不渝，就一定能走到成功的彼岸。

归妹卦[1] 第五十四

归妹卦

原文

归妹：征凶，无攸利。

初九：归妹以娣，跛能履，征吉。[2]

九二：眇能视，利幽人之贞。[3]

六三：归妹以须，反归以娣。[4]

九四：归妹愆期，迟归有时。[5]

六五：帝乙归妹，其君之袂不如其娣之袂良。月几望，吉。[6]

上六：女承筐，无实；士刲羊，无血。无攸利。[7]

注解

①归妹卦：兑下震上，象征女子出嫁。归，嫁。

②归妹以娣：少女出嫁，其妹从嫁。古代习俗，一夫多妻，姐姐、妹妹

同嫁一夫，妹妹的名分称“娣”。

③眇：目盲。幽人：深思明哲之人。

④须：通“媭”，姐姐。反归：返回夫家。

⑤愆期：错过了日子，延误时日。

⑥君：这里指正室。袂：衣袖，指衣饰。良：好。几望：将近满月。望即每月的十五日。

⑦筐：竹器，指盛嫁妆的奁具。实：指嫁妆。刲（kuī）：割。

译文

归妹卦：出行凶险，没有什么好处。

初九：少女出嫁时以陪嫁者的身份共嫁一夫，如同脚跛却能行走，前行吉利。

九二：目盲却能看见，有利于深思明哲之人。

六三：少女出嫁应当等待时间，没到时间应当以妹妹的身份返回陪嫁夫家。

九四：出嫁少女却拖延时间，稍微迟一些出嫁会有合适的时机。

六五：帝乙的妹妹出嫁，其妹的嫁妆比姐姐的还要漂亮。她就像将近圆满时的月亮，美丽又谦逊，吉利。

上六：女子捧着竹筐，但筐里没有东西；男子提刀割羊，却不见一滴血。没有什么吉利的。

赏析

由《卦辞》《彖传》和《象传》的主旨可见，女子出嫁成婚，本是天经地义的男女之终身大事，它贯穿着人的一生，故此夫妻间应相敬如宾，白头到老，如果一方违反夫妻之义，或角色不正，或以强凌弱，甚至随意破坏婚姻的稳定关系，那必然会招来凶险。“归妹”谐音“鬼魅”，直斥捣鬼的妖媚之卦辞中又明确强调它“征凶，无攸利”，都是从反面苦口告诫人们，不要暗中搞不得人心的阴谋诡计，否则会害人害己。它反过来也就是对正人君子的警戒：恶虽小而不为，自可免祸避难。

正是在这一认识的基础上，易卦做出了君子必修养归妹之德，维护文明的婚姻关系的结论。而这一结论，是贯穿于六爻爻辞始终的。

妇好是商王武丁的妻子，名好，“妇”为亲属称谓，铜器铭文中又称“后母辛”。出土的大量甲骨卜辞表明，妇好多次受命征战沙场，为商王朝拓展疆土立下汗马功劳。她还经常受命主持祭天、祭先祖、祭神泉等各类祭典，又任占卜之官。然而，妇好不幸早逝，武丁十分痛心，把她葬在自己的王宫旁边。

在现存的甲骨文献中，她的名字频频出现，仅在安阳殷墟出土的一万余片甲骨中，提及她的就有两百多次。

贵为王后的妇好，不爱“红装”爱“武装”，或者说爱“武装”更甚“红装”。在1976年发掘的妇好墓中，发现了精美的骨刻刀、铜镜、骨笄、玛瑙珠等许多女性专用的饰品，以及大石蝉、小石壶、石垒、石罐等供玩赏的“弄器”，这都说明她有女性娇美的一面。令人称奇的是，除却这些小玩意，陪葬品里还有大量的兵器，特别是一件重达九公斤、饰有双虎噬人纹、铭刻“妇好”文的大铜钺，格外引人注目。后经专家考证，认为这是她生前使用过的武器。妇好能使用如此重的兵器，可见武艺超群，力大过人。更重要的是，钺在古代是军权和王权的象征。那么，我们可以断定，她在那个时代一定是个指挥千军万马的女将军。

其实，早在四五千年前良渚文化时期的玉钺上，便有精雕细刻着彰露“有牙阴户”的女战神或大母神形象。这说明，在那个时代，母系社会的遗风犹存，女性带兵打仗也不算稀奇之事。不过，在男性已占主导地位的商代中后期，妇好还可以拥有钺这样的最高军事统帅的象征物，成为全国武装部队的统帅，足以说明其本领并非一般。

老祖宗有句名言：“国之大事，在祀与戎。”也就是说，国家大事，除了祭祀与占卜之外，就是保卫边防、开拓疆土和掳掠奴隶的征战。武丁是商朝历史上有名的一代雄主，在他在位的五十九年中，频繁出征作战，先后征服了西北、东南的周边部族，极大地扩充了王朝的版图，史称他统治的时期为“武丁中兴”。在这个过程中，妇好当然是一个举足轻重的人物。当时的文献里，对她参与的军事活动都有颇为详尽的记载。

譬如甲骨文中有一条卜辞写道：“贞，登妇好三千，登旅万乎伐羌。”意思是说，商王征发妇好所属的三千人马及其他士兵一万人，命他们去征伐商王朝的宿敌羌国。在那个时代，一万三千多人的队伍已经算是浩浩荡荡的大军了。这也是甲骨文中所记载的商朝历史上最大的一次战争。当时，久经沙场、战功累累的禽、羽等武丁爱将都归妇好率领。那一仗打下来，羌人势力被大大削弱，商之西境得以安定。

那时，距都城安阳（今河南安阳小屯村）正北一千多里外，还有一个强悍的游牧部族土方。他们经常肆意侵入商的边境，掳掠人口财物，是王朝多年的心头大患。于是，武丁命妇好率兵出战，只一仗，就打退了入侵之敌。妇好乘胜追击，彻底挫败了土方。从此土方再也不敢入侵，后来终被划入商的版图。

妇好的重要性，除却王后和一流的军事将领的尊贵身份外，还体现在她拥有一个特殊的职位，那就是主持祭祀的占卜官。在那个时代，人们迷信鬼神，崇尚天命，非常盛行祭祀占卜，特别是商王室和奴隶主统治阶级，几乎所有国家大事都要事先反复占卜、祈问鬼神。因此，祭祀是最重要的国事活动之一。而掌握这项最高神职权力的祭司，要具有广博的学识、崇高的地位，通过与鬼神沟通，成为重大国事的实际决策者。

丰卦[1] 第五十五

丰卦

原文

丰：亨，王假之，勿忧，宜日中。[2]

初九：遇其配主，虽旬无咎，往有尚。[3]

六二：丰其蔀，日中见斗。往得疑疾，有孚发若，吉。[4]

九三：丰其沛，日中见沬，折其右肱，无咎。[5]

九四：丰其蔀，日中见斗。遇其夷主，吉。[6]

六五：来章，有庆誉，吉。[7]

上六：丰其屋，蔀其家，窥其户，阒其无人，三岁不觌，凶。[8]

注解

①丰卦：离下震上，象征丰厚硕大。

②亨：亨通。假：至，到达。日中：中午。

③配主：匹配之人，即佳偶。旬：十日为旬。尚：通“赏”。

④蔀：覆盖。斗：斗星。疑疾：多疑的疾病。发：拨开。

⑤沛：通“旆”，黑暗无光似遮一大幕。沬：通“昧”，昏昧之物，此指小星星。肱：右手臂。

⑥夷主：东方的君王。

⑦章：通“彰”，彰显。庆誉：喜庆和美誉。

⑧阒（qù）：寂静无声。觌（dí）：看。

译文

丰卦：亨通，君王可以达到盛大的境界，不必担心，应该像太阳升到天空正中间那样把光辉普照人间。

初九：途中遇到与自己匹配的佳偶，即使等十天也不为过，前往还会有嘉赏。

六二：张大其覆盖之物，犹如在阳光下看见斗星。前往会得多疑的疾病，若心怀诚信拨开这些覆盖之物，则会吉利。

九三：扩大遮盖的布幔，犹如在太阳中看小星星，折断了右臂，但没有灾祸。

九四：扩大其覆盖物，犹如在太阳中看小星星，途中遇到了东方的君主，吉利。

六五：以阴柔之质居五之尊而彰显君王光明的德行，能得到庆贺称赞，吉利。

上六：丰大其房子，覆盖好居室，窥视其门户，寂静无人，多年无人前来，凶险。

赏析

“丰”之义，美而满、腴而肥、多而足，人见人爱。如富足丰美、盛大丰满、丰韵动人、丰腴白润、风姿秀丽、丰神逸采，等等。而易家《丰卦》的离下震上的卦象，喻义也是雷电交加、大雨丰沛、万物繁茂的丰盛景象。同时，丰收时代的大地丰饶，五谷丰登，草木丰茂，也在形成物质丰富、文化丰美、名士丰采之际，带来了丰茂过甚以至遮阴蔽阳的不利影响，形成了丰德时代物象华美丰赡，却也有森暗阴郁的一面。

"窝阔台将继承我的汗位，因为他的旨意坚定卓越，他的识见颖敏优越。凭借他灵验的劝告和良好的见解，军队和人民的管辖以及帝国边界的保卫将得以实现。因此，我指定他为我的继承人，把帝国的钥匙放在他英勇才智的手中。"

成吉思汗的英明得到了一半的诠释，窝阔台果然是诸子中最明智者。他具有与其父一样的判别能力和稳重，却没有继承其父卓越的统治能力和政治远见。他待人宽厚、慷慨，但他利用他的绝对权威，按自己的方式饮酒取乐，活得倒是自在！晚年政务的荒废似乎从来没有被他放在心上。

窝阔台是成吉思汗的正妻孛儿帖生的第三个儿子，很小就练习骑马射箭，在马背上度过了少年时光。他在跟随父亲四处征战中，逐渐成长为一位骁勇善战的虎将。

嘉泰三年（1203年），成吉思汗率军同克烈部王罕大战于合兰真沙陀之地（今东乌珠穆沁旗北境）。年仅十八岁的窝阔台随军征战，奋力搏杀。成吉思汗便消灭乃蛮部之后，北攻篾儿乞部，篾儿乞部首领脱黑脱阿战死，成吉思汗便将其子忽秃的妻子朵列格涅送给窝阔台做妻室。后来朵列格涅为他生下了定宗贵由，成为昭慈皇后。

嘉定十二年（1219年），成吉思汗准备挥师西征，决定安排后嗣。他召见诸子及胞弟，有意选择忠厚宽仁、举事稳健的窝阔台为汗位继承人。成吉思汗认识到自己需要一位政治家以巩固和发展所创立的帝国，完成未竟之业。窝阔台足智多谋，治国才能较幼子拖雷全面。从帝国的前途出发，成吉思汗克制了自己对幼子的宠爱之情，量才用人，打破蒙古的旧传统，擢升窝阔台为继承人。

窝阔台被确立为继承人之后，随同父亲踏上了讨伐花剌子模国的征程，历经七年的征战，嘉定十八年（1225年）春，窝阔台随父亲回到蒙古故土，结束了历史性远征。第二年，成吉思汗指责西夏国主违约，再次亲征西夏。次年六月，西夏国主遣使求降，成吉思汗随即将兵锋转向金国。七月，他率军攻下京兆（西安）。但年迈多病的成吉思汗终因积劳过度，在六盘山的营帐里离开了人世。

绍定二年（1229年）秋，窝阔台秉承父亲的旨意，继承了汗位，是为元太宗。

元太宗即位之初，按成吉思汗的规划，励精图治，开始发动灭金战争。元太宗与拖雷率军穿过大漠南进。绍定三年（1230年）冬抵达阿哲儿拜占，一路凯旋，最后攻掠了波斯西北部许多地方。于绍定五年（1232年）三月，围攻汴京，在与宋军的联手夹击下，金国灭亡，金哀宗自缢而亡。端平二年（1235年），元太宗召诸王大会，决定征讨钦察、斡罗思等未服诸国，征讨大军逼临亦的勒河下游的钦察部（今亦的勒河下游）。至嘉熙元年（1237年）春，尽歼钦察军，其首领也被擒杀。次年初，窝阔台兵分四路，一直攻到太和岭（高加索山）。尔后蒙古军再分兵两路，直指孛烈儿（波兰），最终攻入马札儿（今匈牙利）。此时窝阔台的蒙古帝国横跨欧亚大陆，成为世界史上最大的帝国。

在驱动铁骑震撼欧亚的同时，元太宗窝阔台还非常重视对中原地区的治理。太宗执政以后，命人严守成吉思汗制定的法令，对于在王位空缺的两年时间里犯罪的人一律降恩赦免，之后的罪犯仍依法惩处。当时礼仪典章都很简率，元太宗重用耶律楚材等人进一步健全了蒙古的法律制度和政治制度。元太宗采纳耶律楚材的建议，在中原地区维持原来的农业、手工业生产，征收地税、商税，以及酒、醋、盐、铁等税。而且，还在汉人地主中设置了万户、千户。加上由耶律楚材主持黄河以北汉民的赋调，这就使得蒙古在灭金战事中有了黄河以北地区的兵力和财力的支持。同样也是在耶律楚材的劝谏下，元太宗开始注意保存人口。绍定五年（1232年），元太宗征河南时，同意制旗数百面，发给降民，让他们持旗为凭，回归乡里。他还保留了中原的郡县制度。在括户的基础上，元太宗让耶律楚材主持制定了中原赋役制度，轻徭薄赋。这种较轻的赋税定额，对已遭到严重破坏的中原地区的休养生息是有利的。

这些措施使得元朝国内政局稳定，社会经济、文化事业都有了长足的发展，统一的多民族国家得到了进一步的巩固，成为当时世界上当之无愧的最强大的国家。

盛极必衰。虽然元太宗文治武功，但依然没有超脱这一自然规律的束缚，灭金之后，他指派朝中的大将率师征伐，自己则不再受亲征之苦。他嗜酒如命，亲近美色，耽于射猎。到晚年更是溺于酒色，每饮必彻夜不休。耶律楚材多次劝谏，有一次拿着酒具上的铁盖对他说："这块铁已被腐蚀成锈斑，人的内脏总不比铁坚硬吧，陛下如此嗜酒，岂有不伤身之理！"元太宗听此言顿悟，对近臣说："你们爱君忧国之心应该如同耶律楚材一样。"于是以金帛赏赐耶律楚材，诏告近臣自己饮酒三盅就加以劝止。但时间一长，元太宗的酒瘾又犯了，复又饮酒无度，朝政几乎荒废。元朝统治的全盛局面逐渐终止，并且逐步进入衰落期。当然，这个由盛而衰的过程，有着深刻的历史原因。

但是，作为一国之君的元太宗也有着不可推卸的责任，他纵酒贪色，荒于理政，是造成这种局面的重要原因之一。

1241年农历十一月，元太宗再次出猎，骑射五日之后还至呼兰山，在行帐中同众多的侍女畅饮美酒，豪饮至深夜才散。第二天左右进入帐内，发现元太宗已经中风，不能言语，不久便死于行殿之中，时年五十六岁。后追谥为“英文皇帝”，庙号“太宗”。

元太宗晚年的“变节”，打乱了昔日他自己制订的全盘计划。如果不是继任者忽必烈有扭转乾坤的雄才，或许元朝的历史会因为元太宗晚年的严重过失而画上并不圆满的句号。

居安思危，防微杜渐，这是千百年来人们在血与火的历练中总结出来的经验教训，这对于现代处在安逸生活中的人们依然是警世良言，违拗不得。

旅卦[1] 第五十六

旅卦

原文

旅：小亨，旅贞吉。

初六：旅琐琐，斯其所，取灾。[2]

六二：旅即次，怀其资，得童仆，贞。[3]

九三：旅焚其次，丧其童仆，贞厉。[4]

九四：旅于处，得其资斧，我心不快。[5]

六五：射雉，一矢亡，终以誉命。[6]

上九：鸟焚其巢，旅人先笑后号啕。丧牛于易，凶。[7]

注解

①旅卦：艮下离上，象征行旅之所失，寄居他乡。

②琐琐：细小卑贱的样子。斯：此。

③即次：住进旅店。即，住，就。次，舍，指旅店。童仆：仆人。贞：忠贞。

④焚：失火。

⑤处：地方，此处指暂时的栖身之处。资斧：古代兵器。

⑥誉：赞誉。命：爵命。

⑦易：变易。

译文

旅卦：稍有亨通，行旅吉利。

初六：行旅时行为卑贱猥琐，这等于是在自取灾祸。

六二：行旅中住入客店，怀里藏着钱财，随身带着仆人，就应该守持正道。

九三：行旅途中客店失了火，童仆也跑掉了，占问的结果是危险的。

九四：在旅途中暂时得到住所，又得到铲除荆棘的利斧，但是心中还是深感忧虑。

六五：射杀雉，一箭就射下来了，最终受到赞誉、爵命。

上九：树上的鸟巢被焚毁，旅人先放声大笑后号啕大哭，又丢失了耕牛，有凶险。

赏析

“旅”是空间的转换，生命的迁移，人生的驿站，是动物为谋求更好生存的时空运动。把“旅”列为易学范畴，在《序卦传》中用“极其丰盛壮大的必然会失掉自己的居所，所以《丰卦》之后是《旅卦》”来解释人生之旅，既是易家对生命如何调整自身，以适应外界环境的研究心得，也是易家发现旅行与经济基础的关系后，重视旅行以及旅游文化，主张旅德修养，增益人生的表现。可以说，《易经》的《旅卦》是世界上最早的人生旅游学。

汉武帝做了半个多世纪的皇帝，把汉朝推向鼎盛的时期，在文治武功的道路上都有一定的建树，如果他不是在晚年犯了些错误，或许他还真可以称得上是个完美的皇帝。但是，现实没有如果，尽管他后来懂得了作为一个英明君王的取舍之道，再一次走上了正轨，但是历史不会遗忘他的过失，人们也不会遗忘所承受的苦难。

汉武帝晚年繁刑重敛，信惑神怪，巡游无度，使百姓疲敝，尤其是中外交往开始频繁后，各种珍奇宝贝让武帝大开了眼界，同时也刺激了他的消费欲，他开始广设苑囿宫殿，陈设布置日渐奢华，其他贵族官吏也竞相攀比，奢靡之风日盛。或许是他想用这种方式对那些外国人显示大汉的富庶，所以经常给那些外国使者、商人赏赐，那些人回去后又带来更多的外国人，结果使国家因此而支出无度。

汉武帝喜欢巡游，仅仅公元前110年的那一次，就行程一万八千里，沿途“所过赏赐用帛百余万匹，钱金以巨万计”。可见其奢华程度！

在这样极尽奢华的情况下，农民怎能不贫困？民不聊生，那么他们就会起来反抗，于是，全国各地相继出现农民起义，虽然这些起义最终都被镇压，未能从根本上撼动汉王朝的统治，但这足以让汉武帝听见警觉的钟声。后来，汉武帝开始转变以前的政策，将注意力致力于农业生产和经济的恢复。

但同时汉武帝受方士的诱惑，很喜欢祈神求仙，并试图寻找可以长生不老的药，甚至封一个骗子——据说有长生不老药的人——为五利将军、天士将军、地士将军、大通将军、天道将军，赏黄金万两，还将女儿嫁给他，这个人就是栾大，直到事情败露，才将这人拦腰斩了。但这个巨大的骗局并没有让汉武帝醒悟，他依然幻想着有一天能够找到海上的神仙，让自己长生不老。

武帝晚年的时候，变得疑神疑鬼，有一次因为做了个噩梦便认为有人在诅咒他，派人下去调查，结果出现了“巫蛊之祸”。先后杀死了几万人，其中包括亲生女儿、丞相、皇后的侄子等；后来又有人污蔑太子诅咒武帝，结果太子被迫假传圣旨斩了这个负责调查的人，发兵攻占长安的要害部门，但最终兵败自杀。直到第二年，武帝才查明太子原来是被冤枉的。后来丞相刘屈氂和将军李广利也被指控诅咒皇帝，结果刘屈氂被杀，将军李广利则投降了匈奴，所率部队七万余人几乎全军覆没。这次惨败让汉武帝彻底清醒了，他亲自调查巫蛊事件，结果查明大多数都是办案负责人江充的诬陷，于是后悔不已。

一连串的挫折使汉武帝反思自己一生的所作所为，他开始检讨自己的过错，公元前89年，汉武帝最后一次出巡到山东海边，希冀在海岛上巧遇神仙，以求长生。鸾车凤辇，冠盖如云。他在东海边流连徘徊十余日，唯见浊浪排空，海鸟悲鸣，只好怀着破灭的心情启驾返程。他边走边回首往事，心中有无限感慨。走到钜定（今山东广饶北）时，看到农民正忙着春耕，他便拿起耒耜，亲自到田里参加劳动；他到泰山明堂里祭祀时，对着天地神灵和大臣们悔恨地说："朕即位以来，所为狂悖，徒使天下愁苦，追悔莫及。从今以后，事有伤害百姓，悉当罢废，不得再行！"稍后，他又向全国臣民下"罪己诏"，公开检讨自己的失误。宣布："当今务在禁苛暴，止擅赋，力本农。"任命田千秋为丞相，封为"福民侯"。任命赵过为搜粟都尉，推广"代田法"和先进的农用工具，开启了"昭宣中兴"的西汉盛世。

回到长安，朝臣动议为他祝寿，奏章中有"玩听音乐，娱养天年"之类的话，武帝第二次下"罪己诏"，深刻检讨自己的过失，不再贪图安逸，也不再希冀长生之术。

自此以后，汉武帝一反过去穷兵黩武、大建宫室的政策，宣布"当今务在禁苛暴，止擅赋，力本农"，与民休息；他本人戒除从前的种种嗜好，清心静养。经过两年的努力，社会又趋于安定了。开启了后来的"昭宣中兴，媲美文景"的西汉盛世。

不过这个时候，汉武帝已垂老矣。公元前87年，武帝一病不起，在病床前立了太子刘弗陵，为了避免太子的亲母专权，还赐死了其母钩弋夫人，并封霍光为大司马、大将军，辅佐皇太子。第二天，武帝病逝。

巽卦[1] 第五十七

巽卦

原文

巽：小亨，利有攸往，利见大人。

初六：进退，利武人之贞。[2]

九二：巽在床下，用史巫纷若，吉，无咎。[3]

九三：频巽，吝。[4]

六四：悔亡，田获三品。[5]

九五：贞吉，悔亡，无不利，无初有终。先庚三日，后庚三日，吉。[6]

上九：巽在床下，丧其资斧，贞凶。

注解

①巽卦：巽下巽上，象征顺服、顺从。

②进退：进则无应，退则失守，有进退犹豫的意思。武人：勇武之人。

③巽在床下：谦卑地屈居于床下。史：祝史，职掌占卜、祈祝的官员。巫：即巫觋，古代从事占卜、祈祷、沟通鬼神之人。纷若：很多的样子。若，样子。

④频：通“颦”，皱眉。

⑤田：打猎。三品：三等，以禽兽射杀的部位而论：上等的为心脏，为祭品；二等的为禽兽腿肉，用作招待宾客；三等的留作自己食用。

⑥先庚三日，后庚三日：庚与“更”通，含变更意。庚前三日为丁日、戊日、己日，庚后三日即辛日、壬日、癸日。

译文

巽卦：小亨通，有利于出行，有利于出现大人。

初六：处于进退之中时，有利于勇武之人。

九二：谦恭卑顺地屈居于床下，若祝史、巫师纷纷前来禳灾驱鬼，则得吉，没有灾祸。

九三：皱着眉头装成驯服的样子，说明他遇到了危险。

六四：悔恨消亡，打猎获得三种猎物。

九五：守持正道则吉利，悔恨消亡，没有不利之事，没有好的开始却有好的结局。预先在象征变更的“庚”日前三天发布政令，而在“庚”日后三天施行这个政令，这样才能获得吉利。

上九：驯服地屈居于床下，因为失去了利斧，占得凶兆。

赏析

凡旅游者都喜欢旅途一帆风顺。而风与顺均通“巽”。在八纯卦家族里，巽是长女，以顺逊阴柔为品性，喜伏喜齐喜人，如风如鸡如木，而上下卦均为巽卦的六十四卦“随风巽”，则最为充分地保存和发展了纯卦“巽”的特质，形成了顺风齐物的巽德。据易家《卦辞》看来，“顺风还算通达，做事一般较为顺利，有利于进见求教正直的大人”。

选准一个有前途的人，然后死心塌地地跟着他打天下，这是一种大智慧，只有这样他才能得到上级的信任，而一旦有了信任，机会也就不远了。

刘裕深谙巽卦之“道法”，他善于把握机会，顺势而为。卑微的身份并没有消磨他的凌云壮志，在其崛起的过程中，他归顺于孙无终和刘牢之，忠心事主，开始了他“金戈铁马，气吞万里如虎”的王者生涯。中国历史也因为他进入一个崭新的时期——南北朝时期。

东晋时期，还没有科举制度，当官的主要途径是推荐，而且实权大都掌握在豪门大族手中，像刘裕这样没有背景、家世贫寒的平民想要做大官几乎是不可能的，但这并没有使刘裕放弃对成就伟业的追求，在当时的环境下他选择了投军这条路。

由于有王谧（东晋开国功臣王导的孙子，时任晋王朝侍中）的荐书，刘裕投奔了北府军，很快得到分派，成为北府军将军孙无终麾下的一名司马（军事辅佐官之一）。这是一个很好的平台，虽然官位小，但刘裕担任这个官职后，充分显示了他的领袖能力，各种事情都做得很好，逐渐得到了老将孙无终的赏识，最后让他成为他的贴身幕僚。

然而，孙无终没有什么政治眼光，也没有野心，安于做一个将领，刘裕认识到跟着他不会有太大的出息，自己还得另选一个有出息的人做领导，唯有如此，才能水涨船高。

幸运的是动荡的时代又给了刘裕重新选择的机会。

公元398年，司马元显反叛，朝廷派北府军统帅王恭出兵征讨，王恭率北府兵对敌阵形成半包围态势。其手下的将领有辅国将军刘牢之五千人、东莞太守高雅之（刘牢之女婿）两千人、镇北参军何澹之一千余人、冠军将军孙无终近一千人。北府军大将军刘牢之起了异心，要除掉北府军的统帅王恭，取代他掌握北府军大权。在这场权力角逐中，刘裕充分显示了他的判断力。

由于势均力敌，司马元显与王恭的军队都不敢首先发难，双方只能沉默地等待。

在长时间的对峙中，军心渐渐烦躁不安起来。这样的环境，正是流言蜚语的温床，在士兵们的口中，流传起了一句令人惊恐的谣言：“刘牢之被司马元显策反了！司马元显许诺，事成之后即以王刺史（即王恭）的官位授予刘牢之。”

听到这个消息的人，不论是大将还是兵卒，无不担惊受怕。一旦刘牢之反叛，形势必将发生重大逆转，而大家的前途和命运，也将坠入不可知的黑暗深渊，孙无终军中也有这样的传闻。他不禁忧心忡忡，并下令军中严禁散布此类谣言，并追查谣言的起源。然而，调查徒劳无功，短短几天之内，谣言就像瘟疫般笼罩了全军。

孙无终暗暗考虑，如果刘辅国的确变了心，自己对事态也无能为力，唯一可以做的是加强戒备，深沟高垒，广布耳目，以防不测。

九月二十日清晨，负责侦察的骑兵突然来报："何澹之全军拔营，向京口方向返回！"

何澹之是王恭的心腹，又一向和刘牢之不和，此次仓促从前线撤走，想必是发生了意外事件。不久，何澹之的信使飞骑赶到孙无终营中传达口信："刘牢之与司马元显往来的使者已抓住，刘牢之反叛的证据确凿。此等背负朝廷的小人，实在令人发指！若孙将军仍忠于王刺史，请务必与末将站在同一阵线，共讨奸贼刘牢之！"

孙无终大惊失色，他没想到自己最担心的事情还是发生了。沉默片刻之后，立即召见刘裕商谈如何回复何澹之。听完孙无终的转述，刘裕眯起虎目，反问："大人打算如何回复？"

孙无终思考了几分钟，回答："不论是从道义还是从实力强弱来看，老夫都认为只有舍弃刘牢之，追随王刺史才是正途，你说呢？"

刘裕缓缓地说："如今的时代，是正邪不分、无善无恶的乱世。凭着旧有的忠义仁爱，不但不能解救众生，消除祸乱，反而会危及自身的存亡。现在，全国陷入大混战中，王刺史想要以自己的方式匡扶世道，挽救国家，刘辅国的倒戈却接踵而至。由此看来，要想在乱世中立稳脚跟，进而拯救万民，一定要顺应时代潮流。"

孙无终不由得满头雾水。

刘裕接着说："治乱世如治洪水。如果正面与之抗衡，就像是鲧的堵塞治水法，劳而无功，反而会导致更大的灾难。只有采用大禹的疏导法，顺应天意和人心，不与时势硬碰硬地相对抗，而将大大小小的支流都顺其自然地汇集到同一个方向，最终才能达到平定乱世的目的。"

孙无终想不到刘裕有这等见识，但还是如云里雾里一般，于是说："那么，现在究竟追随何人，才能算是顺应时代潮流呢？"

"时代潮流，就是各种势力的强弱消长。当前刘辅国和王刺史这两方胜负未分，我们也不应该立刻插足这场纠纷。而要等待大势已定，再选择胜利的一方加入。"

孙无终明白了，刘裕的意思是坐山观虎斗，然后做出抉择。他想了想觉得也有道理，于是对何澹之的信使做出允诺，托辞道："辅国叛意未彰，末将不愿同室操戈，为敌人所笑。"采取了保持中立的态度。

第二天，侦骑再度来报："王刺史急召刘辅国回镇，两人在城下饮酒欢宴，尽释前嫌。王刺史主动提出与刘辅国结为金兰兄弟，约定事成之后即以北府官职相授。并派帐下都督颜延率领精兵锐甲前往竹里，听候辅国调遣。”

“这么说来，原来是谣传，真是虚惊一场啊。”孙无终不由得松了一口气。

然而，刘裕却发了一句长叹，说：“王刺史真是仁人君子，不过，他的死期也不远了。”

“这怎么可能啊！”孙无终大惑不解，“司马元显给刘牢之开出的条件，也不过是王刺史的官位罢了；而如今王刺史不但表示愿将官位拱手让出，而且还大力笼络刘牢之，与他义结金兰。难道刘牢之情愿背负叛逆和背信弃义的双重罪名，也要毁掉王刺史吗？”

“如果刘辅国是仅用地位和笼络就能收买的人，他也不配称为北府第一名将了。”刘裕感慨地说，“他肯定有自己的野心，王刺史不但不早做准备，反而授人以利器，这才是真正的自寻死路啊！”

孙无终将信将疑，几天后，果然不出刘裕所料，刘牢之反目，将王恭杀了，自己执北府军政大权。在这件事情上，刘裕看出了刘牢之的野心，觉得他是一个很有前途的人，于是鼓动孙无终追随他。孙无终听取了他的意见。自此，刘裕就成了刘牢之的手下。

《中国人性报告》里有一句话总结了中国人普遍存在的一个特点，即真孝假忠。其实不忠是为人处世的一个大忌，因为忠诚胜于能力。许多聪明绝顶、精明能干的人为什么没好下场？就是在于他们缺乏忠诚的心态。忠诚不单单是要一直跟随对方，关键还要在心里认定对方，能为他解决问题，甚至替他卖命。

刘裕选择了强者刘牢之，并从心里认定了他。靠着自己的忠心，刘裕在刘牢之手下平步青云，从幕僚变成将领，最后成为君王，也就是后来人们熟知的南北朝时期的开启者、宋国的开国之君——宋武帝。

兑卦[1] 第五十八

兑卦

原文

兑：亨，利贞。

初九：和兑，吉。

九二：孚兑，吉，悔亡。

六三：来兑，凶。[2]

九四：商兑未宁，介疾有喜。[3]

九五：孚于剥，有厉。[4]

上六：引兑。[5]

注解

①兑卦：兑下兑上，象征愉悦。兑又为泽、为悦，万物得到润泽，故万象欢欣。

②来兑：前来谋取愉悦。

③商：商谈。疾：小病。

④剥：指衰乱损伤正道。厉：危险。

⑤引兑：引导。

译文

兑卦：亨通，有利于守持正道。

初九：和睦愉快地对待他人，吉利。

九二：诚信愉悦地对待他人，吉利，悔恨消亡。

六三：前来谋取愉悦，凶险。

九四：与人商谈喜悦的事情尚未平定，所患小病就不治而愈，让人喜悦。

九五：对消剥阳刚君子的小人讲诚信，有危险。

上六：引导他人愉悦。

赏析

春秋名相管仲使齐桓公成为春秋时代第一个霸主，因之垂范后世，流芳千古，赢得了“九合诸侯，一匡天下”的美誉。然而，管仲的成就是与鲍叔牙知人让贤的行为分不开的。可以说，没有鲍叔牙，就没有管仲。

年轻的时候，鲍叔牙与管仲就是好朋友，两人常常在一起做生意，每次分钱时，管仲常常多取一份。由于管仲并没有多付出，鲍叔牙的同伴心感不平，鲍叔牙说：“管仲并不是一个贪图小利的人，我比他富裕，我情愿让着他。”

后来两人一起领兵随征，每次打仗，管仲都走在后面，等到撤退的时候，他却跑在队伍的最前面。许多人讥笑他胆怯，鲍叔牙却替他解释说：“管仲有老母在堂，保全性命，为的是奉养高堂，是一个孝子啊，哪里是害怕战斗。”

管仲又屡次与鲍叔牙谋事，总是挫折重重。鲍叔牙劝慰他说：“人固有遇或不遇，将来只要你得遇其时，定当百不失一。”管仲不禁感叹道：“生我者父母，知我者鲍子也！”后来齐国政治斗争的客观形势却偏偏把这两个生死之交划在了势不两立的敌对阵营。齐襄公在位时，分别让管仲和鲍叔牙辅佐公子纠和公子小白。后来在一次宫廷政变中襄公被杀，流亡在莒国的公子小白与流亡在鲁国的公子纠，都急于回国争夺君位。管仲乘轻骑追赶小白的马车，两车相遇时，管仲乘小白不防备照小白射去一箭。公子小白惨叫一声，口喷鲜血，倒在车上，管仲见大功告成，策马飞驰而去。

其实，这一箭恰巧射在小白的衣带钩上，小白知道管仲箭法厉害，急中生智，咬破舌尖，应声倒下，装死逃过此劫。他怕管仲去而复回，马上改变装束，沿小路疾驰，直奔齐都，抢先登上王位，即齐桓公。

齐桓公即位不久，遂命鲍叔牙统率三军，讨伐公子纠。鲍叔牙将公子纠杀了，又将管仲囚禁引渡到齐国。

齐桓公要任鲍叔牙为相国，他再三推辞不受，却苦口婆心向齐桓公推荐管仲。齐桓公说：“我听从你的劝告，不记他的一箭之仇已经仁至义尽了。但让我的仇人当相国，我怎么能容忍呢！”

鲍叔牙说：“我有五点不如管仲：对人民宽和，把人民鼓动起来，不如他；治国严谨，使国家政权巩固，不如他；使百姓心悦诚服，忠君爱国，不如他；制定礼仪，威加四海，不如他；统率三军，使将士勇往直前，视死如归，不如他。你如果要建立霸业，非管仲不可。”

齐桓公最后听从了鲍叔牙的建议，亲自到郊外迎接管仲，加封他为上卿，即百官之首，与之同车回朝。

齐桓公担心一个敌国的囚徒主持国务，怕难以服众，他又接受鲍叔牙的建议，称呼管仲为“仲父”，并把号令百官、掌握财政、处置贵族这三个大权一并交给管仲，管仲大权在握，开始放手对经济、内政、外交、军事进行了一系列大胆改革，很快为齐国称霸诸侯奠定了雄厚的物质基础。

公元前645年，管仲因操劳过度，重病不起，齐桓公前往探望，与管仲共同商谈身后何人可继承相国大任。

齐桓公欲任鲍叔牙，管仲诚恳地说：“鲍叔牙是君子，但他善恶过于分明，是不可以为政的。”他举荐了不耻下问、居家不忘国事的隰朋。管仲还提醒齐桓公，千万不可任用易牙、竖貂和卫公子开方这三个小人，料定他们会祸乱齐国。

桓公与管仲的交谈传到了易牙的耳中。他就去挑拨鲍叔牙，说：“管仲与你是莫逆之交，可是他却反对你继任，反而推荐隰朋出任相国。可见他对你其实并不怎么样。”

鲍叔牙笑着回答：“管仲荐隰朋，说明他一心为国，不存私心偏爱友人。现在我做司寇，驱逐佞臣，正合我意。如果让我当政，哪里还会有你们的容身之处？”

易牙大为惭愧，深切地感觉到了管仲与鲍叔牙知交之深。

涣卦[1] 第五十九

涣卦

原文

涣：亨，王假有庙。利涉大川，利贞。

初六：用拯马壮，吉。[2]

九二：涣奔其机，悔亡。[3]

六三：涣其躬，无悔。[4]

六四：涣其群，元吉。涣有丘，匪夷所思。[5]

九五：涣汗其大号，涣王居，无咎。[6]

上九：涣其血，去逖出，无咎。[7]

注解

①涣卦：坎下巽上，象征涣散。涣有三种解释：涣散、离散、水流散。涣卦的卦象下单卦为坎，为水；上单卦为巽，为风。两单卦结合风动水起，水浮木泛。

②用拯马壮：顺承于壮马。

③机：通“几”，凭依之物。

④躬：自身。

⑤群：众人。丘：山丘。匪夷所思：不是一般人所能想象的。

⑥大号：大政令，王命。居：处于。

⑦血：流血，比喻伤害。逖：远。

译文

涣卦：亨通，君王到宗庙祭祖祈祷。有利于渡过大江大河，有利于做事。

初六：顺承于壮马，吉利。

九二：涣散时奔向几案般能依靠的地方，悔恨便会消亡。

六三：涣散自身，没有悔恨。

六四：涣散朋党，大吉大利。涣散像山丘一样的朋党，非平常人所能想象。

九五：受惊出汗，但还是发布了大的号令，涣散君王居处的阴邪之气，没有什么过错。

上九：散去流血之伤，远离危险，没有灾祸。

赏析

任何一个组织或团体，人心若不齐，可致离心离德，重私利而忘公益，使风气败坏，最终走向腐朽没落。因而，当显露涣散的迹象时，应顺应民情，以强有力的对策，及时消灭派系，抑制私利，革除弊端，才能不断地精进。国家一旦陷入分裂的局面，则政令不通、军备废弛、民生凋敝，唯有及时采取行动，保证国家安定，才有可能创造出国泰民安的景象。汉景帝刘启因谙熟《涣卦》中所阐释的挽救涣散的原则，所以才大有作为。

刘启生于公元前189年，并于十岁的时候被立为太子。公元前157年，三十二岁的刘启即位。他接手的是一个国泰民安的王朝，但因为文帝当政期间对藩王的政策是安抚有余，施威不足，导致了同姓诸王的势力发展很快，他们拥有军队，自置官职，政治力量和经济力量也不断增长。早在济北王、淮南王相继谋反时，贾谊就指出藩王势力是汉朝的一大弊病，当时晁错也提出相同的见解，主张削藩，但此建议没有被采用，仍是用安抚政策暂时解决了问题。经过多年的发展，藩王的势力对汉室构成了很大的威胁，所以景帝一上台，便采纳了晁错的建议。

晁错认为藩王中势力强大而又最危险的是吴王刘濞。刘濞是刘邦之侄，当初刘邦封他为吴王时就担心他会反叛，所以告诫后人要注意他的动向。刘濞到达封地以后，不断地发展自己的势力，企图有朝一日夺取帝位。

景帝为太子时，是典型的王公贵族形象，纨绔子弟的做派，一次，因为误会打死了吴王刘濞的儿子，刘濞因此怀恨在心，加强了势力培植。到景帝即位时，刘濞已经准备了四十年，成为对其威胁最大的诸侯王。所以，晁错主张先削吴王的封地，景帝也听从了晁错的意见，决定先削夺吴王两个郡。

吴王刘濞见朝廷有所行动，立即联合其他藩王叛乱。他以“诛晁错、清君侧、安社稷”为旗帜，联合各地诸侯王起兵。公元前154年正月，削吴诏书一到，刘濞便在广陵（今扬州）起兵，接着胶东、胶西、济南、淄川四国起兵，包围齐都临淄，赵则与吴兵汇合西进，声势之浩大可谓前所未有，史称“吴楚七国之乱”。久居太平的景帝从没见过这样的架势，当时也慌了手脚，于是一些奸臣趁机想除掉晁错。其中曾任吴相、与晁错有隙的袁盎与窦婴说动景帝杀晁错以平息叛乱，说这样就可以兵不血刃地将叛乱平息。景帝虽然知道晁错是朝廷得力的栋梁大臣，但也想不出更好的办法，于是一面调兵遣将，一面诛杀晁错，并派袁盎等去宣谕吴王息兵。

景帝初时还以为叛乱可以就此平息，可是他根本小看了刘濞的野心，刘濞嘲讽地说：“我已经是东方的皇帝了，还有谁配给我下诏？”此时，景帝才知道自己错杀了晁错，这是一件令亲者痛而仇者快的蠢事。吴王根本只是给自己找个借口，他的目的本来就不只是杀晁错。于是景帝派郦寄率领一支队伍击赵，派栾布率领一支队伍入齐，派太尉周亚夫率三十六位将军讨伐吴楚叛军，又召窦婴拜为大将军，屯兵荥阳，统率全军。各位将领都显示出杰出的才能，不到三个月就平定了叛乱。其中赵王、楚王自杀，吴王逃奔东越，后被东越人杀死。胶东、胶西、济南、淄川四王全部伏诛。

七国之乱平定，地方割据势力受到沉重的打击，在很大程度上解决汉高祖分封同姓诸侯王所引起的政治隐患。景帝乘势“抑损诸侯，减黜其国”，把叛王封地做了一番调整，收回了藩镇的行政权和官吏任免权，使藩镇的独立地位被取消，权力也大大削弱。从此，诸侯王只能享用藩镇的租税，而不能过问行政，成为只有爵位而无实权的贵族。后来汉景帝颁行“推恩令”，彻底为结束汉初以来诸侯“涣散”割据的局面创造了必要的条件。这一平叛不仅使藩镇对于朝廷的威胁得以消除，也提升了景帝的威信，只不过晁错的死却是景帝一生的憾事。

汉景帝的平叛，实质上就是一次挽救涣散局面，使之重归统一的行动。要“聚合”就必须消除导致涣散的力量，在强力打击这种阻力的同时，也必须以自身的精诚正道来形成一种向心力，使之向“中央”归附，从而达到聚合的目的。此后，汉景帝承袭文帝的治国方略，继续发扬“无为而治”的思想，保持政治的清明和政局的稳定，减租减赋，轻刑安边，使西汉进入了一个辉煌的历史时期，也即世人熟知的“文景之治”。

节卦① 第六十

节卦

原文

节：亨。苦节，不可贞。②
初九：不出户庭，无咎。③
九二：不出门庭，凶。
六三：不节若，则嗟若，无咎。
六四：安节，亨。④
九五：甘节，吉，往有尚。⑤
上六：苦节，贞凶，悔亡。

注解

①节卦：兑下坎上，象征节制、节俭。节卦的卦象下单卦为兑，为泽；上单卦为坎，为止。两单卦结合为泽之所容有准，不泄不漏。节应有度，应顺乎天理之正，如强人所难，过度节俭，则不足以济天下，且穷而不正。

②亨：亨通。苦节：过于节省。

③户庭：门户庭院。

④安节：安于自我节制。

⑤甘节：以节制为美德。

译文

节卦：亨通。但是一味地苦苦节制，不利。

初九：不出门户庭院，没有灾祸。

九二：不走出门户庭院，有凶险。

六三：不能自我节制，所以唉声叹气，但最终没有灾祸。

六四：安于自我节制，亨通。

九五：以节制为美德，吉利，前往必有嘉奖。

上六：过分的节制会使人痛苦，有凶险，但是悔恨还是会消亡。

赏析

“节”的运用不仅体现在自然现象中，在社会现象中也得到了淋漓尽致的呈现。“节”的道理应用范围很广，人的喜怒哀乐、衣食住行、欲望所求，动植物的生殖繁衍，国家经济的运行、财政的收支……都离不开节制。面对经济事业的发展壮大，要循序渐进，不可过分追求高指标；要保持节制，有计划地扩大。对人对己不可要求过高，当行则行，应止则止，顺其自然。工作沉闷易出错误，生活放荡常惹祸端。朋友相交，不可超越界限，事事适可而止。符合规律的节制有利于事物的发展，反之，则有凶有咎，将受到惩罚。晚清的道光皇帝在这方面身体力行，可以说是“节”的典范。

嘉庆二十五年（1820年）夏秋之交，年老多病的嘉庆皇帝在热河避暑山庄离开人世，大臣们即遵旨拥立旻宁即皇帝位。八月二十七日旻宁在太和殿登基，颁诏天下，改年号为道光。

和他的父亲嘉庆皇帝一样，道光也是个勤政图治的皇帝。登基后，雄心勃勃的道光效仿其先辈，勤于朝政，意图振兴祖业，以归复“康乾盛世”旧观。为了实施他的思想主张，道光即位后颁发了著名的“声色货利论”，着力阐明声色货利为害之大，关系到大清王朝的生死存亡，要求为官从政者不为声色货利所诱，严格“俭束身心，屏除声色”，力崇节俭，一切“概从朴实，勿尚虚文”。纵观道光的一生，他一直把倡节俭、杜奢靡放在十分重要的地位，对大小文官武吏要求十分严格，谆谆告诫他们要懂得“一丝一粟皆出于民脂民膏”，千万不可为声色所迷惑。他倡行节俭的谕旨和措施，尽管在整个统治时期中收效甚微，但他自己确实是躬亲实践，身体力行。

饮食上，道光每天多时准令做四样菜，有时则只要一碗豆腐烧猪肝，闹得管理御膳房的官员也没有油水可捞，实在无法虚报冒领。道光如此节省，朝廷文武官员初时将信将疑。一次，皇后生日，道光谕令备宴官员，只准宰猪两只，用打卤面招待群臣，其余概行裁减，搞得赴宴文武百官哭笑不得。

道光皇帝在服饰上的节俭，在历代君王中也属罕见。道光不但不求华美，而且少穿新衣，特别是不显眼的衣物，更是多穿一日是一日。道光长年多穿旧裤，日久膝盖处先行磨破，就令内务府差人补上一块圆形补丁。朝廷官员多次亲身验证，深知皇帝节俭属实。

在内廷后宫及外出一应所需用品方面，道光亦概行节省俭朴，力戒奢靡浮华。御用毛笔历来都是特制紫毫笔，即刚锐的紫色兔毛，为世所罕见，道光觉得紫毫笔既然珍贵难得，即命此后不再征用，改用普通臣民常用的纯羊毛或羊毛与一般兔毛相间合制而成的毛笔。

道光躬行节俭，力戒奢靡，在一定程度上影响了统治阶级上层的一部分人，对遏制奢侈腐化之风的恶性发展也起到了一定的作用。

节俭是一个人的重要品质，很难想象一个从小大手大脚随便浪费的人能创造一番事业、建设好家庭，为社会做出贡献！中国有句古训：成由勤俭败由奢。成功由勤劳节俭开始，失败因奢侈浪费所致，即使到了十分富裕的时候，这个朴素的真理也不会过时。

随着经济的发展，社会的繁荣，高质量的生活水准成为人们普遍的追求，节俭也逐渐淡出了人们的生活准则。为了满足物质的需求，很多人为达目的不择手段，于是人性的天平倾斜了，金钱、美色等诸多物欲成为权力的砝码，不惜慷慨国家而中饱私囊，岂知欲壑难填，最终逾越马其诺防线，成为遭人唾弃的罪人。而许多传媒一个劲地宣传吃好、穿好、用好，以形形色色的广告刺激人们盲目消费，使之从众、追时髦、攀比、喜新厌旧……这其实是一种很不好的现象。

节，说大不大，说小不小。无论是在自然中还是在社会中，它都应该引起我们的重视。

中孚卦[1]第六十一

中孚卦

原文

中孚：豚鱼，吉。利涉大川，利贞。[2]

初九：虞吉，有它不燕。[3]

九二：鸣鹤在阴，其子和之。我有好爵，吾与尔靡之。[4]

六三：得敌，或鼓或罢，或泣或歌。[5]

六四：月几望，马匹亡，无咎。[6]

九五：有孚挛如，无咎。[7]

上九：翰音登于天，贞凶。[8]

注解

①中孚卦：兑下巽上，象征心怀诚信。

②豚鱼：小猪和鱼。豚，小猪。

③虞吉：安于本分而得吉。燕：安宁。

④阴：通“荫”。和：应和。好爵：美酒。爵，酒器，借指酒。尔：你。靡：共享。

⑤得敌：在战场上面临敌人。罢：通“疲”。

⑥亡：丧失。

⑦挛：牵系。

⑧翰：高飞。

译文

中孚卦：心怀诚信能感化小猪和鱼，吉利。有利于渡过江河大川，有利于做事。

初九：安于本分则会吉利，如有他求则不得安宁。

九二：鹤在树荫下鸣叫，幼鹤应声附和。我有美酒，与你同享。

六三：面临敌人，有的人击鼓前进，有的人疲惫退败，有的人哭泣，有的人放声歌唱。

六四：月近十五的时候，马匹丢失了自己的配偶，但结果没有灾祸。

九五：以诚信牵系天下，没有灾祸。

上九：高飞的鸟鸣声响彻天宇，有凶险。

赏析

诚信是每一个人必须具有的品质，只有懂得诚信，才能为自己赢得良好的声誉。

“君子爱财，取之有道。”李嘉诚是一个典型的“儒商”，在叱咤商场的同时，坚持以诚为本，外圆内方。这不仅为他赢得了良好的声誉，交下了无数朋友，也为他带来了无数商机。正如他自己所说：“有钱大家赚，利润大家分享，这样才有人愿意合作……财源滚滚来。”

曾经有一位相士见了李嘉诚，说李嘉诚相貌出色，以后非大富即大贵。这一点居然被他说中了。然而，与其说李嘉诚后来的发达是因为相貌，不如说是由于他的诚信。

李嘉诚说：“我现在就算再有多十倍的资金也不足以应付那么多的生意，

而且很多是别人主动找我的，这些都是为人守信的结果。对人要守信用，对朋友要有义气。今日而言，也许很多人未必相信，但我觉得，‘义’字实在是终身受用的。”

早年，在长江塑胶厂濒临倒闭的那些日子里，李嘉诚回到家里，强作欢颜，担心母亲为他的事寝食不安。知儿者，莫过其母。母亲从李嘉诚憔悴的脸色、布满血丝的双眼，洞察出长江塑胶厂遇到了麻烦。母亲不懂经营，但懂得为人处事的常理。李嘉诚母亲是个虔诚的佛教徒，李嘉诚走向社会，她总是牵肠挂肚，早晚到佛堂敬香跪拜，祈祷儿子平安。她还经常用佛家掌故，来晓谕儿子。

母亲平静地说：“很早很早之前，潮州府城外有一座古寺。云寂和尚已是垂暮之年，他知道自己在世的日子不多了，就把他的两个弟子——大寂、小寂召到方丈室，交给他们两袋谷种，要他们去播种插秧，到谷熟的季节再来见他，看谁收的谷子多，就可继承衣钵，做庙里的住持。云寂和尚整日关在方丈室念经，到谷熟时，大寂挑了一担沉沉的谷子来见他，而小寂却两手空空。云寂问小寂原因，小寂惭愧地说，他没有管好田地，谷种没发芽。云寂听后便把袈裟和瓦钵交给了小寂，指定他为未来的住持。大寂见之不服。师父道：‘我给你们的谷种都是煮过的，所以根本种不出谷子。’”

李嘉诚悟出母亲话中的玄机——诚信是做人处世之本，是战胜一切的不二法门。李嘉诚为自己所做的事，流下悔恨的眼泪。

翌日，李嘉诚回到厂里，工厂仍笼罩在愁云惨雾之中。李嘉诚召集员工开会，他坦诚自己经营错误，不仅拖垮了工厂，损害了工厂的信誉，还连累了员工。他向这些天被他无端训斥的员工赔礼道歉，并表示，经营一有转机，辞退的员工都可回来上班，如果找到更好的去处，也不勉强。从今以后，保证与员工同舟共济，绝不损及员工的利益而保全自己。

李嘉诚说了一番渡过难关、谋求发展的话，员工的不安情绪基本稳定，士气不再那么低落。

紧接着，李嘉诚一一拜访银行、原料商、客户，向他们认错道歉，祈求原谅，并保证在放宽的限期内一定偿还欠款，对该赔偿的罚款也会如数付账。李嘉诚丝毫不隐瞒工厂面临的空前危机——随时都有倒闭的可能，恳切地向对方请教拯救危机的对策。

李嘉诚的诚恳态度，使他得到他们中大多数人的谅解，他们作为业务伙伴，长江塑胶厂倒闭对他们同样不利。于是银行决定愿意放宽偿还贷款的期限，但在未偿还贷款前不再发放新贷款。原料商同样决定愿意放宽付货款的期限，但提出长江塑胶厂如需再进原料，必须先付70%的货款。

客户们态度不一，但大部分还是做了不同程度的让步。有一家客户曾把长江塑胶厂的次品批发给零售商，使其信誉受损，经理怒气冲冲来长江塑胶厂交涉，恶语咒骂李嘉诚。李嘉诚亲自上门道歉，该经理很不好意思，承认他的过失莽撞。该经理说李嘉诚是可交往的生意朋友，希望能继续合作，他还为长江塑胶厂摆脱困境出谋划策。

李嘉诚的“负荆拜访”达到初步目的，但他不敢松一口气，银行、原料商和客户，只给了他十分有限的回旋余地，事态仍然很严峻。

产品积压，库满为患。其中一部分是质量不合格，另一部分是延误了交货期的退货，而产品质量并无问题。于是李嘉诚抽调员工对积压产品再次普查，并将其归为两类：一类是有机会做正品推销出去的，一类是款式过时或质量粗劣的。

李嘉诚如初做行街仔那样，马不停蹄到市区推销，最终卖出了一部分正品。剩下的货品，他不想积压拖累太久，全都以极低廉的价格，卖给专营旧货次品的批发商，在制品的质检卡片上，一律盖上“次品”的标记。李嘉诚陆续收到货款，分头偿还了一部分债务。

在危机之中，原来的一些亲戚朋友，有的对李嘉诚敬而远之，生怕他开口借钱或带来麻烦。李嘉诚从中也体验到了世态炎凉、人情冷暖。但每个人难免会有弱点，李嘉诚求发达，丝毫不含报复的成分，他后来发达成巨富，不计前嫌，仍与这些在危难中曾疏远他的亲友保持来往。

危难见人心，路遥知马力。李嘉诚正是靠着真诚获得新订单，筹到购买原料、添置新机器的资金。而被裁减的员工也回来上班了，李嘉诚还补发了他们离厂阶段的工资。

李嘉诚又一次拜访银行、原料商和客户，寻求进一步谅解，商议共渡难关的对策。长江塑胶厂出现转机，产销渐入佳境。

1955年的一天，李嘉诚召集员工聚会。他首先向员工鞠了三躬，感谢大家的精诚合作。然后，用难以抑制的喜悦之情宣布：

“我们厂已基本还清各家的债款，昨天得到银行的通知，同意为我们提供贷款。这表明，长江塑胶厂已走出危机，将进入柳暗花明的佳境！”

话音刚落，员工顿时沸腾起来。散会前，每个员工都得到一个红包，由李嘉诚亲自分发。

夜深沉，海风裹挟着丝丝凉意。忙碌了一整天的李嘉诚，爬上附近的一座小山岗，眺望着中区的万家灯火和海域中行走的巨轮，陷入沉思。

李嘉诚回首这段岁月时说："诚信就是生命，有时比自己的生命还重要!"

李嘉诚干出了一番伟大的事业，但单凭他在商场上的东拼西杀是远远不够的，就像单枪匹马无法打赢一场战争一样。他以诚为本，与人为善，广交朋友，左右逢源，赢得更多的机遇，使自己的事业从无到有，不断壮大，走向辉煌。

无论在哪一方面，诚信都是必不可少的。如果一个人没有诚信，那么他在社会上是立不住脚的。同样，如果一个企业没有诚信，那么它最终也不会得到长久的发展。

小过卦[1] 第六十二

小过卦

原文

小过：亨，利贞。可小事，不可大事。飞鸟遗之音，不宜上，宜下，大吉。[2]

初六：飞鸟以凶。[3]

六二：过其祖，遇其妣。不及其君，遇其臣，无咎。[4]

九三：弗过防之，从或戕之，凶。[5]

九四：无咎，弗过遇之；往厉必戒，勿用永贞。

六五：密云不雨，自我西郊；公弋取彼在穴。[6]

上六：弗遇过之；飞鸟离之，凶，是谓灾眚。[7]

注解

①小过卦：艮下震上，象征略有过越。

②飞鸟遗之音：飞鸟过后，其音不绝。

③凶：凶兆。

④过：越过。祖：祖父。妣：祖母。

⑤从或戕之：放纵自己从而有被人杀害的危险。从，即纵。戕，害。

⑥公弋取彼在穴：射鸟，鸟栖于穴中。弋，带细绳的箭。

⑦离：通“罹”，遭受。

译文

小过卦：亨通，有利。可以做小事，不可以做大事。如同飞鸟飞来时留下的声音，不宜飞得过高，应该向下飞，如此则会获得大吉。

初六：飞鸟逆势向上飞行会有凶险。

六二：越过了象征着祖父的初爻，遇到了象征着祖母的三爻。但是仍未到达象征着君主之位的六五，但是遇到了象征着大臣的九三爻，所以没有什么灾祸。

九三：不仅没有过分的防备，而且放纵自己随从而上，可能会受到杀害，有凶险。

九四：没有灾祸，不要越过而有遇合；前往有凶险，一定要戒备，不可以施展阳刚的才能，应当长久地守持正道。

六五：阴云密布却不下雨，浓云从我居住的西郊兴起；王公用箭射取藏在洞穴中的鸟兽。

上六：不能遇合阳刚而超越阳刚；就像飞鸟遭受射杀一样，凶险，这件事情真可谓是灾祸。

赏析

任何事情都不应该过度，所谓过度的极限，不是过侈便是过俭，过刚或过柔，都必然走向自己的反面。过度崇拜权势的力量，就会在权势面前失败；过度相信聪明才智，反而会被蒙蔽；过度相信宝剑的锋利，最终必将被宝剑杀死，这便是《小过卦》所揭示的事物变化的规律。

从《卦辞》《彖传》《象传》的阐述看，“小过”可获大吉之义，其实是矫枉过正的“小过”，其目的是求正，“小过”只是矫枉的手段和形式过分一点点，或是在正确的方向下超前了一点，故只是小的偏差，没有大的害处。

在易家看来，在符合时代精神的前提下，在待人接物上礼貌周全一点，在亲友去世时悲哀过度一点，在生活小事上节约一点，因符合柔顺的小过之德，都是无伤大雅的，无违时代的，所谓礼多人不怪，爱深情更切，俭为持家宝，所为均属情有可原。

郭子仪爵封汾阳王，王府建在首都长安的亲仁里。汾阳王府自落成后，每天都府门大开，任凭人们自由进出，郭子仪不准府中人干涉。

有一天，郭子仪帐下的一名将官要调到外地任职，特来王府辞行。他知道郭子仪府中百无禁忌，就一直走进了内宅，恰巧看见郭子仪的夫人和他的爱女两人在梳洗打扮，而郭子仪正在一边侍奉她们，她们一会儿要王爷递手巾，一会儿要他去端水，使唤王爷就好像使唤奴仆一样。这位将官当时不敢讥笑，回去后，不免把这情景讲给他的家人听。于是一传十，十传百，没几天整个京城的人就都把这件事当作笑话谈论。

郭子仪听了倒没有什么，他的家人听了都觉得有失身份。于是他的几个儿子相约一齐来找父亲，要他下令像别的王府一样关起大门，不让闲杂人等出入。

郭子仪听了哈哈一笑，几个儿子哭着跪下来求他。一个儿子说："父王您功业显赫，普天下的人都尊敬您，可是您自己却不尊敬自己，不管什么人，您都让他们随意进入内宅。孩儿们认为，即使商朝的贤相伊尹、汉朝的大将霍光也无法做到像您这样。"

郭子仪收敛了笑容，叫儿子们起来，语重心长地说："我敞开府门，任人进出，不是为了追求浮名虚誉，而是为了自保，为了保全我们的身家性命。"

一家人都十分惊讶，忙问这其中的道理。

郭子仪叹了口气，说："你们光看到郭家显赫的声势，没有看到这声势丧失的危险。我爵封汾阳王，往前走再没有更大的富贵可求了。月盈而蚀，盛极而衰，这是必然的道理，所以人们常说要急流勇退。可是，眼下朝廷尚要用我，怎肯让我归隐；再说，即使归隐，也找不到一块能容纳我郭府一千余口人的隐居地呀。可以说，我现在是进退不得。在这种情况下，如果我们紧闭大门，不与外面来往，只要有一个人与我郭家结下仇怨，诬陷我们对朝廷怀有二心，就必然有专门落井下石、妒贤嫉能的小人从中添油加醋，制造冤案，那时，我们郭家的九族老小都要死无葬身之地了。"

从这件事看，郭子仪虽然是一个武状元，在结束"安史之乱"的过程中为唐王朝立下了显赫的战功，但他同时具有很高的政治眼光，虽位居王侯，但从不彰显声势，中正平和，明哲保身，所以才四朝为臣，最终凭借自己的功劳在历史上留下了自己的光辉。

既济卦[1] 第六十三

既济卦

原文

既济：亨，小利贞；初吉终乱。

初九：曳其轮，濡其尾，无咎。[2]

六二：妇丧其茀，勿逐，七日得。[3]

九三：高宗伐鬼方，三年克之，小人勿用。[4]

六四：繻有衣袽，终日戒。[5]

九五：东邻杀牛，不如西邻之禴祭，实受其福。

上六：濡其首，厉。

注解

①既济卦：离下坎上。济，本义指渡河。既济，已经过河，引申为成功。

②曳：拖拽。尾：尾巴。

③茀：遮盖车辆的竹席。

④高宗伐鬼方：鬼方是商代西北方的一个小国，经常骚扰中原，故殷高宗去征伐。

⑤繻有衣袽：华服变成破旧的衣服。繻，华服。袽，破衣，旧棉絮。

译文

既济卦：小事亨通，吉利；开始得吉，但最终仍会陷入危乱之中。

初九：拖住车轮，小狐狸过河沾湿了尾巴，但没有灾祸。

六二：有妇人丢失了遮盖车辆的竹席，不要去寻找，七日自会失而复得。

九三：殷高宗兴兵讨伐鬼方，经历三年才胜利，庶民占得此卜不能用。

六四：华丽的衣服破成烂衣败絮，应当整日保持戒备之心。

九五：东边的邻邦杀牛举行盛大祭典，不如西边的邻邦简单地举行的祭祀，因为西边的邻邦能更实在地享受天赐福泽。

上六：渡河打湿了头部，有危险。

赏析

六十四卦中，《卦辞》和《爻辞》多次提及“利涉大川”，至“既济”即指渡过了大江大河，所有的事情即将从这一个阶段进入一个更深层的阶段。变化总是错综复杂的，这似乎就是大自然的神奇之处，推演无穷，生生不息。极度完成，变化法则就失去弹性，反而僵化，丧失积极奋发向前的活力，趋向没落。由此看来，即使再美好的事物，也不是一点危机都没有的。于是，创业后如何守业，就成了历代统治者都十分关心的问题。

杨广的父亲杨坚，北征突厥，南平陈国，结束了从东汉灭亡以来长达四个世纪的分裂局面，完成了中国的统一。在他当政的二十几年中，隋朝政治稳定，经济繁荣，文化发达，为他儿子的统治打下了坚实的基础。但隋炀帝杨广在位期间，横征暴敛、穷奢极欲、大兴土木、滥发战争、残暴荒淫，是中国历史上出了名的昏庸残暴之君。

隋炀帝的生活非常奢华，史书上说他每天都在建造新的宫殿，虽然有些夸张，但和实际情况也差不了太多。隋炀帝在位十三年，建置了许多华丽的宫室：陕西有崇业宫，安徽有都梁宫，江苏有临江宫，河北有临塑宫，山西太原有晋阳宫，山西汾阳有汾阳宫。皇城、宫室和亭园的修建，不仅滥用了数以百万计的人力，也浪费了无数的财力和物力。

修建宫室需要的许多木料，要到江南诸州去采集，所经过的地方，人民往返运送，千里不绝。同时官吏督工非常严厉苛刻，十分之四五的人因饥饿、劳病而死亡。

隋大业元年（公元605年），隋炀帝下诏令开凿大运河并命王弘等人到江南造龙舟和各种船只。运河凿道后，隋炀帝乘船巡游江都，而他乘坐的龙舟高45尺，宽50尺，长达200尺。上下还分为4层，有正殿、超堂，还有侍臣们的住处。里面用金银珠宝装饰，富丽堂皇。其他如皇后、嫔妃、贵人们也各自有独立的船只。仅随行的船只就有几千艘，前后绵延达二百里之远。两岸之上还有骑兵护送。路过的州县，五百里以内的人员都要殷勤供应，最后吃不完的就地掩埋。沿途一些州县的官僚为了巴结皇帝，不顾百姓死活，狠命盘剥百姓，一些州县甚至强迫农民预缴几年的租税，弄得许多百姓倾家荡产。

第二年，隋炀帝改由陆路回洛阳，一路上同样是前呼后拥，羽仪马车填街满路，连绵二十余里。

大业七年（公元611年），隋炀帝第二次巡游江都。这次游幸，除沿途像蝗虫般蚕食百姓的粮食外，隋炀帝一行到了江都，还大摆酒席，宴请江淮以南的名士，炫耀其豪华。

大业十三年（公元617年），隋炀帝第三次出游江都。这时农民起义的烽火已燃遍黄河上下、长江南北，大隋王朝已是岌岌可危了。可是隋炀帝只顾个人享乐，根本不顾百姓死活。

隋炀帝的船队从宁陵开赴睢阳时，常常搁浅，拉纤的民夫用尽力气，一天也行不了几里路，他十分恼怒，下令将当时这一段河道的掘河民工五万人通通活埋在河岸两旁。

有一次，杨广从陆路去北方巡游，带了五十万大军，特地征调了十几个郡的民夫，开凿太行山，修起一条大道。又征调了一百多万人，限期二十天，修筑长城，以保护他的安全。到了北方，没有行宫，他命令巧匠宇文恺建造了一座活动宫殿，称观风行殿，上面可容几百人，可随时装拆，下有轮子转动。

隋炀帝一人出行，全天下的人民都要为他准备行装、供奉食物。他的游幸给人民带来了极其深重的灾难和负担，以致百姓只能剥树皮、挖草根或者煮土而食，有的地方还出现了人吃人的现象。

另外，杨广为了显示隋朝的富足强盛，还邀请西域使者和商人来隋，命所经郡县均要盛情款待。有一年，西域各国使者和商人都来到洛阳，杨广命令从正月十五日夜间开始直到月底，在皇城端门外大街上表演盛大的百戏，其戏场大至周围五千步，奏乐人多至一万八千人，几十里外都能听到乐声，灯光通明如同白昼。西域人到洛阳东市做贸易，杨广命令本市商人穿最好的、用最好的，就连地摊上的卖菜人也得用龙须席铺地。西域人经过酒食店门前时，店主都得邀请他们入座，吃饱喝足不收分文，以显示隋朝的富足。就这样，隋文帝时期积累起来的巨大财富和民力被杨广肆意挥霍。然而伴随挥霍而来的无止境的徭役和兵役，却迫使千千万万的农民背井离乡，流离失所。有的人甚至把自己的手脚砍掉，起名叫“福手”“福足”，来逃避朝廷的重赋。

由于隋炀帝的荒淫、奢侈，再加上天灾，没多久，江都宫中的粮食就吃光了。隋炀帝宫中的卫士多是北方人，眼看就要饿死，更加想念家乡，纷纷归逃。虎贲郎将司马德戡等人利用卫士们思念家乡的怨恨情绪，发动了兵变，将隋炀帝用巾带勒死，一代暴君终于落了个身死国亡的下场。

未济卦[1] 第六十四

未济卦

原文

未济：亨。小狐汔济，濡其尾，无攸利。[2]
初六：濡其尾，吝。
九二：曳其轮，贞吉。
六三：未济，征凶，利涉大川。
九四：贞吉，悔亡。震用伐鬼方，三年有赏于大国。[3]
六五：贞吉，无悔。君子之光有孚，吉。[4]
上九：有孚于饮酒，无咎。濡其首，有孚失是。[5]

注解

①未济卦：坎下离上，象征事情尚未成功。
②汔：即将，几乎。
③震用：指兴兵征战。震，强有力。大国：指殷商，又称大邦，大殷。
④光：光辉，德行。

⑤孚：诚信。

译文

未济卦：亨通。小狐狸将要渡过河时打湿了尾巴，没有利益。

初六：小狐狸在渡河的时候沾湿了尾巴，有困难。

九二：拖拽车轮，吉利。

六三：事情尚未成功，出征必有凶险，有利于涉过大江大河。

九四：吉利，悔恨消亡。以雷霆之势讨伐鬼方，三年取胜被封赏为大国诸侯。

六五：吉利，没有悔恨。君子之行光明磊落，心怀诚信就会吉利。

上九：满怀诚信地与他人饮酒，没有灾祸。无节制地喝酒以至于沾湿了头部，这说明他们虽有诚信，却因为没有节制而失去了正道。

赏析

万事万物，不断循环。

六十四卦所述的事物发展进程至《未济卦》时好像是要终结了。但六十三卦《既济卦》却从积极的角度阐发了“未济”之中必有“可济”之理。“既济”可转为“未济”，“未济”也可转为“既济”，事物就在这否定之否定的对立统一中发展，永无止境，正如：此路的极端是另一条路的起点，白天的尽头是黑夜的起点，“既济”是“未济”的开端。事物成功之后，往往要走向反面，相聚之后往往要走向相离，这寓示着人生事业永无止境，今天的成功，意味着明天有新的征程要起步，成功是永远没有止境的。曹操在非常之乱世成就了非常之霸业，本可以取汉而自立，但他没有这样做，他克制住自己的欲望，用称王而不称帝的手段，既夺取了汉室的权力，又没有让自己背上篡位的恶名。曹操老谋深算，处心积虑，最终把自己驰骋疆场而草创的天下交给儿子曹丕，遂了自己帝王的心愿。

公元217年五月，汉献帝晋封曹操为“魏王”。次年，汉献帝下诏，命曹操配置天子旌旗，出入戒严，限制行人，清除街道。十月，又命曹操官帽中佩挂十二个旒穗（即古代君王皇冠上前后垂下的玉石串珠），乘黄金装饰的车辆，驾马六匹，以及五辆五种颜色的副车。此等待遇，仅次于帝王了。

此时，曹操已到了迟暮之年，群臣建议他登基称帝，但曹操始终奉行汉朝正朔，避免了天下再度陷入混乱，他曾说："设使天下无有孤，不知当几人称帝，几人称王。"

不久，发生了一件事情，又坚定了他称王不称帝的想法。

蜀国大将关羽败走麦城后，被孙权所杀，孙权怕刘备报复，更怕刘备与曹操联合攻打自己，便把关羽的头装在木匣子里，派人送到曹操那里，并写信表示愿意向曹操"称臣"，劝曹操顺应天命，及早称帝。

曹操接到信，随手递给左右心腹看。左右看了，说道："汉朝寿命已尽，大王功德无量，天下人都希望您来做天子。"

曹操却笑着说："孙权这小子要把我放在炉火上烤啊！"

左右心腹理解不了他的想法，说："大王称帝，上合天意，下合民心，还有什么可怀疑的呢？"

曹操明白，废掉献帝，自己称帝，是很容易的，问题是汉室虽然衰落，可它毕竟还有一个正统的名义。自己一旦称帝，不但要失去天下人心，还必为刘备所不容。

"不，不行。"曹操说道："周西伯昌，怀此圣德。三分天下，而有其二。修奉贡献，臣节不坠。如果天命在我，我就做周文王吧！"

曹操心目中有一系列理想人物的形象，如周公、管仲等。曹操对周文王情有独钟，很大程度上是因为他的功业与周文王有较多的可比性，因此也立志效法周文王，这样一位后世儒家美化的"圣德之君"。曹操说自己做周文王，意思就是说，他这一生做魏王就可以了，让他的儿子去做皇帝吧。他把灭吴与灭蜀的希望寄托在了儿子曹丕身上。

公元220年正月二十三日，曹操逝世，享年六十六岁。

曹操死后，曹丕继位为魏王，十月，曹丕废掉汉献帝，正式称帝，是为魏文帝，追尊曹操为武帝。

曹操是一代枭雄，"宁可我负人，不可人负我"是他的做人原则。他"挟天子以令诸侯"之行径是一般人做不出来的非常之举，但始终依附着汉朝的傀儡皇帝，这种韬略也是一般人所不能理解的。

事物的发展永无止境。曹操雄霸天下，却不愿登上封建权力的巅峰，因为他知道成功是没有尽头的，他依然带着他的文臣武将在一个又一个新的起点上起跑，为儿子君临天下铺下一块又一块坚实的基石；而曹丕也不负父亲的厚望，文治武功，建立了强大的魏国。

在六十四卦结束之际，有一个故事还值得一提。

战国时代杰出的政治家范蠡，辅佐越王勾践进行长达二十年“卧薪尝胆”的复仇计划，运用美人西施迷倒敌国君王夫差，可是复国成功后他便不辞而别，偷偷来到齐国一处偏僻的地方，开垦荒地、发展农业，过起另一种新的生活。而另一位仍留在勾践身边的辅佐重臣文种，却落了个拔剑自刎的下场。

范蠡在齐国没几年，便积蓄了相当可观的财产。齐国君王得知后，便邀请他担任齐国的宰相，使者走后，范蠡对下人们说：“我当官当到卿相，种地得到千金，这是布衣出身的最高境界了。如果长久享受，这是不明智的。明天我就把财产散发给穷人，离开这里。”于是他再度出走，来到齐国陶地（今山东肥城），改名为“陶朱公”，开始从事商业活动，没几年便又富可敌国，最后在自己的府第寿终正寝。

如果范蠡不把仕途上的成功作为弃政务农的起点，他的下场与文种没什么两样；如果他不把在齐国务农的成就作为异地经商的起点，他又怎能成为巨富而安享晚年呢？正如《宋名臣言行录》中说的“优好之所勿久恋，得志之地勿再往”。

人生是一个没有终点的过程，没有一个人是十全十美的，即使你再优秀，在某一个领域也能找到比你更出众的人。在这个过程中，只有谦虚的人才能取得最终的胜利。

易传

彖[1]传上

原文

01. 乾

《彖》曰：大哉乾元，万物资始，乃统天。云行雨施，品物流形。大明终始，六位时成，时乘六龙以御天。[2]乾道变化，各正性命，保合大和，乃利贞。首出庶物，万国咸宁。[3]

02. 坤

《彖》曰：至哉坤元，万物资生，乃顺承天。坤厚载物，德合无疆。含弘光大，品物咸亨。[4]牝马地类，行地无疆，柔顺利贞。君子攸行，先迷失道，后顺得常。西南得朋，乃与类行。东北丧朋，乃终有庆。安贞之吉，应地无疆。[5]

03. 屯

《彖》曰：屯，刚柔始交而难生，动乎险中，大亨贞。雷雨之动满盈，天造草昧，宜寻建侯而不宁。[6]

04. 蒙

《彖》曰：蒙，山下有险，险而止，蒙。“蒙亨”，以亨行时中也。“匪我求童蒙，童蒙求我”，志应也。“初筮告”，以刚中也。“再三渎，渎则不告”，渎蒙也。蒙以养正，圣功也。⑦

05. 需

《彖》曰：需，须也。险在前也，刚健而不陷，其义不困穷矣。“需，有孚，光亨，贞吉”，位乎天位，以正中也。“利涉大川”，往有功也。⑧

06. 讼

《彖》曰：讼，上刚下险，险而健，讼。“讼有孚，窒惕，中吉”，刚来而得中也。“终凶”，讼不可成也。“利见大人”，尚中正也。“不利涉大川”，入于渊也。⑨

07. 师

《彖》曰：师，众也。贞，正也。能以众正，可以王矣。刚中而应，行险而顺，以此毒天下，而民从之，吉又何咎矣。⑩

08. 比

《彖》曰：比，吉也；比，辅也，下顺从也。“原筮，元永贞，无咎”，以刚中也。“不宁方来”，上下应也。“后夫凶”，其道穷也。⑪

09. 小畜

《彖》曰：小畜，柔得位而上下应之，曰小畜。健而巽，刚中而志行，乃亨。“密云不雨”，尚往也。“自我西郊”，施未行也。⑫

10. 履

《彖》曰：履，柔履刚也。说而应乎乾，是以“履虎尾，不咥人”。亨，刚中正，履帝位而不疚，光明也。⑬

注解

①彖：《系辞》中说：“彖者，材也。”“材”通“裁”，意思是裁断、解释，对一个卦象进行裁断、解释的文辞被称作彖辞。

②这里集中解释《乾卦》中“元亨”的含义。大：阳就是大，乾卦的六爻全部由阳爻组成，所以叫作大。元：是《乾卦》卦辞，应当解释为始。万物：原本的意思是自然界中的万物，在这里指的是象征万物的六十四卦。资：取。统：统属。这里的意思是指六十四卦都肇基于乾卦，就好像万物的生命都从属于上天一样。施：布。品：众多。大明终始：指的是《乾卦》从初爻到上爻都是阳爻，从始至终都有阳光照耀。终，指的是上爻。始，指的是初爻。时乘：指每一爻都有相对应的形态。六龙：这里指六个阳爻。用龙来比喻阳爻。《乾卦》卦象由六个阳爻组成，因此被称为六龙。御：意思是驾驭。

③这里集中解释《乾卦》中“利贞”的含义。各正性命：意思是各守性命之正。性命，指的是本性。保：常存。和：和合，中和，这里是用来阐释“利”的。首：始。庶：众。咸：都。

④这里集中解释《坤卦》中卦辞“元亨”的含义。至：极。承：受。疆：指边际。弘：大。光：广。

⑤这里集中解释《坤卦》卦辞：“利牝马之贞。君子有攸往，先迷，后得主，利。西南得朋，东北丧朋。安贞吉。”牝马地类：指牝马属坤阴类。牝马，母马。马本为阳性，坤言牝马则属阴性，故称“地类”。坤为地，地类即坤类也。失道：失去坤道。乃与类行：是对“西南得朋”的解释。《说卦》西南为坤位，故往西南与阴类同行。类，指阴类，即“西南得朋”。乃终有庆：是对“东北丧朋”的解释。东北虽然丧朋，但《说卦》东北为艮位，艮有“成终”之义；又东北艮为阳，故坤往东北，即是阴从阳，故有“庆”。应：应和。

⑥这里集中解释《屯卦》卦名和卦辞的含义。刚柔始交而难生：《序卦》：“屯者，物之始生也。”故曰“刚柔始交”。“屯”字像草木初生，勾而未舒，故有“难”之义。从卦象看，《屯卦》下震上坎，下震为动，上坎为险，动而遇险，故曰“难生”。动乎险中：《屯卦》下震为动，上坎为险。雷雨之动：《说卦》注，震为雷，坎为雨。满盈：《序卦》“屯者，盈也”。造：生。草昧：指万物萌芽状态。昧，古文也作未，这里是说屯（满盈）时万物刚刚萌芽。

⑦这里集中解释《蒙卦》卦名和卦辞的含义。山下有险：《蒙卦》下坎上艮，艮为山，坎为险。险而止：《蒙卦》下坎为险，上艮为止。时中：于其时而适中。时，指卦爻之时。匪：非。童蒙：幼稚蒙昧之人。志应：二五其志相应。《蒙》九二为阳，六五为阴，故二五之志相应。初筮告：第一次占筮则告诉（吉凶）。初，第一次。筮，占筮。刚中：《蒙》九二为阳刚居中，以

示告而有节。再三渎，渎则不告：再三（来占问）是渎慢（占筮），渎慢则不告诉（吉凶）。渎，亵渎。圣功：圣人之功。

⑧这里集中解释《需卦》卦名和卦辞的含义。须：等待。险在前：《需卦》下乾上坎，坎为险在上，故“险在前”。刚健而不陷：《需卦》下乾为刚健，上坎为陷。虽然前有险，但因乾刚健，遇险而能通，故“不陷”。孚：诚信。天位：九五为天位。此指《需卦》九五之刚居天位。正中：九五以阳居阳为“正”，为外卦中爻故曰“中”。往有功：前往必有功。

⑨这里集中解释《讼卦》卦名和卦辞的含义。上刚下险：《讼卦》下坎上乾，乾为刚在上，坎为险在下。险而健：《讼》下坎为险、上乾为健。窒惕：后悔害怕。窒，通“咥”，意思是觉悔。惕，恐惧。刚来而得中：此指《讼》九二爻自外卦乾而生来居内卦之中。《讼》外卦为乾，内卦为坎，按《说卦》坎是乾坤交索而得，故（九二之）“刚来而得中”。终凶：最终有凶。讼不可成：指在争讼中不能取胜。中正：九五居中而得位，而有中正之德。入于渊：阳来居坎中，坎在下，故为“渊”。

⑩这里集中解释《师卦》卦名和卦辞之义。众：《师》下坎上坤，坤为众，坎为水。刚中而应：《师卦》九二为刚处中，六五应之。行险而顺：《师卦》下坎为险，上坤为顺。毒：本指一种害人之草，可以做药物治病，后引申为治理。

⑪这里集中解释《比卦》卦名和卦辞的含义。吉：《杂卦》曰“比乐”，故比为“吉”。辅：亲辅。《比》下坤上坎，坤为地，坎为水，水在地上，不容有间。故为“辅”。下顺从：《比卦》下为坤，二三四互体也为坤，坤为顺而在下，故曰“下顺从”。原筮：再筮。原，再一次。元永贞：开始永守正道。刚中：九五以阳刚居中。不宁方来：不安宁之事并行而来。方，俞樾云：“方，并也。”上下应：指上下五阴应九五。后夫凶：后来的人有凶。其道穷：上六居卦之上，又乘五阳，故曰“其道穷”。

⑫这里集中解释《小畜卦》卦名和卦辞的含义。柔得位：《小畜》六四之阴居阴位。柔，指六四。上下应之：上下五阳相应。健而巽：《小畜》下乾上巽。乾为健，故曰健而巽。巽，一本作“逊”，巽、逊音同而相通。刚中而志行：二五之阳居中，故“刚中”，阳性为动，故“志行”。密云不雨：阴云密布而不下雨。尚往：指（云）向上而行。尚，上。自我西郊：指云起自我方西郊。施：《象》释《乾》有“云行雨施”，释《益》有“天施地生”，皆谓降雨此处。“施未行”，乃指“密云不雨”。

⑬这里集中解释《履卦》卦名和卦辞的含义。柔履刚：古者有二解：

(一)《履》下兑上乾，兑为柔，乾为刚，兑之柔履行乾之刚。(二)《履》六三为柔，六三履行于五刚之中。前者以卦而言，后者以爻而言，二说虽不同，但皆有据，当兼用二义。说而应乎乾：《履》下兑上乾，兑为说在下，乾刚在上，二者相应。履虎尾：轻轻地走在老虎身后。不咥人：不咬人。咥，咬。刚中正：九五阳刚居中得正。帝位：五为帝位。疚：一本作"疾"，有忧惧不安、追悔之义。

译文

01. 乾

《彖传》说：伟大的乾元之气啊！万物因为它而产生，它主宰着大自然。云气运行，雨水布施，万物周流而各自成形。灿烂的太阳反复运转，六爻应时而形成，如同羲和按时乘着六龙驾驭大自然。（本于天的）乾道在变化，(万物）各自正定其本性与命理，保全太和之气，以利于手持正固。这样春天到来，万物又开始萌芽，万国皆得安宁。

02. 坤

《彖传》说：至极的大地啊，万物依赖它生长，它顺承天道。大地深厚能载养万物，德性（与天）相合而无边无际。它能包含一切使之宽大，众物亨通遍受滋养。牝马属于地面动物，永久地驰骋于无边的大地上，（它）柔顺而宜于守正，君子有所往，若是抢先居首必然迷入歧途而失正道，若是随从人后、温和柔顺就能使福庆长久。往西南将得到朋友，可以与朋友同行。往东北将丧失朋友，但最终也有吉庆。安于守正之吉，是因为（天道）应合地道永保无疆。

03. 屯

《彖传》说：屯象征着刚柔开始相交而生成的艰难，虽然萌动于险难之中，却还是亨通有利的。雷雨震动，充满天地之间时，天开始创造万物，万物萌发，（此时）适宜于建立诸侯，但将不安宁。

04. 蒙

《彖传》说：蒙昧，譬如山下有险难，知有险难而终止前行，这就是蒙昧啊。"蒙昧而亨通"，因为亨行于合适的时机。"不是我求童蒙来问我，而是童蒙求我启发他"，这样二者的志趣就能相应。"初次占筮则告知（其吉凶）"，是因为九二以阳刚居下卦之中。"再三占筮是对占筮的亵渎则不告知（其吉凶）”，因为这是对启蒙之道的亵渎。启蒙即培养人的正直品格，这是圣人的功德。

05. 需

《彖传》说：需，等待。危险在前方，等待则使刚健不会陷入困境，适宜的时候再前行便不会导致穷困。“等待，心怀诚信，光明亨通，守持正道可获吉利”，这是因为（九五爻）位于天子之位，居正而得中道的缘故。“宜于涉越大河”，前往可以建功立业。

06. 讼

《彖传》说：争讼，因为上有（天之阳）刚、下有（坎之）陷险，内有险难而外得刚健，故有争讼。“争讼是因为诚信被阻塞，心里有恐惧，过程中可获得暂时的吉利”，阳刚来而得中位。“最终有凶”，因为争讼不可能取胜。“有利于去拜见大人”，这是崇尚中正之德。“不宜涉越大河”，因为阳来居于坎水之中，如陷入深渊。

07. 师

《彖传》说：军旅之事，是众人所组成的军队。贞，是要坚守正道。若能使众人皆行正道，则可以做君王了。譬如刚健中正之人在军旅中响应君王，执行危险之事而能顺应民心，以此治理天下，而使民众顺从他，此乃吉祥，又有什么灾害呢！

08. 比

《彖传》说：亲近归附，便能吉祥；比，有亲辅之义，居下而又顺从。“元统大业有利于坚守正道，没有灾害”，这是因为（九五）以阳刚之德而居于中正之位。“不安宁的四方之国均来归附”，这是因为上下（众阴与九五）亲比而相应和。“后来的人有凶险”，这是因为后来之人失礼无道，穷途末路。

09. 小畜

《彖传》说：小有蓄积，阴柔得位而上下（众阳）应和，所以叫作小畜。又比如上下刚健而逊顺，（九二、九五）阳刚居中皆志于行施，所以亨通。“乌云密布而不下雨”，这是因为阳气上行离去。“云从我所住的西郊而来”，云布施而雨未下。

10. 履

《彖传》说：轻轻地走，如以阴柔之足行走在阳刚之体上。以和悦顺应于乾，所以“轻轻地踩了老虎尾巴，老虎也不咬人”。亨通，这是因为（九五）以刚健中正之德居帝王之位，履行帝王之职而无所瑕疵，于是显示出盛德的光明。

原文

11. 泰

《彖》曰："泰，小往大来,吉，亨。"则是天地交而万物通也，上下交而其志同也。内阳而外阴，内健而外顺，内君子而外小人，君子道长，小人道消也。①

12. 否

《彖》曰："否之匪人，不利君子贞，大往小来。"则是天地不交而万物不通也，上下不交而天下无邦也。内阴而外阳，内柔而外刚，内小人而外君子，小人道长，君子道消也。②

13. 同人

《彖》曰：同人，柔得位得中，而应乎乾，曰同人。曰"同人于野，亨。利涉大川"，乾行也。文明以健，中正而应，君子正也。唯君子为能通天下之志。③

14. 大有

《彖》曰："大有"，柔得尊位大中，而上下应之，曰"大有"。其德刚健而文明，应乎天而时行，是以元亨。④

15. 谦

《彖》曰：谦，亨。天道下济而光明，地道卑而上行。天道亏盈而益谦，地道变盈而流谦，鬼神害盈而福谦，人道恶盈而好谦。谦，尊而光，卑而不可逾，君子之终也。⑤

16. 豫

《彖》曰：豫，刚应而志行，顺以动，豫。豫顺以动，故天地如之，而况建侯行师乎？天地以顺动，故日月不过，而四时不忒。圣人以顺动，则刑罚清而民服，豫之时义大矣哉。⑥

17. 随

《彖》曰：随，刚来而下柔，动而说，随。"大亨贞无咎"，而天下随时，随时之义大矣哉！⑦

18. 蛊

《彖》曰：蛊，刚上而柔下，巽而止，蛊。蛊，元亨而天下治也。“利涉大川”，往有事也。“先甲三日，后甲三日”，终则有始，天行也。⑧

19. 临

《彖》曰：临，刚浸而长，说而顺，刚中而应。大亨以正，天之道也。“至于八月有凶”，消不久也。⑨

20. 观

《彖》曰：大观在上，顺而巽，中正以观天下，观。“盥而不荐，有孚颙若”，下观而化也。观天之神道，而四时不忒，圣人以神道设教，而天下服矣。⑩

注解

①这里集中解释《泰卦》卦名和卦辞的含义，此卦反映了一种交感变化思想。泰：通。天地交：《泰卦》下乾上坤，乾为天，坤为地，天居下，地居上，象天阳之气下降，地阴之气上升，故曰“天地交”。上下交：乾为君，坤为众，《泰卦》君居下，而民居上，象上下交心。内外：是释卦辞“往”“来”之义。内即内卦，外即外卦。阴阳、健顺、君子小人：是释卦辞“大”“小”之义。从卦象看，《泰卦》下乾上坤，乾为内卦，坤为外卦，乾为阳，其性健，为君子，有“大”之义；坤为阴，其性顺，为小人，有“小”之义。君子道长、小人道消：乃就爻而言。《泰卦》三阳居下，有渐长之势，故为“君子道长”；三阴居上，有消退之势，故为“小人道消”。“君子道长，小人道消”显系由《泰》而变《大壮》，这就清楚地表达了战国时代人们的卦变思想，从而揭示了一个重要的事实，即卦变之说早在作《彖》之前已经有了。

②这里集中解释《否卦》卦名和卦辞的含义。《否卦》下坤上乾，其卦辞与《泰卦》相反。故《彖》之释亦相反，此卦反映天地阴阳闭塞不交的思想。

③这里集中解释《同人卦》卦名和卦辞的含义。人：仁通。柔得位得中：

六二以阴居阴曰“柔得位”，六二处内卦中位曰“得中”。应乎乾：指六二应外卦乾。乾，指外卦乾。同人于野：与人志同于旷野之中。野，旷野，郊外曰野。乾行：乾道。《尔雅》释“行”为道。文明以健：《同人》内卦离为文明，外卦乾为刚健。中正而应：《同人》六二、九五居中得正而相应。唯：犹独。

④这里集中解释《大有卦》卦名和卦辞的含义。柔得尊位大中：六五以柔居阳位而处卦之上中。柔，六五。尊位，五位。大中，五为阳而居上中故为“大中”。上下应之：指上下五阳应之。刚健而文明：《大有》下乾上离，乾为刚健，离为文明。应乎天而时行：指日顺应天而随四时运行。

⑤这里集中解释《谦卦》卦名和卦辞的含义。天道下济而光明，地道卑而上行：《谦卦》下艮上坤，艮为阳卦，得乾阳而生，而乾为天道，为大明。艮在下，故曰“天道下济而光明”。坤为地，本在下而《谦卦》却在上，故曰“地道卑而上行”。“下济”与“卑”皆释谦之义，“光明”“上行”皆释“亨”之义。亏：损。盈：满。变：倾坏。流：流注。显：指月盈则食。福：当作“富”，富与福通假。逾：高而不可越。

⑥这里集中解释《豫卦》卦名和卦辞的含义。刚应：《豫卦》九四之刚为群阴所应。顺以动：《豫》下坤上震，坤为顺、震为动。如：从。行师：指出兵作战。过：失度。忒：差错，忒一本作“貣”，忒、貣二者通。天地以顺动：天动而地顺应以动，只人不知。时义：一卦之时所含的意义。

⑦这里集中解释《随卦》卦名和卦辞的含义。刚来而下柔：《随》从《否卦》而来，《否》之上九与初六互换而成为《随》，故就爻而言，刚来而柔下。动而说：《随卦》下震为动，上兑为说。随时之义：疑当为“随之时义”。

⑧这里集中解释《蛊卦》卦名和卦辞的含义。蛊：惑乱的意思。刚上而柔下：《蛊卦》一阳由下而上，故曰“刚上”。一柔由上而下，故曰“柔下”。巽而止：《蛊卦》下巽上艮，艮为止。天行：即天道。

⑨这里集中解释《临卦》卦名和卦辞的含义。刚浸而长：《临》二阳爻居下，有上长趋势。说而顺：《临卦》下兑为说、上坤为顺。刚中：九二阳刚居中。消不久：阴消不久（将至）。

⑩这里集中解释《观卦》卦名和卦辞的含义。大观在上：《观》二阳在上，为下四阴所观，阳为大，阴为小，故曰“大观在上”。顺而巽：《观卦》下坤上巽，坤为顺，故曰顺而巽。中正：九五居中而得正。盥而不荐：看过祭祀前的灌礼之后，就可以不再看后面贡献祭品的仪式了。颙若：崇敬仰慕

之貌。下观而化：在下而观示其上得以感化。化，感化。神道设教：古代帝王效法天道变化而建庙堂，供奉鬼神，举行祭祀，让人们敬畏服从，以此达到教育感化民众的目的。

译文

11. 泰

《彖传》说："通泰，柔小者往外、刚大者入内，吉祥，亨通"，则是天地（阴阳之气）交感而万物通达生长；（君民）上下交感而其心志相同；内（卦）阳刚而外（卦）阴柔；内（卦）刚健，外（卦）柔顺；内（卦）为君子，外（卦）为小人。君子之道盛长，小人之道消退。

12. 否

《彖传》说："闭塞阻隔而人道不通，（此占）不利君子，因为正大的阳气消失，卑弱的阴气生长而来。"则是天地之气不能互相交感而万物阻隔（不能生成），（君民）上下不相交感而天下没有邦国。内（卦）阴柔而外（卦）阳刚，内（卦）柔顺而外（卦）刚健，内（卦）为小人而外（卦）为君子，小人之道盛长，君子之道消退。

13. 同人

《彖传》说：同人，（内卦）阴柔得位而居中，与（外卦）乾相应，所以叫作同人。《同人卦》说："在原野上行走，与人志气相同，亨通。利于涉越大河"，乾之阳道利行。其卦内文明而外刚健，（二五）处中得正而相应，此为君子和同于人的纯正美德。唯有君子才能通达天下人的心志。

14. 大有

《彖传》说：大有收获，阴柔得尊位，中正有德，上下应之，所以称"大有"。其内刚健而外文明，顺应于天体的规律，按照时节运行，所以大有亨通。

15. 谦

《彖传》说：谦虚，亨通，天道下施（于地）而愈显其光明，地道卑下而（万物）向上生长。天道的规律是亏损盈满而增益谦虚，地道的规律是变换盈满而流注补益谦虚，鬼神的本性是祸害盈满而施福于谦虚，人类的本性是厌恶盈满而喜欢谦虚。人爱好谦虚，处于尊位就光荣，即使是处于卑下也不可逾越，所以君子能有好的结果。

16. 豫

《彖传》说：欢乐，阳刚（为阴柔）所应，其志才能行施，顺从其性而动，就会得到欢乐。欢乐，顺性而动，所以天地都遵从这一规律，更何况封侯建国、出兵打仗这些事情呢？天地顺乎时而动，所以日月运行不失其度，四时更替也没有差错。圣人顺乎天时而动，则刑罚清明而万民服从。豫卦的时所包含的意义太大啦！

17. 随

《彖传》说：随从，阳刚（自外卦）来而居内卦阴爻之下，动而喜悦，所以称随。“大道通顺而得正无灾”，天下万物皆随时而变化，随卦的时机所含的意义太大啦！

18. 蛊

《彖传》说：蛊，阳刚居上位而阴柔居下位，政令入而弊乱止，所以为蛊。开始混乱而最终得到整治，亨通，能使天下大治。“适宜涉越大河”，前往则有事情可做。“应当在甲日前三日准备，甲后三月行动”，有终必有始，如同天道运行一样。

19. 临

《彖传》说：君临天下，阳刚浸润而增长，喜悦而顺从，阳刚居中而有应。在大的“亨通”下仍守其正，这是顺应了天道。“到了八月有凶事发生”，阴消退不久（将至）。

20. 观

《彖传》说：（阳）大在上（为四阴所观），顺从而逊让。（九五）又以中居正而观天下，所以称作观。“看过祭祀前的灌礼之后，就可以不再看后面贡献祭品的仪式了。因其经历了庄严的祭奠，内心已信服君王的威严”，这说明下（阴）观示上（阳）而感化。而观示大自然神奇的运行规律，其四时更替不出差错，圣人从中悟出神道并用来设立教化，天下万民皆顺服。

原文

21. 噬嗑

《彖》曰：颐中有物，曰噬嗑。噬嗑而亨，刚柔分，动而明，雷电合而章。柔得中而上行，虽不当位，利用狱也。①

22. 贲

《彖》曰：贲亨，柔来而文刚，故亨；分刚上而文柔，故小利有

攸往。刚柔交错，天文也。文明以止，人文也。观乎天文，以察时变；观乎人文，以化成天下。[②]

23. 剥

《彖》曰：剥，剥也，柔变刚也。“不利有攸往”，小人长也。顺而止之，观象也。君子尚消息盈虚，天行也。[③]

24. 复

《彖》曰：复，“亨”，刚反，动而以顺行。是以“出入无疾，朋来无咎”。“反覆其道，七日来复”，天行也。“利有攸往”，刚长也。复，其见天地之心乎！[④]

25. 无妄

《彖》曰：无妄，刚自外来而为主于内，动而健，刚中而应。大亨以正，天之命也。“其匪正有眚，不利有攸往”，无妄之往何之矣？天命不祐，行矣哉！[⑤]

26. 大畜

《彖》曰：大畜，刚健笃实，辉光日新。其德刚上而尚贤，能健止，大正也。“不家食吉”，养贤也。“利涉大川”，应乎天也。[⑥]

27. 颐

《彖》曰：颐，贞吉，养正则吉也。观颐，观其所养也。自求口实，观其自养也。天地养万物，圣人养贤以及万民。颐之时大矣哉！[⑦]

28. 大过

《彖》曰：“大过”，大者过也。“栋桡”，本末弱也。刚过而中，巽而说行。“利有攸往”，乃亨。“大过”之时大矣哉！[⑧]

29. 坎

《彖》曰：习坎，重险也。水流而不盈，行险而不失其信。“维心，亨”，乃以刚中也。“行有尚”，往有功也。天险，不可升也；地险，山川丘陵也。王公设险以守其国，险之时用大矣哉！[⑨]

30. 离

《彖》曰：离，丽也。日月丽乎天，百谷草木丽乎土，重明以

丽乎正，乃化成天下。柔丽乎中正，故“亨”，是以“畜牝牛吉”也。⑩

注解

①这里集中解释《噬嗑卦》卦名和卦辞的含义。颐：腮。噬：啮，以齿咬物为噬。嗑：合。噬嗑即口中有物咀嚼之。物：指九四。刚柔分：刚柔相间，分居内外卦。动而明：《噬嗑》下震上离，震为动，离为明。雷电合而章：《噬嗑》下震为雷、为动，上离为电、为明。动而明，雷电并起象，故为“合”。章，明。柔得中而上行：六五之柔居中而上行。柔，指六五。不当位：六五以阴居阳位，故曰“不当位”。利用狱：适合处理刑狱之事。

②这里集中解释《贲卦》卦名及卦辞之义。柔来而文刚：《贲》六二之柔自上来与下刚相杂。文，阴阳相杂，纯阴纯阳无文可言。分刚上而文柔：《贲》上九是分内卦一刚而居上与上柔相杂。刚柔交错：此处“天文”上脱“刚柔交错”一句，此处补足。文明以止：《贲》下离为文明，上艮为止。

③这里集中解释《剥卦》卦名和卦辞的含义。剥：剥落。柔变刚：《剥》五阴上长剥落一阳。变，剥落，倾坏。小人：指五阴。顺而止之：《剥》下坤上艮，坤为顺，艮为止。观象：指《剥卦》顺而止之性，是观示天象，即观察在象，一要顺从，一要静视（止）。消息：消退与生息。盈虚：盈满与亏虚。

④这里集中解释《复卦》卦名和卦辞的含义。刚反：《复卦》一阳居五阴之下，象阳经阴剥落而复返于初。动而以顺行：《复卦》下震为动，上坤为顺。七日来复：古有四解：（一）一阳气始，终于《剥》，至阳气来《复》，需经七月。（二）以五月《姤卦》一阴生，至十一月《复卦》一阳生。凡经七月，历七次变化。（三）以《坎》《震》《离》《兑》四正卦，每卦六爻，每爻主一气，其余六十卦，共三百六十爻，分主一年三百六十日又四分之一，因而一卦主六日七分。（四）以十月末，纯《坤》用事，《坤卦》将尽，则《复》阳来，隔《坤》一卦六爻为六日，《复》来成《震》，一阳爻生共为七日。刚长：《复卦》一阳居下有上长之势。天地之心：指天地生物之心。

⑤这里集中解释《无妄卦》卦名和卦辞的含义。刚自外来，而为主于内：《无妄》初九之刚是从外卦乾而来而为内卦之主。刚，指初九。外，外卦。内，内卦。动而健：《无妄》下震上乾，震为动，乾为健。刚中而应：九五之

刚居中而应六二。其匪正有眚：若不守正道则有灾异。匪，非。眚，本指眼有病，此指灾。何之：何往。之，适、往。行矣哉：指岂敢行，即不可以有行。

⑥这里集中解释《大畜卦》卦名和卦辞的含义。刚健笃实：《大畜》下乾上艮，乾为刚健，艮为“成”，“成言乎艮”（《说卦》），故为笃实。辉光：朝日为辉，日中为光。刚上：《大畜》一阳刚居上。能止健：《大畜》下乾上艮，乾为健，艮为止。不家食：不食于家，而是食禄于朝。养贤：与前“尚贤”义相同。均指《大畜》上为阳爻，有“尚贤”“养贤”之义。应乎天：指六五应乎乾。《大畜》内卦为乾。

⑦这里集中解释《颐卦》卦名和卦辞的含义。颐：本指两腮，此引申为养，《序卦》：“颐，养也。”自求口实：自己求得食物，以充其口，此指自己谋生。自养：自己养活自己。

⑧这里集中解释《大过卦》卦名和卦辞的含义。大：指阳而言，阳为大。过：有越、差、误等义。栋桡：栋梁弯曲。本末弱：《大过》初上两爻为阴爻，初为本，上为末，阴爻为柔弱，故“本末弱”。刚过而中：《大过》虽阳过，但二五两阳居中。巽而说：《大过》下巽上兑，兑为说。

⑨这里集中解释《坎卦》卦名和卦辞的含义。重险：《坎》上下皆坎，坎为险，故有两险相重之义。重，是释“习”。水流而不盈：《坎》阳动于阴中故曰“流”，阳陷入二阴之中故“不盈”。不失其信：是释卦辞“有孚”。维心，亨：经文原文是“有孚维心，亨”，其义为：有诚系之于心，亨通。刚中：二五之阳居中。尚：赏。功：是释“尚”。

⑩这里集中解释《离卦》卦名及卦辞之义。丽：依附。土：一本作“地”，而《易传》多以天地相称，故作“地”为准。重明以丽乎正：《离卦》上下皆为离，离为明，故曰“重明”，内卦三爻皆得正位，故曰正。此是说外卦重明依附于内卦之正。柔丽乎中正：《离卦》六二、六五居中，六二得正。畜牝牛吉：畜养母牛得吉。

译文

21. 噬嗑

《彖传》说：颐中含物就要咀嚼，叫作噬嗑，噬嗑而能亨通，阳刚阴柔分布（内外），动而光明，雷电相合而使雷声的威力与闪电的光明显现出来。

（六五）阴柔得中位而上行，虽然它所处的爻位并不当位，但是利于刑罚。

22. 贲

《彖传》说：文饰，亨通，阴柔（六二爻）向下文饰阳刚，所以“亨通”；分（内卦一）阳刚上来文饰阴柔，所以有小利可以前往。（日月）刚柔相互交错，为天文。得文明而知止（于礼义），这是人类的文化和文明。观看了上天彰显的文明，可以察知时节变化；观于人类的文明，可以教育化成天下万物。

23. 剥

《彖传》说：剥，剥落。阴柔剥而变阳刚，“不宜有所往”，因为小人正盛长。顺从（天道）而知止，这是观察了天象。君子崇尚阴阳的消长盈虚之理，这是顺天而行。

24. 复

《彖传》说：阳刚复返（于初），“亨通”。动则顺时而行，所以“出入没有疾病，朋友来而没有灾害”。“往来反复其道，经七日而来归于初”，这是天道的运行。“利于前往”，（是因为）阳刚盛长。从复卦中，大概可以显现天地滋养万物的善良愿望！

25. 无妄

《彖传》说：没有虚妄之行，阳刚（初九）自外卦来而主（于内卦），动而刚健，（九五）阳刚居中而应（六二）。因行正道所以有大的“亨通”，这是自然规律啊！“若背离正道就会有灾难，不利于前往”。在天下都没有虚妄之行时，不守正道而有所前往，将要去哪里呢？因为上天不保佑，还是算了吧！

26. 大畜

《彖传》说：大有蓄积，得刚健笃实，光辉日日增新，其德阳刚在上而尊尚贤人，能止刚健（而畜养之），所以宏大而正直。“不使贤能之士在家自食”，所以能够养活贤士。“宜于涉越大河”，能顺应天道。

27. 颐

《彖传》说：颐养，守正道则吉，以正道养身则吉。观颐，观察其所养。自己获取口中之食，是观察自己的谋生之路。天地养育万物，圣人效法天地颐养贤人以及万民百姓。颐养贤人和百姓，其时间起到非常大的作用！

28. 大过

《彖传》说：“大有过越”，只有强大的人才能战胜大的困难。“栋梁弯曲”，（是因为）本与末皆柔弱。阳刚过盛而处中，逊顺喜悦而行动。“有利于前往”，前往则亨通。“大过”之时的功绩太大啦！

29. 坎

《彖传》说：坎水相重，有重重危险。水流动而不盈溢，历尽危险而不失诚信。“维系于心，亨通”，这是因为有刚中之德。“勇敢前行能够得到人们的崇尚”，因为前往可建功立业。天险，有高不可攀之势；地险，有山川丘陵的不平。王公（观象）设置险阻来守卫自己的邦国。坎险的功用意义太大啦！

30. 离

《彖传》说：离，为附着。日月依附于天（而光明），百谷草木依附于地（而生长），《离》有双重之明而依附于正道，于是化育生成天下（万物）。阴柔依附于中正之道，所以“亨通”，（母牛具备阴柔的品格）因而“畜养母牛，吉祥”。

彖传下

原文

31. 咸

《彖》曰：咸，感也。柔上而刚下，二气感应以相与，止而说，男下女，是以“亨。利贞。取女吉”也。天地感，而万物化生；圣人感人心，而天下和平。观其所感，而天地万物之情可见矣。①

32. 恒

《彖》曰：恒，久也。刚上而柔下，雷风相与，巽而动，刚柔皆应，恒。“恒亨无咎利贞”，久于其道也。天地之道恒久而不已也。“利有攸往”，终则有始也。日月得天而能久照，四时变化而能久成，圣人久于其道而天下化成。观其所恒，而天地万物之情可见矣。②

33. 遁

《彖》曰："遁，亨"，遁而亨也。刚当位而应，与时行也。"小利贞"，浸而长也。遁之时义大矣哉！[3]

34. 大壮

《彖》曰：大壮，大者壮也。刚以动，故壮。大壮"利贞"，大者正也。正大，而天地之情可见矣！[4]

35. 晋

《彖》曰：晋，进也，明出地上。顺而丽乎大明，柔进而上行，是以"康侯用锡马蕃庶，昼日三接"也。[5]

36. 明夷

《彖》曰：明入地中，明夷。内文明而外柔顺，以蒙大难，文王以之。"利艰贞"，晦其明也，内难而能正其志，箕子以之。[6]

37. 家人

《彖》曰：家人，女正位乎内，男正位乎外。男女正，天地之大义也。家人有严君焉，父母之谓也。父父、子子，兄兄、弟弟，夫夫、妇妇，而家道正。正家而天下定矣。[7]

38. 睽

《彖》曰：睽，火动而上，泽动而下。二女同居，其志不同行。说而丽乎明，柔进而上行，得中而应乎刚，是以"小事吉"。天地睽而其事同也，男女睽而其志通也，万物睽而其事类也。睽之时用大矣哉！[8]

39. 蹇

《彖》曰：蹇，难也，险在前也。见险而能止，知矣哉！蹇，"利西南"，往得中也。"不利东北"，其道穷也。"利见大人"，往有功也。当位"贞吉"，以正邦也。蹇之时用大矣哉！[9]

40. 解

《彖》曰：解，险以动，动而免乎险，解。"解，利西南"，往得众也。"其来复吉"，乃得中也。"有攸往夙吉"，往有功也。天地

解而雷雨作，雷雨作而百果草木皆甲坼。解之时大矣哉！⑩

注解

①这里集中解释《咸卦》卦名及卦辞之义。感：感应。柔上而刚下：以内外卦看《咸》下艮上兑，艮为刚，兑为柔。从爻画看，《咸》上六之柔自下而上，故曰柔上。九三之刚自上而下，故曰刚下。与：犹亲。止而说：《咸卦》下艮为止，上兑为说。男下女：即男处女下，艮为少男在下，兑为少女在上，有聘士、亲迎之义。取女吉：娶此女则有吉。取，娶。

②这里集中解释《恒卦》卦名及卦辞之义。刚上而柔下：从内外卦看，《恒》下巽上震，震为刚在上，巽为柔在下。从爻画看，《恒卦》九四之刚自下而上，初六之柔自上而下。故曰"刚上而柔下"。雷风相与：《恒卦》上震为雷，下巽为风，雷风相得。巽而动：《恒》下巽上震，震为动。刚柔皆应：《恒卦》初四、二五、三六刚柔皆相应。久于其道：长久保持恒道。不已：不停止。

③这里集中解释《遁卦》卦名及卦辞之义。刚当位而应：《遁》九五得位居中而与六二相应。浸而长：《遁》二阴居四阳之下，有浸润而渐长之势。时义：指当"浸而长"之际，应及时隐退，方合遁义。

④这里集中解释《大壮卦》卦名及卦辞之义。壮：《大壮》四阳盛长过中故曰"壮"。刚以动：《大壮》下乾上震，乾为刚，震为动。大者正也：是指《大壮》阳大过中而又有正之义。正，是释《大壮卦》辞"贞"。

⑤这里集中解释《晋卦》卦名及卦辞之义。明出地上：《晋卦》下坤上离，坤为地，离为明。顺而丽乎大明：《晋》下坤为顺，上离为日，日为大明。柔进而上行：这里指《明夷》六二爻变为《晋》六五爻，故称"上行"。康侯用锡马蕃庶：尊贵的公侯接受天子赏赐的众多车子。康侯，一说泛指安康的侯爵；一说为周武王的弟弟卫康叔。锡，赐。蕃庶，繁育，此有众多之义。昼日三接：一日之内受到多次接见。

⑥这里集中解释《明夷卦》卦名及卦辞之义。明入地中：《明夷》下离上坤，离为日、为明，坤为地。明入地中而伤，故为明夷。夷，伤。内文明而外柔顺：《明夷》内卦离为文明，外卦坤为柔顺。蒙：遭受。大难：指大的灾难。此指文王遭囚禁。文王以之：文王有此道，即文王内怀文明之德而外有柔顺之性蒙受纣王囚禁之大难。晦其明：《明夷》上坤为晦，下离为明。内

难而正其志：箕子为纣伯父，纣王昏暗，故曰内难。《明夷》离日在内，且离三爻各得正故曰正其志。

⑦这里集中解释《家人卦》卦名及卦辞之义。女：《家人》六二之阴。内：内卦。男：《家人》九五之阳。外：外卦。严君：尊严的君长，即父母。严，犹尊。

⑧这里集中解释《睽卦》卦名及卦辞之义。睽：乖异。火动而上，泽动而下：《睽卦》下兑上离，兑为泽，离为火。泽动而下润，火动而炎上。二女同居：《睽》兑为少女，离为中女。故《睽》为“二女同居”。志不同行：志向不相同。说而丽乎明：兑为说，离为丽、为明。柔进而上行：六五以柔而上进而行在尊位。似《家人》六二变《睽》六五。得中而应乎刚：六五居中而应九二之刚。刚，指九二。事同：生育万物之事相同。志通：男女交感之志相通。事类：生成事因类同，亦即《系辞》之“方以类聚物以群分”也。

⑨这里集中解释《蹇卦》卦名及卦辞之义。险在前：《蹇卦》上为坎，坎为险。止：《蹇》下卦艮为止。往得中：是释“利西南”。西南为坤方，坤为顺，前往必顺，又因外卦九五居中，故前往得中。其道穷：是释“不利东北”，东北方为艮方，艮为山、为止，故往东北为山所止难行，故前往因道穷而不能。往有功：五多功，故前往必有功。当位：九五以阳居阳。正邦：正定邦国。

⑩这里集中解释《解卦》卦名及卦辞之义。解：有缓解之义。《杂卦》：“解，缓也。”险以动：《解》下坎上震，坎为险，震为动，动在险外，故有“解”之义。往得众：是释“利西南”，西南为坤方，坤为众，故“往得众”。其来复吉：只有回到原处有吉。乃得中：九二居中。夙吉：行动早则有吉。夙，早。雷雨作：《解》下坎为雨，上震为雷。作，兴起。甲：皮壳，此指发芽。坼：一本作“宅”，此处取“破裂”义。

译文

31. 咸

《彖传》说：咸，感应。阴柔处上而阳刚处下，（阴阳）二气感应以相亲，止而喜悦，男处女下，所以“亨通，有利于做事，娶女为妻吉祥”。天地互相交感，万物变化生成；圣人感化人心，于是天下和平。观察所感应的方面，天地万物之情皆可以显现呵！

32. 恒

《彖传》说：恒，恒久。阳刚处上而阴柔处下，雷风相交与，巽顺而动，阳刚与阴柔皆相应，所以叫作恒。“恒，亨通,没有过错，有利于做事”这说明恒道在于长久保持正道！天地之道，恒久而不止。“利于前往”，终结则必有新的开始。日月得天才能长久地照耀，四季交替变化才能长久地运行，圣人长久地恒守其道，就会使教化大有成就。观察其所恒守的正道，天地万物的发展规律就可以显现了！

33. 遁

《彖传》说：“遁，亨通”，隐退而有亨通。（九五）阳刚居正当位而应(六二阴柔)，顺应时势而行。“小而宜于守正”，（阴柔）浸润而逐渐盛长。《遁卦》时的意义太大啦！

34. 大壮

《彖传》说：大壮，（阳刚）大而壮。刚健而动，所以称为壮。大壮，“有利于做事”，这说明（阳刚）之大为正。保持正直强大，那么天地之情便可以体现了！

35. 晋

《彖传》说：晋，前进生长，如同光明出现在地上。逊顺而依附太阳，阴柔进长而上升，所以“尊贵的公侯接受天子赏赐的众多车子，一天之内被多次召见”。

36. 明夷

《彖传》说：光明进入地中，象征着光明陨灭。内（卦有离卦的）文明而外（卦有坤卦的）柔顺，就能像文王蒙受大难那样，躲过劫难。“利于在艰难中守正”，暗藏其明智，内有险难而能正其志向情操，就能像正直的箕子那样，渡过难关。

37. 家人

《彖传》说：一家人，女人正位在内，男人正位于外，男女各正其位，这是天地的大义！一家人有尊严的君主，就是父母。做父亲的尽父亲的责任，做儿子的尽儿子的责任，做兄长的尽兄长的责任，做弟弟的尽弟弟的责任，做丈夫的尽丈夫的责任，做妻子的尽妻子的责任，因而家道得正。家道正则天下安定。

38. 睽

《彖传》说：睽，火动而炎上，泽动而润下，（离兑）二女住在一起，志向不同，很难一起行动。喜悦而附之光明，（六五）阴柔进而上行于（外卦），得中而应（九二）阳刚，所以“小事吉利”。天地虽有差异，但养育万物之事相同，男女性别不同，而其心志相通，万物形形色色各有差异，但其生长过程却有类似之处。《睽卦》所含的乖异背离之时意义也很大啊！

39. 蹇

《彖传》说：蹇，行路困难，危险在前面。见到危险而能停止冒险，明智呵！蹇，“利于西南”，前往可得中道。“不利东北”，（前往）穷途末路。“有利于出现大人”，前往必立功业。居正当之位而“守正则吉利”，可以正定邦国。《蹇卦》时的作用太大啦！

40. 解

《彖传》说：疏解危难，冒险而勇敢行动，（结果）因行动而免去危险，所以称为解。“解，利于西南方向”，前往可以得到民众（归服）。“返回原来地方吉利”，因为得到了中道。“有所往，早行动会得到吉利”，前往可建功业。天地（阴阳）交感而雷雨大作，雷雨大作而百果草木皆发芽生根。《解卦》之时的作用太大啦！

原文

41. 损

《彖》曰：损，损下益上，其道上行。损而有孚，元吉，无咎，可贞，利有攸往，曷之用？二簋可用亨。二簋应有时，损刚益柔有时，损益盈虚，与时偕行。①

42. 益

《彖》曰：益，损上益下，民说无疆，自上下下，其道大光；“利有攸往”，中正有庆。“利涉大川”，木道乃行。益动而巽，日进无疆。天施地生，其益无方。凡益之道，与时偕行。②

43. 夬

《彖》曰：“夬”，决也，刚决柔也。健而说，决而和。“扬于王庭”，柔乘五刚也。“孚号有厉”，其危乃光也。“告自邑，不利即戎”，所尚乃穷也。“利有攸往”，刚长乃终也。③

44. 姤

《彖》曰：姤，遇也。柔遇刚也。“勿用取女”，不可与长也。

天地相遇，品物咸章也。刚遇中正，天下大行也。姤之时义大矣哉！[④]

45. 萃

《彖》曰：“萃”，聚也。顺以说，刚中而应，故聚也。“王假有庙”，致孝享也。“利见大人，亨”，聚以正也。“有大牲吉，利有攸往”，顺天命也。观其所聚，而天地万物之情可见矣。[⑤]

46. 升

《彖》曰：柔以时升，巽而顺，刚中而应，是以大亨。“用见大人勿恤”，有庆也。“南征吉”，志行也[⑥]。

47. 困

《彖》曰：困，刚掩也。险以说，困而不失其所亨，其唯君子乎！“贞大人吉”，以刚中也。“有言不信”，尚口乃穷也[⑦]。

48. 井

《彖》曰：巽乎水而上水，井。井养而不穷也。“改邑不改井”，乃以刚中也。“汔至亦未繘井”，未有功也。“羸其瓶”，是以凶也[⑧]。

49. 革

《彖》曰：革，水火相息，二女同居，其志不相得曰革。“己日乃孚”，革而信之。文明以说，大亨以正。革而当，其悔乃亡。天地革而四时成，汤武革命，顺乎天而应乎人。革之时大矣哉！[⑨]

50. 鼎

《彖》曰：鼎，象也。以木巽火，亨饪也。圣人亨以享上帝，而大亨以养圣贤。巽而耳目聪明，柔进而上行，得中而应乎刚，是以元亨。[⑩]

51. 震

《彖》曰：震，亨。“震来虩虩”，恐致福也。“笑言哑哑”，后有则也。“震惊百里”，惊远而惧迩也。“不丧匕鬯”，出可以守宗庙社稷，以为祭主也。[⑪]

52. 艮

《彖》曰：艮，止也。时止则止，时行则行，动静不失其时，其道光明。艮其止，止其所也。上下敌应，不相与也。是以“不获其身，行其庭，不见其人，无咎”也。[12]

注解

①这里集中解释《损卦》卦名及卦辞之义。损下益上：《损》减损内卦一阳而增加到外卦。即损三爻而益上爻。其道上行：其阳道行在卦上爻。道，指阳道。上，指上爻。曷：何。簋：盛食物的器皿。可用亨：可以用于亨祀鬼神。亨，祭祀鬼神。二簋应有时：是说在祭品不足的情况下，只要有诚信，二簋至薄祭品亦合礼。二簋，比喻减损之道。时，指一定条件，即当减损之时。损刚益柔：其义与“损下益上”相类似，即减损下刚而增益上柔。偕：俱。

②这里集中解释《益卦》卦名及卦辞之义。损上益下：《益》减损外卦一阳而增益到内卦，内为下，外为上，即损四爻而益初爻。说：喜悦。自上下下：《益》一阳爻自上而下居初。大光：盛大光明。中正：九五之阳居中得正。木道乃行：《益》上巽为木，下震为动，动即行。木道，指舟楫。方：《广雅·释诂》：“方，表也。”无方即无表极大。

③这里集中解释《夬卦》卦名及卦辞之义。决：决去，溃决。刚决柔：《夬》五阳一阴，五阳盛长决去一阴。健而说：《夬》下乾上兑，乾为健，兑为说。和：和悦。扬于王庭：在王庭上发挥阳刚之德与小人决断。柔乘五刚：《夬卦》一阴居五阳之上。孚号有厉：怀着诚信号令众人戒备危险。其危乃光：上六阴柔乘五阳刚，故“危”。但因居卦之上，其害尚广，故曰“光”。光，广。告自邑，不利即戎：从城邑号令告知就可以了，不利于发兵作战。邑，城邑。戎，兵。所尚乃穷：《夬》阳刚盛长，阴柔消退，卦上只有坤一阴，象坤众渐散，此时聚众兴兵，必困穷。刚长乃终：阳刚盛长，直到决去一阴而终结。

④这里集中解释《姤卦》卦名及卦辞之义。遇：不期而合。柔遇刚：《姤》一阴五阳，一阴在下而与五阳相遇。取：娶。长：长久。品物咸章：众物显明。品，众。章，显著，显明。刚遇中正：九五阳刚居中得正。天下大

行：《姤卦》下巽上乾，乾为天，巽为风，风行天下，故曰“天下大行”。

⑤这里集中解释《萃卦》卦名及卦辞之义。聚：集。顺以说：《萃》下坤上兑，坤为顺，兑为说。刚中而应：九五阳刚居中而得正，六二率众阴应之。王假有庙：大王至宗庙祭祀。假，至。致孝亨：这里集中解释“王假有庙”，是说大王至庙推行孝祖祭祀。致，推致。亨，祭祀。聚以正：《萃》九五居中得正，故聚用正道。用大牲吉：用大的牲畜祭祀则有吉祥。

⑥这里集中解释《升卦》卦名及卦辞之义。柔以时升：《升》与《萃卦》画相倒置。《萃》时坤在下，坤升上为《升》，坤为柔，故“柔以时升”。《序卦》：“萃者，聚也。聚而上者谓之升，故受之以升。”《杂卦》：“萃聚而升不来也。”即是此意。巽而顺：《升卦》下巽上坤，坤为顺。刚中而应：《升》九二居中而应六五。恤：忧虑。有庆：九二居中，故“有庆”。南征吉：向南出征有吉。志行：二五上下应之，故“志行”。

⑦这里集中解释《困卦》卦名及卦辞之义。刚揜：指《困卦》阳刚被阴柔所掩，有两层含义：一，《困卦》下坎上兑，坎为刚，兑为柔，坎刚被兑柔所掩。二，《困》九二被六三所掩，九四、九五为上六所掩。险以说：《困》下坎为险，上兑为说。困而不失其所：《困》阳被阴所掩，故曰“困”，但《困》上兑为悦，下坎为通，故不失其所，即“亨”。其，大概。唯：犹是。刚中：《困》二五居中。有言不信：在困难的时候有所言未必使人信服。尚口乃穷：《困》上兑为口，但兑一阴居上，故曰穷。穷，穷尽。

⑧这里集中解释《井卦》卦名及卦辞之义。巽乎水而上水：《井卦》下巽上坎，巽为木、为入，坎为水，故以木（桔槔）引瓶下水吸水而上。巽，春秋战国时巽木是指井上桔槔。井：指水井，又为古时社会组织单位，八家为一井。改邑不改井：村邑变迁，井不会变动。刚中：《井》二五以阳居中。汔至亦未繘井：井干涸了，也不挖井。汔，水干涸。繘乃“矞”字之借，训为穿。未有功：指不修治井，不会发挥其功用。羸其瓶：毁坏了瓶。羸，毁缺。瓶，古代汲水器具。

⑨这里集中解释《革卦》卦名及卦辞之义。水火相息：《革》下离上兑，离为火，兑为泽，离火炎上，泽水润下，故泽火相互熄灭。二女同居：《革》下离为中女，上兑为少女。不相得：离兑皆为女，而无男，故“不相得”。已日乃孚：已日变革取得民众信服。已，已日，孚，诚信。文明以说：《革》下离为文明，上兑为说。汤武革命：商汤、武王变革夏桀、殷纣的王命。

⑩这里集中解释《鼎卦》卦名及卦辞之义。鼎：三足两耳，古代烹饪器具，多用于宗庙祭祀，被看作国家权力的象征。象：鼎有象义。此指《鼎卦》

取鼎器之象，《鼎》初六阴爻为足，九二、九三、九四阳爻为鼎腹，六五阴爻为耳，上九阳爻为铉。以木巽火：《鼎》下巽上离，巽为木、为入，离为火。亨：烹饪。享：祭献。大亨：郊用特牛，享宾之礼，牛羊豕具焉，故曰大。大，犹广、多。耳目聪明：《鼎》上为离，离为目，为明。《鼎》六五又有耳象，故“耳目聪明”。柔进而上行：《鼎卦》六五之柔进而行在上位。得中而应乎刚：六五居中而应九二之刚。得中，六五居中。刚，指九二。

⑪这里集中解释《震卦》卦名及卦辞之义。震来虩虩：雷电袭来，令人恐惧。震，雷。虩虩，恐惧貌。恐致福：恐惧可以致福祥。笑语哑哑：谈笑声从容自如。哑哑，笑声。后有则：初九居阳位得正，故曰后有则。则，法度、寸度。震惊百里：雷声震惊百里。百里，比喻诸侯国。古者封建诸侯皆百里。迩：近。匕鬯：指盛在棘匙中的香酒。匕，匙，以棘木为柄，祭祀时主祭人用它从鼎中将烹好的牛羊肉盛入俎中，以供大典之用。鬯，一种用黑黍酒和郁金草合成的香酒，专供宗庙祭祀之用。社稷：古语称土神为社，祭土神之坛也为社；谷神为稷，祭谷神之坛也为稷，此指社稷坛。祭主：主持祭祀。

⑫这里集中解释《艮卦》卦名及卦辞之义。艮其止：当作“艮其背”。背，古本作“北”。北、止二字字形相近，恐转抄“北”为“止”。故当以“背”为是。止其所：指《艮》内外两艮各止其所。此处“所”是释“背”。上下敌应：《艮》初四、二五、三上皆不相应。不相应即“敌应”。不相与：不相亲与。《艮》两艮各止其所，故不相与。与，犹亲。

译文

41. 损

《彖传》说：损，减损下（阳）而增益到上，阳道上行。在减损之时心怀诚信，就会吉利，没有过错，可以守正，有利于有所前往，用什么（祭祀）呢？只需二簋的（祭品）即可用来祭祀。二簋（祭品）应有合适的时间，减损（下）阳刚而增益（上）阴柔也应当有合适的时间，或损或益，（如月亮之）或盈或虚，皆因时而一起行动。

42. 益

《彖传》说：增益，减损上（一阳）而增益至下，民众喜悦无穷，（一阳）自上而居下（初），其道盛大光明。“利于有所往”，（九五与六二）居中得正而有吉庆。“利于涉越大河”，有木舟渡水而行。增益（震）动而（外巽）顺，日日增进无穷。天施（阳气）而地生万物，其效益无尽。凡增益之道，皆顺应合适的时间一起进行。

43. 夬

《彖传》说：“夬”，决断，阳刚决断阴柔。刚健而喜悦，决断而又和谐。“在王庭上发挥阳刚之德与小人决断”，（一）阴柔乘凌（五）阳刚。“怀着诚信号令众人戒备危险”，那么君子消除危险的道德就会光大。“从城邑号令告知就可以了，不利于发兵作战”，这是因为用兵就会使君子决断小人的道德穷尽。“利于有所往”，这说明阳刚盛长至此已经终结有所成。

44. 姤

《彖传》说：姤，相遇。如同一位阴柔的女子对付五位阳刚男子。“不要娶此女为妻”，不可与（她）长久相处。天地相遇，众物皆显现。（九五）阳刚居中得正，天下的人伦教化就会大为畅行。《姤卦》之时所含意义太大啦！

45. 萃

《彖传》说：“萃”，聚集。顺从而招喜悦，（九五）阳刚居中而（与六二阴柔）相应，所以为聚。“大王至宗庙”，向天神和祖先致上孝敬的祭祀物品。“利于见大人，亨通”，聚集必以正道。“用大的牲畜（祭祀）吉利，利有所往”，顺从天命。观察所聚的道理，而天地万物的情状得以展现。

46. 升

《彖传》说：阴柔因时而升，《巽卦》谦逊而顺从，（九二）阳刚居中而应（六五），所以大为亨通。“此时会出现大人，不要忧虑”，有吉庆。“向南出征则吉”，其志得以推行。

47. 困

《彖传》说：困，阳刚被（阴柔）掩蔽。虽处危险之中而乐观喜悦，穷困而不失其道，所以亨通，这恐怕只有君子（才能做到）吧。“对于有德的大人则吉利”，因（内外卦皆以）阳刚居中。“在困难的时候有所言未必使人信服”，崇尚空口无凭，必遭穷困。

48. 井

《彖传》说：以木桶深入水中汲水而上，有井之象。井水供养人而不穷尽。“城邑可以移动而水井则不能移到其他地方”，这就好比君子有刚中不移的美德。“汲水时水瓶升到井口尚未取出来”，说明未能尽到井的功用。“水瓶倾覆毁坏”，所以会有凶兆。

49. 革

《彖传》说：变革，水火互相熄灭，二女住在一起，其心志不同，所以终将发生变化，这就叫作变革。“己日变革取得民众信服”，这说明这种变革使人相信。（变革时）内含文明之德而外示和悦之色，因其行正而大为亨通。变革得当，其后悔之事自然消亡。天地之气变化而四时形成，商汤、武王变革夏桀、殷纣的王命，顺应天道又合乎民心。所以说变革之时的意义是多么大啊！

50. 鼎

《彖传》说：鼎器，是烹饪养人的物象。用木生火，用以烹饪。圣人烹饪（特牲）以祭享上帝，而大烹（牛羊等）以宴请圣贤。巽逊而耳目聪明，（六五）阴柔进升行上位，居中而应于（九二）阳刚，所以大为亨通。

51. 震

《彖传》说：雷声震动，亨通。“震雷会使有些人恐惧发抖”，因恐惧而致福祥。“雷声使有些人又说又笑”，恐惧后而不失法度。“雷声的威力能震惊方圆百里”，震惊远方而畏惧近旁。“宗庙的祭祀不断”，外出可以守卫宗庙社稷，对内可以主持祭祀。

52. 艮

《彖传》说：艮，禁止。应该止的时候停止，应该行动的时候行动，行动与停止不失时机，其道才能光明通畅。艮卦的大义是禁止，止于其所应当的地方。（《艮卦》六爻）上下皆（止而）不相应，不相交往。所以“不能使其全身面向应当抑止的欲望，行于庭院，背对背却看不到人，没有灾害”。

原 文

53. 渐

《彖》曰：渐之进也，“女归吉”也，进得位，往有功也。进以正，可以正邦也。其位刚得中也。止而巽，动不穷也。①

54. 归妹

《彖》曰：归妹，天地之大义也。天地不交而万物不兴。归妹，人之终始也。说以动，所归妹也。“征凶”，位不当也。“无攸利”，柔乘刚也。②

55. 丰

《彖》曰：丰，大也。明以动，故丰。“王假之”，尚大也。“勿忧，宜日中”，宜照天下也。日中则昃，月盈则食，天地盈虚，与时消息，而况于人乎？况于鬼神乎？③

56. 旅

《彖》曰：“旅小亨”，柔得中乎外而顺乎刚，止而丽乎明，是以“小亨旅贞吉”也。旅之时义大矣哉！④

57. 巽

《彖》曰：重巽以申命。刚巽乎中正而志行。柔皆顺乎刚，是以“小亨，利有攸往，利见大人”。⑤

58. 兑

《彖》曰：兑，说也。刚中而柔外，说以利贞，是以顺乎天而应乎人。说以先民，民忘其劳。说以犯难，民忘其死。说之大，民劝矣哉！⑥

59. 涣

《彖》曰：“涣，亨”，刚来而不穷，柔得位乎外而上同。“王假有庙”，王乃在中也。“利涉大川”，乘木有功也。⑦

60. 节

《彖》曰：“节亨。”刚柔分而刚得中。“苦节不可贞”，其道穷也。说以行险，当位以节，中正以通。天地节而四时成。节以制度，不伤财，不害民。⑧

61. 中孚

《彖》曰：“中孚”，柔在内而刚得中，说而巽，孚乃化邦也。“豚鱼吉”，信及豚鱼也。“利涉大川”，乘木舟虚也。中孚以利贞，乃应乎天也。⑨

62. 小过

《彖》曰：小过，小者过而亨也。过以利贞，与时行也。柔得中，是以小事吉也。刚失位而不中，是以不可大事也。有飞鸟之象焉，“飞鸟遗之音，不宜上，宜下，大吉”，上逆而下顺也。[10]

63. 既济

《彖》曰：“既济，亨”，小者亨也。“利贞”，刚柔正而位当也。“初吉”，柔得中也。“终止则乱”，其道穷也。[11]

64. 未济

《彖》曰：“未济，亨”，柔得中也。“小狐汔济”，未出中也。“濡其尾，无攸利”，不续终也。虽不当位，刚柔应也。[12]

注解

①这里集中解释《渐卦》卦名及卦辞之义。渐：渐进。女归吉：少女出嫁则有吉。依卦气之说，《渐》为正月之卦，少女在正月（或春天）出嫁则有吉。进得位：六四自下而上得位。往有功：因五位多功，六四承五阳前往，必有功。进以正：与“进得位”之义相同。刚得中：九五阳刚居中。止而巽：《渐》下艮上巽，艮为止。

②这里集中解释《归妹卦》卦名及卦辞之义。归：嫁。妇人谓嫁曰归。妹：少女。人之终始：归者，为女之终；女归男而生育，故为人之始。说以动：《归妹》下兑为说，上震为动。所：可。征凶：出行则有凶。位不当：指《归妹》中四爻皆失位，二四阳居阴，三五是阴居阳。柔乘刚：《归妹》六三阴爻居九二阳爻之上，六五阴爻居九四阳爻之上。

③这里集中解释《丰卦》卦名及卦辞之义。明以动：《丰》下离上震，离为明，震为动。假：至。尚：尊崇。勿忧，宜日中：不要忧虑，宜在中午进行。日中，中午。宜照天下：是释“日中”，中午日之光明普照天下。《丰》内卦为离，离为日，为明，故曰“宜照天下”。昃：倾斜。食：又作“蚀”，此指月亏蚀。天地盈虚：天之盈虚，显系指日月变化；而地之盈虚，或指百果草木随天时之变而隆枯。

④这里集中解释《旅卦》卦名及卦辞之义。柔得中乎外：《旅卦》六五之柔居中而在外卦。顺乎刚：六五居九四与上九两阳之间，故有顺从阳刚之义。止而丽乎明：《旅卦》下艮为止，上离为丽、为明。小亨：小事亨通。

⑤这里集中解释《巽卦》卦名及卦辞之义。重巽：《巽卦》上下皆巽。巽，践也。申：重复。命：王命。刚巽乎中正：九五阳刚居中得正。巽，为

入、为践，此指居。柔皆顺乎刚：《巽》初六、六四之柔皆顺从九二、九三、九五上九之刚。柔，指初六、六四。刚，指二、三、五、上。

⑥这里集中解释《兑卦》卦名及卦辞之义。说：说服，劝说。亦通“悦”。刚中而柔外：《兑卦》二五阳爻居中，故曰“刚中”。三上两阴爻分居内外两卦之上，故曰“柔外”。说以先民：教导民于其先。犯难：冒险，遭难。

⑦这里集中解释《涣卦》卦名及卦辞之义。涣：作“焕”，一作“唤”，指古代祭祀大典中的某种仪式。刚来而不穷：《涣卦》九二阳刚自外卦而来居内卦而不困穷于下。柔得位乎外：《涣卦》六四阴爻居阴位而处外卦。上同：六四与九五同处巽体。上，指九五。假：至。王乃在中：是释“王假有庙”。其意是大王在庙中，九五居中，故曰“王乃在中”。乘木有功：《涣》下坎为水，上巽为木，水上有木，舟楫之象，故木船而涉于川有功效。

⑧这里集中解释《节卦》卦名及卦辞之义。刚柔分：《节卦》刚柔相间分居内外。刚得中：《节》二五阳刚皆居中。苦节：指节制至极心苦。说以行险：《节》下兑上坎，兑为说，坎为险。当位以节：《节》九五阳居阳位而节于上。中正以通：九五居中得正故曰中正，九五处上坎，坎为通。制：法禁。

⑨这里集中解释《中孚卦》卦名及卦辞之义。柔在内而刚得中：《中孚》六三、六四二阴爻在一卦之内，故曰“柔在内”。九二、九五阳爻分居内外卦之中，故曰“刚得中”。说而巽：《中孚》下兑上巽，兑为说。孚乃化邦：诚孚发于内，邦国化于外。孚，本指卵孚，后引申为信。豚鱼吉：心怀诚信能感化猪和鱼就会获得吉利。豚，小猪。信及豚鱼：诚信及于猪和鱼。乘木舟虚：《中孚》上巽为木，下兑为泽，木在泽水之上，乘木舟之象。从六爻看，《中孚》上下为阳爻，故实，中间为阴爻故虚，外实中虚，故有舟虚之象。

⑩这里集中解释《小过卦》卦名及卦辞之义。小者过而亨：阳大阴小，故“阴称小”。又《小过》上下皆阴爻，有阴经过阳之义。即《序卦》所谓“有其诚者必行之，故受之以小过”。《杂卦》所谓：“小过，过也。”因小过有经过之义，故为“亨”。柔得中：《小过》二五阴爻居中位。刚失位而不中：《小过》九四以阳居而失位，又不居中位。《彖传》用“柔得中”释“小事吉”，以“刚失位而不中”释“不可大事”，其解阴为小、阳为大之义已至确。有飞鸟之象：《小过》中阳刚，外阴柔，有飞鸟舒羽之象。飞鸟遗之音：飞鸟过后，其叫声仍在。遗，留。不宜上，宜下：适合于下，不宜于往上。上逆而下顺：古有多解，（一）《小过》上二阴乘二阳爻故逆，下二阴爻承二阳爻，故顺。（二）上六五乘九四为逆，下六二承九二为顺。（三）四五失位

故上逆，二三得位，故下顺。第一说较好。

⑪这里集中解释《既济卦》卦名及卦辞之义。小者亨也：阴为小，《既济卦》三阴爻得正皆在阳爻之上，以示阴气上升，故曰“小者亨也”。刚柔正而位当：《既济》六爻三阴三阳样交而得正，故曰刚柔正，初、三、五之阳爻居阳位，二、四、上之阴爻居阴位，故“位当”。初吉：最初吉利。柔得中：《既济》六二居内卦之中。“终止则乱”：是释卦辞“终乱”。既济有止之义，《杂卦》：“既济，定也。”定，即止。《既济》外卦为坎，坎为乱。

⑫这里集中解释《未济卦》卦名及卦辞之义。柔得中：六五之阴居外卦之中。小狐汔济：小狐狸几乎渡过河。汔，帛《易》作“气”，几乎的意思。未出中：未出险中。《未济》九二居坎中，坎为水，为险。濡其尾：（小狐狸）渡河沾湿了尾巴。濡，沾湿。不续终：不能延续到终结。不当位：《未济》六爻阴阳皆失位。刚柔应：《未济》三阴三阳皆相应。

译文

53. 渐

《彖传》说：渐，渐渐前进，“少女出嫁循序渐进则吉利”，（六四）进而得位，前往可立功业。进而得其正道，可以正定邦国。（九五）之位为阳刚得中。（内卦艮）止而（外）巽顺，渐进就不会陷入穷困。

54. 归妹

《彖传》说：少女出嫁，是存在于天地间的大道义。天地（阴阳之气）不交万物就不会兴盛。少女出嫁，人类可以终而复始地繁衍生息。喜悦而动，象征少女出嫁。“出征有凶”，（中四爻）位置不正当。“没有利益”，阴柔乘凌阳刚之上。

55. 丰

《彖传》说：丰，盛大。光明而动，所以有盛大的收获。“君王可以达到盛大的境界”，这是因为君王崇尚盛大。“不要忧虑，应当像太阳升到中午时那样”，方能普照天下。日过中午则倾斜，月过（十五之）盈满则亏蚀，天地之间的盈满亏虚，都随着时间或消忘或生息地变化，更何况人呢？何况鬼神呢？

56. 旅

《彖传》说：“行旅而稍得亨通”，（六五）阴柔居中于外卦，而顺从（九

四、上九）阳刚，（内卦艮）静止而依附（外卦离之）光明，所以“小有亨通，行旅则吉利”。说明《旅卦》时的意义太大啦！

57. 巽

《彖传》说：两巽相重以申王命。（九五）阳刚居中正之位而行其志。（初六、六四）阴柔皆顺从阳刚，所以“小亨通，有利于前往，有利于出现大人”。

58. 兑

《彖传》说：兑，愉悦。（九二、九五）阳刚居中而（六三、上六）阴柔在外，待人接物谦虚柔和，愉悦而有利于守持正道，因此能顺从天道而应和人心。大人、君子愉悦地率领民众，民众就会忘记劳苦地跟随他。大人、君子以愉悦的态度迎接危难的挑战，民众便会忘记死亡地跟随他。说服的力量太大了，民众是被劝服的啊！

59. 涣

《彖传》说：“涣散，亨通”，（九二）阳刚来而不会穷困于下，（六四）阴柔得位于外卦与上面（九五爻）同德。“君王到宗庙祭祀神灵”，这是因为君王居中处正。“宜于涉越大河”，（因为）《涣》有乘木船行于河上的功能。

60. 节

《彖传》说：“节制，亨通。”阳刚阴柔分居（上下），而（九二、九五）阳刚得中。“苦苦节制则不吉”，因为过分节制会导致穷困。喜悦以行险阻，（九五阳刚）当位而施以节制，（必）中正通达。天地（阴阳之气互相）节制而四时的变化才形成。（圣人）以制度节制，不损伤财物，也不妨害民众。

61. 中孚

《彖传》说：“心中怀有诚信”，（六三、六四）阴柔在内而（九二、九五）阳刚居中，喜悦而逊顺，其诚信才能感化邦国。“心怀诚信能感化猪和鱼就会获得吉利”，诚信及于猪和鱼。“宜于涉越大河”，乘驾木舟中虚（行水）。心中怀有诚信则会有利，于是诚信顺应天道。

62. 小过

《彖传》说：小有过越，（阴）小盛过而能“亨通”，过则有利，并顺应适当的时间行进。（六二、六五）阴柔居中，所以小事吉利。（九三、九四）阳刚失位而不居于中，所以不可做大事。（《小过》）有飞鸟之象，“飞鸟过后遗音犹在，不宜上而宜下，大吉”，（因为）往上逆而向下顺。

63. 既济

《彖传》说：“事已成功，亨通”，说明即使是小事也能亨通。“有利”，

（六爻）阳刚阴柔之位皆正当。“起初吉利”，（六二）阴柔居中。“终（若）停止则必乱”，（事至既济，六爻皆已当位）其道已经到穷尽的地步了。

64. 未济

《彖传》说：“事情虽然未能成功，但是努力促成其成功就会获得亨通”，因为（六五）阴柔居中。“小狐狸将要渡河成功”，这是因为它未出坎水之中。（九二爻）“小狐狸沾湿了尾巴，没有什么不利的”，这是因为小狐狸不能延续至终。（《未济》六爻）虽然不当位，但是（六爻）阳刚阴柔皆互相应合。

象[①]传上

原文

01. 乾

天行健，君子以自强不息。

“潜龙勿用”，阳在下也。“见龙在田”，德施普也。“终日乾乾”，反复道也。“或跃在渊”，进无咎也。“飞龙在天”，大人造也。“亢龙有悔”，盈不可久也。“用九”，天德不可为首也。[②]

02. 坤

地势坤，君子以厚德载物。

“履霜坚冰”，阴始凝也。驯致其道，至坚冰也。六二之动，直以方也。“不习，无不利”，地道光也。“含章可贞”，以时发也。“或从王事”，知光大也。“括囊无咎”，慎不害也。“黄裳元吉”，文在中也。“龙战于野”，其道穷也。用六“永贞”，以大终也。[③]

03. 屯

云雷，屯。君子以经纶。

虽磐桓，志行正也。以贵下贱，大得民也。六二之难，乘刚也。“十年乃字”，反常也。“即鹿无虞”，以从禽也。君子舍之，往吝穷也。求而往，明也。“屯其膏”，施未光也。“泣血涟如”，何可长也。④

04. 蒙

山下出泉，蒙。君子以果行育德。

“利用刑人”，以正法也。“子克家”，刚柔接也。“勿用取女”，行不顺也。“困蒙之吝”，独远实也。“童蒙”之“吉”，顺以巽也。“利用御寇”，上下顺也。⑤

05. 需

云上于天，需。君子以饮食宴乐。

“需于郊”，不犯难行也。“利用恒无咎”，未失常也。“需于沙”，衍在中也。虽小有言，以终吉也。“需于泥”，灾在外也。自我致寇，敬慎不败也。“需于血”，顺以听也。“酒食贞吉”，以中正也。“不速之客来，敬之终吉”，虽不当位，未大失也。⑥

06. 讼

天与水违行，讼。君子以作事谋始。

“不永所事”，讼不可长也。虽“小有言”，其辩明也。“不克讼”，归逋窜也。自下讼上，患至掇也。“食旧德”，从上吉也。“复即命，渝”，安贞不失也。“讼，元吉”，以中正也。以讼受服，亦不足敬也。⑦

07. 师

地中有水，师。君子以容民畜众。

“师出以律”，失律凶也。“在师中吉”，承天宠也。“王三锡命”，怀万邦也。“师或舆尸”，大无功也。“左次无咎”，未失常也。“长子帅师”，以中行也。“弟子舆尸”，使不当也。“大君有命”，以正功也。“小人勿用”，必乱邦也。⑧

08. 比

地上有水，比。先王以建万国，亲诸侯。

《比》之初六，有它吉也。“比之自内”，不自失也。“比之匪人”，不亦伤乎？外比于贤，以从上也。“显比”之吉，位正中也。舍逆取顺，“失前禽”也。“邑人不诫”，上使中也。“比之无首”，无所终也。⑨

注解

①象，此指卦象。《周易》是一部专设卦画以示卦象之书。“易者象也。”易象是对自然之象的效法，“象也者，像此者也”。从广义角度看，《周易》卦爻辞及《说卦》所列之象皆为卦象，故“象者，言乎象者也”。“八卦成列，象在其中矣（《系辞》）。”所以先儒有将象分为二种者：“象辞或有实象，或有假象。”有将象分为三种者：“有本画自有之象，如奇画象阳，偶画象阴是也；有实取诸物之象，如乾坤六子，以天地雷风之类象之是也；有只是圣人自取象来明是义者，如‘白马翰如，载鬼一车’之类是也。”也有分为七种者：“八卦之象”“六画之象”“象形之象”“爻位之象”“反对之象”“方位之象”“互体之象”。从狭义角度看，象是指《象传》。《象传》是对《周易》卦爻象的解说。其中又可以分为《大象》《小象》。《大象》言一卦之象，《小象》言一爻之象。

②这里集中解释《乾卦》卦爻之象。天行健：天道刚健。天，为《乾卦》卦象。《乾卦》上下皆为乾，乾为天。行，运行，或作“道”解。以：用。强：自我强胜。潜龙：潜伏之龙。阳在下：《乾卦》初九之阳居卦之下。见：现。德施普：九二居中，阳德博施而普遍。德，阳德。乾乾：勤奋不懈。反复其道：九三处下体之极，上体之下，极而复返。或：惑。进无咎：九四失位上进为五，五居中得位，故曰“无咎”。造：为，或训为“作”，或训为“就至”。亢：穷高。盈不可久：上九之阳居卦之上而盈满，阳极而生阴，故“盈不可久”。用九：帛《易》六十四卦作“迥九”。迥，通。乃是说《乾卦》六爻皆九。天德不可为首：《乾》上九之阳亢极，极而必有“悔”，故《乾》不可用上爻。天德：阳德。首：头，指《乾》上爻。

③这里集中解释《坤卦》卦爻之象。地势坤：《坤卦》上下皆坤，坤为地，地有高下之势。厚德载物：以宽厚之德容载万物。阴始凝：《坤卦》初六居下，以示阴气开始凝结。驯：顺。直以方：指平直方正。《坤》六二得位居

中，故曰“直方”。直本为乾德性，“乾其动也直”（《系辞》），但因坤应阳而动，故坤亦有乾阳之性。“坤至柔而动也刚”（《文言》），所以坤动也有“直”义。方，是坤之德性，“至静而德方”（《文言》）。不习：不熟习。地道光：地道广大。光，犹广。章：章美。以时发也：六三以阴居阳，内藏章美待时而发动。或从王事：迷惑跟从大王做事。知：一本作“智”，二者通。括囊：束扎口袋。慎不害：六四之柔得正，虽处多惧之地，只要谨慎则无害。黄裳：黄色下服。文在中：坤为文，六五居上体之中。依五行方位之说，黄为土，居五行之中位，黄在色中亦居中位，由“文在中”思之，或五行方位说在作《象》时已极为流行。龙战于野：有龙在田野交战。其道穷：上六之阴居上，阴道穷极。以大终：阳为大，坤道代替天道终结养育万物之事，曰“大终”。即《文言》“地道无成而代有终”。

④这里集中解释《屯卦》卦爻之象。云雷：《屯》下震上坎，坎为云，震为雷。此坎不为水而为云，云即雨水未下，取其未通之义。经纶：本指治丝之事，后引申为匡济、经营等义。经，编织布帛。纶，青丝绳，也指编丝成绳；或训为“论”者，经论即是论撰。磐桓：盘旋难进之貌。志行正：《屯卦》初九阳爻居阳位而得正。以贵下贱：《屯卦》初九之阳居卦之下，初为贱位。乘刚：六二阴爻居初九阳爻之上。十年乃字：十年后才许嫁。字，古礼女子订婚后即用簪子插住挽起的髻。此引申为许嫁。反常：六二从初为逆，从五为喘，去逆就顺，故曰反常。反，返。即鹿无虞：追鹿没有虞人（做向导）。即，追逐。虞，虞官。从禽：是释“即鹿”，指追逐鹿。吝：难。求而往，明也：六四与九五相比，五阳来求四阴，是迎亲，四阴前往为嫁，所以明于婚礼。到外曰“往”。屯其膏：屯答油汁。施未光：九五之阳居两阴之中，故未广大。光，广。泣血涟如：泪水不断的样子。何可长：上六为《屯》之终，故没有什么可长久的。

⑤这里集中解释《蒙卦》卦爻之象。山下出泉：《蒙卦》下坎上艮，艮为山，坎为水，泉为水之源，故曰“山下出泉”。果行：刚决、果决等，或为“过行”。刑人：受刑之人。正法：初六失位而又居坎之下。故《蒙》之初宜端正法律，坎为法律。刚柔接：九二与六五相应而交接。际，为接。取：娶。行不顺：六三失位，且乘九二，故曰不顺。困蒙：困于蒙昧。独远实：六四上下皆为阴爻而远离阳爻。阳称实。顺以巽：六五阴柔居尊，下应九二，故有顺从而卑逊下求之义。巽，一本作“逊”，二者互通。巽，又有践履之义。御寇：防御盗寇。上下顺：上九为阳刚，上以阳刚御下之柔而顺利，上九之下互体为坤，坤为顺。

⑥这里集中解释《需卦》卦爻之象。云上于天：一本作“云在天上”。《需》下乾上坎，坎为云，乾为天。宴：安。需于郊：等待于郊区。需，本为古代求雨之祭，引申为等待。不犯难行：《需卦》初九居下，远离外卦坎险，故“不犯难行”。《需卦》上坎为险。利用恒：适合于守恒。未失常：《需》初九阳居阳位而应六四之阴，故曰“未失常”。衍在中：是释“需于沙”。九二居下卦之中，以应九五，沙衍在其中。衍，本指水朝宗于海。小有言：少有口舌是非。灾在外：九三逼近外卦坎，坎为灾。外：指外卦。自我致寇：由于自己招致盗寇。敬慎不败：九三虽近坎险，但因以阳刚得正，以示恭敬谨慎而不败于寇。血：通洫，即沟洫。顺以听：六四以阴居阴故顺。六四处坎之下，坎为耳，故有听象。此是说六四柔顺而听命。中正：九五居中得正，引申为中正之德。不速之客：没有邀请而来的客人。不当位：上六之阴居卦之终，又乘九五之刚，故其位不当。从爻位看，上六以阴居阴本当位，而此却说“不当位”。这说明了《象传》所谓“当位”并非专指阳居阳位、阴居阴位。

⑦这里集中解释《讼卦》卦爻之象。天与水违行：《讼卦》下坎上乾，乾为天，坎为水，天气上升，水性润下，故违行。不永所事：不为争讼之事纠缠不休。不可长：初六失位，以柔弱争讼于下不可长久。辩明：辨别清楚。不克讼，归逋：没有在争讼中取胜，回来后要逃避。窜：逃窜。自下讼上：九二与九五争讼。下，九二。上，指九五。掇：本指用手拾物，一本作“惙”。有训掇为止者，也有训为忧者。案九二居坎中，坎为“加忧”。又通观上下文义，当训“忧”为胜。食旧德：享用旧的恩德。从上吉：古有二解，(一) 六三与九四相比，六三阴爻顺从九四阳爻则吉；(二) 六三与上九相应，故六三顺从上九则吉，似第二说更妥。复即命，渝：反悔就从命，改变初衷。中正：九五居中得正。服：是指《周易》古经中的“鞶带”。

⑧这里集中解释《师卦》卦爻之象。地中有水：《师卦》下坎上坤，坤为地，坎为水，坎在坤下，故曰“地中有水”。容民畜众：容纳人民、畜养群众。容，容纳、包容。畜，养。师出以律：出兵打仗皆以乐律进退。失律凶：《师卦》初六以阴居阳而失位，故失律行师必有凶。师中：中军。承天宠：九二阳爻居中，上应六五而为宠，六五为天。王三锡命：大王三次赐命嘉其功劳。怀万邦：九二阳刚居中而在下，为五阴所归服，以示九二之君心怀万邦诸侯。舆尸：以车拉死尸。尸，死尸。也有训为“木主”者（即灵牌）。大无功：六三失位乘刚，内外无应，故出师必败而无功绩。左次：驻扎左方。未失常：六四得位不失常道。中行：六五居中。使不当：六五受任九二，若

复任其他，则任使不当。大君有命：大君论功封爵赐命。以正功：上六以阴居阴而得正。乱邦：上六为阴爻，故为小人，若居上而用小人必乱邦国。

⑨这里集中解释《比卦》卦爻之象。地上有水：《比》下坤上坎，坎为水，坤为地。水性润下而在地上，故有亲比之义。先王：指九五。万国、诸侯：指五阴，《比卦》一阳居五、上下五阴，故法此象有“先王以建万国，亲诸侯”。有它吉：有意外的吉利。它，意外。初六失位与四不应，本当有咎，但因为与九五亲比，故“有它吉”。比之自内：亲比来自内部。不自失：六二阴柔居内卦之中得正。上应九五，故不自失其所亲比之人。比之匪人：亲比的不是自己所亲比的人。不亦伤：六三失位而无应。故有悲伤之义。外比于贤：六四于外卦与九五之贤亲比。外，外卦。贤，九五。以从上：六四外比九五，是顺从上之九五阳刚。显比：光明正大，亲比。位正中：九五居中得正。舍逆取顺：天子狩猎前开一面，禽向己者则舍之，背己而去则取之，故舍逆取顺。此恐指九五舍弃下四阴而取其上六之顺。逆，指下四阴。顺，谓上六，上六背五而去。失前禽：背己而射禽，因而往往失前禽。不诫：不戒备。上使中：九五在上而居中得正，有中正之道。比之无首：亲比而没有首领。无所终：上六比道已尽，不能与九五亲比共终。

译文

01. 乾

天道刚健，君子（效法此）当自强不息。

“潜伏之龙，暂时不宜施展自己的能力”，阳爻在下。“龙出现于田野”，九二阳爻之德所施普遍。“君子终日勤奋不懈”，九三反复而行其道。“有时飞起，有时伏在深渊”，前进也没有灾害。“龙飞于天”，大人有所作为。“龙飞过高则有悔”，阳爻盈满而不可长久。“用九”，《乾卦》天德，不可自居首位。

02. 坤

地势柔顺，君子（效法此）当以宽厚之德容载万物。

“踩着微霜即将迎来寒冬和坚冰”，说明阴气开始凝结。顺从其中的规律看待事物，那么结成坚冰的时间也就自然到来了。“六二”的变动，是坚持方正之法。“不学习，没有不利”，因为地道柔顺广大。“蕴含阳刚的美德，所占卜之事是可行的”，待时而发挥作用。“迷惑跟从大王做事”，其才智是广大的。“束扎口袋没有灾祸”，谨慎于言而无害。“穿黄色下服则吉”，因为文德在守中。“龙交战于原野”，这是因为纯阴之道已经走到穷尽之处。用六“能永远保持正直之心”，（坤阴养育万物）而大终。

03. 屯

云雷为《屯》。君子应感于此以经营纶理事务。

虽遇到危险盘旋难进，但志行正道。（屯难时）以高贵而下接低贱，大得民众依附。六二之“难”，（在于）阴柔乘凌阳刚。“十年才嫁”，违背了常理。“追逐鹿而没有虞官做向导”，是因为紧追的是野鹿。君子不如暂时舍弃，前往会陷入困难，无路可走。求婚而前往，这是明智之举。“在草木萌芽时遇到雨水的润泽”，说明九五未能广施于从。“泪水不断地流”，怎么能长久呢？

04. 蒙

山下流动泉水，《蒙》之卦象。君子（效法此）当因有过失而培养自己的品德。

“适用于受刑之人”，（居初）宜正法律。“儿子能治理家庭”，阳刚与阴柔相接应。“不要娶此女”，行动不顺利。“被蒙昧所困而带来的困难”，是因为它远离（阳爻）师教。“儿童受到启蒙”有“吉”，是因为儿童能如和风般顺应老师的教诲。适于“御防盗寇”，（是因为）上下顺利。

05. 需

云上升于天，此《需卦》之象。君子（效法此）当以饮食安乐而等待天晴。

“停留于郊外”，不冒险行动。“用恒心等待则没有过失和灾难”，远离灾害未失常道。“停留在沙滩中”，水流在其中。虽少有责难但以吉而告终。“在泥泞中停留”，灾难就在自身之外。自己招致盗寇，只有恭敬谨慎才不败于寇。“停留在血泊中”，要柔顺地听命于九五。“酒席上守正则吉”，因守中正之道。“不速之客到来，以礼相敬最终则吉”，虽位不当，但没有大的过失。

06. 讼

天与水违背而行，乃《讼卦》之象。君子（效法此）当在做事时考虑好如何开始。

“不长久陷入争讼之事”，因为争讼之事本不可长久。虽“少有责难”，但自会辩解明白。“没有在讼事中取胜”，返回来躲避，此为逃窜。（九二）在下而讼上（九五），祸患至而逃跑则灾难暂时停止。“享受旧日积累的恩德”，顺从上则吉。“反悔即从命，改变初衷，”安于正道不会有过失。“争讼，开始得吉”，以得中正之道。在争讼中被授以鞶带，不足以尊敬。

07. 师

地中有水，《师卦》之象。君子（效法此）当容纳人民、畜养庶众。

“出兵打仗必定遵从国法军纪”，没有国法军纪的约束必有凶险。“贤明长者在军旅之中则吉”，乃承应天（六五）的宠爱。“大王多次赐命嘉奖”，居下心怀万邦。“出师疑惑则载尸而归”，没有战功。“军队驻扎左方没有灾难”，未失常道。“长子统率军队”，而得中道。“次子载尸而归”，任用不当。“大君有命”，正定功劳。“小人不可用”，（用之）必乱邦国。

08. 比

地上有水，《比卦》之象。先王（效法此）当以建立万国，亲近诸侯。

《比》初六，有意外的吉利。“在内亲近、归附于君王”，坚持正道而不使自己有所过失。“亲近、归附于行为不正当之人”，怎么可能不会受到伤害？从外亲比于贤人，乃顺从上位。“光明正大亲比”而有“吉祥”，是因位居中正。舍弃（下）逆而取其（上）顺，则“失去前面的走禽”。“邑人不戒备”，自上行施中道。“亲比而不能做首领”，最终无所归附。

原文

09. 小畜

风行天上，“小畜”。君子以懿文德。

“复自道”，其义“吉”也。牵复在中，亦不自失也。“夫妻反目”，不能正室也。“有孚惕出”，上合志也。“有孚挛如”，不独富也。“既雨既处”，德积载也。“君子征凶”，有所疑也。①

10. 履

上天下泽，“履”。君子以辩上下，定民志。

“素履之往”，独行愿也。“幽人贞吉”，中不自乱也。“眇能视”，不足以有明也。“跛能履”，不足以与行也。“咥人之凶”，位不当也。“武人为于大君”，志刚也。“愬愬终吉”，志行也。“夬履贞厉”，位正当也。元吉在上，大有庆也。②

11. 泰

天地交，泰。后以财成天地之道，辅相天地之宜，以左右民。

“拔茅征吉”，志在外也。“包荒，得尚于中行”，以光大也。

"无往不复"，天地际也。"翩翩不富"，皆失实也。"不戒以孚"，中心愿也。"以祉无吉"，中以行愿也。"城复于隍"，其命乱也。[3]

12. 否

天地不交，"否"。君子以俭德辟难，不可荣以禄。

"拔茅贞吉"，志在君也。"大人否，亨"，不乱群也。"包羞"，位不当也。"有命无咎"，志行也。大人之吉，位正当也。否终则倾，何可长也。[4]

13. 同人

天与火，同人。君子以类族辨物。

"出门同人"，又谁咎也。"同人于宗"，吝道也。"伏戎于莽"，敌刚也。"三岁不兴"，安行也。"乘其墉"，义弗克也。其"吉"，则困而反则也。同人之先，以中直也。大师相遇，言相克也。"同人于郊"，志未得也。[5]

14. 大有

火在天上，"大有"。君子以遏恶扬善，顺天休命。

《大有》初九，无交害也。"大车以载"，积中不败也。公用亨于天子，小人害也。"匪其尪，无咎"，明辩晰也。"厥孚交如"，信以发志也。"威如之吉"，易而无备也。《大有》上吉，自天佑也。[6]

15. 谦

地中有山，谦。君子以裒多益寡，称物平施。

"谦谦君子"，卑以自牧也。"鸣谦贞吉"，中心得也。"劳谦君子"，万民服也。"无不利㧑谦"，不违则也。"利用侵伐"，征不服也。"鸣谦"，志未得也。"可用行师"，征邑国也。[7]

16. 豫

雷出地奋，豫。先王以作乐崇德，殷荐之上帝，以配祖考。

"初六鸣豫"，志穷凶也。"不终日贞吉"，以中正也。"盱豫有悔"，位不当也。"由豫大有得"，志大行也。"六五贞疾"，乘刚也。"恒不死"，中未亡也。"冥豫"在上，何可长也?[8]

注解

①这里集中解释《小畜卦》卦爻之象。风行天上：《小畜》下乾上巽，乾为天，巽为风，风行天上，为号令未发以待时，故为小畜。懿：《说文》："专久而美也。"古字从壹、从久、从心，人心能专壹而不贰，悠久而不息。文德：德风诸威仪文辞。复自道：自己返回。其义吉：初九以阳居正与四应，故其辞义有吉。义，爻辞之义。王引之曰："义者，理也，道也。此言一爻也。"牵复：被领回来。在中：九二居内卦之中。亦：指与初九比较而言。反目：怒目而视。不能正室：九三阳爻为夫在内卦，六四阴爻为妻在外卦。妻乘夫在上，夫被制在下，故不能正室。有孚惕出：有诚信，恐惧可以排除。惕，恐惧。上合志：六四、九五都有"有孚"之辞，故六四上合九五之志。挛如：维系。不独富：一说九五能与六四之邻共同富有。九五之阳为富，四谓邻。一说九五不但为富，还有诚信。案经文"富以其邻"，当以前者为是。既雨既处：天已降雨，阳刚之气已经畜之于终极。德积载：阳德已积满而为六四所载。经文中有"尚德载"，其义为：（遇车）可以得载，可见《传》义与经义有别。有所疑：上九处卦之极，再前行必有所疑虑。

②这里集中解释《履卦》卦爻之象。上天下泽：《履卦》下兑上乾，兑为泽，乾为天，天气上升而在上，泽水下润而在下，等级分明，故为《履》象。辩：别。素履：穿素鞋前往。独行愿：独行自己的心愿。幽人：囚人。中不自乱：九二阳爻居中位而心志不自乱。眇能视：偏盲而能视。眇，偏盲。不足以有明：六三不中不正，阴柔才弱，强视不足以明视。跛能履：脚跛而能行。不足以与行：其义与"不足以有明"类似。咥：咬。位不当：六三以阴居阳，故位不当。武人为于大君：武人为大君效劳。志刚：六三与上九相应，其志向是阳刚。愬愬：恐惧之貌。志行：九四虽处惧之地，但九四为阳刚性动，故志行。夬履：决然而行。夬，决。位正当：九五以阳居阳位，而又居中，故曰位正当，这里集中解释"夬履贞厉"，《象》用"位正当"释"厉"，可见《象》之"位正当"并非都"吉"，正如《系辞》所谓："其柔危，其刚胜邪？"元吉在上："元吉"之辞在上爻。大有庆：上九之阳居上位与六三相应，上下分明，故曰大有庆。

③这里集中解释《泰卦》卦爻之象。天地交：《泰》下乾上坤，乾为天，坤为地。天在下而地在上，以示阳气下降，地气上升，二者相互交通。后：

君，古者君称后，后世君称王，妃遂称后。财：通裁。相：赞助。左右：支配。拔茅：拔茅草。志在外：初九与六四相应，故初九志向在外卦。包荒：取其大川。包，取。荒，川。光大：九二之阳居中与六五相应，故曰光大。光，通广。无往不复：没有只往而不返的。天地际：九三处内外卦交接处，内卦为乾天，外卦为坤地，故曰“天地际”。际，接。翩翩：飞鸟之象，比喻人轻浮之象。失实：六四至上六皆为阴爻，三阴在上，故曰失实；阳为实，阴为虚；由《象》释“翩翩不富”曰“皆失实”思之，《象》亦解“翩翩”为轻浮。不戒：不戒备。中心愿：六四近五，五居中，故有上居中心之愿。祉：福。中以行愿：六五居中，实现居中之愿。城复于隍：城墙倾覆于城壕中。隍，城下沟壕。其命乱：上六为《泰》之终，故有城倾倒、命运变乱之象。

④这里集中解释《否卦》卦爻之象。天地不交：《否》下坤上乾，乾为天在上，坤为地在下，天地阴阳不交。俭德辟难：以节俭为德避免灾难。俭，节俭。辟，避。禄：禄位。志在君：其义与《象》释《泰》初九相似。《否》初与二三为阴类，皆应外卦阳爻。初之志在于顺应四之君，阳为君。大人否，亨：大人不亨通。否，不。不乱群：六二所处之群不乱。群：指下三阴。包羞：被包容而行小人之道，终将招致羞辱。位不当：六三以阴居阳位。有命：有所受命。志行：九四阳刚近五而有所受命，故曰“志行”。位正当：九五居中得正。否终则倾：上九为《否》之终，否道将尽，故曰倾。

⑤这里集中解释《同人卦》卦爻之象。天与火：《同人》下离上乾，离为火，乾为天。天在上，火炎上，同志而上行，故为同人。同人即同志。类族辨物：以同类事物相聚，辨别事物使之不相杂。类，犹同。族，犹群。出门同人：初九与上四阳同，故曰“出门同人”。二曰门。咎：归咎，责难。同人于宗：只与宗族人志向相同。宗，宗族。吝道：六二之阴居中而与五阳不相同，故其道必难。伏戎于莽：设伏兵于草莽之中。戎，兵。敌刚：九三与上九皆为阳而不应，故曰“敌刚”，即以刚相敌。也有解作九三敌九五之刚，亦可备一说。三岁不兴：三年不兴兵。安行：平安而行。乘其墉：登上城墙。墉，城墙。义弗克：九四失位，故其辞之义有“弗克”。困而反则：九四处下体九三之上，而“不克”，故曰“困”，又居上体之初，故曰“反”。反，返。则，法。同人之先：经文为“同人先号咷后笑”。中直：九五居中得正。正，即直。大师相遇：大军相会师。言相克：九五取胜而会师。效：郊区，古者称邑外为郊。志未得：上九处《同人》外卦之上，远于内，故其志未得实现。

⑥这里集中解释《大有卦》卦爻之象。火在天上：《大有》下乾上离，离为火，乾为天，故“火在天上”。遏恶扬善：绝止恶行，宣扬善良。遏，绝。扬，宣、举。顺天休命：顺从天道，美化命令。休，美。无交害：初九居下，不与四应，故不涉及利害。积中不败：九二积阳德而居中。《大有》下体三阳曰积，九二居中曰中。败，坏，就车而言，因车强壮而行中道，故不会败坏。公用亨于天子：公侯享用天子的宴请之礼。小人害：“害”是释经文中“弗克”，九三爻得位利君子，不利小人，故对小人而言曰害。匪其尫：排除自身的不正之风。明辩晰：明辨清晰，九四处上体离卦之初，离为明，故可以明辨事理。晰，明智，清晰。厥孚交如：其诚信相交的样子。厥，其。信以发志：六五以柔居尊处中，虚以诚信，上下之阳皆归之，故有诚信以发上下之志，“信”是释“孚”。威如：威严之貌。易而无备：六五以阴居阳，以示有威严而不用，唯行平易而无所防备。易，即《系辞》“险易”之“易”。《大有》上吉：《大有》上九爻辞有“吉”。自天佑之：有上天保佑。佑，助。

⑦这里集中解释《谦卦》卦爻之象。地中有山：《谦卦》下艮上坤，坤为地，艮为山，山本高居地上，而今居地下，故有《谦》象。裒多益寡：裒取其多，增益其寡。裒，古本郑、荀、董、蜀作“捊”，有取之义。《字书》作“掊”，《广雅》：“掊，减。”称物平施：称量事物，以平均施予。谦谦：谦而又谦，形容十分谦虚。卑以自牧：初六以谦卑来约束自己。鸣谦：宣扬谦虚的美德。中心得：六二居中，故曰中心。六二以阴居阴故曰“得”。得，即得正。劳谦：有功劳而谦虚的君子。万民服：九三之阳居《谦》下体之上，上下众阴归顺，故曰“万民服”。阴为民，众阴为万民。㧑谦：发挥其谦。不违则：六四以阴柔得正而发挥谦德，不违背谦之法则。征不服：六五以柔居尊，违背谦德，故曰征伐而不服从。志未得：上六居《谦卦》之上，为谦之终，故谦之志而未得。征邑国：讨伐邑国。

⑧这里集中解释《豫卦》卦爻之象。雷出地奋：《豫》下坤上震，震为雷，坤为地，雷在地上动，故曰雷出地奋。奋，动。作乐崇德：制作音乐增充其德。崇，充。殷：盛。荐：进献，指祭祀。以配祖考：而祭祀祖先。以：王引之曰：“‘以配’之‘以’，犹而也。”配，祭祀。鸣豫：狂呼乱喊地娱乐。志穷凶：初六阴柔居下失正，故其志穷极而有凶。不终日：不到一天。以中正：六二以阴居阴得中，此指用中正之道。位不当：六三以阴居阳失位不中。由豫大有得：人们依赖他而得到欢乐，大有所得。志大行：五阴顺从九四之阳，故阳志而得以行，阳为大。贞疾：占问有疾病。乘刚：六五之柔

乘九四之阳刚。恒不死：长久不死。中未亡：六五处尊居中，而没有死亡。“冥豫”在上：“冥豫”之辞在上爻。冥豫，指夜晚而娱乐。何可长：上九居卦之终，故不会长久。

译文

09. 小畜

风行于天上，《小畜》之象。君子识其时机当以修养文辞德业。

“返回正道”，其行为正当而得“吉”。被牵领返回之辞居中爻，亦不会自失其道。“夫妻怒目而视”，不能规正妻室。“有诚信，惊恐可以排除”，（六四）上合（九五）的意志。“有诚信维系上下”，不能独自富有。“天已降雨，阳刚之气已经畜之于终极”，（阳）德积满而为（阴）所载。“君子出征则凶”，（上九）有所疑虑。

10. 履

上天而下泽，《履》之象。君子（效此象）当辨别上下，安定民志。

“穿洁白柔软的鞋子轻轻前往”，独自奉行自己的美德。“深思明哲之人走在平坦的道路上吉利”，因其心志不乱。“目盲而视物”，不足以明辨。“脚跛而行路”，不足以行走。“（老虎）咬人有凶险”，位不正当。“武人为大君报效”，志向刚正。“小心谨慎地行走在老虎之后，心中保持警惕，终将得吉”，这样他的志愿就会得以实施。“决然而行则有危险”，其位正当。开始吉祥在上位，大人有福庆。

11. 泰

天地相交，《泰卦》之象。大君（效此）当以裁度天地运行之道，辅助天地化生之宜，以保佑百姓生存发展。

“拔茅草，出征有吉”，（初爻）志向在外（卦）。“以包容之心，囊括之志，涉越大河，以中正之德去辅佐君王”，因其道德广大。“世上之事没有只往而不返的”，（九三爻处）天地交接之处。“往来翩翩而不富有”，（六四与其他二阴）皆失阳实。“不必告诫而心存诚信”，有居中的心愿。“城墙倾覆于城壕中”，天命变乱。

12. 否

天地不交合，《否卦》之象。君子（效此）当以节俭之德避难，（此时）不可追求荣誉和禄位。

“拔茅草守正则吉”，其志在报效君主。“大人不入小人之道，亨通”，这说明大人不能为小人之道所乱。“被包容而行小人之道，终将招致羞辱”，位不正当。“承受天命，没有过错”，其志行施。大人得到吉祥，因（九五）居位正当。《否》至终其道倾覆，没有什么可长久的。

13. 同人

天与火（其性相同），《同人》之象。君子（效此）当以同类事物相聚辨别事物。

“出门与人同志”，又有谁能使其有灾害？“只与宗族内人同志”，此难行之道。“设伏兵于草莽之中”，这是因为敌人刚强。“三年不兴兵交战”，是为了安稳健行。“登上城墙”，其意为不能被敌方攻克。其“吉”，乃处困穷而返于法则。与人同志而先，（九五）用中直之道。大军相会，是说相克取胜。“在郊野与人同志”，其志未能实现。

14. 大有

火在天上，《大有》之象。君子（效此）当遏绝恶行而褒扬善事，以顺天道而美化万物之性和政令。

《大有》的初九，（在事之初）不涉及利害。“用大车载物”，因车强壮而行中道，所以不会败坏。公侯享用天子的宴请之礼，小人受此礼遇必然会招致祸害。“排除自身的不正之风，没有灾害”，这说明九四能明辨自身处境。“其诚信相交”，以诚信发上下之志。“威严而有吉利”，这是因为六五简易而对人没有防备。《大有》上爻之吉，是因上天佑助。

15. 谦

地中有山，《谦卦》之象。君子（效此）以裒取多而增益寡，称量其物以平均施予。

“君子谦而又谦”，初六以谦卑来约束自己。“宣扬谦虚的美德则吉”，因其心怀正道。“有功劳而谦虚的君子”，万民服从。“无所不利，发挥谦德”，不违背谦之法则。“适合出征讨伐”，征伐不服之邦。“宣扬谦虚的美德”，其志未能实现。可以兴师出兵，征伐邑国。

16. 豫

雷出地上而动，《豫卦》之象。先王（效此）制作音乐以增崇其德，用盛大祭祀进献于上帝，并配享祖宗。

“狂呼乱喊地娱乐”，其志穷极而有凶。“攻石治玉，不到一天就做成了，吉利”，因其以君子之德居正。“在音乐中独自忧愁，必有悔恨”，（六三）位不正当。“人们依赖他而得到欢乐，大有所得”，这说明九四的志向获得大的成功。“六五占问有疾病”，是乘阳刚（造成的）。“长时间不死”，因其处尊位而未死亡。“夜晚娱乐”，居上位，如何能长久呢？

原 文

17. 随

泽中有雷，随。君子以向晦入宴息。

“官有渝”，从正吉也。“出门交有功”，不失也。“系小子”，弗兼与也。“系丈夫”，志舍下也。“随有获”，其义凶也。“有孚在道”，明功也。“孚于嘉吉”，位正中也。“拘系之”，上穷也。[①]

18. 蛊

山下有风，蛊。君子以振民育德。

“干父之蛊”，意承考也。“干母之蛊”，得中道也。“干父之蛊”，终无咎也。“裕父之蛊”，往未得也。“干父用誉”，承以德也。“不事王侯”，志可则也。[②]

19. 临

泽上有地，临。君子以教思无穷，容保民无疆。

“咸临贞吉”，志行正也。“咸临吉无不利”，未顺命也。“甘临”，位不当也。“既忧之”，咎不长也。“至临无咎”，位当也。“大君之宜”，行中之谓也。“敦临之吉”，志在内也。[③]

20. 观

风行地上，观。先王以省方观民设教。

“初六童观”，“小人”道也。“窥观女贞”，亦可丑也。“观我生进退”，未失道也。“观国之光”，尚宾也。“观我生”，观民也。“观其生”，志未平也。[④]

21. 噬嗑

雷电，噬嗑。先王以明罚敕法。

“屦校灭趾”，不行也。“噬肤灭鼻”，乘刚也。“遇毒”，位不当也。“利艰贞吉”，未光也。“贞厉无咎”，得当也。“何校灭耳”，聪不明也。[⑤]

22. 贲

山下有火，贲。君子以明庶政，无敢折狱。

“舍车而徒”，义弗乘也。“贲其须”，与上兴也。“永贞之吉”，终莫之陵也。六四，当位疑也。“匪寇婚媾”，终无尤也。“六五之吉”，有喜也。“白贲无咎”，上得志也。⑥

23. 剥

山附于地，剥。上以厚下安宅。

“剥床以足”，以灭下也。“剥床以辨”，未有与也。“剥之无咎”，失上下也。“剥床以肤”，切近灾也。“以宫人宠”，终无尤也。“君子得舆”，民所载也。“小人剥庐”，终不可用也。⑦

24. 复

雷在地中，复。先王以至日闭关，商旅不行，后不省方。

“不远之复”，以修身也。“休复之吉”，以下仁也。“频复之厉”，义无咎也。“中行独复”，以从道也。“敦复无悔”，中以自考也。“迷复之凶”，反君道也。⑧

注解

①这里集中解释《随卦》卦爻之象。泽中有雷：《随》下震上兑，兑为泽，震为雷，泽上雷下，故“泽中有雷”。向晦入宴息：天将黑而卧寝休息。宴，即偃。宴息，指躺卧休息。官有渝：馆舍有变。官，通“馆”。从正吉：初九从上而来，以阳居阳而得正，故“从正吉”。出门交有功：出门交遇而有功效。交，交遇。不失：初阴至上而不失正道。系小子：依附于小人。系，依附。弗兼与：初九阳刚在下为“小子”，九五在上为“丈夫”，六二依从初九“小子”则会失去九五丈夫。故二者不能兼而并有。与，并、偕。系丈夫：依附于丈夫。志舍下：六三之柔，志向是舍弃下之初九。随有获：随从别人而有所获。其义凶：九四因处多惧之地，且失正故其义有凶。有孚在道：有诚信合乎正道。明功：明示功效。孚于嘉：有诚信于善美。嘉，美。位正中：九五居中得正。正中，一本作“中正”。拘系之：遭到囚禁。上穷：上六处卦之极，乘刚无应，故“上穷”。

②这里集中解释《蛊卦》卦爻之象。山下有风：《蛊》下巽上艮，艮为山，巽为风。振民育德：救济民众而培育道德，以增其感召力。振，救。干父之蛊：匡正父之过失。干，匡正。意承考：初六其意在顺其父。初六为阴爻，故称"承"。考，古称父死为考。得中道：九二居《蛊》内卦之中，故曰得中道。终无咎：九三处下体之终，故曰终，九三得正位，故无咎。裕：宽容。往未得：六四为阴爻，故对父之蛊宽容，而未得其效。干父用誉：经文原为："干父之蛊用誉"，其义为：匡正父之过而获嘉奖。承以德：顺承以德正之。六五为阴爻，故曰承。六五居中，故曰德，此指中德。不事王侯：不为王侯做事。事，事奉。志可则：上九阳刚居卦之上，故其清高之志，可以效法。则，效法。

③这里集中解释《临卦》卦爻之象。泽上有地：《临》下兑上坤，坤为地，兑为泽。教思无穷：教化思恤民众无尽。教，教化。《象》释《兑》："君子以朋友讲习"，《临卦》内卦为兑，故"教思无穷"。容：宽容。咸临：以感化之心临民。咸，感。临，本义为从高视下，引申为进、治，大之义。志行正：初九得正位，应六四，阳处下有上升之势，故其志行正道。未顺命：《临》之时阳刚当居五，今阳刚居二，且失位，故未能顺从天命。甘临：用甘言临民。甘，甜言蜜语。位不当：六三阴居阳位而不中，故"位不当"。既：已。咎不长：其咎不会长久。至临：至下临民。位当：六四以阴居阴。大君之宜：大君处事得当。宜，得当。行中之谓：六五以阴居中，故有行中之说。谓，说。敦临：以敦厚临民。志在内：阴以阳为主。上六穷极，其志在内卦二阳，二阳升，上六可得主，故其志在内。

④这里集中解释《观卦》卦爻之象。风行地上：《观》下坤上巽，巽为风在上，坤为地在下，故"风行地上"。省方：巡狩省察四方之事。观民设教：观示民情而设立政教。童观：像儿童一样观看。小人道：阴为小人。初六以阴居下而失位，观视不明，故曰"小人道"。窥观：由门缝向外偷看。亦可丑：六二之阴虽然得位居中，上应九五，窥视朝美，但不能大观，故亦可为丑辱。观我生：观察自己的庶民。生，指民。未失道：六三虽处上下体之间，进退不定，但上可以观示九五，故未失观道。观国之光：观察一国风俗民情。尚宾：六四之臣得正位，上顺从九五之君，适合用宾礼侍奉君王。尚，上，此指九五。观民：是释"观我生"，九五阳刚中正居尊位，以观示下四阴，下四阴为民，故曰"观民"。观其生：观示他国民众。志未平：上九以阳居卦之极，且失位，故其志未能平和。

⑤这里集中解释《噬嗑卦》卦爻之象。雷电：《噬嗑》下震上离，震为

雷，离为电。明罚敕法：清明刑罚，修整法律。敕，又作“勅”“饬”。勅，西汉皆作“敕”，东汉始作“勅”。先儒多训“敕”为正、为理。屦校灭趾：刑具伤没了脚趾。屦，即履，此指加在足上。校，古代木制刑具的通称。灭，伤没。不行：初九以阳居下，本当行，但因有刑具加足上，故曰不行。噬肤灭鼻：像咬脆肉一样地割掉犯人的鼻子。噬，吃。肤，肉，一般指柔软、肥美之肉。乘刚：六二之阴柔乘凌初九之阳刚。遇毒：指中毒。位不当：六三以阴居阳，不中不正，故“位不当”。利艰：利于艰难。未光：九四以刚明之才治之宜吉，但因九四被六五之柔所掩，故曰未能光大。贞厉：占卜有危险。得当：六五居刚柔，而又居中，故噬嗑时得当。何校灭耳：脖子上所带的枷伤没了耳朵。何，荷。聪不明：上九虽处上体离明但因居卦之极而失位，故曰耳听不明。

⑥这里集中解释《贲卦》卦爻之象。山下有火：《贲卦》下离上艮，艮为山，离为火，山下有火照，有文饰之义，故为《贲》象。明庶政：明察繁多政事。庶，众。无敢折狱：古人称判决讼事曰折狱，此指不敢轻易判断讼事。舍车而徒：放弃车而徒步行走。徒，徒步。义弗乘：初九居下，虽与二比邻，但其位下贱，故此爻辞义为不乘车。贲其须：修饰毛须。须，指面毛与胡须。与上兴：六二与九三皆得位无应，故六二之阴上承顺九三则可兴起。终莫之陵：九三虽陷于二阴之中，但因以阳居阳位而得正，故最终未遭到凌侮。当位疑：六四当位，但因乘九三之阳故可疑。匪寇婚媾：不是盗寇而是求婚的。匪，非。终无尤：最终无怨尤。尤，怨。有喜：六五居中，故“有喜”。白贲：以白色修饰。上得志：上九以阳居上，下饰二阴而得志。

⑦这里集中解释《剥卦》卦爻之象。山附于地：《剥》下坤上艮，艮为山，坤为地，山在地上，故曰“山附于地”。附，依附。上以厚下安宅：在上位的君子当以厚施于下位（庶民）而使其安居。上，指在上位的君子。下，指庶民。宅，居。剥床以足：剥蚀床先及床足。剥，剥落、剥蚀。以灭下：初六以阴柔居下，以象床足，故剥床“以灭下”。下，指床足。剥床以辨：剥蚀床头。辨，床头。未有与：六二阴柔虽中正，但未有与阳刚比应。阴阳相得谓之“与”。与，犹亲。失上下：六三上下四阴皆剥阳，独三应上，故上下四阴相违背而失上下。剥床以肤：剥蚀床危及肌肤。肤，皮肤，此指身体。切近灾：六五近五，处多惧之地，而切近灾祸。以宫人宠：引领宫人承受君王的宠爱。宫人，宫中嫔妾。终无尤：阳衰之时，六五居中以柔顺奉承阳可得宠，故终无怨尤。舆：车。民所载：上九之阳为下众阴所载。上九阳为君子，下众阴为民。《剥卦》下为坤，五爻以下互体亦为坤，坤为众，为载。剥

庐：剥夺房屋。终不可用：若小人居上位，剥夺屋舍，故“终不可用”。

⑧这里集中解释《复卦》卦爻之象。雷在地中：《复》下震上坤，震为雷在下，坤为地在上，故“雷在地中”。至日闭关：古俗至日（冬至、夏至）闭塞关口。冬至日阴之复，夏至日阳之复，故二至日有复象。而依卦气之说，《复卦》正当“冬至”。《象》既称“至日闭关”，或许作《象》之际已有卦气之说。商旅不行，后不省方：商人旅客不行于道路，君王不省视四方之事，此是说在《复卦》一阳之微居下之时，上（君）下（商旅）安静。商，商人。资货而行曰商。旅，旅客，行于途者曰旅。后，指君。方，四方之事。不远之复：经文原为“不远复”，是指失去不远即返回。以修身：初九一阳始生于下，象知不善而复返，以此修身改过。即《系辞》所言：“复以自知。”休复：休止（失误）而返复。以下仁：六二之阴上无阳而下亲附于初九之阳。初阳为仁。《文言》：“元，善之长也。”又曰：“君子体仁以长人。”故知元初为仁。频复：频繁地复返正道。义无咎：六三过中失位，处下体震动之极，故有危厉，但因能复返正道，故此爻爻辞之义为“无咎”。中行独复：行道路正中，独自复返。以从道：六四之阴处上体坤之下，得正应初，故可用顺从之道。坤为顺从。敦复：敦促而复返。敦，敦促。中以自考：六五居中，故有中德而能察其过。考，察，又说为“成”，皆可通。迷复：迷途而复返。反君道：古有二说：（一）上六之阴居上，远离初爻之阳，故上六与初九反道而行。“反君道”即与初阳之道反。（二）上六之阴穷极而将生阳，故复返君道。君道即阳道。第二说较是，“反”当释为返。

译文

17. 随

泽中有雷动，《随卦》之象。君子（效此）在晦暝之时，当入内卧寝而休息。

“馆舍有变动”，从正道而得吉祥。“出门与人交往就能成功”，不失正道。“依附小人”，（丈夫与小子）不能兼而有之。“依附丈夫”，其志向是舍弃下（初九）。“随从别人而有所获”，其辞义有凶。“在正道之中保持诚信”，此乃保持光明磊落所立的功劳。“存诚于善美之中则有吉”，其位正中。“拘捕而强迫其依附”，上六其道穷极。

18. 蛊

山下有风，《蛊卦》之象。君子（效此）当救济民众而培养德性（以增其感召力）。

“匡正父之过失”，其意在顺承父意。“匡正母之过失”，因其得中道。“匡正父之过失”，最终没有什么过失。“慢慢匡正父之过失”，往前发展也不能得到功效。“匡正父之过失而得到赞誉”，因其以美德继承了父辈的事业。“不侍奉王侯”，其清高志向可以效法。

19. 临

泽上有地，《临卦》之象。君子（效此）当无穷地思恤教化民众、宽容保护民众。

“以感化之心临民，大事得吉”，其志行正道。“以感化之心临民则吉无所不利”，（阳刚居二）未能听从天命。“用甜美的言语统治民众”，是说（六三）位不正当。“已知此而忧之”，其过失不会长久。“至下临民则没有过失”，其位正当。“大君治国得当”，有行中和之道。“以敦厚临民而得吉”，志在内卦（二阳）。

20. 观

风行在地上，《观卦》之象。先王（效此）巡狩省察四方，观示民情以设政教。

“初六孩童般幼稚地观看”，乃“小人”之道。“由门缝偷看，利于女子守正”，然而对男子而言，则是耻辱之事。“观察自我行为以定进退政策”，未失观道。“观看国家壮丽景象”，说明六四是君王的座上宾。“观察自己的庶民”，观察民风。“观察其所治理的百官民众”，自己的心中也难以平静。

21. 噬嗑

电闪雷鸣，《噬嗑卦》之象。先王（效此）严明刑罚，公正法律。

“刑具加于足上伤了脚趾”，不重犯以前的罪行。“像咬脆肉一样地割掉犯人的鼻子”，（六二阴柔）乘凌（初九）阳刚。“中毒”，位不正当。“利于艰难中守正则有吉”，（阳刚）未有广大。“事有危险，但最终得吉”，说明刑罚适中而得当。肩上负荷的刑具伤了耳朵，说明上九恶行不改，如听话的聋子，太不聪明了。

22. 贲

山下有火照，《贲卦》之象。君子（效此）当明察众政，不敢轻易地判断讼狱。

“舍弃车而徒步走”，其意为不能乘车。“修饰胡须”，（阴柔）从上而兴起。“做事能够长久的吉祥”，最终不会遭受凌侮。六四虽居正当位，但仍有疑惧。“不是强盗而是求婚的”，最终不会有过失。“六五爻有吉庆”，乃有喜事。“用白色修饰就不会有过失”，在上位而得志。

23. 剥

山附着于地，《剥卦》之象。上位（君子）当以厚施于下位（庶民）而安其居。

“剥蚀床的足”，指灭其下面的基础。“剥蚀床头”，没有谁赞同和相助。“处剥落之时，却没有过失”，失去上下。“剥床而使自己的皮肤贴近地面”，说明很接近灾祸。“引领宫人承受君王恩宠”，最终没有过失。“君子得车舆”，众民有所载。“小人剥夺房舍”，终不可用。

24. 复

雷动在地中，《复卦》之象。先王（效此）在冬至日闭塞关口，商人、旅客不得行走于途，君王不省视四方之事。

“往而不远就复返”，可以修正其身。“美的回复，吉祥”，下顺仁人。“皱眉回复，有危险”，没有灾祸。“于道路正中而行独自复归”，说明其忠诚地遵从“复”道。“敦厚忠实地回复，没有悔恨”，居中处尊，自我考察是非得失。“迷途而难以回复，有凶”，有悖于回复阳刚的君道。

原文

25. 无妄

天下雷行，物与无妄。先王以茂对时育万物。

“无妄之往”，得志也。“不耕获”，未富也。行人得牛，邑人灾也。“可贞无咎”，固有之也。“无妄之药”，不可试也。“无妄之行”，穷之灾也。[1]

26. 大畜

天在山中，大畜。君子以多识前言往行，以畜其德。

“有厉利已”，不犯灾也。“舆说輹”，中无尤也。“利有攸往”，上合志也。“六四元吉”，有喜也。“六五之吉”，有庆也。“何天之衢”，道大行也。[2]

27. 颐

山下有雷，颐。君子以慎言语，节饮食。

"观我朵颐"，亦不足贵也。"六二征凶"，行失类也。"十年勿用"，道大悖也。"颠颐之吉"，上施光也。"居贞之吉"，顺以从上也。"由颐厉吉"，大有庆也。③

28. 大过

泽灭木，大过。君子以独立不惧，遁世无闷。

"藉用白茅"，柔在下也。"老夫女妻"，过以相与也。"栋桡"之"凶"，不可以有辅也。"栋隆之吉"，不桡乎下也。"枯杨生华"，何可久也？"老妇士夫"，亦可丑也。"过涉之凶"，不可咎也。④

29. 坎

水洊至，习坎。君子以常德行，习教事。

"习坎入坎"，失道凶也，"求小得"，未出中也。"来之坎坎"，终无功也。"樽酒簋贰"，刚柔际也。"坎不盈"，中未大也。上六失道，凶三岁也。⑤

30. 离

明两作，离。大人以继明照于四方。

"履错之敬"，以辟咎也。"黄离元吉"，得中道也。"日昃之离"，何可久也？"突如其来如"，无所容也。六五之吉，离王公也。"王用出征"，以正邦也。⑥

注解

①这里集中解释《无妄卦》卦爻之象。天下雷行：《无妄》下震上乾，震为雷在下，乾为天在上，故曰"天下雷行"。物与：物类。与，众说不一，有训为助，有训为应，有训为生，有训为参、入等。以上下文义推究，以训作"类"较好。古人认为，冬季阳气潜藏，春季阳气始出而成雷，万物闻声而发育生长，即《说卦》所谓"万物出乎震"，"动万物者莫疾乎雷"，故卦象称"天下雷行，物与无妄"。以茂对时育万物：以勉力遂时长育万物。茂，勉。对，遂。育，长。得志：初九之阳处卦之下而得正，故曰"得志"。不耕

获：不耕种而收获。未富：不富有。六二虽居中得正，但二为阴爻，故虚而不实，而不富有。《周易》多以阳为富，阴为不富。邑人灾：邑人有失牛之灾。固有之：九四之阳失位，但只要坚固而有所执守可以无咎。此是释“可贞无咎”，以“固”释“贞”。无妄之药：无妄之疾用药。不可试：不可轻易用药。试，用。穷之灾：上九居卦之上而穷极，必有灾。

②这里集中解释《大畜卦》卦爻之象。天在山中：《大畜》下乾上艮，艮为山，乾为天，故曰“天在山中”。多识前言往行：广泛学习前人言行。识，学习。往行，指过去。有厉利已：有危厉宜停止。不犯灾：初九之阳居下，故“不犯灾”。“灾”，是释“厉”。舆说輹：车子与车轴分离。舆，车。说，脱。中无尤：九二居中，有刚中之德，无过尤。上合志：九三近上艮山，但与上九志向相合。有喜：六四畜初九之阳于初，故有“喜”。有庆：六五居中，畜九二于渐长之中，故“有庆”。何天之衢：何等通达的天上大道。道大行：上九处《大畜》极，于阴之上，故其天道大行。

③这里集中解释《颐卦》卦爻之象。山下有雷：《颐》下震上艮，艮为山在上，震为雷在下。故曰“山下有雷”。慎言语：言语谨慎。节饮食：节制饮食。观我朵颐：观我隆起的两腮。朵颐，两腮隆起。亦不足贵：此处以贵贱论之，恐此爻辞乃言古人相面之事，曰两腮隆起其相貌不足贵。行失类：六二与六五皆为阴而不应，故“行失类”。道大悖：六三不中不正，处下震动之极，故曰“道大悖”。颠颐：颠倒颐养之道。上施光：六四在上体而得正，又得初之刚应，故在上而德施广大。居贞之吉：居守在家则有吉。顺以从上：六五无应于下，以柔顺可以服从上九之阳。六五为阴故曰“顺”，上九为“上”。由颐：天下众生赖之而获得颐养。大有庆：上九处外卦艮之上，以示颐养之德已成，故有福庆。

④这里集中解释《大过卦》卦爻之象。泽灭木：《大过》下巽上兑，兑为泽，在上，巽为木，在下，故有以泽灭木之象。独立不惧：独立而不畏惧。遁世无闷：退隐于世间而无烦闷。藉用白茅：用白色茅草铺地陈设祭品。藉，铺垫。柔在下：初六以阴柔居卦之下。老夫女妻：爻辞称“老夫得其女妻”。女妻，小娇妻。过以相与：九二以刚过而与初相比，故九二之夫过而与初之女妻相亲。初六为“女妻”，九二为“老夫”。以，而。栋桡：栋梁弯曲。不可以有辅：九三以阳居阳，与上六相应，但上六为“末”而“弱”，故不可有阴相辅助。栋隆：栋梁隆起。不桡乎下：九四居上体不困与初相应而向下弯曲。下，指初六。枯杨生华：枯萎的杨树开了花。华，花。何可久：九五虽与上六亲比，但因上六穷极，故不能长久。老妇士夫：爻辞称“老妇得其

士夫”。士夫，指小丈夫。亦可丑：九五以刚居刚，上六以柔居柔，以示老妇与比自己少的丈夫匹配，只能为丑辱。丑是释经文中“无誉”。过涉之凶：渡河而带来了灭顶之凶。不可咎：这里集中解释“无咎”。

⑤这里集中解释《坎卦》卦爻之象。水洊至：《坎》下坎上坎，坎为水，下坎水方至，上坎水再至，水流不息之象。洊，一本作“臻”，又作“荐”，三者通。洊，本指水荒，这里解释为再、仍。以常德行：恒守德行。习教事：传习政教之事。习坎入坎：重重坎险而又进入坎险之中。失道凶：初六阴柔居重险之下而失正，上无应援，故失其出险之道而有凶。求小得：求仅有小得。未出中：九二失位居两阴之中，故未出险中。来之坎坎：来往皆坎险。之，往。终无功：六三处上下两坎之间，不中不正，进退皆坎，故“终无功”。樽酒簋贰：（得祭时）用一樽之酒，两簋之食。樽，古代盛酒之器。簋，古代盛黍稷的竹器。刚柔际：六四之柔与九五之刚相比而交接。际，接。坎不盈：坎水未盈满。中未大也：九五之刚居中，但陷于两阴之中，故未能广大而出险。上六失道：上六阴柔居坎之终而失去济险之道。岁：年。

⑥这里集中解释《离卦》卦爻之象。明两作：《离卦》上下皆离。离为明，故“明两作”，即《象》所谓“重明”。作，起。继明：连续不绝的光明。以辟咎：初九以阳居明之初，象日出而升，当以恭敬则可避免灾咎。辟，避。黄离：用黄色网猎取禽兽。得中道：六二居中得正，故“得中道”。日昃之离：日落的太阳挂在天空。何可久：九三过中，其明不能长久。突如其来如：太阳的起落仿佛突然之间到来。无所容：无所容身，用来解释经文“焚”“死”“弃”。离王公：六五居两阳之间，故有吉当依上下王公。离，依附，九四、上九为阳称王公。王用出征：大王可以出征。以正邦：上九以刚处离之上，刚断而明照，以察天下，故可以正邦国。

译文

25. 无妄

天下雷声震动，万物相应则类生，《无妄》之象。先王（效此）以勤奋顺合天时，养育万物。

“不要虚妄前往”，则得志。“不耕种而收获”，其志不在于求取富有。行人得牛，邑人（有失牛）之灾。“可守正而没有灾害”，固守不动（可以免灾）。“行为不虚妄却染上疾病，却不服药”，因其刚健中正，其病无须用药也能自愈。“没有虚妄之行”，穷极而有灾难。

26. 大畜

天畜在山中，《大畜卦》之象。君子（效此）当广泛学习前人言行，以畜养自己的品德。

“有危险宜停止”，（初九）不冒险前行。“车子与车轴分离”，有刚中之德则没有大的过失。“利于有所往”，（九三）与上六志向相投合。“六四大吉大利”，因其有喜事。“六五有吉”，因其有福庆。“何等通达的天上大道”，说明上九的“大畜”之道如同大路一样大为畅通。

27. 颐

山下有雷动，《颐卦》之象。君子（效此）当谨慎言语，节制饮食。

“观我隆起两腮大吃大嚼”，不足为尊贵之人。“六二出征则有凶”，前往必失去同类的帮助。“十年也不可为君王所用”，与正道大相违背。“颠倒颐养之道有吉”，在上而德施光大。“居住在家则吉”，（六五）柔顺可以服从上九（之阳）。“天下众生赖之而获得颐养，虽有危险，但最终获得吉利”，说明上九得颐养之福，大有吉庆。

28. 大过

水泽灭没树木，《大过卦》之象。君子（效此）当以独立而不畏惧，隐退于世而不忧闷。

“用白茅草铺地，陈设祭品”，（初六）阴柔处卦下。“老夫（得）娇妻”，虽然他们年龄超过很多，但是相处得很亲和。“栋梁”压弯之“凶”，不可以有（上阴）辅助。“栋梁隆起之吉利”，不弯于下。“枯萎的杨树开了花”，怎么能长久？“老妇配了小丈夫”，虽无过失，但也不光彩。“渡河而带来凶险”，没有什么大的过错可以追究。

29. 坎

水流再至而通，《习坎卦》之象。君子（效此）当以常守道德品行，传习政教之事。

“重涉坎险而入于坎中”，失正道而有凶，“谋求仅有小得”，未出险中。“来往皆坎险”，最终只能徒劳无功。“（行祭时）一樽薄酒，两簋淡食”，乃（六四）柔与（九五）刚交接。“坎水未满盈”，处险难之中未能光大而出险。上六因失正道，凶事将延至三年后。

30. 离

光明重重，相续兴起普照，《离卦》之象。大人（效此）当以连绵不绝的光明照临天下四方。

"走路、做事恭敬谨慎"，以避灾害。"用黄色网猎取禽兽，就会有大吉"，能得中道。"日落的太阳挂在天空"，岂能长久？"太阳的起落仿佛突然之间到来"，无所容身。六五之爻有吉庆，依附王公而得助。"君王出征"，以正邦国。

象传下

原文

31. 咸

山上有泽，咸。君子以虚受人。

"咸其拇"，志在外也。虽"凶居吉"，顺不害也。"咸其股"，亦不处也。志在随人，所执下也。"贞吉悔亡"，未感害也。"憧憧往来"，未光大也。"咸其脢"，志末也。"咸其辅颊舌"，滕口说也。[①]

32. 恒

雷风，恒。君子以立不易方。

"浚恒"之"凶"，始求深也。九二"悔亡"，能久中也。"不恒其德"，无所容也。久非其位，安得禽也？"妇人贞吉"，从一而终也。夫子制义，从妇凶也。振恒在上，大无功也。[②]

33. 遁

天下有山，遁。君子以远小人，不恶而严。

"遁尾"之"厉"，不往何灾也？"执用黄牛"，固志也。"系遁"之"厉"，有疾惫也。"畜臣妾吉"，不可大事也。君子好遁，小人否也。"嘉遁贞吉"，以正志也。"肥遁无不利"，无所疑也。[③]

34. 大壮

雷在天上，大壮。君子以非礼弗履。

“壮于趾”，其孚穷也。九二“贞吉”，以中也。“小人用壮”，君子罔也。“藩决不羸”，尚往也。“丧羊于易”，位不当也。“不能退，不通遂”，不详也。“艰则吉”，咎不长也。④

35. 晋

明出地上，《晋》。君子以自昭明德。

“晋如摧如”，独行正也。“裕无咎”，未受命也。“受兹介福”，以中正也。“众允”之志，上行也。“鼫鼠贞厉”，位不当也。“失得勿恤”，往有庆也。“维用伐邑”，道未光也。⑤

36. 明夷

明入地中，《明夷》。君子以莅众，用晦而明。

“君子于行”，义不食也。六二之吉，顺以则也。“南狩”之志，乃得大也。“入于左腹”，获心意也。箕子之贞，明不可息也。“初登于天”，照四国也。“后入于地”，失则也⑥。

37. 家人

风自火出，家人。君子以言有物而行有恒。

“闲有家”，志未变也。六二之吉，顺以巽也。“家人嗃嗃”，未失也。“妇子嘻嘻”，失家节也。“富家大吉”，顺在位也。“王假有家”，交相爱也。威如之吉，反身之谓也。⑦

38. 睽

上火下泽，睽。君子以同而异。

“见恶人”，以辟咎也。“遇主于巷”，未失道也。“见舆曳”，位不当也。“无初有终”，遇刚也。“交孚无咎”，志行也。“厥宗噬肤”，往有庆也。“遇雨之吉”，群疑亡也。⑧

注解

①这里集中解释《咸卦》卦爻之象。山上有泽：《咸》下艮上兑，兑为泽，艮为山，山高而在下，泽卑而在上。泽下润，山土受润，有山泽二气相通感应之象。故为咸。以虚受人：以谦虚之心受纳于人。此取泽水下润，山虚以受。咸其拇：脚趾感应。拇，脚趾。志在外：初六与九四相应，志在应外卦九四。外，外卦。顺不害：六二居中得正，谨慎不会有害。二在艮，艮为止，若二上应九五感动则违背艮止之义，故失礼则有害，此谓“不害”。指与九三相比而言。顺，慎。咸其股：大腿感应。股，大腿。亦不处：九三阳刚居艮之上，本当处，但因它与上六相应而感动，故“亦不处”。处，止。“处”在人事，指女未婚。亦指六二而言，六二与九五感应，故“不处”。志在随人，所执下：是释“执其随”，九三之阳与六二之阴相比，虽与上六感动“不处”，但其心志在于随从，所操执为下六二之阴。九三处下体艮之上。艮为手，故曰“执”。下，指二。贞吉悔亡：做事则吉，悔事消失。未感害：九四与初六皆失正，只有得正才无感应之害。憧憧往来：往来心意不定。憧憧，心意不定之貌。未光大：九四失正，故其感不能广大。咸其脢：脊背感应而动。脢，背。志末：九五与上六相比，九五志向在于与上六相感。末，上六，《系辞》“其初难知，其上易知，本末也”，《象》释《大过》曰：“本末弱也。”其“末”均指上爻。咸其辅颊舌：因感而牙床、面颊、舌头一齐动。辅，牙床。颊，面颊。滕口说：众口说。上六居兑之上，故为“口”、为“说”。滕，一本作“媵”，或作“腾”，古“滕”“腾”通，当读为“腾”，今文“滕”皆作“腾”，“媵”为古文“腾”，故“滕”“腾”“媵”三者通。“滕”字多解：一训为送，一训为虚言相感，一训为传，一训为众。以训滕为众较当。

②这里集中解释《恒卦》卦爻之象。雷风：《恒》下巽上震，震为雷，巽为风。立不易之方：确立不变的道理。方，犹道。不恒其德：不能恒守其德。无所容：九三居内外卦之间，处不中之位，上下皆阳，进退无所容身。久非其位：九四以阳居阴，处《恒》时而失位，故曰“久非其位”。从一而终：六五应九二，五在外，二在内，以六五阴从九二阳，故六五从一夫（九二）终其身而不改。夫子制义：夫子制事适宜。制，裁制，“制义”指夫子在

外处世的原则。振恒在上：“振恒”之辞在卦之上爻。振恒，恒久而求。大无功：上六处《恒》上体震动之极，不能守恒，故“大无功”。

③这里集中解释《遁卦》卦爻之象。天下有山：《遁卦》下艮上乾，乾天在上，艮山在下，故“天下有山”。远：疏远。不恶而严：不憎恶而有威严。遁尾：遁，经文本指小猪，《易传》取隐退之义，尾随而退曰“遁”。不往何灾：初六居艮体，艮为止，故不往则可以免灾。此是释“勿用有攸往”。执用黄牛：用黄牛皮捆缚。固志：六二居中得正，又处下体艮，艮为止，故曰固志。系遁：经文是指摁绑小猪，《易传》是指系恋而不知及时退去。有疾惫：九三居下艮之上，为阴所系而不能去，故必有疾病而陷入困境。惫，困。畜臣妾吉：畜养臣妾则有吉。畜，养。不可大事：不可做大事。九三之阳因系于下阴，阴为小，故“不可大事”。君子好遁，小人否：九四阳刚处上下体之间，失位在外，开始消退，以示君子决然而退去在外，而小人则不知退。嘉遁：经文本指小猪受到赞美，此是指受到赞美而退去。以正志：九五居中得正，退而得正位，故曰“以正志”。这里集中解释“贞吉”。肥遁：经文是指小猪被养肥，此指纵容退去。肥，先儒解为从容。无所疑：上九处外卦之极，退避在外，心无所疑虑。

④这里集中解释《大壮卦》卦爻之象。雷在天上：《大壮》下乾上震，震为雷在上，乾为天在下，故曰“雷在天上”。非礼弗履：非礼事而不行。履，践行。壮于趾：伤了脚趾。壮，伤。其孚穷：初九居下，上进而无应，其诚信必穷困。以中：用中。以，用。九二居中，故“以中”。“小人用壮”，君子用罔也：九三处下体乾之极，以阳居阳，过刚不中，小人用之以强壮骄人，君子则以无为处世。罔，无。藩决不羸：藩篱被触裂，公羊的触角不会被纠缠。尚往：上往。九四处震动之下，有上升之势，故曰“尚往”。丧羊于易：丧失羊于场。易，场。位不当：六五以阴居阳，其位不正当。不通遂：不能进。遂，进。不详：一说通“祥”，一说详审，通观此爻文义，以前者为胜。艰则吉：艰难中守正，则吉。咎不长：上六处《大壮》之终，终则有变，能艰难守正，妄动之咎不会长久。

⑤这里集中解释《晋卦》卦爻之象。明出地上：《晋卦》下坤上离，离为明在上，坤为地在下。故“明出地上”。自昭明德：自我照着完善德性。晋如摧如：不管是前进的样子还是后退的样子。如，样子，状态。独行正：初六居下以应九四，而行正道。独，指初一。裕无咎：宽容处之则无咎。未受命：初六居下，其位卑贱，未受爵命。受兹介福：承受此大福。兹，此。介，大。以中正：六二居中得正，故“以中正”。众允：众人信任。允，信。上

行：六三居坤与上九相应，故“上行”。鼫鼠：大老鼠。位不当：九四以阳居阴，不中不正，又处多惧之地，故“位不当”。失得勿恤：失得皆勿忧虑。恤，忧虑。往有庆：六五居尊，处离明之中，以大明之德得天下之附，前往必有福庆。维用伐邑：只用来讨伐邑国。维，唯。道未光：上九处《晋》之终，离之极。日之偏，光明将息，其道未能光大。

⑥这里集中解释《明夷卦》卦爻之象。明入地中：《明夷》下离上坤，离为明在下，坤为地在上，故“明入地中”。明入地中，以示光明被遮而受伤，故为明夷。夷：伤。莅众：莅临众人。用晦而明：用，帛《易》“用九”作“迵九”。迵，通。可证“用”“通”互假。古“而”“能”又互通，故用晦而明，即通晦能明，亦即能使晦者明也。于行：有所行。义不食：初九之阳处下，其爻辞之义当不吃饭。义，意义。顺以则。六二之阴居中得正。故顺以则。阴为“顺”，中正之道为法则。南狩：到南方放火烧草以狩猎。乃得大：九三之阳以应上六，前往必得“大首”，上六为坤阴之首，故为“大首”，获大首为“得大”。入于左腹：进入（明夷）左腹。获心意：六四以阴得位，上比六五，故曰“获心意”。这是解释“获明夷之心”。箕子：商末纣王伯父。明不可息：六五虽处昏暗之中，但光明中德不可熄灭。《明夷》上坤为昏暗。初登于天：日开始登上天。照四国：上六居卦之上，当光照四国。《明夷》由《晋》而来。《序卦》：“晋者，进也，进必有所伤，故受之以明夷。”此指《晋》时明在地上，故“照四国”。后入于地：《明夷》日进入地中。失则：《晋》变《明夷》，《晋》上九变成《明夷》上六，阳被阴代替而失去法则。

⑦这里集中解释《家人卦》卦爻之象。风自火出：《家人》下离上巽，巽为风在外卦，离为火在内卦，故“风自火出”。言有物：说话有事实根据。行有恒：行动有常度法则。恒，常度法则。闲有家：家中有防。闲，防。志未变：初九以阳居阳位而得正，故家人之志向未变。顺以巽：六二之阴居中得正故顺以巽。巽，践履之义，此有居之义。家人嗃嗃：家人相处表现出严厉的样子。嗃嗃，严厉的样子。未失：九三得位，刚严治家而得正，故未失家道。嘻嘻：骄佚嬉笑之貌。失家节：九三以阳刚过中，以示失家节而有难。富家：使家庭富裕。顺在位：六四上承九五而得位。六四之阴为“顺”，六四以阴居阴曰“在位”。王假有家：君王以其美德正于其家。交相爱：九五居尊位下应六二，五二夫妇相爱。威如：威严的样子。反身之谓：《家人卦》诸爻皆正，独上九不正，君子于此，当反身求正。

⑧这里集中解释《睽卦》卦爻之象。上火下泽：《睽》下兑上离，离为

火，兑为泽。火性炎上，水性润下，二者相违背，故为《睽》象。同而异：道同而事异，即“天下同归而殊途”。见恶人：遇见恶人。以辟咎：可以避免咎灾。遇主于巷：在巷道中遇见主人。巷，道。未失道：九二以阳居阴而失正，然而上应六五而得援，故“未失道”。见舆曳：见车被牵引。舆，车。曳，拉。位不当：六三的阴居阳位而不中，无初有终，起初不利，后有好的结果。遇刚：六三与九四相比，与上九相应，故曰“遇刚”。交孚：以诚信相交。志行：九四之阳处坎中，坎为通，故“行”。厥宗噬肤：与族人犹如咬脆肉一样容易亲和。噬，吃。群疑亡：指所谓爻辞中“见豕负涂，载鬼一车”及“先张之弧，后说之弧”。

译文

31. 咸

山上有水泽，《咸卦》之象。君子（效此）当以谦虚之心受纳于人。

“脚趾感应”，其志向在外（卦九四）。虽“有凶险，但安其居则吉”，顺从“感应”之道不会有害。“大腿感应”，亦不能安静居处。志在于随从别人，（九三）所操执为下（六二之阴）。“做事吉利，悔事消亡”，（九四与初六）没有感应之害。“往来心意不定”，未能广大。“脊背感应”，志向是与（上六）之末感应。“使牙床、面颊、舌头皆受感应”，滋润口唇而感到快乐。

32. 恒

雷风（长相交），《恒卦》之象。君子（效此）当以确立不变的道理。

“深入地求取长久之道”却出了“凶险”，因其一开始就深求“恒”道。九二的“悔恨之事将要消失”，这是因其能持久地坚持中和之道。“不能恒守其德”，无所容身。（九四）久居不当之位，怎么能有所收获呢？“妇人占问有吉”，（妇）终身跟从一夫。若夫子处理适宜，一味盲目地顺从妇人则有凶险。“恒久而求”发生在上位，会大无功效。

33. 遁

高高的天空之下耸立着一座座大山，《遁卦》之象。君子（效此）当以远避小人时，不予憎恶而有威严。

“尾随而退”有“危险”，不前往能有什么灾祸呢？“用黄牛（皮绳）捆缚”，固守其志。“一味追求而不知及时退去”而有“危险”，有疾病而陷入困境。“畜养臣、妾有吉”，不可以做大事。君子知好及时退去，小人不知道及时退去。“在赞美中退去，占问有吉”，能端正自己退隐的心志。“高飞远举般地退隐，没有什么不利的”，心中无所疑虑。

34. 大壮

雷在天上，《大壮卦》之象。君子（效此）不履行非礼之事。

“伤了脚趾”，其“诚信”困穷。“九二做事吉利”，因用中道。“小人用壮（骄人），君子用无（处世）”。“藩篱被触裂，公羊的触角不会被纠缠”，往上而去。“丧失羊于场中”，（六五）位不正当。“既不能退又不能进”，此举不祥。“困难中得到吉利的结果”，灾害不会长久。

35. 晋

光明出现在大地上，《晋卦》之象。君子（效此）当以自我昭示光明之德。

“前进受阻”，当独行正道。“宽裕处之没有过错”，未受到爵命。“承此大福”，用中正之道。“众人信任”，其志上行（以应上九）。“身有一技之长的硕鼠遇到危险”，其位不正当。“不要为得失而忧虑”，前往则有福庆。“唯有用征伐才能使人信服”，其道未能光大。

36. 明夷

光明陷入地下，《明夷卦》之象。君子（效此）当莅临群众，用藏晦而使自己的美德更加光明。

“君子行走在路上”，其辞义当以仁为本，在光明陨灭时不食俸禄。六二有吉祥，柔顺而又有法则。“南方烧草狩猎”之志，在于大有所得。“进入左腹”，而获其心意。箕子的守正，（说明）光明（之德）不可熄灭。“起初光明升于天上”，以照四方众国。“后没入地下”，说明上六丧失了正确的法则。

37. 家人

风从火中出，《家人卦》之象。君子（效此）说话有事实根据，而行动则恒守其德。

“防止邪恶才能保全家人”，说明家人之志未变时就采取防范措施。六二之吉，在于其顺从而谦逊的品德。“家人相处表现出严厉的样子”，如此家人才不会有过失。“妇人和孩子骄佚嬉笑”，则失去家人的礼节。“家庭富裕是大的吉利”，以柔顺居守正位。“君王以其美德正于其家”，说明家人相互亲爱和睦。（家道）威严之吉，说明上九反躬自省、严于律己。

38. 睽

上为火，下为泽，《睽卦》之象。君子（效此）当取道同而存事异。

“遇见恶人”，以避免灾祸。“在巷道中遇见主人”，尚未失道。“见大车被牵引”，（六三）位不正当。“初不利而有好的结果”，（六三阴柔）遇到阳刚。“诚信相交没有过错”，志在行施。“与族人犹如咬脆肉一样容易亲和”，“前往”有福庆。“遇到雨天”有“吉利”，众多疑惑消失。

原文

39. 蹇

山上有水，蹇。君子以反身修德。

“往蹇来誉”，宜待也。“王臣蹇蹇”，终无尤也。“往蹇来反”，内喜之也。“往蹇来连”，当位实也。“大蹇朋来”，以中节也。“往蹇来硕”，志在内也。“利见大人”，以从贵也。①

40. 解

雷雨作，解。君子以赦过宥罪。

刚柔之际，义无咎也。九二贞吉，得中道也。“负且乘”，亦可丑也；自我致戎，又谁咎也？“解而拇”，未当位也。“君子有解”，小人退也。“公用射隼”，以解悖也。②

41. 损

山下有泽，损。君子以惩忿窒欲。

“已事遄往”，尚合志也。九二利贞，中以为志也。一人行，三则疑也。“损其疾”，亦可喜也。六五元吉，自上佑也。“弗损益之”，大得志也。③

42. 益

风雷，益。君子以见善则迁，有过则改。

“元吉无咎”，下不厚事也。“或益之”，自外来也。“益用凶事”，固有之也。“告公从”，以益志也。“有孚惠心”，勿问之矣。“惠我德”，大得志也。“莫益之”，偏辞也。“或击之”，自外来也。④

43. 夬

泽上于天，夬。君子以施禄及下，居德则忌。

不胜而往，咎也。“有戎勿恤”，得中道也。“君子夬夬”，终无

咎也。“其行次且”，位不当也。“闻言不信”，聪不明也。“中行无咎”，中未光也。“无号之凶”，终不可长也。⑤

44. 姤

天下有风，姤。后以施命诰四方。

“系于金柅”，柔道牵也。“包有鱼”，义不及宾也。“其行次且”，行未牵也。“无鱼之凶”，远民也。九五含章，中正也。有陨自天，志不舍命也。“姤其角”，上穷吝也。⑥

45. 萃

泽上于地，萃。君子以除戎器，戒不虞。

“乃乱乃萃”，其志乱也。“引吉无咎”，中未变也。“往无咎”，上巽也。“大吉无咎”，位不当也。“萃有位”，志未光也。“赍咨涕洟”，未安上也。⑦

46. 升

地中生木，升。君子以顺德，积小以高大。

“允升大吉”，上合志也。九二之孚，有喜也。“升虚邑”，无所疑也。“王用亨于岐山”，顺事也。“贞吉升阶”，大得志也。冥升在上，消不富也。⑧

注解

①这里集中解释《蹇卦》卦爻之象。山上有水：《蹇》下艮上坎，艮为山在下，坎为水在上，故曰“山上有水”。反身修德：反求于己，修养其德。往蹇来誉：前往遇险难，回来则得荣誉。坎水为险，艮山为止，君子见险而止，故“往蹇来誉”。蹇，难。宜待：即“以待时也”，“以待时”是说初六阴柔才弱，且失位，前有险难，见险而止，待时而进。王臣蹇蹇：王臣皆在坎险之中，故“蹇蹇”。终无尤：尤即“忧”，言王臣皆在险中而最终无忧。六二居中得正，上救患难九五之君，故终无忧。往蹇来反：前往遇险，只得返回来。内喜：九三近上坎，进则有险，但因与六二相比，近而相得，在内卦而有喜事。内，谓内卦六二。往蹇来连：前往有险，回来亦有险。连，通“辇”。有险难之义。当位实：六四以阴居阴为“当位”。上下皆阳故为

“实”。大蹇朋来：有大难朋友来助。中节：中正的气节。节，节操。往蹇来硕：前往有难，返回则丰大。硕，由“硕果”思之，此处当有丰大之义。志在内：上六处外卦与内卦九三相应，故“志在内”。以从贵：上六与九五相比，故可以顺从九五。九五位尊故曰“贵”。

②这里集中解释《解卦》卦爻之象。雷雨作：《解》下坎上震，坎为雨，震为雷。雷雨交织而兴起。赦过宥罪：赦免过失，宽宥罪恶。赦，放、免。宥，宽宥。过轻则赦，罪重则宥，皆有缓解之义。刚柔之际：初六之阴柔与九二之阳刚相比，故有刚柔交接之义。际，接。得中道：九二居中而“得中道”。负且乘：肩负东西而又乘车（此指小人之行为）。亦可丑：六三之阴失位而不中，且以柔乘刚，故亦可为丑辱。自我致戎：由自己招致兵戎来伐。这里集中解释爻辞“致寇至”。又谁咎：言兵寇至由自取，非他人之咎。故曰“又谁咎”。此与《象》释《同人》《节》“又谁咎”不同。解而拇：解开被缚的拇指。拇，古人指手与脚的大拇指。未当位：九四以阳居阴位。君子有解，小人退：六五居尊得中，已离开坎险，故曰“君子有解”。但六五为阴，又像小人自退。前者就爻位言，后者就爻而言。公用射隼：王公射鹞鸟。隼，鹰之属。以解悖：上六居卦之上而得正，故能解除悖逆。

③这里集中解释《损卦》卦爻之象。山下有泽：《损》下兑上艮，艮为山在上，兑为泽在下。故为“山下有泽”。惩忿窒欲：制止愤怒，窒塞情欲。惩，一本作“澄”或“澂”，三者音近而相通，先儒有训为清者，有训为止者，当以后者为胜。窒，止、塞。已事遄往：已经具备损下益上的条件，就应当速往。遄，速。尚合志：初九与六四正应而合志。尚，上，指六四。另从爻辞看，初与四皆言治病之事，故其志相合。中以为志：九二失位居中，虽与六五相应，但因失位而利守中，故“中以为志”。一人行，三则疑：一人行能够专心致志，三人行因意见不同而猜疑。损其疾：减轻疾病。亦可喜：六四与初九相应，六四赖初九而损病，故“有喜”。自上佑：六五以柔居尊，虚中谦受，必得到上天保佑。弗损益之：不减损而得到增益。大得志：上九自下而上，于损之时，而被增益，故“大得志”。

④这里集中解释《益卦》卦爻之象。风雷：《益》下震上巽，震为雷，巽为风。见善则迁：见善行则从之。迁，徙。元吉：开始即吉。下不厚事：初九阳刚自上而下，在下而不厚劳其民，不夺其时。厚事，益以他事。厚，益。《益》，下体本为坤，坤为“厚事”。下，谓初。或益之：或许增益。自外来：古有多解，（一）乾上称外，来益之（虞翻等）；（二）帝者生物之主，兴益之宗，出震而齐巽者也。六二居益之中当位而应于巽，亨帝之美在此时

（王弼）；（三）益之者，从外而来，不召而至也（孔颖达）；（四）六二中正，以虚能受，固守则有有益之事，众人自来外益（程颐）；（五）《益》初九自《损》上九而来。《损》六五受上九之益，《象》曰“自上佑”，《损》变《益》，《益》六二受初九之益，这种益来自外卦（俞琰等）；（六）六二应九五有所增益，是从外卦九五来，《益》是《损》变来，《益》六二是从《损》九五而来（吴澄等）。以后两解为是。益用凶事：把增益用于凶事。固有之：六三阴柔不中不正，故“凶事”为此爻本来就有。固，本来。告公从：告诉王公有依从之心。以益志：四本为阳，益下而为阴，即《彖传》所谓“损上益下”。四在上外卦，增益到下内卦，故“以益志”。以，用。有孚惠心：真诚地怀着一颗施惠于民的心。勿问之：是释“勿问元吉”。之，指吉。惠我德：臣民感念我的恩德。大得志：九五居中得正，故“大得志”。莫益之：得不到增益。偏辞：不正之辞。或击之：有人攻击他。自外来：上九以阳刚处上，受到外卦九五攻击。五在外卦，故言攻击来自外。

⑤这里集中解释《夬卦》卦爻之象。泽上于天：《夬卦》下乾上兑，兑为泽在上，乾为天在下，故“泽上于天”。施禄及下，居德则忌：施其禄泽于下，贪居所得（而不施）则犯禁忌。居，安居，一说为积。德，得。不胜而往，咎也：初九阳刚居阳位，在《夬》时果决而健壮，必无胜理，前往必有灾。有戎勿恤：有兵戎来犯，无须忧虑。恤，忧虑。得中道：九二居中，刚而不暴，故“得中道”。夬夬：刚决而不疑。终无咎：在众阳决阴之时，九三与上六应，助阴为凶，当有咎。但因九三以阳居阳，刚决不疑，最终能决去阴，故“终无咎”。其行次且：行动趑趄困难。次且，趑趄，即行动不便。位不当：九四这阳失位而不中，故曰“位不当”。闻言不信：闻听此言不相信。聪不明：九四位不正当，故闻听不明确。聪，听。中未光：九五居中得正，但因近比上六之阴，而为阴所掩，故“中未光”。无号：没有呼号。终不可长：上六阴柔居卦之末，为众阳所决，阴道已尽，故“终不可长”。

⑥这里集中解释《姤卦》卦爻之象。天下有风：《姤》下巽上乾，巽为风在下，乾为天在上，故“天下有风”。风行天下，无物不遇，故为《姤》象。姤，遇。后以施命诰四方：君王效此发布命令禁止天下四方旅行。后，君。命，命令。诰，先儒多训作“告”。郑玄、王肃皆作“诘”，并训“诘”为止，清人惠士奇、朱骏声及近人杨树达等皆从之。案《尚书》作“刑以诘四方”。又《复卦》一阳始生于下，《姤卦》一阴始生于下。《象》释《复》为“先王以至日闭关，商旅不行，后不省方”。系于金柅：捆绑在刚强灵敏的制动器上。柔道牵：初六一阴初生，与上阳爻相遇，阴柔牵引，阳刚而止。

包有鱼：厨房有鱼。包，即庖。义不及宾：初六为阴为鱼，初四相应，其鱼当为九四之兵所有，今为二所有，故其爻辞之义为不利于宴请宾客。次且：趑趄，即指行动不便。未牵：九三得正位，隔二未与初六之阴牵，但因初牵二不及三，故“未牵”。远民：九四阳刚失位，与初六相应，但因初六近九二，故九四远离初六之民，初六之阴为民。含章：蕴含章美。中正：九五之阳居中得正。有陨自天：自天而落。陨，落。志不舍命：是说“有陨自天，命中有之，故志不违舍。舍，违。姤其角：遇到空荡荡的一角。上穷吝：上九阳刚居高而遇，故必困穷而致难。

⑦这里集中解释《萃卦》卦爻之象。泽上于地：《萃卦》下坤上兑，兑为泽在上，坤为地在下，故“泽上于地”。除戎器，戒不虞：修治兵器，戒备意外之患。戎，兵。除，去旧取新，即修整。虞，臆度。乃乱乃萃：混乱而又相聚。萃，聚。其志乱：初六正应九四，但与上二阴同类相聚，故心志惑乱。引吉：迎吉。中未变：六二居中得正，不因与阴近比而有所改变。上巽：六三之阴向上而巽顺。六三与九四、九五互体为巽。故曰“上巽”。上，古有多解，一说为向上往，一说六三之上阳刚，一说上六，当以前者为胜。位不当：九四以阳居阴，故“位不当”。萃有位：聚合而有其位。志未光：九五虽居中得正，但被上六阴柔所掩，故其志未能光大。赍咨涕洟：带着叹息泪流满面。涕洟，眼泪、鼻涕。未安上：上六阴柔居上，乘刚而无应，未能安居其上。

⑧这里集中解释《升卦》卦爻之象。地中生木：《升卦》下巽上坤，坤为地，巽为木，木在地下，故曰“地中生木”。顺：顺，一本作“慎”，二者互通。以高大：一本作“以成高大”。取象木在地中生长壮大。允升：进升。上合志：初六阴柔向上顺从九二，故“上合志”。有喜：九二居中，上应六五，上升有应，为上所信，故有喜事。升虚邑：登上高丘之上邑城。虚，丘。无所疑：九三以阳居阳，上三阴为坤顺，故上升“无所疑”。王用亨于岐山：大王祭祀于岐山。亨，祭祀。顺事：按上下文义，“顺”字在此当作慎解，指谨慎侍奉鬼神。故登山祭祀为顺事。升阶：登阶而上。大得志：六五处尊，下有九二之刚相应，升而有吉，故“大得志”。冥升在上：“冥升”在上爻。上，上六，上六之辞为“冥升”。消不富：上六阴柔居上，升极则消退，而不富有。阴为“不富”。

译文

39. 蹇

山上有积水，《蹇卦》之象。君子（效此）当以反省自身而修养道德。

“往有险难，返回则获荣誉”，宜待时（而进）。“君王的臣子往来艰难”，最终没有什么过错。“前往遇险难而返回”，内有喜事。“前往有险难，返回也有凶险”，（六四）当位（上下）皆为阳实。“大难中朋友来助”，得中道而有节操。“前往遇险难，返回则能建立大功”，其志向在于内卦。“有利于出现大人”，（上六）依从尊贵的九五之君。

40. 解

雷雨交作，《解卦》之象。君子（效此）当赦免过失者，宽宥罪恶者。

阳刚与阴柔交接，其义没有什么过错。九二之所以做事吉利，因其居中而上应于五，故能得中道。“肩负物而乘车”，该行为本身也很丑恶；自己招致兵戎（来伐），又是谁的过错？“解开被缚的拇指”，（九四阳在阴位）未当其位。“君子解除危难”，小人自退。“王公射隼鸟”，解除悖逆。

41. 损

高山之下有水泽，《损卦》之象。君子（效此）当制止愤恨，窒塞情欲。

“已经具备损下益上的条件，就应当速往”，与上（六四）其志合。九二利于做事，守中以为其志。一人行能够专心致志，三人行因意见不同而猜疑。“减轻疾病”，说明六四接纳初九的阳刚之气有了欢喜的结果。六五始则吉，承接上天保佑。“无须自我减损就能使他人受益”，则大得其志。

42. 益

风吹雷动，《益卦》之象。君子（效此）见善行则迁徙顺从，有过失则改正。

“大为吉利，没有灾祸”，（初九）不增加额外负担。“有朋友赠送十朋的大龟”，这说明六二的增益是从外部而来。“把增益用于拯救凶事”，这样才能牢固地保持自己的利益。“告诉王公自己有顺从之意”，以增益其志。“真诚地怀着一颗施惠于民的心”，无须多问是否元吉。“臣民感念我的恩德”，其志向大行。“得不到增益”，偏见之辞。“有人攻击”，自外部而来。

43. 夬

泽水上于天，《夬卦》之象。君子（效此）以施其禄泽于下民，贪居所得（而不施）则犯禁忌。

不能胜利而有所前往，这样做事错误的。“有兵戎（来犯）勿忧虑”，(是因）得到了中道。“君子坚决果断地独自出行”，最终没有什么灾祸。“行动趑趄”，是因位不正当。“没有听从智者的话”，说明他失聪。“行中道而没有过错”，说明九五的中正之道尚未光大。“不必号哭，小人最终难逃凶险”，说明其势最终不可长久。

44. 姤

天下有风，《姤卦》之象。君王（效此）发布命令，通告四方邦国。

“捆绑在刚强灵敏的制动器上”，因阴柔之道牵引。“厨房有鱼”，其义不及于宾客。“其行动趑趄”，行动未牵制。“（厨房）无鱼而凶险”，因远离(初六）之民而造成的。九五蕴含章美，因其中正。有可喜的巧合从天而降，故始终不违背天命。“遇到的只是空荡荡的一角”，上九其道穷尽而有灾。

45. 萃

泽水居地上，《萃卦》之象。君子（效此）以修治兵器，戒备意外之患。

“既乱而又聚会”，其志错乱。“被牵引至聚会中，吉利，没有过错”，居中未有改变。“前往没有过错”，向上顺从。“大吉无咎”，其位不正当。“聚而处尊位”，其位尚未光大。“带着叹息泪流满面”，未能安居其上。

46. 升

地中生长草木，《升卦》之象。君子（效此）当慎修其德，积小（善）以成高大。

“进升大吉”，上合志（同升）。九二的诚信，有喜事。“上升顺利如同处于空虚之城邑”，没有什么可疑虑的。“大王祭享于岐山”，顺从天道，建功立业。“做事吉利，犹如沿着梯子登升”，将大得其志。昏暝而升在上，就会消除虚而不富的情况。

原文

47. 困

泽无水，困。君子以致命遂志。

“入于幽谷”，幽不明也。“困于酒食”，中有庆也。“据于蒺藜”，乘刚也。“入于其宫，不见其妻”，不祥也。“来徐徐”，志在下也。虽不当位，有与也。“劓刖”，志未得也。“乃徐有说”，以中

直也。“利用祭祀”，受福也。“困于葛藟”，未当也。“动悔有悔”，吉行也。①

48. 井

木上有水，井。君子以劳民劝相。

“井泥不食”，下也。“旧井无禽”，时舍也。“井谷射鲋”，无与也。“井渫不食”，行恻也。求“王明”，受福也。“井甃无咎”，修井也。“寒泉之食”，中正也。“元吉”在上，大成也。②

49. 革

泽中有火，革。君子以治历明时。

“巩用黄牛”，不可以有为也。“己日革之”，行有嘉也。“革言三就”，又何之矣。“改命之吉”，信志也。“大人虎变”，其文炳也。“君子豹变”，其文蔚也。“小人革面”，顺以从君也。③

50. 鼎

木上有火，鼎。君子以正位凝命。

“鼎颠趾”，未悖也。“利出否”，以从贵也。“鼎有实”，慎所之也。“我仇有疾”，终无尤也。“鼎耳革”，失其义也。覆公悚，信如何也。“鼎黄耳”，中以为实也。玉铉在上，刚柔节也。④

51. 震

洊雷，震。君子以恐惧修省。

“震来虩虩”，恐致福也。“笑言哑哑”，后有则也。“震来厉”，乘刚也。“震苏苏”，位不当也。“震遂泥”，未光也。“震往来，厉”，危行也。其事在中，大无丧也。“震索索”，中未得也。虽凶无咎，畏邻戒也。⑤

52. 艮

兼山，艮。君子以思不出其位。

“艮其趾”，未失正也。“不拯其随”，未退听也。“艮其限”，危熏心也。“艮其身”，止诸躬也。“艮其辅”，以中正也。“敦艮之吉”，以厚终也。⑥

53. 渐

山上有木，渐。君子以居贤德善俗。

“小子之厉”，义无咎也。“饮食衎衎”，不素饱也。“夫征不复”，离群丑也。“妇孕不育”，失其道也。“利用御寇”，顺相保也。“或得其桷”，顺以巽也。“终莫之胜吉”，得所愿也。“其羽可用为仪，吉”，不可乱也。⑦

54. 归妹

泽上有雷，归妹。君子以永终知敝。

“归妹以娣”，以恒也。“跛能履吉”，相承也。“利幽人之贞”，未变常也。“归妹以须”，未当也。“愆期”之志，有待而行也。“帝乙归妹，不如其娣之袂良”也。其位在中，以贵行也。上六无实，承虚筐也。⑧

55. 丰

雷电皆至，丰。君子以折狱致刑。

“虽旬无咎”，过旬灾也。“有孚发若”，信以发志也。“丰其沛”，不可大事也。“折其右肱”，终不可用也。“丰其蔀”，位不当也。“日中见斗”，幽不明也。“遇其夷主”，吉行也。“六五”之吉，有庆也。“丰其屋”，天际翔也；“窥其户，阒其无人”，自藏也。⑨

注解

①这里集中解释《困卦》卦爻之象。泽无水：《困卦》下坎上兑，坎为水在下，兑为泽在上，水在泽下而泽上枯，故“泽无水”。致命遂志：舍弃生命实现其志向。致，犹援。遂，行。幽谷：幽暗峡谷。幽不明：初六为阴柔而居最下，故曰“幽”，幽即“不明”，先儒有谓“不明”是释经文中“幽”字者，案《象》释《丰卦》亦有“幽不明”，而爻辞并无“幽”字，可证上说有误。困于酒食：被酒食所困，即指醉酒。中有庆：九二居中而有中德，故“中有庆”。据于蒺藜：有蒺藜占据。据，占据。乘刚：六三乘凌九二之

刚。入于其宫，不见其妻：回到家，妻子不见了。不祥：一本作“不详”，详、详通。三失位不为天所佑，故不祥之兆。即《系辞》所谓“死期将至”。详，善。有人训为详审，可备一说。来徐徐：缓缓而来。志在下：九四之阳与初六之阴相应，故九四之志在于应下之初六。虽不当位，有与也：九四以阳居阴为“不当位”，但九四与初六相应，故曰“有与”。有与，即有援助。劓刖：古代一种刑法。割鼻称“劓”，断足称“刖”。志未得：九五与九二无应，又被上六之阴所掩，故其志未得行。乃徐有说：于是慢慢脱下。说，脱。以中直：九五以阳居中得正，故曰中直。直，犹正。受福：祭祀享受福庆。困于葛藟：被草莽所困。葛藟，葛藤草类。未当：上六处卦之上穷极而乘刚，故其位“未当”。动悔有悔：前“悔”字疑当作“晦”，“晦”有迟义，乃言动迟则有悔。吉行：上六为困之终，知悔而能去之，而有吉。“行”是释“征”。

②这里集中解释《井卦》卦爻之象。木上有水：由近年出土古井考证，井底安装有四方形木框，这或许就是“木上有水”的由来。劳民劝相：使民劳作而又劝勉辅助。相，助。井泥不食：井中有泥而不能食用。下：初六之阴居《井》之下，井底有泥之象。初六与四无应，故水不能食用之象。旧井无禽：废弃的井连禽鸟也不光顾。时舍：指井当随时而舍弃。井谷射鲋：井底射小鱼。谷，井中容水的地方。鲋，小鱼。无与：九二阳刚与下初六相比，与九五无应。“无与”即无所应援。井渫：井已修好。渫，治。行恻：指言恻。恻，忧伤。求“王明”：求得大王英明。受福：享受其福。井甃：修治其井。甃，为修治。修井：六四阴柔得正，故有修井之象。寒泉之食：冰冷的泉水可以食用。中正：九五居中而得正。元吉在上：“元吉”之辞在上爻。元吉，大吉。大成：上六井养之大功已告成。

③这里集中解释《革卦》卦爻之象。泽中有火：《革》下离上兑，兑为泽在上，离为火在下，故曰“泽中有火”。治历明时：修治历法以明天时。巩用黄牛：经文为“巩用黄牛之革”，是说用黄牛皮革巩固。不可以有为：初九阳刚得位，但因居下位，而上无应，故“不可以有为”。已日革之：到了已日才变革。已，已日。行有嘉：六二之阴得位居中，上应九五，故行动必有嘉赏。行释“征”。嘉释“吉”。革言三就：变革须经三次详审才能成功。又何之矣：又有何往，是说九三变革已成功，没有什么可往的。之，往。改命：改天命。信志：有诚心。九四改革之志上达于九五之君，下达于六爻之民。信，释“孚”。大人虎变：大人像猛虎一样推行变革。其文炳：九五居中处尊，以像大人革命如虎纹彪炳。炳，明亮、显著。君子豹变：君子的变革如

同豹子的斑纹一般。其文蔚：此指上六处卦之上，以像君子变革如豹纹茂密。蔚，草多貌。此指豹纹茂密成斑。小人革面：小人的变革只改变了其面目。顺以从君：上六为阴，故为“顺”。上六在九五之上，变革时，只有顺从九五，九五为君。

④这里集中解释《鼎卦》卦爻之象。木上有火：《鼎卦》下巽上离，离为火在上，巽为木在下，木上有火燃烧，鼎烹饪之象，故为《鼎》。正位凝命：此取象鼎形端正，故曰“正位”；鼎体稳重，故曰“凝命”。鼎颠趾：鼎从脚跟颠到。未悖：初六失位而“颠趾”，故“不悖”。“悖”，逆乱。利出否：有利于倒出废物。以从贵：初六之阴以顺从阳之贵。鼎有实：鼎器中有食物。所之：所往，此指移动。我仇有疾：我的仇敌身患疾病。终无尤：因九二居中而有中德故最终无过尤。鼎耳革：鼎耳变形。失其义：九三处巽木之极，与上离火相遇，木火太过，则失去烹饪之宜。义，宜。覆公餗：（鼎中）菜肴倾覆于地。餗，是一种糁与笋做成的八珍菜粥。信如何：九四阳刚为鼎中之实，故今将食物倒出，如何使人信任呢？信，实。鼎黄耳：鼎器有黄色的耳。中以为实：六五居中谓“中”，鼎铉为“实”。此指鼎耳中虚而能受铉。玉铉在上：玉“铉”在上爻。刚柔节：上九以阳居阴，下与六五之阴相比，刚而能柔，刚柔节制而适宜。

⑤这里集中解释《震卦》卦爻之象。洊雷：《震》上下皆为震，震为雷，故曰“洊雷”。洊，重，再。修省：修身省察。震来虩虩：雷电袭来，令人恐惧。虩：恐惧貌。恐致福：初九之阳居下，以示震之始能以恐惧自修以致福祥。笑语哑哑：主祭者谈笑自如。哑哑，笑语声。后有则：初九以阳居阳得正，故不因恐惧而失去法度。则，法度、法则。震来厉：雷声忽然响起，有危险。厉，危厉。乘刚：六二之阴柔乘凌初九之阳刚。震苏苏：震雷令人畏惧不安。苏苏，恐惧之貌。位不当：六三失位不中。震遂泥：震雷时堕入泥中。未光：九四之阳处二阴之间，故“未光”。震往来，厉：雷声震动时上下往来皆有危险。危行：六五以柔居尊，无应第刚，故“危行”。其事在中：六五居中，故“其事在中”。索索：恐惧不安。中未得：上六阴柔居震动之极而未居中，故“中未得”，即未得中道。畏邻戒：上六与六五比邻，雷及邻而知畏，故得以戒备。

⑥这里集中解释《艮卦》卦爻之象。兼山：《艮》上下皆艮，艮为山，两山相立而为“兼山”。思不出其位：思虑不出其所处之位，即《象》释《艮》所谓“艮其止，止其所也”。艮其趾：脚趾不动。未失正：初六居下失位，但因初六为阴，处艮止而能止，故未失止之正理。不拯其随：不举步上

承本应随从的君子。未退听：六二居中得正，处艮之时，未退让听从九三。艮其限：腰不能动。限，人体中部，即腰。危熏心：危厉中心急如焚。九三处上下两阴之间，故"危熏心"。经文作"厉熏心"，可征《象》视"危""厉"为一义。艮其身：使整个身体不动。止诸躬：六四居《艮》上体，以阴居阴位，以像人身上体不动。止，释"艮"。躬，即身。艮其辅：使面颊不动。辅，面颊。以中正：六五之阴居中，以像言有序不失中而为正，故曰以中正，一本又作"正中"。敦艮：敦厚知止。敦，敦厚。以厚终：以敦厚而终结。

⑦这里集中解释《渐卦》卦爻之象。山上有木：《渐》下艮上巽，艮为山在下，巽为木在上，故"山上有木"。善俗：本作"善风俗"。小子之厉：小子有危厉，义无咎：初六失位有危厉，但因居下位，故辞义为"无咎"。饮食衎衎：大雁安逸地、愉快地享用美食。衎衎，和乐。不素饱：不仅为饱饭而处之。素，空。夫征不复：男人出征没有返回。离群丑：九三依附群类。九三处上下三阴之间，故"离群丑"。离，依附。丑，类。此指三阴。妇孕不育：妇女只怀孕而没有生育。失其道：九三之阳过中而入坎险，故"失其道"。道，指坤阴之道。御寇：防御盗寇。顺相保：九三上下两阴，阴为顺，故有顺相保。或得其桷：有（鸿）栖息在椽木上。桷，椽。古者秦曰"榱"，周曰"椽"，齐鲁曰"桷"。顺以巽：六四以阴居阴而得正，又居上巽体之下，故"顺以巽"。巽，此处有逊义。终莫之胜：最终没有成功。得所愿：九五阳刚居中得正，以应六二，阴阳相得，故"得所愿"。其羽可用为仪：洁白的羽毛可用于装饰。仪，装饰。不可乱：上九穷高而不可乱其志。清儒释为羽舞有节而不可乱。

⑧这里集中解释《归妹卦》卦爻之象。泽上有雷：《归妹》下兑上震，兑为泽在下，震为雷在上，故"泽上有雷"。以永终知敝：永终，古多解为永长。敝，坏。其义为：以永长其终而知不终之敝。此言夫妇长久之道。归妹以娣：少女出嫁时以陪嫁者的身份共嫁一夫。古时一夫多妻，妹妹可随姐姐嫁一夫，侄女可随姑姑同嫁一夫。以恒：指夫妇之道当恒久。跛能履：跛脚而能行走。相承：初九处兑之下故有顺从相承之义。利幽人之贞：有利于深思明哲之人。未变常：九二居中没有改变夫妇常道。归妹以须：少女出嫁应当等待时机。未当：六三不中不正，其位不正当。愆期：（少女出嫁）延误日期。有待而行：有待合适的时机再前行。不如其娣之袂良：（其君夫人衣饰）不如其陪嫁妹妹衣饰华美。其位在中，以贵行：六五居中位，故"其位在中"；五位为尊，故"贵行"。上六无实：上六筐中无实物。无实是指爻辞

"女承筐无实"。承虚筐：上六为阴，阴虚无实，故"承虚筐"。

⑨这里集中解释《丰卦》卦爻之象。雷电皆至：《丰卦》下离上震，震为雷，离为电，故"雷电皆至"。折狱致刑：决断狱讼，动用刑罚。雷，有威严之象，法之而威严致刑。电有明照之象，法之而明察折狱。虽旬无咎：即使是等十天也没有过错。爻辞既以旬计日，恐周人占卦已用干支。过旬灾：初九居初，以像未过旬而无咎，但若过了旬则会有灾。有孚发若：心怀诚信拨开覆盖之物。若，助词。信以发志：六二居中得正，可以感发丰大之志。信，释"孚"。丰其沛：张大其布幔。不可大事：九三虽得正，但不中又为四所敝，而不能应上，故九三不可与上六共济大事。折其右肱：折断了右臂。肱，臂。终不可用：右臂既折，故"终不可用"。丰其蔀：张大其覆盖之物。蔀，遮光物。位不当：九四以阳居阴。日中见斗：中午出现了星斗。日中，中午。幽不明：九四阳刚当光大，但因居阴位，且处二阴之下，故"幽不明"。遇其夷主：遇见了东方的君主。吉行：九四之阳向上遇见六五，故有吉行。有庆：六五居中处尊，故"有庆"。丰其屋：屋子宽大。天际翔：如同巨鸟飞翔在天际不见踪影。窥其户，阒其无人：窥视其门户，静悄悄空无一人。窥，窥视。阒，有静之义。自藏：上六居丰大之极当丰大，但因上六以阴居阴故丰大"自藏"。

译文

47. 困

（水在泽下而）泽上无水，《困卦》之象。君子（效此）当舍弃生命以实现志向。

"进入幽暗峡谷"，幽暗不明。"醉于酒食"，守中道而有福庆。"蒺藜据其上"，（阴柔）乘凌（九二）阳刚。"回到家中，妻子不见了"，发生了不详的事情。"缓缓而来"，其志在于应下（之初六）。虽不当位，却有援助。"受割鼻断足之刑"，其志愿未得实现。"于是渐渐摆脱"，因有中正之德。"适合于祭祀"，受到福庆。"被草莽所困"，（其位）不当所致。"若动迟则有悔"，但前往则吉。

48. 井

木上有水，《井卦》之象。君子（效此）当使民劳作而又劝勉辅助。

"井有泥而不能食用"，（初六）居井底下。"旧井破败，连禽鸟也不愿光顾”，过时而舍弃。“井底射小鱼”，没有亲附之人。“井修好却无人食用”，心中忧伤。祈求“大王英明”，以受福禄。“井修治好没有灾害”，（因）修治井（的缘故）。“甘洌井水被食用”，乃有中正之德。“大吉”在“上”位，大功已告成。

49. 革

泽中有火，《革卦》之象。君子（效此）当修治历法以辨明四季的更替。

“以黄牛之革束缚其身”，不可有所作为。“到己日变革”，行动必有嘉赏。“变革多次，已见成效”，又有何往？“改天命有吉祥”，说明变革之志得以伸展。“大人像猛虎一样推行变革”，其文采彪炳焕然。“君子的变革如同豹子的斑纹一般”，因其文采华美。“小人的变革只改变了其面目”，表面上顺从君王罢了。

50. 鼎

木上有火（燃烧），《鼎卦》之象。君子（效此）当正其所居之位，巩固所受之命。

“鼎从脚跟颠倒”，不为悖理。“有利于倒出废物”，出旧纳新，弃卑从贵。“鼎中有食物”，当慎选所去的方向。“我的仇敌身患疾病”，最终没有过错。“鼎耳变形”，说明九三的行动不当。（鼎中）菜肴倾覆于地，如何使人信任呢？“鼎有黄色的耳”，（鼎中虚）可以（受铉之）实。（鼎的）玉铉在上，刚柔相调和。

51. 震

雷声接着雷声，《震卦》之象。君子（效此）当知惊恐畏惧、修正省察其过错。

“震雷袭来令人惊恐”，因恐惧（自省）而致福祥。“雷声使有些人又说又笑”，震惊后就会使人们遵从法度。“雷声忽然响起，有危险”，（阴柔）乘凌阳刚。“雷声震动使人惶恐不安”，因其位不正当。“震雷时堕入泥中”，说明因失位而道德未有光大。“雷声震动时上下往来皆有危险”，说明六五在危难中前进。（祭祀之）事居（外卦）中，位尊且主持大事，故无所丧失。“雷声震动令人恐慌得哆嗦”，中道尚未得。虽有凶险而终无灾，（震及于）邻知畏而有所戒备。

52. 艮

山上有山，《艮卦》之象。君子（效此）思虑问题，当不出其所处职位。

“脚趾止而不动”，动而不失其正。“不举步上承本应随从的君子”，又不甘退而听从其命。“腰止不动”，危险，心急如焚。“止其身不动”，说明六四能止之于身而不动。“抑止其口不能妄语”，因其守中持正。“以敦厚自我静止”而有“吉祥”，以厚道而终结。

53. 渐

山上有木，《渐卦》之象。君子（效此）当以居积贤德、改善风俗。

“小子有危厉”，宜改变其错误则没有灾祸。“大雁安逸地、愉快地享用美食”，不只为吃饱饭，而是为尽其责。“丈夫出征不返回”，因其离开群体。“妇女怀孕而不生育”，失其（渐进）正道。“利于防御盗寇”，顺从其道而相保护。“（鸿雁）有的栖息在椽木上”，柔顺而谦逊。“最终不是外来的侵犯可以胜过的，结果吉利”，得到（渐进相合的）愿望。“洁白的羽毛可用于装饰，吉利”，是因高洁的志向不可以混乱。

54. 归妹

泽上有雷，《归妹》之象。君子（效此）当以永葆其终，知不终的弊病。

“少女出嫁时以陪嫁者的身份共嫁一夫”，乃诸侯婚嫁的常理。“跛脚而能行路则吉”，相承助其正室。“有利于深思明哲之人”，未改变常道。“少女出嫁应当等待时机”，其位不当。“（少女出嫁）延期”的志向，有待合适的时机再前行。“帝乙嫁妹，（其君夫人及衣饰）不如其陪嫁妹妹衣饰好看”。其位居中，以高贵而嫁人。上六（筐中）无实物，如同“承奉”的空虚之“筐”。

55. 丰

雷电交加而至，《丰卦》之象。君子（效此）当以决断狱讼、动用刑罚。

“即使是等十天也没有过错”，过十天即有灾害。“心怀诚信拨开覆盖之物”，诚信可以感发丰大的志向。“张大其布幔”，不可以做大事。“折断了右臂”，最终不可用。“张大其覆盖之物”，其位不正当。“中午看见星斗”，幽暗不明。“遇见了东方的君主”，前行“吉利”。“六五”之“吉”，因居尊而有福庆。“宽大的屋子”，如同巨鸟飞翔在天际不见踪影；“窥视其门户，静悄悄的空无一人”，（丰大）自藏。

原文

56. 旅

山上有火，旅。君子以明慎用刑而不留狱。

“旅琐琐”，志穷灾也。“得童仆贞”，终无尤也。“旅焚其次”，

亦以伤矣。以旅与下，其义丧也。“旅于处”，未得位也。“得其资斧”，心未快也。“终以誉命”，上逮也。以旅在上，其义焚也。“丧牛于易”，终莫之闻也。①

57. 巽

随风，巽。君子以申命行事。

“进退”，志疑也。“利武人之贞”，志治也。“纷若之吉”，得中也。“频巽之吝”，志穷也。“田获三品”，有功也。九五之吉，位正中也。“巽在床下”，上穷也。“丧其资斧”，正乎凶也。②

58. 兑

丽泽，兑。君子以朋友讲习。

“和兑之吉”，行未疑也。“孚兑之吉”，信志也。“来兑之凶”，位不当也。“九四之喜”，有庆也。“孚于剥”，位正当也。上六“引兑”，未光也。③

59. 涣

风行水上，涣。先王以享于帝，立庙。

初六之吉，顺也。“涣奔其机”，得愿也。“涣其躬”，志在外也。“涣其群元吉”，光大也。“王居无咎”，正位也。“涣其血”，远害也。④

60. 节

泽上有水，节。君子以制数度，议德行。

“不出户庭”，知通塞也。“不出门庭凶”，失时极也。“不节之嗟”，又谁咎也？“安节之亨”，承上道也。“甘节之吉”，居位中也。“苦节贞凶”，其道穷也。⑤

61. 中孚

泽上有风，中孚。君子以议狱缓死。

初九“虞吉”，志未变也。“其子和之”，中心愿也。“或鼓或罢”，位不当也。“马匹亡”，绝类上也。“有孚挛如”，位正当也。“翰音登于天”，何可长也？⑥

62. 小过

山上有雷，小过。君子以行过乎恭，丧过乎哀，用过乎俭。

“飞鸟以凶”，不可如何也。“不及其君”，臣不可过也。“从或戕之”，凶如何也！“弗过遇之”，位不当也。“往厉必戒”，终不可长也。“密云不雨”，已上也。“弗遇过之”，已亢也。⑦

63. 既济

水在火上，既济。君子以思患而豫防之。

“曳其轮”，义无咎也。“七日得”，以中道也。“三年克之”，惫也。“终日戒”，有所疑也。“东邻杀牛”，不如西邻之时也；“实受其福”，吉大来也。“濡其首厉”，何可久也？⑧

64. 未济

火在水上，未济。君子以慎辨物居方。

“濡其尾”，亦不知极也。九二贞吉，中以行正也。“未济征凶”，位不当也。“贞吉悔亡”，志行也。“君子之光”，其晖吉也。“饮酒濡首”，亦不知节也。⑨

注解

①这里集中解释《旅卦》卦爻之象。山上有火：《旅》下艮上离，艮山在下，离火在上，火在山上燃，其势不久留，故为《旅》象。明慎用刑而不留狱：明察谨慎用刑而不稽留狱讼。离有明象，故法此当明察。艮为止，故法此为慎用。旅有行义，故法此当“不留狱”。旅琐琐：旅途中猥琐卑贱。志穷灾：初六之阴处卦最下而失正，故旅时，心志穷困、狭隘而有灾。得童仆贞：随身带着童仆，理应守持正道。终无尤：六二居中得正，终无过失。旅焚其次：旅人焚烧其客舍。次，客舍。亦以伤：九三以阳刚过中，失其所安，故亦可悲伤。以旅与下，其义丧：九三居下卦之上，下据六二，旅时以阳自高待下，其辞义必丧其（六二）忠贞。旅于处：旅途中暂时得到栖身之处。未得位：九四以阳居阴位而失正，又居艮山之上，故“未得位”。得其资斧：得到斩除荆棘的利斧。心未快：九四虽得利斧，但因不得其位，心中不愉快。终以誉命：最终得到了荣誉而受爵命。上逮：先儒主要有三说：（一）六五居

尊位，而能下及六二；（二）上九及六五，即六五有柔顺中德，为上九所尊显，即以誉命及五；（三）六五柔能向上顺承上九。案《象》：“柔得中乎外而顺乎刚。”当以后者为是。上，指上九，此是释“终”。逮，及。以旅在上：旅客在上爻。其义焚：上九居离火之上。故其辞有“焚”义。丧牛于易：把牛丢失在疆场。易，场。终莫之闻：上九居卦之极而失正，最终失而未得闻。终，指上九。

②这里集中解释《巽卦》卦爻之象。随风：《巽》上下皆巽，巽为风，故有两风相随之义。随，从。申命行事：申复其命令，履行其事。志疑：其心志疑惑不决，巽为进退，故其志必疑。武人：勇武之人，又指将帅。志治：初位若为阳刚则得正，即用武人之刚正，其心志修治而不乱。纷若：盛多之貌。此指许多史、巫求福驱灾。得中：九二以阳刚居中。频巽：多次占筮。志穷：九三居下殿之极上无应，又为六四所乘，故其志穷屈不得伸。田获三品：田猎获三品之兽。三品，三种野兽。先儒有几说：（一）指狼、豕、雉；（二）鸡、羊、雉；（三）羊、牛、豕。另有解“三品”为“上杀”“中杀”“下杀”。古代天子、诸侯打猎，获得野兽分三等：射中心脏的是“上杀”，晒干后作为祭品；射中腿的是“中杀”，可供宾客享用；射中腹的为“下杀”，供自己食用，以此表示尊神敬宾。据爻辞之义分析，“三品”以最后一解为妥。有功：六四以阴而得位，上承九五，故必有功效。位正中：九五以阳居中而得正。巽在床下：驯服地屈居于床下。上穷：上九下卦之上，巽道穷极。丧其资斧：丢失了利斧。正乎凶：爻辞“贞凶”，“贞”为“正”，九三阳得正，应上九失正，故有“凶”。经文中“贞”训为占问，而《象》训为正，经传有异。

③这里集中解释《兑卦》卦爻之象。丽泽：《兑》上下皆兑。兑为泽，有两泽相依，朴素滋益，故为《兑》象。丽，依附。朋友讲习：朋友居聚讲其所知，习其所行。“朋友”法象水合流相承，同门曰朋，同志曰友。习，从羽，本指鸟飞，借鸟以明学，兑为口，故为讲习。和兑：和颜悦色。行未疑：初九处《兑》之初是正，故行动示有疑惑。孚兑：心悦诚服。信志：九二阳刚之实居中，诚实出于刚中，故有诚信之志。来兑：前来谋取愉悦。位不当：六三失位而不中，故“位不当”。有庆：九四而有喜庆，“庆”是释“喜”。孚于剥：存诚信于剥离之道。位正当：九五居中得正。引兑：引导而有喜悦。未光：上六阴柔居上，又乘阳，故其未能广大。

④这里集中解释《涣卦》卦爻之象。风行水上：《涣》下坎上巽，坎为水在下，巽为风在上，故“风行水上”。“涣”义为水象披离解散。享于帝，立

庙：上祭享上帝，下立宗庙，象以合其散心。享，祭祀。顺：初六为阴爻上承九二，故曰“顺”。涣奔其机：涣散之时奔向如案几一般可以依靠之处。得愿：九二居坎险之中，本不可济，但因以阳刚居位，险难中求安而得济涣之愿。二为安静之位。涣其躬：涣散自身。志在外：六三居坎险之终，与上九相应，故济难之志在于外卦上九之应缘。外，外卦。涣其群：涣散其朋党。然疑此爻及九五爻“涣汗大号”，似应解“涣”谓呼唤，即“涣”通“唤”。光大：六四得位上承九五，以示处臣守正顺从上，故其道“光大”。王居：大王所居之位。正位：九五阳刚居中得正，下有六四顺从，故为大王之“正位”。涣其血：散去流血之伤。远害：上九居卦之上，远离下坎险，故“远害”。

⑤这里集中解释《节卦》卦爻之象。泽上有水：《节》下兑上坎，兑为泽在下，坎为水在上，故“泽上有水”。泽上有水而泛滥，以堤防为节，故为《节》象。制数度，议德行：制定法度来审议人们的德行。不出户庭：不出门户庭院。知通塞：初九上应六四，六四处上坎中，坎为“通”，又三、四、五互为艮，即六四又处艮之中，艮为止，故“塞”。门庭，大门内庭院。失时极：失时中，九二居中而失位，故“失时极”。极，本指栋，栋居屋脊之中，故引申为“中”。不节之嗟：不节俭而带来忧愁叹息。嗟，叹息。又谁咎：六三以阴居阳，以柔乘刚，违背节道，又怨谁呢？安节：安于节俭。承上道：六四得位上顺承九五中正之道。道，中正之道。甘节：以节俭为美。甘，美。居位中：九五居正位而得中。苦节：过分节俭。其道穷：上六居卦之终，乘阳无应，其节道穷困。

⑥这里集中解释《中孚卦》卦爻之象。泽上有风：《中孚》下兑上巽，巽为风在上，兑为泽在下，故“泽上有风”。风施泽受，以虚受实，上下感应，《中孚》之象。议狱缓死：审议狱讼，延缓死刑。虞吉：安乐则吉。虞，安，一说为度。志未变：初九阳刚得正，上应六四，其中孚之志未改变。其子和之：小鹤应声而和。其，母鹤。中心愿：九二以阳居中，表示以诚信应和出自中心愿望。或鼓或罢：有的击鼓前进，有的班师。或，有的。位不当：六三失位不中。马匹亡：马丧失匹配。绝类上：古有多解：（一）六四绝初之党类而上信于五；（二）《中孚》是由《讼》变来，即《讼》九四至初与上乾绝，即变为《中孚》，上谓《讼》乾；（三）六四绝六三之阴类而上孚于五。最后一解较当。有孚挛如：用诚信牵系天下。位正当：九五阳刚居中得正。翰音登于天：高飞的鸟鸣声响彻天宇。何可长：上九以阳居《中孚》之上，且又失位，故“何可长”。

⑦这里集中解释《小过卦》卦爻之象。山上有雷：《小过》下艮上震，

艮为山在下，震为雷在上，故“山上有雷”。山上有雷，是雷过于山，故为《小过卦》之象。恭：恭敬。飞鸟以凶：飞鸟逆行而上则凶。不可如何：初六失位，在艮之下。不及其君：没有到达象征着君王之位的六五。及，到。臣不可过：释“遇其臣”，是说臣不可越过尊上之位。从或戕之：随从其上有可能被杀害。戕，杀害。凶如何：九三应上六而有害，故“凶如何”。弗过遇之：不用越过而相遇。位不当：九四之阳失位。往厉必戒：前往有危厉，必须戒备。不可长：九四上有二阴，前往不会长久，必有危厉。密云不雨：阴云密布而不下雨。已上：此象为六五之阴过九三、九四之阳而上，阴阳不交，不能形成雨而降下。弗遇过之：不能遇合阳刚而超过阳刚。已亢：上六之阴居卦之上，过而已亢极。

⑧这里集中解释《既济卦》卦爻之象。水在火上：《既济》下离上坎，坎为水在上，离为火在下，水火相济以成，故为《既济》象。思患而豫防之：思虑后患而预防它发生。曳其轮：拖拉车轮。曳，拖拉。义无咎：初九阳刚得正，应六四，故爻辞之义当有“无咎”。七日得：七日可以得到。中道：六二居中得正，故曰“中道”。三年克之：三年后才得到胜利。惫：九三居下卦之上，处坎之中，坎为劳卦，故曰“惫”。惫，训为疲极。一本作“备”，备、惫二者通。终日戒：终日戒备。有所疑：六四处上下两卦之间，履多惧之地，故“有所疑”。东邻杀牛：东邻杀牛举行大的祭祀。不如西邻之时：不如西邻所处之时。九五居上中得正，但陷入坎险之中，六二虽居下，但处离明之中，有上升之势，故九五虽有中正之德，但已过，不如六二所处之时。东邻，指九五。西邻，指六二。时，指爻时，象征天时。实受其福：实际承受上天福分。吉大来：六二之吉自九五而来，九五为阳，阳为大。濡其首：沾湿了头。何可久：上六之阴居上处坎之极沾湿头，而不会长久。

⑨这里集中解释《未济卦》卦爻之象。火在水上：《未济》下坎上离，坎为水在下，离为火在上。火性炎上，水性润下，二者不交通，故为《未济》之象。慎辨物居方：慎重分辨事物，使其能各就其适当的位置。濡其尾：沾湿了尾巴。亦不知极：初六阴柔失位居坎险之下而不知中。极，中。中以行正：九二居中，九二为阳，阳为直，直即正。未济：本指未渡过河，引申为未能成功。位不当：六三以阴居阳，不中不正。志行：九四阳刚居坎险之上，以示渡过险难，其志得行施。君子之光：君子之行光明磊落。其晖吉：六五处上离之中，离为明，故曰“晖”。晖，光之散。饮酒濡首：毫无节制地饮酒以至于沾湿了头。亦不知节：节，事不过中曰“节”，此处意为“节制”。上九居卦之上，言饮酒而至于濡其首，乃不知节制自己。

译文

56. 旅

山上有火（燃烧），《旅卦》之象。君子（效此）当明察（是非）慎重地使用刑罚而又不滞留狱讼。

“旅途中猥琐卑贱”，志向穷困而有“灾难”。“随身带着童仆，理应守持正道”，终无过失。“旅人焚烧其客舍”，因其旅途中受到损失和伤害。旅时（自高）待下，其义必“丧”。“旅途中暂时得到栖身之处”，未得正位。“得到斩除荆棘的利斧”，“心中”还是不“痛快”。“最终得到荣誉而受爵命”，因其居上而有所收获。在树枝的高处“旅行”，容易被“焚烧”。“丢失了牛”，最终也没得知其（下落）。

57. 巽

两风相随，《巽卦》之象。君子（效此）当申复命令，履行其事。

“进退不定”，心志疑惑。“有利于勇武刚健之人”，其心志在治国安邦。“若史、巫纷纷前来祝祷，就会获吉”，因得中道。“皱着眉头装作驯服的样子，说明他遇到了困难”，心志处于穷困。“田猎时获得三种猎物”，建功立业。九五而有吉祥，其位得正而守中。“驯服地屈居于床下”，在上穷困。“丢失了锋利的斧头”，（上九失正）有凶险。

58. 兑

两泽相依附，《兑卦》之象。君子（效此）当以朋友相聚而讲习（学业）。

“和颜悦色地对待别人就会吉祥”，行事公正没有人疑惑。“心悦诚服地对待别人就会吉祥”，有诚信之志。“前来谋取愉悦，有凶险”，其位不正当。“九四得到了喜悦”，有福庆。“对消剥阳刚君子的小人讲诚信”，其位得正。上六“引致喜悦”，（其道）未能广大。

59. 涣

风行水上，《涣卦》之象。先王（效此）当祭享上帝，设立宗庙来教化人心。

初六的吉祥，在于柔顺。“涣散之时奔向如案几一般可以依靠之处”，得其相聚不散之心愿。“涣散自身”，志在于外（上九）。“涣散其朋党，大为吉祥”，其道广大。“大王居其位而没有过错”，（九五处）正位。“散去流血之伤”，灾害已经远去。

60. 节

泽上有水，《节卦》之象。君子（效此）当以制定法度来审议人们的德行。

“不出门户、庭院”，知通则行，知塞则止。“不出门户、庭院有凶”，失去适中的时机，“不节俭而带来的叹息”，又怨谁呢？“安于节俭的亨通”，顺承上面（九五）中正之道。“以节俭为美而有吉祥”，居正位而得中。“过分节制，令人痛苦，有凶险”，节道穷困。

61. 中孚

泽水之上有风吹动，《中孚卦》之象。君子（效此）当审议狱讼，延缓死刑。

初九“安乐则吉”，志向未改变。“其子（鹤）应声而和（鸣）”，发自心中愿望。“有的击鼓前进，有的班师”，（六三）其位不正当。“马失去了自己的配偶”，（六四）断绝（六三）同类而顺上。“以诚信维系天下”，（九五）位正当。“高飞的鸟鸣声响彻天宇”，这声音如何长久？

62. 小过

山上有雷声震动，《小过卦》之象。君子（效此）当行动过于恭敬，居丧过于悲哀，费用过于节俭。

“飞鸟逆行而上则凶”，咎由自取。“没有到达象征着君王之位的六五”，（六二）不可越过尊上之位。“随从其上有可能被杀害”，凶险是多么严重啊！“不用越过而相遇”，位不正当。“前往有危险，必须戒备”，无法久居阳刚之道。“阴云密布而不下雨”，阴柔之气已过于向上。“不能遇合阳刚而超过阳刚”，上六已到达极高的地方。

63. 既济

水在火上，《既济卦》之象。君子（效此）当思虑后患而预防它（发生）。

“拖拉车轮”，其义当为没有灾祸。“七日可以复得（其茀）”，处于中正之道。“三年后才得到胜利”，说明已疲惫不堪。“应当整日保持戒备”，说明六四有所疑惑。“东邻杀牛举行祭祀”，不如西邻（六二）得时祭祀；“西邻实际承受了神灵降下的福泽”，吉祥宏大，源源不断。“渡河沾湿了头而有危厉”，其道怎会长久呢？

64. 未济

火在水上燃烧，《未济卦》之象。君子（效此）当谨慎分辨事物，使其能各就其位。

“（小狐狸）渡河时沾湿了尾巴”，说明其不知河水深浅。九二之所以得吉，因其用中而行正。“事情未能成功，出征前行必有凶险”，位不正当。“占问有吉，悔事消亡”，其志得以行施。“君子之行光明磊落”，光辉而“吉祥”。“毫无节制地饮酒以至于沾湿了头”，说明不知节制（自己）。

文言传

乾文言[1]

原文

“元”者，善之长也；“亨”者，嘉之会也；“利”者，义之和也；“贞”者，事之干也。[2]君子体仁足以长人；嘉会足以合礼；利物足以和义；贞固足以干事。君子行此四德者，故曰：“乾：元、亨、利、贞。”[3]

初九曰：“潜龙勿用。”何谓也？子曰：“龙德而隐者也，不易乎世，不成乎名，遁世无闷，不见是而无闷。乐则行之，忧则违之，确乎其不可拔，潜龙也。”[4]

九二曰：“见龙在田，利见大人。”何谓也？子曰：“龙德而正中者也。庸言之信，庸行之谨，闲邪存其诚，善世而不伐，德博而化。《易》曰：‘见龙在田，利见大人。’君德也。”[5]

九三曰：“君子终日乾乾，夕惕若厉，无咎。”何谓也？子曰：“君子进德修业。忠信，所以进德也。修辞立其诚，所以居业也。知至至之，可与言几也。知终终之，可与存义也。是故居上位而不骄，在下位而不忧，故乾乾因其时而惕，虽危无咎矣。”[6]

九四曰："或跃在渊，无咎。"何谓也？子曰："上下无常，非为邪也。进退无恒，非离群也。君子进德修业，欲及时也，故无咎。"⑦

九五曰："飞龙在天，利见大人。"何谓也？子曰："同声相应，同气相求。水流湿，火就燥，云从龙，风从虎。圣人作而万物睹。本乎天者亲上，本乎地者亲下，则各从其类也。"⑧

上九曰："亢龙有悔。"何谓也？子曰："贵而无位，高而无民，贤人在下位而无辅，是以动而有悔也。"

注解

①文言：对"文言"二字之义古来众说不一。（一）乾坤为门户，以文说乾坤；（二）依文而言其理；（三）因卦爻辞为文王所作，故曰"文言"；（四）文谓文饰，以乾坤德大，故特文饰以为"文言"；（五）单就卦爻辞而推衍之，故曰"文言"，等等。依文而言其理之说较当。

②元：开始。长：首，君。亨：古文字有祭祀之义，这里解释为通。嘉：美。会：聚合。利：本指铦。"利"从刀主分，分故能裁成事物使各得其宜；"利"从禾，禾二月始生，八月而熟，得时之中，故"利"又有中和之义。义：宜。贞：一说为占问，一说为正。干：树干。木旁生者为枝，正出者为干，故"干"有正之义，因枝叶依干而立，故"干"又有本之义。

③仁：凡果核之实有生气者曰"仁"，以仁为木，另外，"仁"有"元"之义，"元"从二、从人，"仁"从人、从二，故在天为"元"，在人为"仁"。长人：犹君人，即主宰人。利物：一本作"利之"。

④这里集中解释《乾》初九之爻辞。龙德：阳刚之德。《乾卦》爻辞以"龙"喻阳。隐：这里用来解释"潜"；《乾》初九居下故曰"隐"。易：移。世：世俗。不成乎名：不扬名于世。遁：隐退。闷：烦闷。确：刚强之貌。拔：移。

⑤这里集中解释《乾》九二爻辞。正中：《乾》九二爻居内卦正得中位。庸言：平常的言论。先儒有解"庸"为"中"者，但由下文"善世而不伐"思之，似解"庸"作平庸为妥。闲：防。善世：吴汝纶曰："此'善世'即善大，与'德博'对文。"伐：自夸。化：感化。君德：即阳德，阳为君。

⑥这里集中解释《乾》九三爻辞。进德修业：为增进德性而修治学业。九三过中，故曰“进德修业”。修，治。知至至之：前“至”为名词，指到达。后“至”为动词，指努力做到。几：微。知终终之：前“终”为名词，指终结。后“终”为动词，指善于停止。上位：九三居内卦之上。下位：指九三居外卦之下。

⑦这里集中解释《乾》九四爻辞。上下：言爻位，四为阴位，上可以承君，下可以应初，故曰“上下”。邪：邪恶，九四以阳居阴失位故曰“邪”。进退：言爻，九四上进可居五，下退可居三。群：类；此指阳类。《乾》六爻皆阳，故六阳称“群”。

⑧这里集中解释《乾》九五爻辞。同声相应，同气相求：乾坤阴阳各以类相应相求。乾为纯阳，故曰“同声”“同气”。应，感应。求，追求。云从龙：云，水气。云龙同类，感气相致，故“云从龙”。风从虎：风为震动之气，虎是威猛之兽，虎啸风生，风与虎也同气类，故曰“风从虎”。作：起。睹：见。亲：亲附。

译文

元始，是众善的首长；亨通，是美好事物的聚合；有利，是事物的和谐；正直，是做事的根本。君子以仁为本，足以成为人们的尊长；汇聚美好的事物，足以合乎礼；施利于他人，足以合乎义；能贞正固守，足以成就事业。君子能行此四德，所以说：“《乾》的卦象象征天：元始、亨通、利人、正直。”

初九爻辞说：“龙潜伏在水里，就不要发挥自己的作用。”这是什么意思？孔子说：“这里指的是有龙德而隐居之人，（其志）不为世俗所改变，也不会因侥幸的成功而扬名于世。他们隐退世外而不烦闷，不能扬名于世亦不烦闷。（君子）所乐之事是去做，所忧之事则避开不去做，坚强而不可动摇，这就是潜龙。”

九二爻辞说：“龙出现在田野，适合见大人。”这是什么意思？孔子说：“人有龙德而居正得中。他平常的言论亦当诚实，平凡的举动亦当谨慎，防止邪恶而保持诚信，善行广大而不自夸，德性广博而化育人。《周易》说：‘龙出现田野，利见大人。’这是君主之德。”

九三爻辞说：“君子终日勤奋不息，夜间戒惕似有危险，这样就会免于灾祸。”这是什么意思？孔子说：“君子为增进德性而修治学业。（为人）忠诚信实，所以增进德性。修饰自己的言辞来树立诚实可靠的形象，所以能积蓄功业。知道所要达到的目标而努力实现，可与（他）讨论几微之事。知道终结而善于终止，可与（他）保存事物发展适宜状态。因为这样的人居上位而不骄傲，在下位而不忧愁，所以能随着时间的不断流逝而始终保持强健和警惕，即使有危厉也没有灾祸。”

九四爻辞说：“龙在渊中或欲跃或伏于深渊，没有过错。”这是什么意思？孔子说：“或上或下，无一定常规，并非为了邪欲。或进或退，不是恒久不变的，并非脱离人群。君子增长德性，修治学业，要及时完成，方能避免灾祸。”

九五爻辞说：“龙飞于天上，有利于出现大人。”这是什么意思？孔子说：“相同的声音相互感应，相同的气息相互追求。水往湿处流，火往干处燃，云从龙生，风由虎出。圣人所创卦象，使万物可睹。受气于天的亲附上，受气于地的亲附下，则各归从（自己的）类别。”

上九爻辞说：“龙飞过高有悔。”这是什么意思？孔子说：“尊贵而没有具体职位，高高在上而与民众脱离，贤明之士处下位而无人辅助君王，所以若妄动就会产生悔恨。”

原文

“潜龙勿用”，下也；“见龙在田”，时舍也；“终日乾乾”，行事也；“或跃在渊”，自试也；“飞龙在天”，上治也；“亢龙有悔”，穷之灾也；《乾》元“用九”，天下治也。[①]

“潜龙勿用”，阳气潜藏；“见龙在田”，天下文明；“终日乾乾”，与时偕行；“或跃在渊”，乾道乃革；“飞龙在天”，乃位乎天德；“亢龙有悔”，与时偕极；《乾》元“用九”，乃见天则。[②]

“《乾》元”者，始而亨者也；“利贞”者，性情也。《乾》始能以美利利天下，不言所利，大矣哉！大哉乾乎！刚健中正，纯粹精也。六爻发挥，旁通情也，“时乘六龙”，以“御”天也。“云行雨施”，天下平也。[③]君子以成德为行，日可见之行也。

“潜”之为言也，隐而未见，行而未成，是以君子弗用也。[④]

君子学以聚之，问以辩之，宽以居之，仁以行之。《易》曰：

“见龙在田，利见大人。”君德也。[5]

九三重刚而不中，上不在天，下不在田，故乾乾因其时而惕，虽危无咎矣。[6]

九四重刚而不中，上不在天，下不在田，中不在人，故“或”之。“或”之者，疑之也，故“无咎”。[7]

夫“大人”者，与天地合其德，与日月合其明，与四时合其序，与鬼神合其吉凶。先天而天弗违，后天而奉天时。天且弗违，而况于人乎？况于鬼神乎？[8]

“亢”之为言也，知进而不知退，知存而不知亡，知得而不知丧。其唯圣人乎！知进退存亡而不失其正者，其唯圣人乎！[9]

注解

①此以人事释《乾》爻辞。下：释“潜”，指初九之阳居下，其位卑贱。舍：弃。试：验。穷：极。

②此以天道释《乾》爻辞。阳气潜藏：初九一阳居下，故象征阳气潜于下而未动。天下文明：九二阳气上升，故天下文采光明。文明，文采光明。偕：俱。乾道乃革：《杂卦》：“革，去故也。”九四爻居上卦之始，故“乾道乃革”。位乎天德：阳至九五而处尊位。天德，指九五天位。极：终极。天则：天象法则。

③此申《乾·彖》意。即释《乾卦》卦辞。性情：一本作“情性”。性，天性。人禀阴阳而生故有性情。能：而。美利：美善。此指生物，即云行雨施以生物。刚健中正：《乾》六爻皆阳，故曰“刚健”，二、五为中，初、三、五以阳居阳得位故曰正。《乾》六爻中九五居中得正，故曰中正。纯粹精：此卦全阳不杂，故曰“纯粹精”。色不杂曰纯，米不杂曰粹，米至细曰精。挥：动，散。一本作辉，二者音同义通假。旁：广大。通：通达。六龙：六位之龙。御：驾马使行。云行雨施：指天之功用。云气流行，雨泽布施。平：均匀平和。

④这里集中解释初九爻辞。成德：已成就的道德。弗：不。

⑤这里集中解释九二爻辞。聚：会。辩：一本作辨，二者通，有明辨之义。宽：弘广。

⑥这里集中解释九三爻辞。重刚：九三居内卦乾之终，上与外卦乾之初相接，乾为刚，故曰“重刚”。不中：指九三不处二五之位，爻以二五为中。上不在天：指往上不在九五爻。天，指九五爻。此爻辞为“飞龙在天”。田：指九二爻。此爻辞为“见龙在田”。

⑦这里集中解释九四爻辞。中不在人：九四居卦中间而不处人之正位。中，指居卦之中。人，指人位。卦三、四爻为人位，三与二相比，故三附于地处人之正位。四虽处人位，但远于地而近天，非人所处，故九四“中不在人”。

⑧这里集中解释九五爻辞。大人：此指九五而言，九五有“利见大人”之辞。大人指圣明德备之人。《周易》中有周人五号：帝，天称；王，美称。天子，爵号；大君，兴感行异；大人，圣明德备。序：次序。鬼神：阴阳之气屈伸变化。天时：四时。

⑨这里集中解释上九爻辞。“圣人”王肃本作“愚人”，案愚人、圣人相对为文，故王肃本极是。唯：通“惟”，犹是。

译文

“巨龙潜伏于水中，暂时不要施展才能”，（因）地位卑下；“龙出现在田野”，乃贤人暂居之处；“终日勤奋不息”，乃君子勤勉做事的精神；“龙在渊中或飞跃或潜伏”，这是自己试验、展示才华的时候；“龙飞上天”，居上而治理天下；“龙飞过高而有悔”，穷极就会有灾害；《乾卦》开始用九数（以变化天下），天下必然大治。

“潜伏之龙，暂时不要施展才能”，阳气潜藏于地下；“龙出现在田野”，天下万物呈现光明；“终日勤奋不息”，随着时间不断进取；“龙在渊中或飞跃或潜伏”，乾之道即将出现变革；“龙飞上天”，已位居于天德；“龙飞过高而有悔”，随天时变化而达到终极；《乾》有出生万物之德，用九数象征大自然的法则。

“《乾》能生出万物”，开始而亨通；“有利于万物，守正持固”，是物之性情。《乾》一开始能以化育的美与利以利天下万物，却不言利物之功，盛大啊！伟大啊，乾阳！刚劲强健而中正不偏，可谓纯粹精微。六爻变动，普遍通达于情理，犹如六龙顺应时序巡视天空一样。云气流行，雨水布施，天下和平。君子以完成道德修养作为行动（目标），每天都能使道德有所增进。

（初爻）所说的“潜”，是隐藏而未显现，因行动尚未成功，所以君子暂时不能有所作为。

君子依靠学习以聚积知识，互相问难以明辨是非，宽宏大量与人相处，以仁爱之心指导行动。《周易》说：“龙出现在田野，宜于见大人。”因为大人有君子之德。

九三处重阳强刚之位而不居中位，上不及天位，下不在地位，所以终日勤奋，因其时而戒惕，虽面临危险却没有灾祸。

九四处于重重阳刚交接之处而不居中位，上不及天位，下不在地位，处卦中间不在人位，所以有疑惑。“或”，因有疑惑未解的警惕，所以没有灾祸。

（九五爻辞）的“大人”，其德性与天地相合，其圣明与日月相合，其施政与四时顺序相合，其吉凶与鬼神相合。先于天道行动而与天道不相违背，后于天道行动而顺奉天时。既然天都不违背他，何况人呢？更何况鬼神呢？

（上九爻辞所说）的“亢”，是说只知前进而不知后退，只知生存而不知灭亡，只知获得而不知丧失。这大概是愚人吧！知进退存亡之理而不失正道，这大概是圣人吧！

坤文言

原文

坤至柔而动也刚，至静而德方，后得主而有常，含万物而化光。坤道其顺乎，承天而时行。①

积善之家必有余庆，积不善之家必有余殃。臣弑其君，子弑其父，非一朝一夕之故，其所由来渐矣，由辩之不早辩也。《易》曰：“履霜，坚冰至。”盖言顺也。②

“直”其正也，“方”其义也。君子敬以直内，义以方外，敬义立而德不孤。“直、方、大，不习无不利”，则不疑其所行也。③

阴虽有美，“含”之以从王事，弗敢成也。地道也，妻道也，臣道也。地道“无成”而代“有终”也。④

天地变化，草木蕃。天地闭，贤人隐。《易》曰：“括囊，无咎无誉。”盖言谨也。⑤

君子“黄”中通理，正位居体，美在其中而畅于四支，发于事

业，美之至也！[⑥]

阴疑于阳必战，为其嫌于无阳也，故称“龙”焉。犹未离其类也，故称“血”焉。夫“玄黄”者，天地之杂也，天玄而地黄。[⑦]

注解

①这里集中解释《坤卦》卦辞。至柔：《坤》六爻皆阴，纯阴和顺，故曰“至柔”。德方：古人多解“德”为德性，但由上文“动也刚”思之，“德”与“动”对文，似以作“得”解为妥。方，方正。古人以圆说明天体运动，以方正说明地之静止，故称“方”。“方”释经文中“贞”。常：规律，常道。化光：化育广大，古“化”有生义。光，广。

②这里集中解释《坤》初六爻辞“履霜，坚冰至”。原意为：踩踏微霜之时，当知坚冰之日将至。弑：弑杀。渐：渐进，即由小而大。《坤》初六居下，阴小而始动，不善之积，故曰“渐”。阴为不善。辩：即“辨”。顺：顺从。

③这里集中解释《坤》六二爻辞。正：从止、一，其义守一以止。六二以阴爻居阴位故为“正”。义：宜。六二居中，故为“义”。内：内心。

④这里集中解释《坤》六三爻辞“含章可贞，或从王事，无成有终”。经文原意为：蕴含章美可以守正，跟从大王做事，虽不成功，但有好的结果。含，含藏。六三是以阴居阳位，故为“含章”。阳为章美。

⑤这里集中解释《坤》六四爻辞。蕃：草木茂盛。天地闭：天地不交通。六四居上下卦之间，上下皆坤，故上下不交而闭塞。闭，塞。括囊：束扎口袋。

⑥这里集中解释《坤》六五爻辞“黄裳元吉”。“黄”中：六五居中，而有中德。古代以土色为黄，土在五行中居中，故黄色即中色，黄有中之义。正位居体：六五以阴居阳之正位；五为阳之正位，六五阴爻为体。支：肢，指四肢。发：见。

⑦这里集中解释《坤》上六爻辞“龙战于野，其血玄黄”。阴：《坤》上六为阴。疑：即凝，有交结、聚合之义。嫌：疑。未离其类：《坤》上六虽称龙，但未离开阴类。玄黄：天地之正色，此指阴阳相遇两败俱伤。玄：黑中有赤。

译文

坤极其柔顺，但动显示出它的刚强；（坤）极其静止，但动使其品德流布于四方。以他人为主，随从其后，顺从君主，所以能保持永恒之道；大地含藏万物而化育广大。坤道多么柔顺，顺承天道依时而行。

积善之家必定福庆有余，积不善之家必定灾殃有余。大臣杀掉国君，儿子杀死父亲，并非一朝一夕所造成的，（祸患的产生）由来已久，渐积而成，只不过是没有及早察觉此事。《周易》说："踩踏微霜之时，预示坚冰之日将至。"这可能是在喻示阴险丑恶之事是时间积累而成的。

"直"是说品性正直，"方"是说行为仁义。君子用恭敬以使内心正直，用仁义的行为来方正外物，"敬"与"义"已确立，道德也就不孤立了。"正直、端方、宏大，不熟习未必不利"，这说明只要道德美好，就会对自己的行为没有疑惑。

坤阴虽有美德，"含藏"它以跟从大王做事，即使有所成也不敢自居功名。因为地道就是妻道、臣道。地道虽"没有成就"自己的功名，但替（天道）"终结了"（养育万物之事）。

天地交感变化，草木繁盛。天地闭塞不交，贤人隐退。《周易》说："束扎口袋，没有过错，没有名誉。"这是说谨慎的道理。

君子内有中德通达文理，外以柔顺之体居正位，美存在于心中而通畅于四肢，发见于事业，这可是美到极点啦！

坤阴交接于阳，阴阳必定会发生交战，因阴气可与阳气抗衡，所以（《坤》上六爻辞）称"龙"。然而此爻又未曾离开阴类，故爻辞称"血"。这"玄黄"，是天地的杂色，天色为玄，地色为黄。

《系辞》传上①

原文

天尊地卑，乾坤定矣。卑高以陈，贵贱位矣。②动静有常，刚柔断矣。③方以类聚，物以群分，吉凶生矣。在天成象，在地成形，变化见矣。④是故刚柔相摩，八卦相荡。鼓之以雷霆，润之以风雨。⑤日月运行，一寒一暑。乾道成男，坤道成女。⑥乾知大始，坤作成物。乾以易知，坤以简能。⑦易则易知，简则易从。易知则有亲，易从则有功。有亲则可久，有功则可大。可久则贤人之德，可大则贤人之业。易简而天下之理得矣。天下之理得而成位乎其中矣。⑧

注解

①《系辞》：系，古字作毄，有系属义。辞，本作辭，即词，有说义。《系辞》本义是系辞于卦爻之下。此处以“系辞”为名，乃指系在《周易》古经后面的文辞，为《十翼》之一。它是《周易》的通论：追述易之起源，推论易之作用，兼释卦义以补《彖》《象》《说卦》之不足，并言明占筮方法等。《系辞》分章，古人多有不同：马融、荀爽、姚信等分上篇为十三章，虞翻分为十一章，周氏、孔颖达等分为十二章，陆德明分为七章，李心传分为十五章，王申子分为十六章。今依照马融等的分法，《系辞》下篇一般分为十二章。

②尊：高，贵。天阳气轻清在上，故曰尊。卑：下，贱，又作“埤”，卑，通“埤”。地阴气浊重在下，故曰卑。定：谓定其方位。以：已。陈：列。

③动静有常：此指天地自然而言，天运转不已，故曰动；地凝重不移，

故曰静。常：规律。天动地静之说，战国时代极为普遍。刚柔：刚谓奇画以象阳，柔谓偶画以象阴。断：分，判。

④方：古多解为方所、道、理、行虫动物类等，然以上诸说似皆不妥。通观此段文义，“方”在此应解作“事”。《象》之《复》“后不省方”句，王弼注：“方，事也。”即其证。象：天象，日月星辰。形：地形，山川草木。变化：天时变，故在天为“变”；变，熹平石经作“辩”，由成象到成形辩其化，可为参考。坤化成物，故在地为“化”。见：显现。

⑤刚柔相摩：乾刚坤柔之画相互摩荡而成八卦，即《说卦》所谓乾三阳坤三阴相互作用而生“六子”。摩：旋转，此指摩擦。八卦相荡：八卦互相推衍形成六十四卦。荡，又作“盪”，有推移之义。鼓，通“郭”，有“动”之义。霆：雷之余气。润：润泽。

⑥乾道：即阳道。男：阳性事物，即《说卦》所谓“长男”“中男”“少男”。坤道：即阴道。女：阴性事物，即《说卦》所谓“长女”“中女”“少女”。

⑦知：先儒多训为“主”“为”。笔者管见，由《象》释《乾》称“万物资始”考之，此“知”就应解作“资”，“资”“知”音近互假耳。作：一本作“化”，此处“坤作成物”之“作”，当训为“为”，即化生。易：平直，无所难。简能：简约之能。先儒有谓作“简从”者，上下文“易则易知，简则易从。易知则有亲，易从则有功”考之，此解可作为参考。简，简约而不繁。

⑧易简：平易简约。成位乎其中：人得天地之理，位于天地之中。位，居位。

译文

天尊贵（于上），地卑贱（于下），乾坤（由此）确定。卑下高上陈列之时，贵贱之位就随之确立了。（天地）动静有其常规，（阳）刚（阴）柔即可断定。万事以其类相聚，万物以其群相分，（这样）吉凶便于事物的同异中产生了。在天形成象，在地生成形，事物的变化通过它得以显现。所以刚柔相互摩擦形成八卦，八卦互相推衍形成六十四卦。以雷霆鼓动，以风雨滋润。日月运行，寒暑交替。乾道成就男性（事物），坤道成就女性（事物）。乾资主（万物）初始，坤化生成万物。乾以平直资主，坤以简约顺从。事情只有平易才会使人容易明白；事情只有简易才会使人容易随从。容易为人所知就会使人亲附，简易顺从则会建功立业。有亲附则可长久，建功立业则可广大。可长久才是贤人的德性，可广大才是贤人的事业。（因此）易简而天下之理可得。天下之理可得而成位于（天地）之中。

原文

圣人设卦观象，《系辞》焉而明吉凶，刚柔相推而生变化。①是故吉凶者，失得之象也；悔吝者，忧虞之象也；②变化者，进退之象也；刚柔者，昼夜之象也。③六爻之动，三极之道也。④是故君子所居而安者，《易》之序也；所乐而玩者，爻之辞也。⑤是故君子居则观其象而玩其辞，动则观其变而玩其占，是以自天佑之，吉无不利。⑥

注解

①卦：指六十四卦。象：卦象。《系辞》：于卦爻之后系属其文辞。

②吉凶：善恶。吉，善。凶，恶。悔吝：悔恨和困难。虞：忧虑。

③变化：指六爻之变化。亦即《系辞》所谓“变动不居，周流六虚，上下无常，刚柔相易”，“爻者，言乎变者也”。进退：由爻之变化而产生。阳动为进，阴动为退。刚柔：指阴阳二画，阳刚为“—”，阴柔为“--”。

④三极：三才，即天、地、人。八卦有三画，上画象天，下画象地，中画象人。六爻兼三才故初二为下象地，三四为中象人，五上为上象天。

⑤居：静处。安：依。序：次序。玩：一本作“翫”，有玩味、揣摩之义。乐：一本作“变”，从“变”为是。

⑥此引《大有》上九爻辞。佑：保佑。

译文

圣人设置易卦，观察其象而系之文辞，以明示吉凶，（阳）刚（阴）柔相互推移而产生变化。所以（《易》辞）吉凶为失得之象；悔恨与困难为忧虞之象；阳进阴退为旧事退而新事进之象；（阳）刚（阴）柔为昼夜之象。

六爻的变动，含有（天、地、人）三才之道。所以闲居而依者，遵循了《周易》的次序；君子喜爱而揣摩爻辞所含之义。因此君子闲居时则观察卦象，玩味其文辞；行动时则观察卦爻的变化，玩味其筮占，所以自有上天保佑，吉祥而无所不利。

原文

彖者，言乎象者也。爻者，言乎变者也。[①]吉凶者，言乎其失得也。悔吝者，言乎其小疵也。无咎者，善补过也。是故列贵贱者存乎位，齐小大者存乎卦，辩吉凶者存乎辞，忧悔吝者存乎介，震无咎者存乎悔。[②]是故，卦有小大，辞有险易。辞也者，各指其所之。[③]

注解

①彖：通“断”，故有裁断之义，此指彖辞。言：说明。象：指一卦之象。爻：指爻辞。变：指刚柔两画的变化。

②小疵：小瑕。列：分布。位：六爻之位。齐：陈列。小大：指卦而言，阳卦大，阴卦小。辞：爻辞。介：微小。震：震动。

③险：凶恶。易：平易。之：适。

译文

彖辞，是说明卦象的。爻辞，是说明（阴阳爻画）变化的。吉凶，是说明事务失得的。悔恨和困难，是说明有小的过失。没有大的灾祸，是说明善于补救过失。所以贵贱的分列，存在于所处的爻位；衡定其小大，存在于各卦之中；辨别吉凶，存在于具体的卦爻辞之中；人们有悔恨而有困难，在于往往所忽略的小的过失之中；而在行动中免于灾祸，在于人们能够悔改。因此卦有（阴阳）大小，辞有凶险、平易，《易》辞，就各有所指向。

原文

《易》与天地准，故能弥纶天地之道[1]。仰以观于天文，俯以察于地理，是故知幽明之故，原始反终，故知死生之说。[2]精气为物，游魂为变，是故知鬼神之情状。[3]与天地相似，故不违。知周乎万物而道济天下，故不过。旁行而不流，乐天知命，故不忧。安土敦乎仁，故能爱。[4]范围天地之化而不过，曲成万物而不遗，[5]通乎昼夜之道而知，故神无方而《易》无体[6]。

注解

①《易》：《周易》所包含道理，即易理。准：标准。弥纶：包罗，遍论。弥，遍。纶，包络。

②幽明：幽暗光明。原始反终：由事物开始返归到事物的终结。原，推究。反，一本作“及”，这里解释为“返”。

③精气为物：阴阳精灵之气聚则物成其形。精气，指阴阳精灵之气。游魂为变：气之游散而物变其故。游魂，气之游散。阳气曰魂，以上下文思之，精气指神，游魂指鬼。

④违：违背。济：成功。旁：分布。乐天：顺行天道。知命：知性命之理。安土：安居坤土。敦：笃厚。仁：爱。

⑤范围：模拟效法。范，铸金之范，引申为法。围，匡郭，周围、范围，今人黄沛荣解作笼罩，其说甚是。不过：乾坤消息法周天地变化而不过于十二辰。曲：细致周密。成：成就。不遗：无所遗失。

⑥昼夜之道：指阴阳刚柔之道。《系辞》：“刚柔者，昼夜之象。”方：处所。体：固定形体。

译文

《易》道与天地相似，所以能包罗天地之道。仰首以观看天文，俯首以察看地理，所以知晓幽明变化的缘故，由事物开始返归到事物终结，因而知晓死生的学说。精气聚合而生成物形，游魂（气散）导致（物形）变化，因此可知鬼神的情状。（易）与天地相似，所以不违背（天地的规律）。知道周围万物而以其道成就天下，所以不会有过失。处事应变旁通而不流于滥淫，顺应天道，知晓性命之理，因而不会忧愁。安居坤土，敦厚而施仁德，故能够爱民。《周易》包容天地变化的自然规律，细致周密地成就万物而不遗失（细微），通达昼夜变化之道而极其睿知，故（阴阳）神妙变化无一定处所，而易道亦无固定的形体。

原文

一阴一阳之谓道，继之者，善也；成之者，性也。[①]仁者见之谓之仁，知者见之谓之知。百姓日用而不知，故君子之道鲜矣。显诸仁，藏诸用，鼓万物而不与圣人同忧，盛德大业至矣哉！[②]富有之谓大业，日新之谓盛德。生生之谓易，成象之谓乾，效法之谓坤。[③]极数知来之谓占，通变之谓事，阴阳不测之谓神。[④]

注解

①继：秉受，继续。成：生成，成就。性：天性、本性。

②知：智。鲜：少。显：显现。诸：之于。用：功用。鼓：鼓动。至：极。

③富有：无所不备。日新：变化不息，日日增新。生生：阴阳相互变化而不穷。成象：生成天象。效法：效地之形。法即形。

④极数：穷极蓍策之数。占：筮占。通变：通晓变化之道。阴阳不测：阴阳变化迅速微妙而不可测度。

译文

一阴一阳的矛盾对立与变化统一就是“道”，秉受（其道）的，为善；顺成（其道）的，为性。仁者看见（道）便称道为仁，智者看见（道）便称道为智。百姓日用（其道）却不知道，所以君子之道已很少见了。显现道的仁德（于外），潜藏道的功用（于内），鼓动万物（生长）而不去与圣人同忧虑，（造就万物）盛德大业（完备）至极呀！富有叫作大业，日新叫作盛德。（阴阳变化）生生不已叫作易，成（天）象为乾，效（地）形为坤。穷极蓍策之数预知未来叫作占，通达变化的叫作事，阴阳（变化）不可测度叫作神。

原文

夫《易》，广矣大矣，以言乎远则不御，以言乎迩则静而正，以言乎天地之间则备矣。①夫乾，其静也专，其动也直，是以大生焉。夫坤，其静也翕，其动也辟，是以广生焉。②广大配天地，变通配四时，阴阳之义配日月，易简之善配至德。③

注解

①广：宽广。坤为广。大：盛大。乾为大。御：止。迩：近。正：定。

②专：一本作“抟”，专、抟二者通，此当训为“圜”。直：刚直。翕：闭合。辟：开。

③配：匹配。变通：变化通达。易简：指“易则易知，简则易从”，即易知、易从谓易简。至：大。

译文

这易道，宽广盛大啊！用它来象征和论说远则无所穷止，用它来论说近处则精审而正确，要说天地之间则（万物）具备。象征阳刚正气的天，静止时宁静专一，运动时刚直正大，天产生精神和力量。象征阴柔的“地”，静止时闭合隐藏，运动时开通生气，所以广生（万物）。（易道）广（生）大（生）与天地相配合，变化通达与四时相配合，阴阳之义可以与日月相配合，简约的善性与至大的德性相配合。

原文

子曰："易，其至矣乎！[1]夫《易》，圣人所以崇德而广业也。知崇礼卑，崇效天，卑法地。天地设位，而《易》行乎其中矣。[2]成性存存，道义之门。"[3]

注解

①子曰：《系辞》《文言》所谓"子曰"，乃指孔子，然"子曰"所引是否真为孔子言论，已无从考证。

②知：即智。礼：礼仪。一本作"体"，"礼""体"相通。

③存存：存而又存。道：所由之路，乾阳为道。义：所处之宜，坤阴为宜。

译文

孔子说："易，其道至善至美吧！易道，圣人用之增崇其德而广大其业。智慧崇高、礼仪谦卑，崇高效法天，卑下效法地。天地设定位置，而易道运行其中。能成就万物之性而不伤害万物之性，能永恒地保存万物之性而不损伤万物之性，如此才能找到（阴阳）道义之门。"

原文

圣人有以见天下之赜，而拟诸其形容，象其物宜，是故谓之象。[1]圣人有以见天下之动，而观其会通，以行其典礼，《系辞》焉以断其吉凶，是故谓之爻。[2]言天下之至赜而不可恶也，言天下之至动而不可乱也。拟之而后言，议之而后动，拟议以成其变化。[3]"鸣鹤在阴，其子和之。我有好爵，吾与尔靡之。"[4]子曰："君子居其室，出其言善，则千里之外应之，况其迩者乎？居其室，出其言不善，则千里之外违之，况其迩者乎？言出乎身，加乎民。行发乎

迩，见乎远。言行，君子之枢机。枢机之发，荣辱之主也。言行，君子之所以动天地也，可不慎乎？”⑤“同人先号咷而后笑。”⑥子曰：“君子之道，或出或处，或默或语。二人同心，其利断金。同心之言，其臭如兰。”⑦

注解

①赜：古本作“啧”，本义是指口里说话杂乱。此指事物繁杂。拟：比拟，模仿。诸：之于。形：形态，形状。容：容貌。宜：相称，适宜。

②会通：融会变通。典礼：一本作“等礼”，此指典章礼仪。

③恶：厌恶。一本作“亚”，古者恶、亚二字通。先儒有训“亚”为次第者，亦可作为参考。议：一本作“仪”，通观上下文义，“仪”与“拟”对举，当作“仪”为是。仪，仿效。

④此引《中孚》九二爻辞。其义为：母鹤在树荫下鸣叫，其子应声而和。（若）我有美酒，我愿与你共同分享。阴：通“荫”。和：应和。爵：古代饮酒器皿，此指酒。靡：系恋，分享。

⑤这里集中解释《中孚》九二爻辞。君子居其室：九二居内卦，以象君子居其家室，九二为阳爻，故为君子。言：言语。九二居《中孚》下兑之中，故曰言。枢：户枢，即门轴。机：弩机。

⑥此引《同人》九五爻辞，其义为：和同于人，先哭后笑。同人：即同人。号咷：啼哭。

⑦这里集中解释《同人》九五爻辞。默：不语。利：锐利。臭：通“嗅”，即气味。

译文

圣人因见天下事物幽深难见，从而比拟其形状、容貌，象征其事物所宜，所以就叫作卦象。圣人因见天下事物的变动，从而观察其会合变通，以推行其典章礼仪，并附之文辞以判断其吉凶，所以就叫作爻。述说天下事物至为繁杂而不会厌恶，指出天下事物变动而不会妄说。比拟后发表言论，仿效后而行动，通过比拟仿效以成就其变化。“母鹤在树荫下鸣叫，其子应声而和。

假如我有好酒，我愿与你共享。”孔子说：“君子居于室，口出善言，千里之外的人都响应，更何况近处的人呢？君子居于室，口出不善之言，千里之外的人都违抗，更何况近处的人呢？言语出于身，影响于民，行动发生在近处，而显现于远处。言行，犹如君子开合思想的枢机。枢机在发动时，主宰着荣辱（的变化）。言行，是君子可以惊动天地的工具，怎可不慎重呢？”“和同于人，先号哭而后笑。”孔子说：“君子之道，或出行或居处，或沉默或言语。二人同心，其力量可以断金。同心的言语，气味相投，香如兰草。”

原文

“初六，藉用白茅，无咎。”①子曰：“苟错诸地而可矣。藉之用茅，何咎之有？慎之至也。夫茅之为物薄，而用可重也。慎斯术也以往，其无所失矣。”② “劳谦，君子有终，吉。”③子曰：“劳而不伐，有功而不德，厚之至也。语以其功下人者也。德言盛，礼言恭，谦也者，致恭以存其位者也。”④ “亢龙有悔。”⑤子曰：“贵而无位，高而无民，贤人在下位而无辅，是以动而有悔也。”⑥ “不出户庭，无咎。”⑦子曰：“乱之所生也，则言语以为阶。君不密则失臣，臣不密则失身，几事不密则害成。是以君子慎密而不出也。”⑧子曰：“作《易》者，其知盗乎！《易》曰：‘负且乘，致寇至。’负也者，小人之事也。乘也者，君子之器也。小人而乘君子之器，盗思夺之矣。上慢下暴，盗思伐之矣。慢藏诲盗，冶容诲淫。⑨《易》曰：‘负且乘，致寇至。’盗之招也。”

注解

①此引《大过》初六爻辞，其义为：用白茅铺地（摆设祭品）没有过错。藉：铺垫。茅：茅草。

②这里集中解释《大过》初六爻辞。苟：语气助词，王引之曰：“苟，犹但也。”错：措，有放置之义。慎：谨慎。薄：犹轻。慎斯术：一本作“顺斯术”，有训“慎”为遵循者，可备一说。斯，此。术，道。

③引《谦》九三爻辞，其义为：有功劳而又谦虚，君子则有好的结果，

吉利。

④这里集中解释《谦》九三爻辞。伐：夸。德：得。厚：笃厚。功下人：有功劳而能礼下于人。致：推致。

⑤引《乾卦》上九爻辞。亢：穷极。

⑥这里集中解释《乾》上九爻辞。贵而无位：《乾》上九之阳处上为贵，上九穷极失位故无位。高而无民：上九居卦上故曰高，六爻皆无阴，故无民。

⑦引《节》初九爻辞。

⑧这里集中解释《节》初九爻辞。阶：阶梯。密：缜密。几事：事情一开始。

⑨这里集中解释《解》六三爻辞。乘：古时指车辆，引申为乘坐。小人乘君子之器：小人乘坐君子的交通器具。小人，庶民。君子，指有德才之人。从卦象看，阳为君子，阴为小人，《解》六三以阴居阳位，故有“小人乘君子之器”之象。慢：骄慢。诲：教。

译文

“初六，用白色茅草铺地（摆设祭品），没有什么过错。”孔子说：“（祭品）直接放在地上也是可以的，再用茅草铺垫，又有什么过错呢？这样做只能说君子办事非常谨慎。茅草作为一种物质虽然很轻薄，但作用重大，能谨慎地用这套礼仪行事，就不会有所失了。”“有功劳而谦虚，君子有好的结局，吉利。”孔子说：“有功劳而不夸耀，有功绩而不居功自傲，真可谓是仁厚至极。这说明君子有功劳而能礼下于人。德讲究盛大，礼讲究恭敬，所谓谦，就是以恭敬而保存其禄位。”“龙飞过高则有悔。”孔子说：“尊贵而无适当的职位，高高在上而失去民众，贤人在下位而无所辅助，所以一行动就有悔。”“不出门户庭院，没有灾祸。”孔子说：“祸乱的产生，是因为言语不慎。国君不谨慎而失掉大臣，大臣不谨慎则有杀身之祸，办事开始时不谨慎则会妨害事情的成功。所以君子谨慎缜密而不轻易出言。”孔子说：“作《易》的人，大概很了解盗寇的心理吧！《易》说：‘以肩负物又乘车，以致招来盗寇来打劫。’以肩负物，这是小人做的事情。乘车，是君子（使用的）器具。小人乘坐君子的器具，所以盗寇想来抢夺他。处在上位者骄慢而处在下位者暴虐，就会招致盗寇。懒于收藏财富就会招来盗寇来抢，打扮妖艳就会诱发盗寇来奸淫。《易》说：‘以肩负物而又乘车，招致了盗寇。’盗贼就是这样招来的。”

原文

大衍之数五十①，其用四十有九②。分而为二以象两③，挂一以象三④，揲之以四以象四时⑤，归奇于扐以象闰⑥。五岁再闰⑦，故再扐而后挂⑧。天数五，地数五，五位相得而各有合。天数二十有五，地数三十，凡天地之数五十有五。此所以成变化而行鬼神也⑨。《乾》之策二百一十有六，《坤》之策百四十有四，凡三百有六十，当期之日⑩。二篇之策，万有一千五百二十，当万物之数也⑪。是故四营而成《易》，十有八变而成卦⑫。八卦而小成。引而伸之，触类而长之，天下之能事毕矣⑬。显道神德行，是故可与酬酢，可与佑神矣⑭。子曰："知变化之道者，其知神之所为乎？"

注解

①衍：演，即演算。五十：按，大衍之数应为"五十有五"，疑"有五"二字在转写中脱去。

②其用四十有九：五十根蓍草，只用四十九根，其中一根不用，以象太极，也有说四十九根象太极者，前者为胜。

③两：两仪，指天地或阴阳。此是说把四十九策分为二，象征太极生两仪。

④挂一以象三：依宋人说从右手蓍策中任取一根置于左手无名指与小指之间，象征"三才"。挂一，从右手蓍策中任取一根。"一"，象征三才中人。三，三才。

⑤揲：取，数。此是说将左右手之策以四根为一组而数之，象征有"四时"。

⑥奇：余，在分完左右手之后，每只手中策数必有余数。或一，或二，或三，或四。此就是奇。扐：勒，将蓍草勒于指间。闰：闰月。

⑦五岁：五年。一挂两揲两扐为五，故为"五岁"。再：两。此句是说一变之中，有两次归奇于扐，故象两次闰月在五年之中。

⑧挂：一本作（卦），二者通，此指布卦之一爻。

⑨这里集中阐述天地之数与大衍之数关系。五位：古有多解：（一）指天地之数各有五位数；（二）五个方位，一六居北，二七居南，三八居东，四九居西，五十居中；（三）五行之位，一六合为水位，二七合为火位，三八合为木位，四九合为金位，五十合为土位。通观文义，第一种较当。相得：相加。合：即和。变化：指蓍数变化。鬼神：气之屈伸往来。鬼，归。神，伸。故“行鬼神”，是指数能贯通天地鬼神，即易通鬼神而能行鬼神。

⑩策：古人称蓍草根数为“策”，一根蓍草为一策。当期之日：《乾卦》六爻，每一爻经十八变之后，皆得36策，故六爻之策为：36×6＝216（策）。同样《坤》六爻，每一爻经十八变皆得24策，故六爻之策为24×6＝144，《乾》《坤》两卦策数相加，即：216+144＝360，360正与一年三百六十天数相当，故曰“当期之日”。

⑪二篇之策：指《周易》共上下两篇，六十四卦，三百八十四爻所有的策数。其中阳爻为一百九十二，阴爻为一百九十二。

若阳爻为老阳，阴爻为老阴，则：

36×192＝6912

24×192＝4608

所以：4608+6912＝11520（策）

若阳爻为少阳，阴爻为少阴，则：

32×192＝6144

28×192＝5376

所以：6144+5376＝11520（策）

故“二篇之策，万有一千五百二十”。《系辞》作者认为“二篇策数”正与万物之数相当。

⑫四营：四求。指一爻生成须经过四次演算才得出：（一）分二，（二）挂一，（三）揲四，（四）归奇于扐，共为“四营”。十有八变而成卦：四营称“一变”，三变成一爻，《周易》一卦六爻，故6×3变＝18变。

⑬小成：古有多解，有曰八卦虽有三画以象三才，但未尽万物之情理，故曰小成；有曰此八卦指经卦而言，十有八变方成一卦，九变出一经卦，只是一半，故曰“小成”。以上下文义观之，以第二说为是。伸：一本作“信”，二者相通。触：动，逢。毕：尽。

⑭显：明。道：易道。德行：品德行为。与：犹“以”。酬酢：古代一种宾主饮酒之礼。古代饮酒，主人酌宾为献，宾酌主人为酢。主人饮之，又酌

宾为酬。先举为酢，答报为酬。此象阳唱阴合，变化相配，阳往为酬，阴来为酢。佑：助。

译文

（借用蓍草）演算天地之数是五十五，实际用四十九（根）。（将这四十九根蓍草）一分为二，以象两仪，（从右手蓍策中）任取一根（置于左手小指间），以象征（天、地、人）三才，（左右手之策）以四为一组数之象征四时，归置（左右手所余之数）于左手无名指间以象征余日而成闰月。因五年中有两次闰月，所以再一次归余策于左手中指间，而后经三变而成卦（一爻）。天数五位，地数五位，天地之数五位各自相加而有和。天数和为二十五，地数和为三十，天地之数总和为五十五。此所以生成（蓍数）变化而通行天地鬼神的原因。《乾卦》策数为二百一十六，《坤》的策数为一百四十四，（《乾》《坤》策数）共为三百六十，正好与一年三百六十天数相当。（《周易》）上下两篇策数为一万一千五百二十，正好与万物之数相当。所以经过四道程序的经营而成《易》卦一爻，十八次变化而成一卦。（九次变化出）八经卦为小成。再引申其义，触动类推而增长，天下所能之事皆无所遗了。显明易道，神化德行，所以如行宾主饮酒应对之礼，可以佑助神化之功。孔子说："通晓阴阳变化之道的，大概知道神明所做的事情吧？"

原文

《易》有圣人之道四焉：以言者尚其辞，以动者尚其变，以制器者尚其象，以卜筮者尚其占①。是以君子将有为也，将有行也，问焉而以言②，其受命也如响，无有远近幽深，遂知来物。非天下之至精，其孰能与于此③？参伍以变，错综其数④，通其变，遂成天下之文；极其数，遂定天下之象⑤。非天下之至变，其孰能与于此？《易》无思也，无为也，寂然不动，感而遂通天下之故。非天下之至神，其孰能与于此⑥。夫《易》，圣人之所以极深而研几也。唯深也，故能通天下之志；唯几也，故能成天下之务；唯神也，故不疾而速，不行而至⑦。子曰"《易》有圣人之道四焉"者，此之谓也。

注解

①以：用。尚：崇高。辞：指卦爻辞。变：爻变。象：卦象。卜筮：龟卜蓍占。占：占问预测。

②为：作为。古人多指建立诸侯国。行：行动，多指行师出征。问：以上下文义思之，“问”显然指求问于《易》。言：言其吉凶。

③命：命蓍、命龟之语，即占问前对蓍龟所问的话。响：一本作“向”，二字古通，此指响之应声。远近：就天地而言，天远地近。幽：隐暗。深：深奥。物：事。精：精细微妙。孰：谁。与：达到。

④参伍以变，错综其数：古人众说纷纭，有谓参伍即三五行者，有谓参五十五，七八为象，其数十五，九六为爻，其数亦十五者，有谓三五以相参合以相改变者。以上，以为参考。

⑤通其变：通达蓍变。遂：就。文：物相杂故曰文，即一卦六爻刚柔相掺杂以成文采。极：推究。象：卦象。卦象象征了天下万物，故“遂定天下之象”。

⑥此句言尚占之事。“无思”“无为”“寂然不动”，是就卦爻而言。“感而遂通”，就行蓍而言，如下章所言“蓍之德圆而神，卦之德方以知”。寂：静。感：触动。故：事。

⑦研几：研尽其几微。几，一本作“机”，训几为微。志：心志。疾：急。

译文

《周易》包含四种圣人运用的道理和方法：用以讲说的崇尚卦爻辞，用以指导行动的崇尚卦变，用以制造器物的崇尚卦爻之象，用以卜筮预测的崇尚占问。所以君子将要有所作为，要有所行动时，求问于（《易》）后才知道（吉凶），蓍受人之命（答疑）如应声之响，不管远近幽深，皆知未来的事物（变化）。若不是天下万物的至极精微，又有谁能做到这样呢？三（材）五（位）的变化，错综蓍数（而成卦），通达其变化，就可以成就天下万物的文采；极尽其蓍数，就可定天下万物之象。若不是天下万物的至极变化，又有谁能达到这样呢？《易》无思无为，寂然不动，感悟而能通晓天下之事。若不是天下最神圣之物，谁能做到如此。《易》这套道理，乃是圣人之所以穷极其深奥，研尽其机微所在。因为深奥，所以能通晓天下的心志；因为微妙，所以能成就天下的事务；因为神妙，所以它不急却极其迅速，不必行动而已经到达。孔子说的“《周易》中含圣人之道四条”，就是这个意思。

原文

天一，地二；天三，地四；天五，地六；天七，地八；天九，地十①。子曰：“夫《易》何为者也？夫《易》开物成务，冒天下之道，如斯而已者也。”②是故圣人以通天下之志，以定天下之业，以断天下之疑。是故蓍之德圆而神，卦之德方以知，六爻之义易以贡③。圣人以此洗心，退藏于密，吉凶与民同患。神以知来，知以藏往，其孰能与此哉？古之聪明睿知神武而不杀者夫④！是以明于天之道而察于民之故，是兴神物以前民用。圣人以此齐戒，以神明其德夫⑤。是故阖户谓之坤，辟户谓之乾，一阖一辟谓之变，往来不穷谓之通，见乃谓之象，形乃谓之器，制而用之谓之法，利用出入，民咸用之谓之神。⑥

注解

①案唐代李鼎祚《周易集解》及清代阮元刻《十三经注疏》本，此节在“夫易，何为者也”之上。自“天数五”至“行鬼神也”一节在“故再扐而后挂”之下。宋代张载、程颐、朱熹疑为错简。认为此两节相连当在“大衍之数”之上。元人吴澄、明人来知德、清人李光等人皆从之。案汉熹平石经本，自“天一”至“行鬼神也”在“故再扐而后挂”之下，《汉书·律历志》与卫元嵩《元包蓍篇》皆同熹平石经，故当以汉熹平石经本为是。然案上下文义，程朱之顺序较胜，故今从之。此章列“一”至“十”自然数，旨在说明筮法中所演五十之数是以这天地之数为根据的。

②何为：即为何。开物：揭开事物真相。成务：成就事务。冒：覆，即包括。斯：此。

③蓍之德：行蓍的所得。圆而神：即圆神能，古“而”“能”二字互通。此指效法了天的圆，故能神奇变化。方以知：方，本指为地之性质，即方正。此指卦效法了地，具有地之性质。知，智慧。贡：告知。

④洗心：古多解为“先心”。帛书《易》作“佚心”，“佚”是佚乐其心、无所作为之义。密：静。神武而不杀：武艺至于神而不假杀伐以服人。杀，杀伐，有读为衰者，古“杀”“衰”通。

⑤故：事。兴：举。神物：蓍草。前民用：先于民而用神。前，先，又说导。齐戒：指古代祭祀前沐浴更衣，不饮酒，不吃荤，不同房，以洁身心。齐，通“斋”。

⑥阖户：关门。阖，闭。辟户：开门。辟，开。此用“阖户”“辟户”以喻阴阳。乾为阳，坤为阴。一阖一辟：本指门户白昼开、黑夜闭，此象阴阳交替变化，与“一阴一阳”同义。见：现。形：成形。制：制裁。法：法度。咸：皆。

译文

天数一，地数二；天数三，地数四；天数五，地数六；天数七，地数八；天数九，地数十。孔子说：“这《周易》为什么会这样呢？这是《周易》揭示事物（本质）而成就事业，概括天下事物的规律，如此而已。”所以圣人可以通达天下人的心志，成就天下的事业，决断天下的疑惑。因此蓍占的所得在于（效法天）圆故能神妙，易卦的所得在于（效法地）方故能隐藏智慧，六爻之义在于以其变化而告（吉凶）。圣人以此净化心灵，退藏于隐秘之处，吉凶与庶民共济。由此可知，其神妙不仅可以预知未来，还可以蕴藏过去的经验、教训，谁能达到如此地步？（只有古代）聪明智慧、武功至神而又不假杀伐的人（才能做到）！所以明了天道而察访民事，因而兴创神物（占筮）而先于民用之。圣人以此斋戒身心，以神化明示他的道德。所以闭户叫作坤，开户叫作乾，一闭一开叫作变，往来不穷叫作通，以变化的情况来表现具体的事物叫作象，从揭示的物象中取其形叫作器，裁制而用的叫作法，利用（门户）出入宇宙万物之中，民众都用的叫作神。

原文

是故《易》有太极，[①]是生两仪，两仪生四象，四象生八卦，八卦定吉凶，吉凶生大业。[②]是故法象莫大乎天地，变通莫大乎四时，县象著明莫大乎日月，崇高莫大乎富贵。备物致用，立成器，以为

天下利，莫大乎圣人。探赜索隐，钩深致远，以定天下之吉凶，成天下之亹亹者，莫大乎蓍龟。[③]是故天生神物，圣人则之；天地变化，圣人效之；天垂象，见吉凶，圣人象之；河出图，洛出书，圣人则之。[④]《易》有四象，所以示也；《系辞》焉，所以告也；定之以吉凶，所以断也。《易》曰："自天佑之，吉无不利。"子曰："佑者，助也。天之所助者，顺也；人之所助者，信也。履信思乎顺，又以尚贤也，是以'自天佑之，吉无不利'也。"[⑤]

注解

①太极：先儒众说不一：虞翻译为"太一"，"太极，太一也。"（《周易集解》）马融释为"北辰"，"太极，北辰也。"（《经典释文》）郑玄释为"道"，"极中之道，淳和未分之气。"（《文选》注）王弼释为"无"，"太极者，无称之称，不可得而名，取有之所极，况之太极者也。"（《周易注》）孔颖达释为"气一"，"太极谓天地未分之前元气混而为一，即是太初太一也。故《老子》云'道生一'即此太极是也。"（《周易正义》）朱熹释为"理"，"太极者，其理也。"（《周易本义》）邵雍释为"无为之本"，"太极，何物也？曰无为之本也。"（《周易折中》引）郑维嶽释为"乾"，"乾者，一而已；一者，太极也。"（同上）徐在汉释为"乾坤"，"同一，乾坤也。以其一神则谓之太极，以其两化则谓之两仪。"（同上）崔憬、朱震、毛奇龄、胡渭等人皆认为太极是就筮法而言，蓍策未分、奇耦未形即是太极。（见《汉上易传》《仲氏易》《易图明辨》）案闽监毛本、石经本、岳本"太"皆作"大"，故太、大通，太即大。极，《说文》训为"栋"，《逸雅》训"栋"为"中"，即指居屋之中，而《广雅释诂》云"极，至也"，"极，高也"，此"至""高"皆缘"栋"而生，故"太极"有高大而中和之义。极大曰"太"，中而未分曰"一"，故"太极"又称"太一"。而"太一"古人多指"太一"星，《史记·天官书》："中宫天极星，其一明者，太一常居也。"太一又称北辰，《易纬乾凿度》云："故太一取其数以行九宫，四正四维皆合于十五。"郑玄注："太一者，北辰之神名也，居其所曰太一。"太一，北辰即指北极星，《尔雅》："北极谓之北辰。"案《文耀钩》："中宫大帝，其精北极星，含元出气，流精生一也。"故知太一（或北极）为含元生气之本。因而"太极"在古代

又常常被解释为无所不包、混沌未判的宇宙本原，《庄子》“道在太极之先”之“太极”即是此意。

②两仪、四象：先儒有不同解释，然由“易与天地准”及“法象莫大乎天地，变通莫大乎四时”考之，还以解“两仪”为阴阳，“四象”为七、八、九、六为妥。八卦：乾、坤、震、巽、坎、离、艮、兑。从“是故易有太极”到“吉凶生大业”一节，历来多从宇宙产生角度或从画卦角度理解。笔者认为，此节当言筮法。（一）此节有“易”“八卦定吉凶”等字眼，显然乃就《周易》筮法而言，仅从宇宙本原来理解是不妥的。（二）此节多用“生”字，《系辞》凡言“生”，如“生变化”“生吉凶”“生情伪”“生利害”及“生生之谓易”皆是筮卦，非画卦。凡论画卦不用生，而用“作”，如“始作八卦”“作易者，其有忧患乎?”（三）此节与“大衍章”相合。

③法：指地。象：指天。《系辞》：“成象之谓乾，效法之谓坤。”变通：四时推移终而复始，变而通达。县：即悬。崇：充实。立成器：创立成就器物。探赜索隐：探讨事物之繁杂，求索事物之几微。索，求寻。隐，几微。钩深致远：钩取深奥，招致远大。钩，曲而取之。致，招致。成天下之亹亹：成上下文义思之。成即盛，作容纳解。亹亹，一本作娓娓，先儒释为勉勉，亦有释作微妙者。蓍龟：蓍草、龟甲。

④神物：指蓍龟。则：法。河出图，洛出书：河，黄河。洛，洛水。关于《河图》《洛书》众说不一，郑玄认为二者皆为书：“《河图》有九篇，《洛书》有六篇。”孔安国认为《河图》即八卦，《洛书》即《洪范》九畴。也有人认为《河图》《洛书》为天象图，为玉石、宝器等。宋代陈抟等人自称发现了由黑白圆点组成的古《河图》《洛书》。邵雍、刘牧等人又传授发明之。图书之学逐渐成为易学中的一大分支，到了清代以胡渭为代表的朴学大师经过考证，提出宋人所谓《河图》《洛书》是伪造，自此，图书之学开始衰微。战国乃至春秋时代的《河图》《洛书》到底是什么样子，有待于考古发掘进一步证实。

⑤四象：古者多解：（一）“神物”“变化”“垂象”“《河图》《洛书》”；（二）水、火、木、金；（三）阴、阳、老、少；（四）实象、假象、义象、用象。案上下文义，当以阴、阳、老、小为胜。以上，备为参考。

译文

所以《周易》中有太极，（由太极）生成两仪，两仪生成四象，四象生成八卦，八卦推断吉凶，吉凶成就大业。所以效法而成象莫过于天地，变化通达莫过于四季，悬垂其象而显著明示莫过于日月，崇尚高大莫过于富足尊贵。具备天下之物而致其用，创立与成就器物，以利天下之民，莫过于圣人。探寻事物繁杂，求索事物几微，钩取深奥，招致远大，以断定天下吉凶，使天下人勤勉做事，莫过于蓍龟。所以大自然生成蓍龟，圣人效法其中原理；天地变化，圣人效法这些变化创立与之相应的政令；天垂示（日月星）象，显示吉凶，圣人效法它创作六十四卦以示吉凶；黄河出图，洛水出书，圣人效法它制作八卦、九畴。《周易》有太阳、太阴、少阳、少阴四象，昭示其义；系以文辞，是用来告知人们事物变化中的吉凶；确定吉凶，赖以推断。《周易》说："来自上天的佑助。吉祥而无所不利。"孔子说："佑，就是佑助。天所佑助的，是顺从；人所佑助的，是诚信。履行诚信而思于顺天，又崇尚圣贤，所以说'来自上天的佑助，吉祥而无所不利'。"

原文

子曰："书不尽言，言不尽意。"然则圣人之意，其不可见乎？子曰："圣人立象以尽意，设卦以尽情伪，《系辞》焉以尽其言，变而通之以尽利，鼓之舞之以尽神。"①乾坤，其《易》之缊邪？乾坤成列，而《易》立乎其中矣。乾坤毁，则无以见《易》。《易》不可见，则乾坤或几乎息矣。②是故形而上者谓之通，形而下者谓之器，化而裁之谓之变，推而行之谓之通，举而错之天下之民谓之事业。③是故夫象，圣人有以见天下之赜，而拟诸其形容，象其物宜，是故谓之象。圣人有以见天下之动，而观其会通，以行其典礼，《系辞》焉以断其吉凶，是故谓之爻。极天下之赜者存乎卦；鼓天下之动者存乎辞；化而裁之存乎变；推而行之存乎通；神而明之存乎其人；默而成之，不言而信，存乎德行。④

注解

①书：文字。言：言语。意：心意。情伪：实情虚伪。阳为实，阴为伪，阴阳变化，而情伪在其中。变而通之：变化三百八十四爻使之交通。鼓之舞

之：就蓍占而言，鼓为动，舞为起行。

②缊：藏，此指渊源。成列：分布，此指乾坤各三爻而成体，阴阳分布。毁：毁弃。息：止。此是说明乾坤为阴阳之宗，变化所出。易无体，以乾坤见之，六十四卦由乾坤所生，乾坤毁，卦爻灭，易即不存在。

③形而上：指超出形体、在形体以外、无形而不可见的、抽象的事物。形而下：指没有超出形体、在形体以内、有形可见的具体的事物。化而裁之：阴阳转化而裁成事物。化，变化。裁，裁制。推而行之：阴阳推移，行施不穷。举：用，推。错：通“措”，当训为置于、施加。

④存：依存，依赖。卦：卦象。辞：爻辞。变：爻变。神而明之：神妙莫测而能明示。德行：品德行为。

译文

孔子说：“文字不能写尽言语（所能表达的意思），言语不能表达尽心意（所想到的意境）。”那么，圣人的心意就不可见了吗？孔子说：“圣人创立卦象以穷尽所要表达的心意，设置卦爻以穷尽所要表达的真伪，用文辞以穷尽所要表达的言语，变动（阴阳爻）使之通达，以穷尽天下之利，鼓舞（而行蓍）以穷尽其神妙。”乾坤，大概是《易》的精微深奥之处吧？乾坤的创立与上下分布，其中也象征着《易》的基本原理。乾坤毁灭，则无以显现《易》，《易》不可现则乾坤也许几乎止息了。所以，形体以上（而不可见）的叫道，形体以下（而可见）的叫器，（阴阳）转化而裁成万物的叫变，（阴阳）推移往来运动的叫通，将（《易》的作用）施加于天下民众的叫作事业。所以这卦象，是圣人看见天下事物繁杂，因而比拟其外部形状、容貌，象征其事物之所宜，这就是卦象。圣人看到天下事物的变动，因而观察其会合变通，以推行其典章、礼仪，附上爻辞以推断吉凶，这就是爻。极尽天下繁杂事物的，依存于卦象；鼓动天下变化的，依存于爻辞；（阴阳）转化裁成万物的，依赖于卦变；（阴阳）推移运动的，依存于变通；（蓍占）神妙而能示（吉凶）的，依存于人；在默然中成就一切，不用言语而致诚信，依存于德行（的感召）。

《系辞》下

原文

八卦成列，象在其中矣；因而重之，爻在其中矣；刚柔相推，变在其中焉；系辞焉而命之，动在其中矣。[①]吉凶悔吝者，生乎动者也；刚柔者，立本者也；变通者，趣时者也；[②]吉凶者，贞胜者也；天地之道，贞观者也；日月之道，贞明者也；天下之动，贞夫一者也。[③]夫乾，确然示人易矣；夫坤，隤然示人简矣。[④]爻也者，效此者也；象也者，像此者也。爻象动乎内，吉凶见乎外，功业见乎变，圣人之情见乎辞。[⑤]天地之大德曰生，圣人之大宝曰位。何以守位？曰仁。何以聚人？曰财。理财正辞，禁民为非曰义。[⑥]

注解

①八卦成列：八卦各列其位。象：卦象。刚柔：指爻画。阳爻为刚，阴爻为柔。相推：相推移。变：爻之变化，此指九六相变。命：一本作“明”，命、明互通，当训明为是。动：爻象变动。

②趣：趋。时：卦爻之时，即卦爻所处的具体条件。

③贞：正。观：瞻。一：乾元，即天一，万物始于一而终于一。

④确：高至，天尊故高。易：平易。隤：下坠，从阜。地卑下故曰隤。隤，一本作“退”或作“妥”。古音每随义转，“卑”“退”声之转，“退”“妥”音近，故三者互通。

⑤此：代词，此指乾坤易简。“效法之谓坤”，故“爻也者，效此者也”，“成象之谓乾”，故“象也者，像此者也”。即三百八十四爻效此，六十四卦卦象像此。内：卦内。外：卦外。辞：卦爻之辞。

⑥生：生育。位：职位，《周易》多指爻位。仁：一本作“人”，“仁”“人”古者通。理财：管理财物。正辞：正定号令。

译文

八卦布列（成位），卦象就包含在其中了；又将八卦相重，六爻就包含在其中了；阴阳刚柔爻画相互推移，变动就包含在其中了；系辞上文辞明示吉凶后，爻动就包含在其中了。吉凶悔吝，产生于爻动；刚柔，是立卦的根本；变通，取义于（卦爻之）时；吉凶，以正而取胜；天地之道，以正而能观瞻；日月之道，以正而得光明；天下之动，以正而归于一。乾，高大而示人平易；坤，柔顺而示人简约。爻，仿效于此；卦象，取象于此。爻象发动于（蓍占）内，吉凶显现于（蓍占）外，建功立业显现于知变。圣人的思想、情感体现于卦爻之辞。天地的德性润泽、孕育万物，圣人的珍宝在于得到适宜的位置。如何守住权位？是行仁政。如何聚合众人？是用财富。而管理财物，正定号令，禁止民众为非作歹的是道义。

原文

古者包牺氏之王天下也，①仰则观象于天，俯则观法于地，观鸟兽之文与地之宜，②近取诸身，远取诸物，于是始作八卦，以通神明之德，以类万物之情。③作结绳而为罔罟，以佃以渔，盖取诸《离》。④包牺氏没，神农氏作，斲木为耜，揉木为耒，耒耨之利，以教天下，盖取诸《益》。⑤日中为市，致天下之民，聚天下之货，交易而退，各得其所，盖取诸《噬嗑》。⑥神农氏没，黄帝、尧、舜氏作，通其变，使民不倦，神而化之，使民宜之。《易》，穷则变，变则通，通则久。是以“自天佑之，吉无不利”。⑦黄帝、尧、舜垂衣裳而天下治，盖取诸《乾》《坤》。⑧刳木为舟，剡木为楫，舟楫之利，以济不通，致远以利天下，盖取诸《涣》。⑨服牛乘马，引重致远，以利天下，盖取诸《随》。⑩重门击柝，以待暴客，盖取诸

《豫》。[11]断木为杵，掘地为臼，臼杵之利，万民以济，盖取诸《小过》。[12]弦木为弧，剡木为矢，弧矢之利，以威天下，盖取诸《睽》。[13]上古穴居而野处，后世圣人易之以宫室，上栋下宇，以待风雨，盖取诸《大壮》。古之葬者，[14]厚衣之以薪，葬之中野，不封不树，丧期无数。后世圣人易之以棺椁，盖取诸《大过》。[15]上古结绳而治，后世圣人易之以书契，百官以治，万民以察，盖取诸《夬》。[16]

注解

①包牺氏：传说中原始社会圣王，风姓，被称为三皇之一。包，又作“庖”。一本作“伏戏氏”。伏，服。戏，化。据说伏戏画八卦以治天下，天下服而化之，故称“伏戏氏”。中国古代其他典籍又称包戏氏为伏牺、伏羲、炮牺、包羲、庖羲、虑仪、宓牺等。又说即太昊氏。为中国东方氏族之祖。

②象：天象。法：形。鸟兽：先儒多释为飞鸟走兽者。由上下文义读之，似指天上四象，即朱雀、白虎、苍龙、玄武。文：文采。与地之宜：“宜”在此有适宜、适合之义。

③诸：之乎，即于。神明之德：指天地变化神妙之德，也指健顺动止之性。类：比拟。情：情况。

④作：始。罔：一本作“纲”“网”，取兽之网曰罔。罟：也指网，取鱼之网曰罟。佃：一本作“田”，取兽曰佃。渔：通“鱼”，取鱼曰渔。盖：大概。离：古读罗，帛书《周易》之“离”皆为“罗”，离、罗二字通，此指纲罗。《离卦》也有网之象。《离》两离相重，离为目，两目相连，外实中虚，互体又有巽，巽为绳，故有结绳为罔罟之象。

⑤没：终。神农氏：传说中原始社会人物，古史又称炎帝、烈山氏，相传始教民为耒耜以兴农业，尝百草发明医药，故称神农氏。作：起。斲(zhuó)：有砍削之义。耜（sì）、耒（lěi）：皆上古农具。耜，犹如今之犁头。耒，犹今之犁柄。耨：一本作“鉏”。通观上下文义，“耨”当作“耜”。《益》：指《益卦》，《益》下震上巽，巽为木，为入，震为动，互体有艮、坤，艮为手，坤为土，故有手持木入土之象。

⑥日中：中午。致：招致。噬嗑：卦名，有咬合之义，以齿咬物为

“噬”，合口为“嗑”。《噬嗑卦》下震上离，离为日，为明，震为动，上光明，而下有动，有日中集市之象。

⑦黄帝：姬姓，号轩辕氏，有熊氏，中原部落之祖。尧：陶唐氏，名放勋，又称唐尧。舜：姚姓，有虞氏，名重华，史称“虞舜”。三人为传说中原始社会中人物。穷：穷极。

⑧垂：垂示。衣：上衣。裳：下服。以衣在上者象天，以裳在下者象地，故衣裳制作取象乾坤。

⑨刳：一本作“挎”，刳、挎二者互通，有剖判义，此指把木头凿空。剡(yǎn)：一本作“掞”，训为削、锐。楫：一本作“檝”，船桨。《涣》下坎上巽，巽为木、为风，坎为水，有木在水上乘风而行之象。

⑩服：用，驾。服牛即驾牛。

⑪柝（tuò）：指巡夜敲击的木梆。待：防备。暴客：盗寇。《豫》：本义指象之大，引申为娱乐。《豫》下坤上震，震为动、为木，坤为夜，互体有艮，艮为手，故有击梆巡夜之象。又艮为门阙，震倒象也为艮，故有重门之象。

⑫臼：舂。杵：古代舂米用的木椎。济：受益。《小过》下艮上震，互体又有巽，震为动，巽为木，艮为手，有手持木而动，向下而止，即舂米之象。

⑬弦木：曲木加弦。弧：木弓。矢：箭。睽：乘。《睽卦》象上离为矢，中互体坎为弓，故有弓矢之象。

⑭上古：先儒多释为三皇五帝时代。野处：生活于野外。处，在此有停留之义。后世：指三代。栋：栋梁。宇：屋边。又说为房上方屋檐、廊檐。宫：室。《大壮》下乾上震，震一阳在下而承二阴，上栋之象。乾三阳在下，宇之象。

⑮衣：依附，覆盖。《说文》：“衣，依也。上曰衣，下曰裳。象覆二人之形。”薪：柴草。中野：荒野之中。不封：不造坟墓。封，聚土为坟。古代坟墓有尊卑之别。不树：不植树标记。棺椁：古者丧葬设棺椁两层，内层为棺，外层为椁。《大过卦》象下巽、上兑，兑为口，巽为木，中互体有乾，乾为人，巽木有口，中有人，故有棺椁之象。一说上为兑，兑反为巽，故《大过》上下有巽，中为人，故有棺椁之象。又说《大过》初上坤爻，即上下皆土，木在土中，棺椁之象。

⑯结绳：结绳记事。书：文字。契：在木竹上刻字。夬：有决断之义。先儒认为：《夬》是由《大壮》阳进而成，乾为金，《大壮》震为竹木，以金决竹木象故为书契，有以刀契刻之象。

译文

上古包牺氏称王于天下，仰首以观察天象，俯身以取法地形，观察鸟兽的花纹与大地相适宜，近取象于自身，远取象于万物，于是开始创制八卦，借以通达神明的德性，类比万物的情状。（包牺氏）结绳索而制作网，用来猎兽、捕鱼，这大概取象于《离卦》。包牺氏死后，神农氏开始，砍削木头做成了耜，弯曲木头制成了耒，用耒耜耕种的便利，以教天下（百姓），这大概取象于《益卦》。以中午作为集市的时间，招致天下民众，聚集天下货物，相互交换而归，为自己获得所需要的物品，这大概取象于《噬嗑卦》。神农氏死后，黄帝、尧、舜氏开始，通达其变革，使百姓不怠倦，神奇而化育，使民众相适应。《易》道穷尽则变化，变化则（又重新）通达，能通达才可以长久。所以“有来自上天的保佑，吉祥而无所不利”。黄帝、尧、舜垂示衣裳（之用）而天下大治，这大概取象于《乾》《坤》二卦。凿空木头以制作舟船，砍削木材以制作桨楫，舟楫的便利在于渡涉不通（的江河），直至远方，以便利于天下，这大概取象于《涣卦》。乘驾牛马，负载重物至于远方，以便利天下，这大概取象于《随卦》。设置重门打梆巡夜，以防盗寇，这大概取象于《豫卦》。断削木头作为杵，挖掘地面作臼，臼杵的好处，万民受益，这大概取象于《小过卦》。弯曲木材加弦而为弓，削木以为箭，弓箭的好处，可以威服天下，这大概取象于《睽卦》。上古时候的人在洞穴中居住而生活于野外，后世圣人改用宫室，宫室上有栋梁，下有檐宇，以防御风雨，这大概取象于《大壮卦》。古时丧葬，只用薪草厚厚裹覆（死尸），埋葬于荒野之中，不聚土造坟墓，不植树为标记，丧期也没有定数。后世圣人改用棺椁下葬，这大概取象于《大过卦》。上古用结绳记事以治理天下，后世圣人改以契刻文字，百官有所治理，万民有所稽查，这大概取象于《夬卦》。

原文

是故《易》者，象也。象也者，像也。[①]彖者，材也；爻也者，效天下之动者也。是故吉凶生而悔吝著也。[②]

注解

①《易》：《周易》。象：卦象。像：象形。

②彖：彖辞，即卦辞。材：通裁，有裁断之义。

译文

所以《周易》是讲卦象的。而卦象，是象征万物的。彖辞，是裁断（一卦之义）的；爻，是效法天下万物变动的。因此吉凶产生而悔吝显出。

原文

阳卦多阴，阴卦多阳，其故何也？[①]阳卦奇，阴卦耦。[②]其德行何也？阳一君而二民，君子之道也。阴二君而一民，小人之道也。[③]

注解

①阳卦多阴：阳卦多阴爻。震、坎、艮为阳卦，皆由一阳二阴组成。阴卦多阳：阴卦多阳爻。巽、离、兑为阴卦，皆一阴二阳组成，阳爻多于阴爻。

②阳卦奇：阳卦是由一阳二阴，以一阳为主，故曰一阳为奇。阴卦耦：解释历代有歧，先儒主要有三说：（一）阴卦两阳，两阳为偶。（二）阴卦以一阴为主，一阴为偶。（三）阳为一画，阴为两画，阳卦共五画，阴卦共四画，五画为奇，四画为偶。统观上下文，当以第二说为是。耦，通“偶”，偶数。

③德行：品德行为。阳一君而二民：阳卦一阳爻、二阴爻，阳爻为君，阴爻为民。阴二君而一民：阴卦二阳爻、一阴爻。

译文

阳卦多阴爻，阴卦多阳爻，这是什么缘故呢？阳卦以（一阳）奇数为主，阴卦以（一阴）偶数为主。它的德行如何？阳卦一个国君，两个臣民（二民事一君），是君子之道；阴卦两个国君，一个臣民（一民兼事二君），这是小人之道。

原文

《易》曰："憧憧往来，朋从尔思。"[①]子曰："天下何思何虑？天下同归而殊涂，一致而百虑。天下何思何虑？日往则月来，月往则日来，日月相推而明生焉。寒往则暑来，暑往则寒来，寒暑相推而岁成焉。往者，屈也。来者，信也。屈信相感而利生焉。[②]尺蠖之屈，以求信也。龙蛇之蛰，以存身也。[③]精义入神，以致用也。利用安身，以崇德也。过此以往，未之或知也。穷神知化，德之盛也。"[④]《易》曰："困于石，据于蒺藜，入于其宫，不见其妻，凶。"[⑤]子曰："非所困而困焉，名必辱。非所据而据焉，身必危。既辱且危，死期将至，妻其可得见耶？"[⑥]《易》曰："公用射隼于高墉之上，获之，无不利。"[⑦]子曰："隼者，禽也。弓矢者，器也；射之者，人也。君子藏器于身，待时而动，何不利之有？动而不括，是以出而有获，语成器而动者也。"[⑧]

注解

①此引《咸卦》九四爻辞，其义为：虽然往来心神不定，但朋友们顺从你的想法。憧憧：心神不定。

②此言天道往来自然感应。同归：指同归于"一"，亦即《系辞》："天下之动，贞夫一者也。"涂：同途，即道路。一致：即致一。岁：年。屈：消退。信：通伸，进长。

③此言物理屈伸相感。尺蠖：昆虫。我国北方称“步曲”，南方称“造桥虫”。这种虫虫体细长，行动时，先屈而后伸。蛰：潜藏。

④此言学问屈伸相感。利用安身：此“利”，当指上文“屈伸相感而利生焉”之“利”，此“用”，当指“精义入神，以致用也”之“用”，故“利用”，实为能达到屈伸相感、精义入神的境界，方可安身。或：有。穷神知化：穷尽神道，通晓变化。神，阴阳不测。化，变化。

⑤引《困》六三爻辞。其义为：困于巨石之下，手攀附在多刺的蒺藜上，回到家中，妻子不见了，有凶险。

⑥非所困而困：这里用以解释“困于石”。困，困扰。非所据而据：这里用以解释“据于蒺藜”。据，攀附。

⑦引《解卦》上六爻辞。意思是：某公射中栖息在高墙上的隼鸟，猎捕它，没有什么不利的。公：古代职称。古分公、侯、伯、子、男五等。隼：鹰类鸟。墉：城墙。

⑧器：器具，此指弓矢。括：一本作“桰”，通“适”，读音同括，意为“疾”。不括，即不适，意为不疾。

译文

《易》说：“虽然往来心意不定，但朋友们顺从你的想法。”孔子说：“天下之事为何一定要如此思虑不定呢？天下万物本同归（于一）而道路各异，（虽）归致于一，但有百般思虑。（因此）天下之事为何一定要如此思虑不定呢？日去则月来，月去则日来，日月来去相互推移而光明产生。寒去则暑来，暑去则寒来，寒暑相互推移而一岁形成。往，意味着屈缩。来，意味着伸展。屈伸相互感应而功利生成。尺蠖屈缩，以求得伸展。龙蛇蛰伏，以保存其身。精义能入于神，方可致力于运用。利用精研的学识以安居其身，方可增崇其德。超过这些境界再向前发展，则有所不知。能穷尽神道，知晓变化，这才是伟大的道德。”《周易》说：“困于巨石之下，手攀附在多刺的蒺藜上，回到家中，妻子不见了，有凶险。”孔子说：“不该遭受困危的地方却受到了困危，其名必受羞辱。不该占据的而去占据，其身必有危险。既已羞辱又有危险，死期将至，妻子还能见到吗？”《周易》说：“王公射中了栖息在高墙上的恶隼，获得它，没有什么不利。”孔子说：“隼，是一种猛禽。弓矢，是射鸟的器具；射隼的是人。君子把器具藏在身上，等待时机而行动，哪有什么不利的？行动沉着而不受阻碍，所以出手而有所获，说明备有可用的器具才能行动。”

原文

子曰：“小人不耻不仁，不畏不义，不见利不劝，不威不惩，小惩而大诫，此小人之福也。①《易》曰：‘屦校灭趾，无咎。’②此之谓也。”“善不积，不足以成名；恶不积，不足以灭身。小人以小善为无益而弗为也，以小恶为无伤而弗去也。故恶积而不可掩，罪大而不可解。③《易》曰：‘何校灭耳，凶。’”④子曰：“危者，安其位者也；亡者，保其存者也；乱者，有其治者也。是故君子安而不忘危，存而不忘亡，治而不忘乱，是以身安而国家可保也。《易》曰：‘其亡其亡，系于苞桑。’”⑤子曰：“德薄而位尊，知小而谋大，力小而任重，鲜不及矣。⑥《易》曰：‘鼎折足，覆公餗，其形渥，凶。’⑦言不胜其任也。”子曰：“知几其神乎！君子上交不谄，下交不渎，其知几乎？几者，动之微，吉之先见者也。君子见几而作，不俟终日。⑧《易》曰：‘介于石，不终日，贞吉。’⑨介如石焉，宁用终日？断可识矣。君子知微知彰，知柔知刚，万夫之望。”⑩子曰：“颜氏之子，其殆庶几乎？有不善未尝不知，知之未尝复行也。⑪《易》曰：‘不远复，无祇悔，元吉。’”⑫“天地絪緼，万物化醇，男女构精，万物化生。⑬《易》曰：‘三人行，则损一人；一人行，则得其友。’⑭言致一也。”子曰：“君子安其身而后动，易其心而后语，定其交而后求，君子修此三者，故全也。危以动，则民不与也。惧以语，则民不应也。无交而求，则民不与也。莫之与，则伤之者至矣。⑮《易》曰：‘莫益之，或击之，立心勿恒，凶。’”⑯

注解

①耻：辱。畏：惧。劝：勉。威：刑威。诫：惩戒。

②此引《噬嗑》初九爻辞。其义为：脚上施以刑具，伤没了脚趾，没有灾害。校：古代木制刑具的通称。灭：伤没。

③弗：不。掩：训为掩盖，也有训为逼迫。

④引《噬嗑》上九爻辞。其义为：（肩上）荷以刑具，伤没了耳朵，有凶险。何：即“荷”。

⑤引《否卦》九五爻辞。其义为：将要灭亡，将要灭亡，因系于植桑而巩固。苞：植。

⑥知：智。小：一作“少”。任：负。鲜：少。及：达到，此指及于刑。

⑦引《鼎》九四爻辞。其义为：鼎足折断，将王公的美食倒出来，沾濡了四周，有凶险。𫗧：一种糁与笋做成的八珍菜粥。形渥：沾濡之貌。

⑧几：微。谄：谀。渎：渎慢。吉之先见：据高亨考为“吉凶之先见”。俟：等待。

⑨引《豫》六二爻辞。其义为：攻石治玉，不到一天就完成了任务，吉利。

⑩断：决断。彰：显明。望：瞻仰。

⑪颜氏之子：指孔子学生颜渊。殆：大概。庶：近。

⑫引《复卦》初九爻辞。其义为：（离开）不远就返回，无大悔，大为吉祥。祇：大。

⑬细缊：指气附着交感。细，本义指麻线。缊，指绵絮。醇：此指凝厚。构：亦有作“搆”“覯”者，有会合、交通之义。

⑭引《损卦》六三爻辞。其义为：三人同行，一人损去；一人独行，则可得其友人。

⑮易：平易。交：交遇。与：助。

⑯引《益卦》上九爻辞。其义为：得不到增益，有人攻击他，居心无常，有凶险。

译文

孔子说：“小人不知道羞耻，不明了仁义，不畏惧真理，不履行道义，不见到功利就不会勉励自己，不用刑威就不知道有所惩罚，直到受到小的惩罚后才知道在大的事情上有所警惕，这是小人的福气。所以《周易》说：‘脚上刑具伤没了脚趾，没有灾害。’就是这个道理。”“善事不积累，不足以成名；恶事不积累，不足以毁灭自身。小人将小的善事视为无益而不去做，把小的恶事视为无害而不去掉。所以恶行积累到无法掩盖，罪大恶极因而不可解脱。所以《周易》说：‘肩上荷负的刑具伤没了耳朵，有凶险。’”孔子说：“（倾覆的）危险，可以提醒人们如何安居其位；灭亡，可以提醒人们如何保全生存；祸乱，可以提醒人们如何维护世界安定。所以君子居安而不忘危险，生存不忘灭亡，太平治世而不忘祸乱，只有这样身体才可以平安、国家才可以保全。《周易》说：‘将要灭亡，将要灭亡，系于植桑而巩固。’”孔子说：“德行浅薄而位处尊贵，才智低下而图谋大事，力量微小而肩负重任，很少有不受惩罚的。《周易》说：‘鼎足折断，把王公的美食倒出，沾濡了四周，有凶险。’这是说力不能胜其任。”孔子说：“能知晓（事理的）几微，大概是神吧！君子与上相交不谄媚，与下相交不渎慢，这算是知晓几微了？几，是事物变动中细微的征兆，是吉的先现。君子见几而行动，不待终日。《周易》说：‘攻石治玉，不到一天就完成了任务，吉利。’这说明若是有了耿介如石的精神，又怎会等到一日之终呢？其中正之道可以明识了。君子知几微知彰著，知柔顺知刚健，（因而）万众仰慕。”孔子说：“颜家的儿子颜渊，大概算得上是道德上近乎完美的贤士了吧？有不善的事未尝不知道，知道后未曾再犯。《周易》说：‘（离开）不远就返回，无大悔，大为吉祥。’”“天地（二气）附着交感，万物化育凝固，阴阳构精交合，万物化育衍生。《周易》说：‘三人同行，则损去一人；一人独行，则得到友人。’说明专心致志能够得到友人。”孔子说：“君子先安定自身后才可以行动，平易其心之后才可发表言论，（与人）确定交情之后才有所求，君子能修养到这三种德行，才能全面。若冒险采取行动，则民众不助。在恐惧之中发表言论，则民众不响应。平时不与民众交流，则民众不会帮助。没有人给予帮助，则伤害的事就来了。《周易》说：‘得不到增益，有人攻击他，居心无常，有凶险。’”

原文

子曰：“乾坤，其《易》之门邪?”乾，阳物也：坤，阴物也。[①]阴阳合德，而刚柔有体，以体天地之撰，以通神明之德。[②]其称名也，杂而不越。于稽其类，其衰世之意邪?[③]夫《易》，彰往而察来，而微显阐幽。[④]开而当名辨物，正言断辞则备矣。[⑤]其称名也小，其取类也大，其旨远，其辞文。其言曲而中，其事肆而隐。因贰以济民行，以明失得之报。[⑥]

注解

①乾坤：指经卦乾坤。门：一本作“门户”，犹根本。阳物：乾三画皆为阳，故称阳物。阴物：坤三画皆为阴，故称“阴物”。

②阴阳合德：乾为阳德，坤为阴德。乾坤相互交通。合，交通。刚柔有体：指“六子”，即震、坎、艮有一刚二柔之体，巽、离、兑有一柔二刚之体。体，指卦体。撰：一说为数，万物形体皆受天地之数；一说为所为，体现天地生万物。当以解“撰”为所为，于义更胜。

③名：六十四卦卦名。于：发语辞。稽：推考。邪：助词。

④彰往：彰明以往之事。察来：察知未来之事。阐：明。

⑤开：启发，阐明。当名：名实相符。辨物：辨别物象。“当名辨物”一语乃《系辞》受名家思想影响之铁证。正言：正定言辞。断辞：推断之辞，即吉凶等辞。

⑥称名：取名，即六十四卦取名。旨：旨意。文：条理。曲：通“诎”，隐晦婉转。中：适中。肆：直，明显。贰：有二解：一指吉凶，一指“曲而中”“肆而隐”，以后者为胜。报：报应。

译文

孔子说：“乾坤，算得上《周易》的门户吧？”乾，为阳物；坤，为阴物。阴阳交合其德，刚柔（爻画）就有了形体，以体现天地所为，以通达神明的德性。其（卦）取名似杂乱不一，但不越分。推考卦名各类，大概是衰世时人的意识吧？《周易》彰明往事而察知未来之事，使微者显著，阐明幽隐之事。开启卦之义，使名实相符以辨别物象，正定（卦爻）言辞，赋上吉凶占断之辞而使之完备。（卦）取名小，它所象征的事类广大，所寓含的旨意深远，所系的卦爻之辞有文采。它的语言隐晦而合乎中理，它所论述的事情既明显又深藏内涵，总是从两个方面去济助民众行为，以明确得失的报应。

原文

《易》之兴也，其于中古乎？作《易》者，其有忧患乎？[①]是故《履》，德之基也；《谦》，德之柄也；《复》，德之本也；《恒》，德之固也；[②]《损》，德之修也；《益》，德之裕也；《困》，德之辨也；《井》，德之地也；《巽》，德之制也。[③]《履》，和而至；《谦》，尊而光；《复》，小而辨于物；[④]《恒》，杂而不厌；《损》，先难而后易；《益》，长裕而不设；[⑤]《困》，穷而通；《井》，居其所而迁；《巽》，称而隐。[⑥]《履》以和行，《谦》以制礼，《复》以自知，《恒》以一德，《损》以远害，《益》以兴利，《困》以寡怨，《井》以辩义，《巽》以行权。[⑦]

注解

①中古：殷末周初。伏羲时代为上古，文王时代为中古，孔子时代为下古。此指文王时代。忧患：忧虑患难，此指作《易》之人处逆境而演《易》，即文王被囚于羑里演《易》之事。

②履：帛《易》“履”皆作“礼”，《序卦》训履为礼，《履卦》下泽上天，故有上下尊卑等级分明之义，履又有践履之义。基：基础。践而履故曰德之基。谦：有谦逊、退让之义。柄：本，即把柄。谦持礼如柄之持物，故曰柄。复：有复返之义。本：根本。复归人性初善，故为德之本。恒：有恒久之义。固：牢固，即常守而不变。

③损：有减损之义。修：一本作“循”，修、循二者通，训“修”为治理，修养。益：有增益之义。裕：宽裕，优裕，扩充。辨：分别。地：地方。此以井水养人而不穷，说明养为德之地。制：有裁断之义。

④和而至：履训为礼，故和而至。和，不争。尊而光：尊，节退让之撙。撙之言损也，小也；光之言广也，大也。小：谓《复卦》一阳居下。物：指坤阴物。

⑤杂而不厌：《恒卦》刚柔皆应而其文交错，故曰杂；自守恒久不已，故

曰不厌。先难而后易：减损以修身，故先难，身修无患，故后易。长裕而不设：增进饶裕，不待设施。不设，不陈设，不夸大。

⑥穷而通：《困卦》兑泽于上则谓穷，坎水流于下则谓通。居其所而迁：井不动故谓居其所，井水利民故谓迁。称而隐：巽为木，称从禾，故巽曰称。称，扬。巽，通“逊”，逊有隐退之义，故巽又曰隐。从卦象看，巽二阳在上谓称，一阴入下谓隐。

⑦制礼：制定礼仪。自知：复返自省有不善未尝不知。远害：减损私欲可以远离灾害。兴利：产生功利。寡怨：减少怨尤。辩义：井水养人可以明辨君子之义。行权：申命故行权。

译文

《周易》的兴起，大概是中古时代吧？作《周易》的人，大概充满着忧患意识吧？所以《履》，是德性的基础；《谦》，是实行德性的权柄；《复》，是德性的根本；《恒》，是德性的修固；《损》，是修养德性的方法；《益》，是充裕德性的途径；《困》，是辨别德性的标准；《井》，是聚德之地；《巽》，是展示德性的规范。《履》，教人平和而履礼；《谦》，尊让而光大；《复》，微小而能识辨于物；《恒》，（遇事）杂乱恒守而不厌倦；《损》，（减损私欲）起初难而以后易；《益》，增长宽裕而不摆设（夸耀）；《困》，穷困而能通达；《井》，居其所而迁养（民众）；《巽》，顺势称号而不彰显自己。《履》以和而行事，《谦》以制定礼仪，《复》可以自知，《恒》以恒守一德，《损》以远离灾害，《益》以兴隆其利，《困》可以减少怨尤，《井》（养民）可以辨其义，《巽》可以申命行权。

原文

《易》之为书也，不可远，为道也屡迁。变动不居，周流六虚，上下无常，刚柔相易。[①]不可为典要，唯变所适。其出入以度，外内使知惧，[②]又明于忧患与故，无有师保，如临父母。初率其辞而揆其方，既有典常，苟非其人，道不虚行。[③]

注解

①不可远：指易道广大悉备，言尚辞，动尚变，制器尚象，卜筮尚占，故曰不可远。一说不可远离阴阳物象而妄为，可备一说。迁：徙。居：止。六虚：六位。虚是以实而言，位本无实；因爻而显示，位未有爻曰虚。上下：指一卦六爻上下。相易：相易位。

②典要：典常要道，即经常不变的规则。适：往，此指“之卦”，如《乾》五变之《大有》。其出入以度，外内使知惧：先儒有多解：（一）出乾为外，入坤为内，日行一度，故出入以度，出阳知生，入阴惧死，使知惧（虞翻语）。（二）行藏各法度不可违，使隐显之人知惧于《易》（孔颖达语）。（三）出入以一卦内外言之，两体也，出者自内之外往也，入者自外之内来也，以是度内外之际，而观消息盈虚之变，出入进退之理，使知戒惧（朱震语）。（四）《易》虽不可为典要，而其出入往来皆有法度，卦之外内皆足以使人知畏惧（潘梦旗语）。（五）人入而在内，出而在外皆有法度，不敢妄为（蔡清语）。（六）出，谓升上，入谓降下。外者，上也；内者，下也。卦画出而外，入而内皆以其度，或一体自易，或二体互易，六子八辟之所变。各二卦，泰否二辟之所变各九卦，如度之分寸，各有界限，不可僭差，人事之或出或入亦如卦画之出入以度，其出入动循礼法，使出而在外，入而在内之时，惕然知所畏惧（吴澄语）。（七）所系之辞或出或入，皆有一定法度，立于内外爻辞之间，使人皆知畏惧（来知德语）。统观上下文义，朱震、吴澄之说为胜，即出入，指阴阳屈伸消息。出，自内到外，即往；入，自外到内，即来。

③与：助词。故：事情的原委。师保：古代负责教育、辅导贵族子弟的人。临：亲临。初：始。率：一本作“帅”，帅通“率”，意为循。辞：卦爻辞。揆：度。方：这里解释为道。苟：若。道不虚行：易道不会凭空而自行。此言易道行于世皆圣人之功。

译文

《周易》这部书，不可疏远，它所体现的道，经常变迁。变动而不固定，周流于（卦的）六位，或上或下并无常规可寻，阳刚阴柔相互变易。不可当成不变之法则，唯有随爻之变而有所（生成）之卦。其（阴阳）屈伸往来应遵守法度，无论在外在内都要保持警惕，又明示忧患的缘故，虽没有师保教导，但如同当面领受父母教诲一样。起初若依循卦爻之辞而揆度其道义，（则《易》）也有典常可寻，若不是圣人（阐明此道），易道不会凭空行于世。

原文

《易》之为书也，原始要终，以为质也。[①]六爻相杂，唯其时物也。其初难知，其上易知，本末也。[②]初辞拟之，卒成之终。若夫杂物撰德，辩是与非，则非其中爻不备。[③]噫！亦要存亡吉凶，则居可知矣。知者观其彖辞，则思过半矣。二与四同功而异位，其善不同，二多誉，四多惧，近也。[④]柔之为道，不利远者，其要无咎，其用柔中也。三与五，同功而异位，三多凶，五多功，贵贱之等也。其柔危，其刚胜邪？[⑤]

注解

①原始要终：与《系辞上》“原始反终”相似，穷其事物之初，又要会事物之末。始，初。要，求取。初爻代表事物之初，故称“始”。终，终结。上爻代表事之末，故曰终。质：体。

②杂：阴阳错杂。时物：指不同条件下的事物。时，时机。卦有卦时，爻有爻时。物，事。初：初爻。上：上爻。难知：初爻处下代表事之微，故曰难知。易知：上爻代表事物终结而彰明，故曰易知。本末：指初爻、上爻。

③初辞：初爻之辞。拟：比类。卒成：事最后形成。终：上爻之辞。杂物：指阴阳杂居。杂，错杂。物，事，即爻不同代表事物不同。“爻有等，故曰物”。撰：一本作“算”，此当训为论述。辩：通“辨”，别。中爻：指二、五两爻。

④噫：叹词。要：求。彖辞：即卦辞。二与四同功：二与四同为阴位同互一卦，有相同的功用。异位：指二与四处不同位置，二处内卦，四处外卦；二居中，四失中。近：就四而言，四多惧因近五之君。

⑤不利远：阴不利于疏远九五，此就二言之。柔中：二以柔居中。三与五，同功而异位：三五同为阳位，同互一卦，故曰同功，五居中在外卦，三失中而在内卦，故曰三五异位。胜：胜任。邪：不定之辞。

译文

《周易》这部书，推原求末，归纳为一个个卦体。六爻（阴阳）错杂，代表不同时间的事物。其初爻（象征事物之始）难以知晓，其上爻（象征事物的终结，事情已经明显）容易知晓，这就像事物发展的本末一样。初爻之辞拟成（事物开端），（上爻之辞象征）事物最后形成。如果杂糅代表不同事物的爻，撰述（阴阳刚柔的）德性，辨别其是与非，则非二爻、五爻不算完备。是啊！若要了解存亡吉凶，安坐在家中（观其象）就可以知道。智者观玩彖辞，则理解可以超过一半。二爻与四爻有相同的功用，但爻位不同，（所以）它们的善吉不同，二爻多荣誉，四爻多畏惧，因接近（五之君位）。阴柔之道，本不利于远离（九五），（二远五）其大要归于不犯错误，是柔居中的缘故。三爻与五爻有相同的功用，但爻位不同。三爻多凶险，五爻多功绩，这是位之贵贱等级造成的。（三五阳位）若阴柔处之则危险，而以阳刚则能取胜吗？

原文

《易》之为书也，广大悉备，有天道焉，有人道焉，有地道焉。兼三才而两之，故六。六者，非它也，三才之道也。[1]道有变动，故曰爻。爻有等，故曰物。物相杂，故曰文。文不当，故吉凶生焉。[2]

注解

①悉：全，都。三才：即天、地、人。

②道：三才之道。等：阴阳贵贱之差等。物：事物。此指阴阳二物，阳爻代表阳物，阴爻代表阴物。文：文采。不当：谓阴物（爻）居阳位，阳物（爻）居阴位。

译文

《周易》这部书，广大而完备，有天道，有人道，有地道。兼备天、地、人三才而两两相重，所以成为（一卦）六画。六画不是别的，是三才之道。道有变动，所以称为爻。爻有不同等级，所以称为物。物（阴阳）相杂，所以称为文采。阴阳两爻不当位，所以吉凶产生。

原文

《易》之兴也，其当殷之末世，周之盛德邪？当文王与纣王之事邪？①是故其辞危，危者使平，易者使倾。②其道甚大，百物不废，惧以终始，其要无咎，此之谓《易》之道也。③

注解

①文王与纣王之事：指《周易》反映的是商纣王把周文王囚禁在羑里这一历史事件。即《彖》释《明夷》所谓“内文明而外柔顺，以蒙大难，文王以之”。

②辞：指《周易》卦爻辞。危：危惧。易：平易。倾：覆。

③其：代词，指卦爻辞。不废：无所遗。要：要旨。

译文

《周易》成书，大概在商代末期，周代德业隆盛之时吧？反映的当是文王与纣王的事情吧？所以《周易》含有危惧之辞，（其辞）由危惧变得平易，由平易变得倾覆。《周易》卦爻辞中所蕴含的道理十分博大，万物皆存其中而无所遗弃，（卦爻辞中）这种危惧若贯穿《周易》的始终，大体上也就没有过失了，这就是《周易》的道理。

原文

夫乾，天下之至健也，德行恒易，以知险。夫坤，天下之至顺也，德行恒简，以知阻。①能说诸心，能研诸侯之虑，定天下之吉凶，成天下之亹亹者。②是故变化云为，吉事有祥。象事知器，占事知来。天地设位，圣人成能。人谋鬼谋，百姓与能。③八卦以象告，爻彖以情言，刚柔杂居，而吉凶可见矣。变动以利言，吉凶以情迁，④是故爱恶相攻而吉凶生。远近相取而悔吝生。情伪相感而利害生。⑤凡《易》之情，近而不相得则凶，或害之，悔且吝。⑥将叛者，其辞惭。中心疑者，其辞枝。吉人之辞寡。躁人之辞多。诬善之人，其辞游。失其守者，其辞屈。⑦

注解

①至健：乾纯阳故至健。德行恒易：指德行永远平易近人，即《系辞》所谓“乾以易知”及“易知则有亲”。简：简约。知：知道。

②说：同“悦”。研：研习。侯之：先儒多认为衍文。案与前句“能说诸心”对举，思之有两解：(一)如先儒所言，“侯之”为衍文；(二)“能说诸心”脱“侯之”二字。此二者皆可通。然由下文“定天下”与“成天下”对举思之，当以前者之说于义更胜。亹亹：先儒多释为勤勉。这里解释为微妙。

③云为：即有所作为。云，有。祥：善福。圣人成能：指圣人效法天地作《易》，赞天地之化育，即成就天地之功能。人谋：指求谋卿士。谋，图谋，求教。鬼谋：指求谋卜筮。百姓与能：指求谋于庶人。

④象：卦象。爻彖：爻辞卦辞。情：情况。变动：爻之变动。利：指爻之变动教人趋吉避凶。迁：推移。

⑤爱恶相攻：指刚柔相摩。爱恶就爻之情而言，阳之情为爱，阴之情为恶。攻，摩。远近相取：或取远应而舍近比，或取近比而舍远应。远，指爻应与不应。近，近比。情伪相感：实情和虚伪相互感应。情，实情，阳为实。伪，虚伪，阴为虚。

⑥近而不相得：两爻相比阴阳相违背。或害之：阴为害，以阴居阳，以

阳居阴，阳皆受害。

⑦叛：背叛，叛逆。惭：惭愧。枝：分散。寡：少。躁：浮躁。游：言辞虚浮，游移不定。屈：邪曲不正。此节先儒理解多异：有说谈坎、离、艮、震、兑、巽六种人之言（虞翻），有说为爻位当位失位及变化等（姚配中），有说人之辞由情而生，故《易》之辞亦由情而生。统观上下文，以第三者释义较妥。

译文

乾，天下它最刚健，其德性永远平易，而主艰险。坤，天下它最柔顺，其德性永远简约，而主阻难。（易简之理）能愉悦人心，研究其忧虑，判定天下的吉凶，促成天下勤勉有为之人。所以知变化而有所作为，都是为了吉庆的事有福祥之兆。观卦象可以知道器物制作，筮占可以预知未来。天地设立自己的位置，圣人（效此）而成就天地的功德。先以人的智谋谋略其事，后证求卜筮所现鬼神的智谋，则百姓也能参与谋事。八卦以卦象告知，卦爻辞以实情说明，刚柔（爻画）互相杂居，而吉凶可以显现。爻的变动以利来表达，吉凶随爻实际情况而变迁，所以爱与恶相互攻击而吉凶生成。（爻的）远与近相互取舍而悔恨与困难产生。真情与虚伪相互感应，于是利与害产生。凡《周易》所论的情感，（两爻）相近比而不相得则必有凶，或者有人来伤害，就会有悔恨和困难。将要背叛的人，他的言辞惭愧躲闪。心中有疑惑的人，他的言辞杂乱无章。吉人的言辞很少，浮躁之人的言辞很多。诬陷好人的言辞浮游不定，丧失操守的人言辞邪曲不正。

说卦传[1]

原文

昔者圣人之作《易》也，幽赞于神明而生蓍，[2]参天两地而倚数，[3]观变于阴阳而立卦，[4]发挥于刚柔而生爻，[5]和顺于道德而理于义，穷理尽性，以至于命。[6]

注解

①案马王堆出土帛书《系辞》杂有今本《说卦》前三章，《隋书·经籍志》载："及秦焚书，……唯失《说卦》三篇。"可以断定《说卦》在流传过程中有错简、误论现象。因材料的限制，无法证实错讹的具体情形，故此还按传统对《说卦》章节划分注译。

②幽：幽暗。赞：佐助。神明：本指天神地明，此指天地变化神妙莫测。生蓍：创立揲蓍之法。

③参天两地：先儒众说纷纭：（一）天地之数相合，天得三合（一、三、五），地得两合（二、四）；（二）分天象为三才，以地两之，立六画数；（三）天地之数为十，以天三乘之为三十，以地二乘之为二十。其数之和正为大衍之数五十；（四）天圆地方，圆是用一围成三，方是用一围成四，三为三个奇数，四是两个偶数，故三天两地；（五）三天两地即为古代奇偶；（六）参天者，谓从三始，顺数而至五、七、九；两地者，谓从二起，逆数而至十、八、六。以八卦相配，天三配艮，天五配坎，天七配震，天九配乾，此从三顺配阳四卦；以地二配兑，以地十配离，以地八配巽，以地六配坤，此从两

逆配阴四卦。取八卦配天地之数总五十而为大衍，天一地四无卦可配，故虚而不用，等等。综观先儒诸说，多为臆测之辞，似未得实。此处备为参考。参，即三。两，即二。参与两，乃指天地之数中各能包含阴与阳的最小生数。

④变：变化。此言筮法，指数之变化，即分二、挂一、揲四，归奇于扐蓍策变化。阴阳：指老阴、老阳、少阴、少阳。

⑤发：动。挥：变。刚柔：指刚画柔画。生爻：刚变生柔，柔变生刚，九六相变。

⑥道：天道。德：得，得以生谓德。道德犹言自然规律。理：条理。义：制事之宜。穷理尽性：研究物理穷尽物性。命：天命。

译文

昔日圣人作《周易》时，偶然得到神明的帮助而创制蓍法，是以天数三与地数两为依据而确立阴阳刚柔之数，观察阴阳的变化而确立卦象，变动刚柔之象而产生了爻，和顺于（自然）道德而调理事物得其宜，穷研物理而尽物性，以至于通晓天命。

原文

昔者圣人之作《易》也，将以顺性命之理，是以立天之道曰阴与阳，立地之道曰柔与刚，立人之道曰仁与义。①兼三才而两之，故《易》六画而成卦。②分阴分阳，迭用柔刚，故《易》六位而成章。③

注解

①阴、阳：就天之气而言，指阴阳之气。刚、柔：就地之质而言，指刚柔之质。仁、义：就人之德而言。人禀天地阴阳刚柔之情而有仁义。

②兼：兼备。三才：指天、地、人，此指三画。两：两相重。

③分阴分阳：分阴位阳位。古人认为二、四、上为阴位，初、三、五为阳位。迭：递，即交替。章：文采，指刚柔杂居以成文采。

译文

昔日圣人作《周易》时，将以顺从性命之理，所以确立了天道为阴与阳，确立了地道为柔与刚，确立了人道为仁与义。兼备（天、地、人）三才之画而使之相重，因此《周易》六画而成一卦。六画又分（二、四、上为）阴位，分（初、三、五为）阳位，（六爻）之位，更迭使用刚柔，所以《周易》六位（阴阳刚柔）顺理成章。

原文

天地定位，[①]山泽通气，雷风相薄，水火不相射，八卦相错。数往者顺，知来者逆，是故《易》逆数也。[②]

注解

①天地定位：天地确立上下位置，天尊位上，地卑位下。天地、山泽、雷风、水火为八卦之象。通气：气息相通。薄：应和。射：厌。错：交，此言八卦排列。

②数往者顺：以数推算过去之事为顺势。往，指过去的事物，过去的事物是从简单到复杂，以数言之，则是从一到多，其势顺。知来者逆：与上一句其义相反，是说预知未来当为逆势，即从复杂到简单，就数而言从多到少。

译文

天地确定上下的位置，山泽气息相通，雷风相互应和，水火不相厌恶，八卦相互错杂（成六十四卦）。以数推算过去时顺，预知未来时逆，所以《周易》推演是逆着数的。

原文

雷以动之，风以散之，雨以润之，日以烜之[①]，艮以止之，兑以说之，乾以君之，坤以藏之。[②]

注解

①动：鼓动，雷发声尤物动，群蛰起，故雷言动。散：布散。润：滋。烜：又作晅、晅，干的意思。

②君：主。藏：包养。

译文

雷鼓动（万物），风散布（万物），雨滋润（万物），日干燥（万物），艮抑止（万物），兑愉悦（万物），乾统领（万物），坤藏养（万物）。

原文

帝出乎震，齐乎巽，相见乎离，致役乎坤，说言乎兑，战乎乾，劳乎坎，成言乎艮。[①]万物出乎震，震东方也。齐乎巽，巽东南也。齐也者，言万物之絜齐也。离也者，明也，万物皆相见，南方之卦也。圣人南面而听天下，向明而治，盖取诸此也。[②]坤也者，地也，万物皆致养焉，故曰：致役乎坤。兑，正秋也，万物之所说也，故曰：说言乎兑。战乎乾，乾，西北之卦也，言阴阳相薄也。坎者水也，正北方之卦也，劳卦也，万物之所归也，故曰：劳乎坎。艮，东北之卦也，万物之所成终而所成始也，故曰：成言乎艮。[③]

注解

①帝：天。乾为天，故此乾阳之旺气发而万物生。相见：显现，显著。见，读“现”。役：从事。说：同“悦”。战：接。劳：动之余而休息。成：完全，成就。

②絜：本义指用绳子围量，此引申为修整，整齐。南面：古代以坐北朝南为尊位，故天子、诸侯见群臣或卿大夫见僚属，皆南面而坐，后专指帝王听政统治。

③薄：迫入。归：藏。成终、成始：古人多解：（一）万物自春出生于地，冬气闭藏，还皆入地，即言万物阴气终，阳气始；（二）万物成始乾甲，成终坤癸，艮东北，是甲癸之间，故万物成终成始；（三）艮为东北之卦，东北在寅丑之间，丑为前岁之末，寅为后岁之初，故曰万物成终成始。艮宫为立春，坎宫为冬至，震宫为春分。立春位于冬至和春分之间，为旧的一个终结和新的一年开始，故万物成终成始。

译文

万物生于（东方）震位，（万物生长）整齐于巽位，显现于离位，役养于坤位，欣悦于兑位，相接于乾位，劳倦息于坎位，成就于艮位。万物生于震，因震象征着东方。整齐于巽，因巽象征着东南方。齐，是说万物整齐。离，光明的象征，万物皆相显现，它代表着南方之卦。圣人面南而坐听政于天下，朝光明方向处理政务，大概就是取于此义吧！坤，大地，万物都在地的养育下，所以说：致养于坤。兑，正秋季节，万物皆喜悦（于收获），所以说：悦言于兑。相交接于乾，乾，西北之卦，说的是阴阳相迫。坎为水，正北方之卦，（也是）劳倦之卦，万物（劳倦）需归而休息，所以说：疲劳于坎。艮，东北之卦，万物在此完成它的终结而又有新的开始，所以说：终成万物于艮。

原文

神也者，妙万物而为言者也。动万物者，莫疾乎雷；桡万物者，莫疾乎风；躁万物者，莫熯乎火；说万物者，莫说乎泽；润万物者，莫润乎水；终万物始万物者，莫盛乎艮。①故水火相逮，雷风不相悖，山泽通气，然后能变化，即成万物也。②

注解

①疾：急速。桡：本指舟楫，此引申为散，吹拂。躁：干，有干燥之义。盛：成。

②水火相逮：帛书《易经》作“火水相射，雷风相榑（薄）”，即其证。逮，及。悖：逆。

译文

所谓神，是指奇妙生成万物而言。鼓动万物，没有比雷更急速的；吹散万物，没有比风更迅疾的；干燥万物，没有比火更炎热的；喜悦万物，没有比泽更欣悦的；滋润万物，没有比水更湿润的；最终成就万物，没有比艮更盛美的。所以水火相互吸引，雷风不相违背，山泽气息相通，然后才能变化，即生成万物。

原文

乾，健也；坤，顺也；震，动也；巽，入也；坎，陷也；离，丽也；艮，止也；兑，说也。①

注解

①丽：附也，即附丽于物。说：同“悦”。

译文

乾，（其性）刚健；坤，（其性）柔顺；震，（其性）震动；巽，（其性）潜入；坎，（其性）险陷；离，（其性）附丽；艮，（其性）静止；兑，（其性）喜悦。

原文

乾为马，坤为牛，震为龙，巽为鸡，坎为豕，离为雉，艮为狗，兑为羊。[①]

注解

①豕：猪。

译文

乾象征着马，坤象征着牛，震象征着龙，巽象征着鸡，坎象征着猪，离象征着鸡，艮象征着狗，兑象征着羊。

原文

乾为首，坤为腹，震为足，巽为股，[①]**坎为耳，离为目，艮为手，兑为口。**[②]

注解

①坤为腹：《素问》云："腹者，至阴之所居。"巽为股：巽为大腿。股，大腿。

②耳、目：指日月。

译文

乾为头象，坤为腹象，震为足象，巽为股象，坎为耳象，离为目象，艮为手象，兑为口象。

原文

乾，天也，故称乎父；坤，地也，故称乎母。震一索而得男，故谓之长男，巽一索而得女，故谓之长女；坎再索而得男，故谓之中男，离再索而得女，故谓之中女；艮三索而得男，故谓之少男，兑三索而得女，故谓之少女。①

注解

①这一段话言乾坤生"六子"（震、巽、坎、离、艮、兑）三男、三女经卦，似有规律可循。凡阳爻居下者为长男，阴爻居下者为长女，阳爻居中者为中男，阴爻居中者为中女。阳爻居上者为少男，阴爻居上者为少女。三男三女之顺序皆自下而上。索：求。男：男性，此指阳爻。女：女性，此指阴爻。

译文

乾，象征着天，所以称它为父；坤，象征着地，所以称它为母。震是（乾坤相交）初次求取（一乾阳而成），所以为长男，巽是（乾坤相交）初次求取（一坤阴而成），所以为长女；坎是（乾坤相交）再次求得（一乾阳而成），所以为中男，离是（乾坤相交）再次求取（一坤阴而成），所以为中女；艮是（乾坤相交）第三次求取（一乾阳而成），所以为少男，兑是（乾坤相交）第三次求取（一坤阴而成）所以为少女。

原文

乾为天，为圆，为君，为父，为玉，为金；为寒，为冰，为大赤，为良马，为老马，为瘠马，为驳马，为木果。①坤为地，为母，为布，为釜，为吝啬，为均，为子母牛，为大舆，为文，为众，为柄，其于地也为黑。②震为雷，为龙，为玄黄，为旉，为大涂，为长子，为决躁，为苍筤竹，为萑苇。其于马也，为善鸣，为异足，为作足，为的颡。其于稼也，为反生。其究为健，为蕃鲜。③巽为木，为风，为长女，为绳直，为工，为白，为长，为高，为进退，为不果，为臭。其于人也，为寡发，为广颡，为多白眼，为近利市三倍，其究为躁卦。④坎为水，为沟渎，为隐伏，为矫鞣，为弓轮。其于人也，为加忧，为心病，为耳痛，为血卦，为赤。其于马也，为美脊，为亟心，为下首，为薄蹄，为曳。其于舆也，为多眚，为通，为月，为盗。其于木也，为坚多心。⑤离为火，为日，为电，为中女，为甲胄，为戈兵。其于人也，为大腹。为干卦，为鳖，为蟹，为蠃，为蚌，为龟。其于木也，为科上槁。⑥艮为山，为径路，为小石，为门阙，为果蓏，为阍寺，为指，为狗，为鼠，为黔喙之属。其于木也，为坚多节。⑦兑为泽，为少女，为巫，为口舌，为毁折，为附决。其于地也，为刚卤。为妾。为羊。⑧

注解

①这里集中陈说乾卦取象。圆：天为圆，故乾有圆象。寒、冰：乾为西北方位，故乾为寒、冰。大赤：指朝礼用的赤色旗。赤，红，太阳之色。瘠：多骨，一本作“柴”。驳：马色不纯。木果：木本之果。

②这里集中陈说坤卦取象。布：广布，亦为古代货币名。货币藏之为

"泉"，流行称布，取其流行之义。釜：锅。吝：吝啬，又作"遴"。均：一本作"旬"，均、旬二者通，均为旬之假借。十日为旬，坤数十，故称"旬"。子母牛：有作雌母牛者。舆：车。文：万物相杂。众：众民。柄：本，此取万物以地为本。

③这里集中陈说震卦取象。玄黄：天地之杂色。天为玄色，地为黄色。亦有说东方日出色杂者，可备为一说。旉：一本作"専"，二者通，此指花之通名。大涂：古道路男子由右，妇人由左，车以中央。是道有三，三道曰涂，大涂即大道。决躁：急疾之貌。苍筤：青色。萑苇：指荻与芦苇，亦有解作竹类者。馵：马后左蹄白。作足：指马行先动四足。作，动。的：白。颡：额。稼：庄稼。反生：指麻豆之类戴甲而出。震阴在阳上，阳动下，故为反生。究：极。蕃鲜：草木蕃育而鲜明。

④这里集中陈说巽卦取象。绳直：工匠以墨绳测量以使木直。工：古人有解作"墨"者，可与"绳直"之义互应。长：取风吹远。进退：取风行无常。果：果决。臭：气味。寡发：发稀少。一本作"宣发"。黑白杂曰"宣"。广颡：头额宽阔。近利市三倍：将近从市中获三倍之利。日中为市，巽居东南方，与离相近，故"近利市"。躁卦：指震卦。躁，动而不止。

⑤这里集中陈说坎卦取象。渎：沟。隐伏：坎一阳藏于阴中，故有隐伏之象。矫輮：一本作"挢揉"。使曲者变直者为矫，使直变曲为輮。弓轮：弓为矢，轮为车轮，二者为矫揉而成。加忧：忧虑加重。血卦：人体有血如地有水，故坎为血卦。脊：脊背。亟：急，此当为敏捷。下首：马低头。薄蹄：马蹄磨薄。曳：引拖。眚：眼生病，此引申为灾难。月：水气之精者为月。坚多心：指棘枣之类，枝朿多则树心多。心，纤也。言纤微无物不贯也。凡纤细而锐者，皆可名曰心。

⑥这里集中陈说离卦取象。离为火：离为南方之位，南方属火。为日：火气之精者为日。胄：兜鍪，即盔。戈兵：兵器。离内柔外刚，盔甲、兵器在人身外以防身，如离内柔外刚，故离为胄、戈兵。干：一本作"幹"，这里解释为干燥。蠃：海螺。蚌：海蛤。科：一本作"折"。木中空易折为科。槁：枯槁。

⑦这里集中陈说艮卦取象。径路：小路。门阙：门观。观指门两旁的台榭。果蓏：果指桃李之类，木实曰果，草实曰蓏，如西瓜、甜瓜、冬瓜等。阍寺：指掌管王宫之门禁之人。阍，宫门，又指"阍人"，即守宫门人。寺，官舍，又指"寺人"，即执守宫中小臣。狗：一本作拘，狗、拘通。一说为家畜，一说为屈伸之物。由下文"黔喙之属"观之，当以作"狗"为妥。黔喙：肉食之兽。有说豺狼之属，有说为虎豹之属。黔，黑。

⑧这里集中陈说兑卦取象。巫：祝。古代称能以舞降神之人为巫，女巫曰巫，男巫曰觋。巫以口舌与神通，故兑为巫。毁折：兑上画断缺，如物之毁折。又说兑为西方主秋，万物始折，故兑为毁折。附：依从。刚卤：指坚硬而含咸质。卤，咸土。兑二阳在下故刚，一阴在上下润故卤。为妾：兑少女之位贱，故"为妾"。

译文

乾为天象，为圆象，为君象，为父亲象，为玉象，为金属象；为寒冷象，为冰冻象，为大红色象，为良马象，为老马象，为瘦马象，为花马象，为木果象。坤为地象，为母亲象，为广布象，为锅象，为吝啬象，为平均象，为有孕之牛象，为大车象，为文采象，为民众象，为（生育之）本象，对于地为黑色土壤之象。震为雷象，为龙象，为青黄杂色象，为花象，为宽阔大路象，为长子象，为躁动象，为青色竹子象，为荻与芦苇象。对于马而言，为善于嘶鸣象，为后左蹄有白毛象，为四足皆动象，为（马）额头有白斑象。对于庄稼而言，为反生之象。其极为刚健，为草木蕃育鲜明之象。巽为树木之象，为风象，为长女象，为拉直的绳子之象，为工匠之象，为白色象，为长远之象，为高象，为进退之象，为不果敢决断之象，为气味之象。对于人而言，为头发稀少之象，为额头宽阔之象，为眼白多（而瞳仁小）之象，为从市中获得近三倍之利之象，其极为躁卦。坎为水象，为沟渠之象，为隐伏之象，为矫曲而揉直之象，为矢弓车轮之象。对于人而言，为忧虑加重之象，为心痛之象，为耳痛之象，为血卦之象，为红色象。对于马而言，为脊背美丽的马象，为敏捷的马象，为低头的马象，为蹄子薄的马象，为拖拽的马象。对于车而言，为多灾难车象，为通达之象，为月亮象，为盗寇之象。对于树木而言，为坚硬而多木心之象。离为火象，为日象，为电象，为中女之象，为甲盔之象，为兵器之象。对于人而言，为大腹之象。为干燥之卦，为鳖象，为蟹象，为螺象，为蚌象，为龟象。对于树木而言，为木中已空而枯槁之象。艮为山象，为山间小路之象，为小石之象，为门台之象，为草本植物的果实象，为阍人寺人（守宫）之象，为手指象，为狗象，为鼠象，为黑色食肉兽象。对于树木而言，为坚硬而多枝节之象。兑为湖泽之象，为少女象，为巫师之象，为口舌之象，为折毁之象，为附着决断之象。对于地而言，为坚硬而含碱地。对于人而言，为小妾象。对于动物而言，为羊象。

序卦传

原文

有天地，然后万物生焉。[①]盈天地之间者唯万物，故受之以《屯》。屯者，盈也。屯者，物之始生也。[②]物生必蒙，故受之以《蒙》。蒙者，蒙也，物之稚也。[③]物稚不可不养也，故受之以《需》。需者，饮食之道也。[④]饮食必有讼，故受之以《讼》。讼必有众起，故受之以《师》。师者，众也。[⑤]众必有所比，故受之以《比》。比者，比也。比必有所畜，故受之以《小畜》。[⑥]物畜然后有礼，故受之以《履》。履者，礼也。履而泰然后安，故受之以《泰》。泰者，通也。[⑦]物不可以终通，故受之以《否》。物不可以终否，故受之以《同人》。[⑧]与人同者，物必归焉，故受之以《大有》。有大者不可以盈，故受之以《谦》。[⑨]有大而能谦必豫，故受之以《豫》。豫必有随，故受之以《随》。[⑩]以喜随人者必有事，故受之以《蛊》。蛊者，事也。[⑪]有事而后可大，故受之以《临》。临者，大也。物大然后可观，故受之以观。[⑫]可观而后有所合，故受之以《噬嗑》。嗑者，合也。物不可以苟合而已，故受之以《贲》。贲者，饰也。[⑬]致饰然后亨则尽矣，故受之以《剥》。剥者，剥也。物不可以终尽剥，穷上反下，故受之以《复》。[⑭]复则不妄矣，故受之以《无妄》。有无妄，物然后可畜，故受之以《大畜》。[⑮]物畜然后可养，故受之以《颐》。颐者，养也。不养则不可动，故受之以《大过》。[⑯]物不可以终过，故受之以《坎》。坎者，陷也。陷必有所丽，故受之以《离》。离者，丽也。[⑰]

注解

①天地：此天地指六十四卦中的乾坤，以“天地”生万物说明乾坤为六十四卦之首的原因。万物：指自然界万物，此以“万物”说明六十四卦，“二篇之策万有一千五百二十，当万之数”。

②盈：满。受：继，承继。屯：卦名。屯本义从屮从一，屮即草，一为地，故有草木茁芽于地之义。《屯卦》下震上坎，坎为雨，震为雷，雷雨动荡，其气充塞，故屯为“盈”。又震为乾刚坤柔始交，故屯为“物之始生”。

③蒙：卦名。蒙本义是冢上草木，有覆盖之义，此通萌，即指幼小之貌。物之初生幼小是未开著，故蒙为蒙昧。稚，一本作“稺”“穉”。古三字通，有幼稚之义。

④需：卦名，通“雩”，本义指求雨之祭，引申为需求。《需》下乾上坎，坎为水，乾为天，云上于天，待时而落，故曰需有待、求雨之义。求雨为保丰年，而饮食有所依赖，故需又为“饮食之道”。

⑤讼：卦名。《讼》上乾为天，下坎为水，天在上，水在下，天与水违行，故有争讼之义。师：卦名。师为军旅之名，古二千五百人为师，师有众义。《师》下坎上坤，坤为众，坎为众，故师为众。

⑥比：卦名。一指周代社会基层组织，五家为比，比有亲密无间之义，《比卦》象是水在地上，有亲比之义。畜：一本作“蓄”，有蓄养之义。小畜，为卦名。《小畜》一阴五阳，有一阴畜养五阳之义。阴为小，故曰小畜。

⑦履：卦名。履本指鞋，有践履之义，《履卦》上乾为天，下兑为泽，天高在上，泽卑在下，上下尊卑分明，故履为礼。礼，指上下尊卑之等。泰：卦名。帛《易》“泰”作“柰”。《泰》下乾上坤，乾阳下降，坤阴上升，故有阴阳交通之义。

⑧否：卦名。帛《易》“否”作“妇”，《否》与《泰》相反，《否》上乾为天，下坤为地，天地阴阳不交通，故否有不通之义。如《象》所言：“天地不交而万物不通也。”同人：卦名。《同人》下离上乾，乾为天，离为火，天阳在上，离火炎上，故有志向相同之义。

⑨大有：卦名。古称丰年曰有，大丰年曰大有。《大有》一阴拥有五阳，大而富有，即《彖》所谓“柔得尊位，而上下应之，曰大有”。阳为大。谦：卦名。《谦》下艮上坤，艮山高而处地下，故有谦退之义。

⑩豫：卦名。豫本指象大，引申为娱乐，《豫》下坤上震，坤为地，震为雷，雷出地奋，万物顺性而动，故有喜乐之义。随：卦名。《随》下震上兑，震为雷在下，兑为泽在上，雷藏于泽中，随时休息，故有随从之义。

⑪蛊：卦名。蛊字本义为器皿里的食物腐败生虫，有败坏之义。《蛊》下巽上艮，艮为山，巽为风，风落山，其木摧坏，故有败坏之义。又艮为少男，巽为长女，有女惑男之象，万事从惑而起，故以蛊为事，蛊为事，盖假借“故”，非蛊字有“事”之训，蛊事犹故事也。

⑫临：卦名。帛易《临卦》作“林”，从爻画看《临》二刚临四柔，“刚浸而长”，故《临》刚有长大之义。观：卦名。《观》与《临》相反，《观》二阳在上，阳为大，故“物大然后可观”。

⑬噬嗑：卦名。噬嗑本义指嘴里有食物而咬合，《噬嗑》上下两阳，中一阳即是嘴里食物之象，此卦下震上离，离为电，震为雷，雷动而威，电闪而明，雷电相合，故有“合”之义。苟：但。贲：卦名。《贲卦》刚柔相错而文饰，故贲有饰之义。

⑭剥：卦名。剥有剥落之义。《剥》下坤上艮，艮为山，坤为地，山高反附于地故有剥落之义。又《剥》一阳于五阴之上，故有五阴剥落一阳之义。穷上反下：穷尽于上必复返于下。穷上，指《剥》一阳居上而穷尽。反下，指《复卦》一阳复一初爻。反，复。《复》一阳于五阴之下，有一阳复返之义。

⑮复则不妄：《系辞》“复以自知”。自知而不妄，不妄即不妄行。《无妄》下震上乾，乾为天，震为雷，天下有雷动，故为不妄动。畜，本又作“蓄”，有积聚、蓄养之义。《大畜》下乾上艮，艮为山，乾为天，天在山中，天至大，山静止，山静止畜养至大，故为大畜。

⑯颐：原指人两腮。《颐》下震上艮，艮为止，震为动，上止下动，口腔之象，从卦画言《颐》上下二阳中四阴，外实中虚，像口腔，食物由口而入以养生，故颐有“养”之义。大过：指大的过失，《大过》下巽上兑，兑为泽，巽为木，泽灭木象故有过，从爻画看《大过》中四阳上下两阴，中间阳盛，上下弱，即本末弱，故为大过，阳为大。

⑰陷：通险。《坎》上下皆坎，坎阳陷于阴中故曰陷。丽：依附。《离卦》上下皆离，离阴依附于阳，故离为丽。

译文

有了天地，然后万物产生了。最初充满天地之间的只有万物，故（《乾》《坤》后）继之以《屯》。屯，表示盈满。屯，表示万物开始生长。万物生长必然处于蒙昧之中，所以继之以《蒙》。蒙，蒙昧，（是指）万物幼稚。万物幼稚不可不养育，所以继之以《需》。需，饮食之道。饮食必会发生争讼，所以继之以《讼》。争讼必会将众人激起，所以继之以《师》。师，聚众。人众必有所亲附，所以继之以《比》。比，亲附。亲比必会有蓄养，所以继之以《小畜》。物既积蓄（众人温饱）然后礼仪产生，所以继之以《履》。履，礼节。履礼而泰和然后（民）安，所以继之以《泰》。泰，亨通。万物不会永远亨通，所以继之以《否》。万物不会永远闭塞，所以继之以《同人》。与人同志，万物归顺，所以继之以《大有》。拥有大（富）而不可满盈，所以继之以《谦》。有大（富）而能谦让必定安乐，所以继之以《豫》。安乐必定有人随从，所以继之以《随》。因随从必定有事可为，所以继之以《蛊》。蛊，有事可为。有事可为方能建立大的功业，所以继之以《临》。临，盛大。物盛大才有可观之处，所以继之以《观》。物有可观之处才能融合，所以继之以《噬嗑》。嗑，相合。万物不可以只合而已，所以继之以《贲》。贲，文饰。致力于文饰然后亨通则会穷尽，所以继之以《剥》。剥，剥落。万物不会永远极尽剥落，上穷尽必复返于下，所以继之以《复》。复返则不会妄行，所以继之以《无妄》。只有不妄动，万物才会有积蓄，所以继之以《大畜》。万物有了积蓄然后可以颐养，所以继之以《颐》。颐，颐养人生。不颐养身体则不可有所作为，所以继之以《大过》。万物不会永久过极，所以继之以《坎》。坎，陷险。陷险必定要附着于美丽的事物上，所以继之以《离》。离，附丽。

原文

有天地然后有万物，有万物然后有男女，有男女然后有夫妇，有夫妇然后有父子，有父子然后有君臣，有君臣然后有上下，有上下然后礼义有所错。①夫妇之道，不可以不久也，故受之以《恒》。恒者，久也。物不可以久居其所，故受之以《遁》。遁者，退也。②物不可以终遯，故受之以《大壮》。物不可以终壮，故受之以

《晋》。晋者，进也。[3]进必有所伤，故受之以《明夷》。夷者，伤也。伤于外者必反于家，故受之以《家人》。[4]家道穷必乖，故受之以《睽》。睽者，乖也。乖必有难，故受之以《蹇》。蹇者，难也。[5]物不可以终难，故受之以《解》。解者，缓也。缓必有所失，故受之以《损》。损而不已必益，故受之以《益》。[6]益而不已必决，故受之以《夬》。夬者，决也。决必有遇，故受之以《姤》。姤者，遇也。[7]物相遇而后聚，故受之以《萃》。萃者，聚也。聚而上者谓之升，故受之以《升》。[8]升而不已必困，故受之以《困》。困乎上者必反下，故受之以《井》。井道不可不革，故受之以《革》。[9]革物者莫若鼎，故受之以《鼎》。主器者莫若长子，故受之以《震》。震者，动也。[10]物不可以终动，止之，故受之以《艮》。艮者，止也。物不可以终止，故受之以《渐》。渐者，进也。进必有所归，故受之以《归妹》。[11]得其所归者必大，故受之以《丰》。丰者，大也。穷大者必失其居，故受之以《旅》。[12]旅而无所容，故受之以《巽》。巽者，入也。入而后说之，故受之以《兑》。兑者，说也。[13]说而后散之，故受之以《涣》。涣者，离也。物不可以终离，故受之以《节》。节而信之，故受之以《中孚》。[14]有其信者必行之，故受之以《小过》。有过物者必济，故受之以《既济》。物不可穷也，故受之以《未济》，终焉。[15]

注解

①此句就《咸卦》而言。《咸》下艮上兑，兑为少女，艮为少男，故称“男女”。《咸》“柔上而刚下，二气感应”，故有“夫妇”之象。艮兑为乾坤求索而生，故曰“父子”。乾坤有尊卑上下，故曰“君臣”“上下”。错：通“措”，设置。

②恒：恒久。《恒》下巽上震，巽为风，震为雷，雷风相与而有恒久之义。《易传》训“遁”为“退”。《遁》下艮上乾，艮为山，乾为天，山高上逼，天远山而退去，故“遁”为“退”，从爻画看，《遁》二阴在四阳之下，有渐长趋势，阳将退去，故曰“退”。

③大壮：此卦四阳盛长而壮大，故先儒多训壮为大。依《系辞》“日中则昃，月盈则食”之理，其《大壮》四阳盛长已过半，不久当止，故有止义。《杂卦》“大壮则止”是其确证。晋：有渐进之义。《晋》下坤上离，坤为地，离为日，日出地上，渐进上长，又从爻画看，“柔进而上行”，故晋有“进”义。

④明夷：有光明受伤之义。《明夷》与《晋》相反，《晋》是日出地上，《明夷》是日入地中，其光明受伤，故“明夷”有明伤之义。伤于外：《晋》离日在外，进极而伤入其内（变《明夷》）。反于家：《家人》离日在内。家人：指一家之人。《家人》下离上巽，离为火，巽为风，风火相与，有家人之义，又《家人》二五得正相应，二为女在内，五为男在外，男女正，故有家人之义。

⑤家道穷：指室家至亲，过而失节。乖：离散。睽：本义指目不相视，引申为乖异离散。《睽》下兑上离，离为火，兑为泽，火炎上，泽润下，二者相违背，故有“乖”之义。蹇：本指腿跛，行动不便，此引申为难。《蹇》下艮上坎，艮为山，坎为水，水为山所阻不得下流，故有“难”义。

⑥解：有缓解之义。《解》下坎上震，坎为雨，震为雷，雷震天上，雨落地下，故有缓解之义。损：减损。《损》下兑上艮，艮为山，兑为泽，泽深山高有损深而增高之义。从爻画看，《损》“损下益上”，故有减损之义。《益》与《损》相反。益：有增益之义，指上增益下。《益》下震上巽，巽为风，震为雷，雷风相与而增益，从爻画看，《益》“损上益下”，故有增益之义。

⑦夬：决。决即溃决、决断。《夬卦》下乾上兑，乾为天，兑为泽，泽上于天，势必下流而散，有决之义，又从爻画看，《夬》一阴在五阳之上，有阳盛和决去一阴之象。决必有所遇：以阳决阴必有所喜遇。姤：相遇之义。《姤》下巽上乾，巽为风，乾为天，风行天下，无所不遇，故为遇，从爻画看，《姤》一阴在下与五阳相遇，故有“遇”之义。

⑧萃：会聚之义。《萃》下坤上兑，坤为地，兑为泽，泽在地上，聚水之象，从爻画看，《萃》九五居中得正，上下众阴皆应，故有聚会之义。聚而上者谓之升：是说反《萃》而成《升》，坤为众，《萃卦》坤众聚于下，《升卦》坤众在上，故曰“聚而上者谓之升”。聚，指坤众而言。升，有上升之义。《升》下巽上坤，巽为木，坤为地，地中生木，日长而升高，故有上升之义。

⑨困：穷困。《困》下坎上兑，坎为水，兑为泽，水在泽下，水下漏而上干枯，故有穷困之义。困乎上者：指《困卦》水在泽下，泽上无水而穷困。必反下：反《困》成《井》，《困》兑泽到下，成巽木，而成《井》，故曰

“反下”。井道不可不革：即《系辞》所谓“居其所而迁”。即井能出水而利民，故曰“不可不革”。革：本指兽皮治去其毛，此指变革。《革卦》下离上兑，兑为泽，离为火，泽火相息，故有变革之义。

⑩鼎：本指古代一种烹饪器和礼器，因鼎烹饪以成新物，故有取新之义。《杂卦》：“鼎，取新也。”故曰“革物莫若鼎”。《鼎》下巽上离，离为火，巽为木。木上有火，鼎烹饪之象。主器者莫若长子：是指由长子主管祭祀。主器者，主管祭祀人。器，指鼎。古代宗法世袭制度，王侯大夫之国与邑，原则上由长子继承，故长子掌管祭祀。震为长子。

⑪物不可终动：指反《震》成《艮》。止：不动。《艮》上下皆艮，即上下不动，故曰止。渐：有渐进之义。《渐》下艮上巽，艮为山，巽木，为木生山上渐渐增高，故渐为“进”。进必有所归：指反《渐》成《归妹》。古代女子出嫁，按六礼进行，成婚过程称为渐，成婚为归妹。归，嫁。《归妹》下兑上震，震为长男，兑为少女，有少女归长男之象。

⑫丰：丰大之义。《丰》下离上震，震为雷，离为电，雷电至，威严而光明，丰有“大”义。旅：旅行。《旅》下艮上离，艮为山，离为火，山上有火，火行而不停，故有行之义。又内卦艮山静止为主，外卦火动为客，山不动如馆舍，火动不止如旅客，故旅有旅行之义。

⑬旅而无所容：旅客行动而无所容身。巽：帛《易》作“筭”，本指计算工具，这里解释为“入”，《巽》两巽相重，巽为风，风相随，风吹无所不入，故有“入”之义。兑：有欢悦之义，兑为口，故亦为“说”，通“悦”。

⑭涣：离散。《涣》下坎上巽，坎为水，巽为风，风行水上，将水冲散，故涣有“离”之义。离：散。节：节度。《节卦》下兑上坎，兑为泽，坎为水，泽上有水，其容量有限度，故节有节度之义。节而信之：节制而有诚信。中孚：中有孚信。《中孚》下兑上巽，巽为风，兑为泽，风令行于上，泽惠施于下，上下感应，有中孚之义，从爻画看，《中孚》上下二阳，中为二阴，内虚外实，心虚而有实，故为中孚。

⑮小过：小的过越。《小过》下艮上震，艮为山，震为雷，雷在山上，故有小过之象，从爻画看，《小过》上下各二阴，中间二阳，有二阴经过二阳之义。阴为小，故曰小过。此“过”不是过失而是经过。济：渡过，引申为成功。既济：指已成功。《既济》下离上坎，坎为水，离为火，水火相互交通，各得其用，故为“既济”之义。未济，未渡过，引申为未成功。《未济》与《既济》相反，为水火不相交，故有“未济”之义。

译文

有天地然后才会有万物，有万物然后人分成男女，有男女然后才能匹配夫妇，有夫妇然后才产生父子关系，有父子关系然后才有君臣（之别），有君臣（之别）然后才有上下（等级名分），有上下（等级名分）然后礼仪才有所设置。夫妇之间的感情不可以不长久，故（《咸》之后）继之以《恒》。恒，长久。万物不可以长久居于一个地方，所以继之以《遁》。遁，隐退。万物不可以长久隐退，所以继之以《大壮》。万物不可以长久盛壮，所以继之以《晋》。晋，上进。上进必遭伤害，所以继之以《明夷》。夷，损伤。在外遭受伤害必返回家里，所以继之以《家人》。家道穷困必定是因为有背离差错之事，所以继之以《睽》。睽，乖违背离。乖违背离必定带来险难，所以继之以《蹇》。蹇，险难。万物不可以始终有险难，所以继之以《解》。解，缓解。缓解必定会所损失，所以继之以《损》。不停损失必将转向增益，所以继之以《益》。不断增益充盈必会决去，所以继之以《夬》。夬，决去。决去必定有所交遇，所以继之以《姤》。姤，交遇。万物相遇之后而相会聚，所以继之以《萃》。萃，会聚。会聚之后就会引起上升，所以继之以《升》。进升不停必定导致穷困，所以继之以《困》。穷困于上必定会返于下，所以继之以《井》。井水之道不可不变革，所以继之以《革》。变革诸物（化凉为热、化生为熟）莫过于鼎器，所以断之以《鼎》。主管鼎器（的人）莫过于长子，所以继之以《震》。震，震动。事物不可以终止于震动之中，应当有所抑止，所以继之以《艮》。艮，止。事物不可永久停止，所以继之以《渐》。渐，渐进。渐进要有所依附，所以继之以《归妹》。得到应该归依的人和事就必定盛大（富有），所以继之以《丰》。丰，盛大。盛大穷极必定会失其居所，所以继之以《旅》。旅行而无处容身，所以继之以《巽》。巽，恭顺而入。能进入适合的住所就会感到愉悦，所以继之以《兑》。兑，欢悦。欢悦后（其情）就会离散而去，所以继之以《涣》。涣，涣散。万物不可以长久离散，所以继之以《节》。有制度节制，就必须以诚信坚守，所以继之以《中孚》。有诚信必然有所行动，所以继之以《小过》。有超越事物能力者就有可能成功，所以继之以《既济》。事物的发展不可以穷尽其成功，所以继之以《未济》，（六十四卦在《未济》中）结束。

杂卦传

原文

《乾》刚《坤》柔，《比》乐《师》忧[①]。《临》《观》之义，或与或求。《屯》见而不失其居，《蒙》杂而著[②]。《震》，起也；《艮》，止也。《损》《益》，盛衰之始也。《大畜》，时也；《无妄》，灾也[③]。《萃》聚而《升》不来也，《谦》轻而《豫》怠也。《噬嗑》，食也；《贲》，无色也。《兑》见而《巽》伏也[④]。《随》，无故也；《蛊》，则饬也。《剥》，烂也；《复》，反也。《晋》，昼也；《明夷》，诛也[⑤]。《井》通而《困》相遇也。《咸》，速也；《恒》，久也。《涣》，离也；《节》，止也。《解》，缓也；《蹇》，难也。《睽》，外也；《家人》，内也。《否》《泰》，反其类也[⑥]。《大壮》则止，《遯》则退也。《大有》，众也；《同人》，亲也。《革》，去故也；《鼎》，取新也[⑦]。《小过》，过也；《中孚》，信也。《丰》，多故也；亲寡，《旅》也。《离》上而《坎》下也[⑧]。《小畜》，寡也；《履》，不处也。《需》，不进也；《讼》，不亲也。《大过》，颠也。《姤》，遇也，柔遇刚也。《渐》，女归待男行也[⑨]。《颐》，养正也；《即济》，定也。《归妹》，女之终也。《未济》，男之穷也。《夬》，决也，刚决柔也。君子道长，小人道忧也。[⑩]

注解

①《乾》刚：《乾卦》六爻由纯阳组成，故曰乾刚。《坤》柔：《坤卦》六爻由纯阴组成，故曰坤柔。《比》乐：《比》有亲附之义，故乐。《师》忧：《师》主军旅，动从行险，故忧。

②或与或求：或者为施予或者为营求。与，施予。求，营求。《临》二阳在四阴之下，有在上而临下之义，故曰“与”。《观》二阳在四阴之上，“大观在上”有下以仰观上之义，故曰“求”。《屯》见：《屯》为“物之始生”，故曰“见”。见，现。不失其居：指各居其所。《屯》二阳皆当位，故曰“不失其居”。《蒙》杂：《蒙》二阳失位，阴阳杂居。

③盛衰之始：《损》为减损《泰》下而增益其上，即《彖》所谓“损下益上”，故为衰之始。泰为盛。《益》为减损《否》上增益其下，即《彖》所谓“损上益下”，故为盛之始。否为衰。时：待时。古“时”“待”通，大畜有畜养其德之义，故曰“时”。灾：《无妄》为大旱卦，故曰“灾”。

④不来：即《序卦》所谓“聚而上者谓之升”。《萃卦》三阴聚于下，《升卦》三阴在于上，故曰“不来”。到内曰来，到外称往。不来，指不在内而在外。《谦》轻：《谦卦》有谦退之义，故曰“轻”。《豫》怠：《豫卦》有娱乐之义，故怠。怠，和乐。一本作怡，怠、怡二字通。食：吃。噬嗑是指口中有物，故曰食。无色：即白色。《贲》离日在艮山下而无光，故曰“无色”。《兑》见而《巽》伏：兑阴在上，故曰“见”，巽阴在下故曰“伏”。

⑤无故：无事。《随卦》有随时而安之义，即《象传》所谓“君子以向晦入宴息”，故为“无故”。饬：一本作“饰”，训为整治，《蛊》为有事之卦，《序卦》“蛊者，事也”，有事则需要修整，故曰“饬”。烂：熟烂。《剥》一阳被五阴剥落，像果熟烂被剥落一样，故曰“烂”。反：通“返”。《复》一阳复返于初，故曰“反”。昼：《晋卦》下坤为地，上离为日，日出地上，故为“昼”。诛：伤。《明夷》下离为日，上坤为地，日入地中，其光明受伤，故曰“诛”。

⑥《井》通而《困》相遇：井水本在下，而《井卦》水在木上，以承水而上，“井养而不穷”，“往来不穷”，故谓之“通”。而《困》相反，水在泽下，泽上无水而干涸，故曰“不通”，不通即是阻隔。速：神速。《咸卦》有感之义。“二气感应”，感而遂通，不行而至，故称“速”。离：《涣卦》有披离解散之象，故曰“离”。止：《节卦》有节止之义，故曰“止”。缓：《解

卦》有解除、缓解之义，故曰“缓”。难：《蹇卦》坎险在前，艮见险而止于内，有难之义。外：《序卦》：“睽者，乖也。”《广雅·释诂》：“乖，离也。”有离家之义。又《睽》离女在外卦，有女离家在外之义，故曰“外”。内：《家人》离女在内卦，女在家内故曰“内”。反其类：《泰》《否》二卦卦画相反，《否》反成《泰》，《泰》反成《否》，其事类相反。

⑦《大壮》则止：《大壮》四阳进消阴，阳长过半将止，故“止”。《遯》则退：《遯》阴进消阳，阳势消退。众：《大有》六五之柔得尊位，上下五阳皆应之，故曰众。亲：《同人》六二居中得位，众阳皆亲附，如《序卦》所称：“与人同者，物必归焉。”故曰“亲”。《革》，去故：《革卦》有改革、更新之义，故曰“去故”。故，指旧有。《鼎》，取新：《鼎卦》离火在上，巽木生之，有鼎烹饪之象，鼎烹饪待熟而取新。

⑧过：《小过》阴盛过阳，故为“过”。过，经过。《序卦》：“有其信者必行之，故受之以小过。”信：《中孚》取信发于中，孚有信之义。故曰“信”。多故：《丰》乃日食之卦，古人多以日食为不祥，故曰“多故”。故，事。亲寡：《旅》无所容身，故“亲寡”。《离》上而《坎》下：离为火而炎上，坎为水而润下。

⑨寡：《小畜》一阴畜五阳，阳众阴寡，故曰“寡”。不处：不停止。履有践履之义，且《履卦》阳爻皆以不处其位为吉，故曰“不处”。不进：《需》上坎为险，险在前，而待时，《需·彖》：“需，须也。”须为待，故“不进”。不亲：《讼卦》上乾为天，下坎为水，天水相违行，故“不亲”。颠：本义指头顶，引申为颠覆。《大过》下巽为木，上兑为泽，木顶被泽水淹没，故曰：“颠”。柔遇刚：《姤卦》一阴在下而上与五阳相遇，阴为柔，阳为刚。女归待男行：指女子出嫁等待男子迎亲。《渐卦》下艮为少男，上巽为长女，故有长女归待少男行之义。

⑩养正：《颐》下震为动，上艮为止，上静下动，人口吃物之象，故曰养正，如《象》所言：“颐‘贞吉’，养正则吉也。”定：成。《既济》六爻阴居阴位，阳居阳位，阴阳定位，故曰“定”。终：归宿。《归妹》上震为长男，为动，下兑为少女，为说，“说以动”，少女嫁长男之象，女子出嫁为“终”。男之穷：《未济》三阳失正，阳穷极于上，故曰“男之穷”，阳为男。刚决柔：《夬卦》五阳盛长，决去一阴。君子道长，小人道忧：《夬卦》阳刚盛长，阴柔消退即将被决去，阳象“君子”，阴象“小人”，故曰“君子道长，小人道忧”。《杂卦》虽不依六十四卦之顺序，但两两为对解卦。前五十六卦皆然，独后八卦错乱。汉儒虞翻、晋儒干宝皆认为此为《杂卦》作者匠心独运、巧妙安排。故虞翻以互体释之，以“喻武王伐纣”。干宝以变通释之，

"以示来圣后王，明道非常道，事非常事也"。然汉郑玄首先提出怀疑："自此以下，卦意不协，以错乱失正。"但他"弗敢改耳"。宋人苏轼、朱震、蔡渊等人加以改定，元吴澄、明何楷等从之。改定后的次序有两种：(一) 颐，养正也；大过，颠也。姤，遇也，柔遇刚也；夬，决也，刚决柔也。君子道长，小人道忧也。渐，女归待男行也；归妹，女之终也。既济，定也；未济，男之穷也。此以苏轼为代表。(二) 大过，颠也；颐，养正也。既济，定也；未济，男之穷也。归妹，女之终也；渐，女归待男行也。姤，遇也，柔遇刚也；夬，决也，刚决柔也，君子道长，小人道忧也。以蔡渊为代表。案音韵学，当以后者胜。

译文

《乾》象征着刚健而《坤》象征着柔顺，《比》象征着欢乐而《师》象征着忧愁。《临》《观》的义旨，或是施予，或是索求。《屯》象征着初生显现而各居其所，《蒙》错杂而昭著。《震》，为起；《艮》，为止。《损》《益》象征着盛旺衰微的开始。《大畜》，因时蓄积；《无妄》，防备意想不到的灾祸。《萃》聚集而《升》不返回，《谦》轻己（尊人）而《豫》愉悦和乐。《噬嗑》，为食用；《贲》，为无色。《兑》喜悦外现而《巽》（进入）而隐伏。《随》，不应拘系于故旧成见；《蛊》，（有事）则整治。《剥》，为剥烂；《复》，为返回正道。《晋》，白昼的太阳在上升；《明夷》，（光明）受伤。《井》通达而《困》则阻塞。《咸》，指感应神速；《恒》，乃恒守长久。《涣》，为离散；《节》，为节止。《解》，为缓解；《蹇》，为险难。《睽》，（乖异）而在外；《家人》，（和睦）而在内。《否》与《泰》，是两个相反的事类。《大壮》是壮而停止，《遯》则因时而隐退。《大有》，象征着众多；《同人》，象征着亲附。《革》，去除故旧；《鼎》，取其新义。《小过》，为过往；《中孚》，为诚信。《丰》，象征着家业丰大而多故旧之亲；《旅》，象征着少亲。《离》火炎上而《坎》水流下。《小畜》，积蓄得少；《履》，不停止。《需》，（待时）而不躁进；《讼》，纷争而不亲。《大过》，为颠覆；《姤》，为交遇，阴柔与阳刚相交遇。《渐》，女子出嫁等待男人礼毕才能成行。《颐》，养正；《既济》，乃成功。《归妹》，女子最终（的归宿）。《未济》，指男子穷困于事业。《夬》，为决去，阳刚决去阴柔。（此象）君子之道盛长，而小人之道消逝。